# 明治地方自治体制の起源

## 近世社会の危機と制度変容

松沢裕作［著］

東京大学出版会

The Origins of the Meiji-Era Local Government System:
Hegemonic Crisis and Institutional Changes in Modernizing Japan

Yusaku MATSUZAWA

University of Tokyo Press, 2009
ISBN978-4-13-026219-4

# 明治地方自治体制の起源　目次

# 凡　例

一、史料引用に際しては、正字・異体字は適宜略字・常用漢字を用い、変体仮名は平仮名に、合字は片仮名に置き換え、読点を付した。原史料に句読点のあるものはそれにしたがった。

一、年次表記については、引用史料との対応を容易にするため、元号を基本とし、慶応以前については対応する西暦年号を示した。ただし明治六年一月一日以前の日付は旧暦によるものであり、日付単位では西暦と対応していない場合がある。

一、全国法令の出典は、特に注記のない限り、『法令全書』（内閣官報局）である。

# 序　章　移行期研究の視座と制度変容

明治七年四月、熊谷県管下南第一大区第七小区・比企郡下狢村戸長猪鼻明順が県庁宛に差し出した意見書(1)の中に次のような一節がある。

窃ニ時勢ノ進歩ヲ考ヘ人民ノ功労ヲ推察スルニ、其功労村吏ヨリ大ナルハナシ、夫レ維新以来ノ大業ヲ挙ルニ、戸籍ヲ厳ニシテ其ノ村ヲ遯ル、ヲ許サス、乞丐ヲ禁シテ其所ヲ得セシメ、士民ヲ同等ニシテ自由ノ権利ヲ示シ、学校ヲ建テ人材ヲ養、地券ヲ定メテ其所持ヲ堅クシ、游民ヲ禁、財物ヲ殖シ、貴族ノ権ヲ折キ以テ一途ノ政令ナルコトヲ諭ス等、一々村吏ノ諭説ヲ加ヘサルヲ得ス、政府ハ其法令ヲ定メ之ヲ布告スルノミ、其ノ実例ヲ示シ之ヲ実際ニ行フニ至テハ尽ク村吏ノ助ケザルヲ得ス、其説諭宜キヲ得レバ人和シ民悦ビ開明ノ歩ニ進ム、宜キヲ得ザレバ之ニ反ス、然レハ則チ今日国家忠臣義士ト言フモノ村吏ノ義務ヲ精勤スルモノニ越ルナシ

精勤する村吏こそ「国家忠臣」の第一の位置にあるというこの一戸長自らの言明に、反論することは難しい。徴兵制、学制、地租改正に代表される明治初年の諸新政策は、いずれも彼ら戸長たちの手を経てはじめて現実の社会関係へと姿を変えることができたのであり、彼らの「精勤」なしには一片の布告文にとどまったことは否定しがたいからである。そして、彼らの「精勤」は単にそれら個別の諸政策を現実化しただけではなく、彼らがその中で活動する権力関係そのものを総体として変容させていった。明治前半期の地方制度は毎年の如く繰り返される大小の改革によって特徴づけられ、やがてそれは明治二十二年四月の市制町村制施行とそれに先立つ町村合併、いわゆる

「明治地方自治体制」へと帰結したのである。彼らはなぜ新政策の担い手となったのか？　彼らが支えた新政策とは彼らにとってどのような意味を持ったのか？　そして、彼らはその行動を通じて何を変えたのか？　換言すれば、移行期における政治権力の存在様式の変容の問題が、本書の課題である。

## 一　地域社会論

しかしこのような問いの立て方に対しては次のような疑問が発せられるかもしれない。①明治前半期の諸改革は、立憲制の導入も含めて、いずれも中央政府が主導して行ったものであり、その性格を考えるという目的において地方の研究は副次的な意味しか持っていない。②地方制度などという社会の表層的・外被的レベルの分析からでは、社会の実態的な諸関係を見ることはできない。制度の変容を規定する、社会構造の分析こそが必要である。この二つの疑問は、「上から」の視点／「下から」の視点という、幕末・維新期を考察する際のよく知られた対立軸と重なり合う。

このようなありうべき疑問を回避するためには、本書の問いはより正確に立て直される必要がある。以下に述べる通り、そのためには、「方法としての地域社会論」とも呼ぶべき視座に立つ必要があり、それは「上から」「下から」といったカテゴリーを措定すること自体に一定の反省を要請する。いささか迂路ではあるが、「方法としての地域社会論」について、若干の考察を加えることから議論を始めてみたい。

ここで地域社会とは、諸個人の再生産を可能にしている社会的分業と交通の広がりのことであり、地域社会論とは、諸個人の諸種の社会的結合を、このような広がりのなかのある一局面として把握しようとする方法態度のこと(2)である。ただし、こうした地域社会および地域社会論の概念は明確な分析ツールといったものではなく、歴史的対象へ向かう際の一種の「構え」にすぎない。

たとえば、ある一人の戸長を考えてみよう。彼は、法令伝達という経路によって東京の太政官政府と関係を持っている。また、彼自身や彼の村の住民の生産物の販路を通じて、ニューヨークやリヨンの生糸市場とも関係を持っている。あるいは、用水路を共有するという契機を通じて、近隣の村々とも関係を持っている。このように彼を取り巻く社会関係は多方向に広がっており、彼から遠く離れたある地点での変化が彼の生活と行動に大きな影響を及ぼすこともある。同時に、彼の行為は遠く離れたある地点の出来事によって一方的に決定されているわけではない（たとえば彼は回達されてきた法令を――さしあたって――無視することもできる）。地域社会とはこれらの彼を取り巻く、そして彼がその一部として形作る諸関係の総体のことであり、それらが国家―府県―郡―町村といった特定の地理的空間に収斂する必然性は存在しない。とはいえ彼はこのような諸関係の総体を直接に触知するのではなく、法令の遵守については「政府」と「人民」の関係として、用水の問題については、村々から構成される用水組合における慣行の問題として、繭や糸の問題は、市場の問題あるいは「国産品」の「輸出」をめぐる政策の問題として、局面ごとに把握することになるだろう。したがって地域社会論的視座においては、諸関係が特定の局面ごとに整序される過程が、それ自体問いの対象として開かれることになる。

「地域社会」は、今日さまざまな場面で使用される用語であり、とりわけ本書の主題と直接関連する分野では、日本近世史研究がその概念的検討も含めて豊富な蓄積を有しているのであるが、以上のような方法概念としての「地域社会論」のとらえ方については、中国前近代史研究において一九八〇年代から九〇年代にかけて一つの潮流をなした「地域社会論」者たちの議論が重要な論点を示唆している。彼らの議論を瞥見しておくことは、日本近世史における「地域社会論」を相対化する上でも有用であろう。

森正夫は、中国史研究における「地域社会論」興隆の契機となった一九八二年の問題提起(3)において、すでに「地域社会」を実体概念と方法概念に分けて論じていた。実体概念としての地域社会とは、「実体としての地域的な枠組と直接的に対応」するものであり、省や県といった行政的区分、城・鎮・村などの集落形態、市場を中心とする市場圏、江南・江北など対比的に呼称される地理的風土その他の「一定の具体的な地理的界限をともなったもの」である。これに対して方法概念としての地域社会とは、「広い意味での再生産の場としての、人間が生きる基本的な場を総括的に把握するための方法概念」であり、「階級的矛盾、差異を孕みながらも、広い意味での再生産のための共通の現実的課題に直面している諸個人が、共通のリーダー（指導者、指導集団）のリーダーシップ（指導）の下に統合されている地域的な場」を意味する。

また山田賢は一九九八年の時点で、「「地域社会論」という方法は明示的には存在しない」と断りつつも、次のような態度がそれらに共通する「思潮」であったと要約的に提示している(4)。

①「地域社会」「地方社会」「在地社会」など、個と個が出会い、社会関係が取り結ばれ、それが相互に接触を繰り返しながら社会関係網を形成し、権力・支配・秩序などどのような名称によって呼ばれるにせよ、社会をまさに一まとまりの社会として凝集させていこうとする統合への磁力（あるいは対抗動機としての反統合への抵抗）が作用する「場」のありかたに注目するものであること。

②いわば個体（単語）を関係づける統辞法、ないし「文法」の共有される「場」を、あらかじめ特定された空間的範囲から解き放ち、人々が取り結んでいく関係の網の目、まなざしの共有に基礎づけられて成立する認知の体系によってこそ始めて根拠を与えられ、内側から満たされていく柔軟で可変的な枠組みとしてとらえなおそうとする志向を持つものであること。

代表的な「地域社会論」者の一人である岸本美緒は、山田のこの定式化に触れながら、「この要約から浮かび上がる「社会」のイメージは、くっきりした輪郭をもたない、はなはだ茫漠としたもののように感じられるかもしれない。しかし、まさにそうした不定型さこそが、私を「地域社会論」に惹きつけたのではないかと思われる」「「地域社会論」的なアプローチが私を惹きつけるのは、それが基本的に「秩序の希少性」の感覚を前提にしながら、「秩序はどのように形成されるのか」を問おうとしているからであろう(5)」と述べ、「地域社会論」にとって社会の不定型性が本質的問題であることを示唆している。すなわち、諸個人の関係を、一旦、本源的には不定型で不安定なものとして分解してとらえたうえで、秩序の成立根拠を問うという態度が、地域社会論という方法なのである。

以上から、方法的な意味での地域社会論が、冒頭で述べたような問いを扱う際に有効な方法態度であることはほぼ了解されるところであろう。ここで問題になっているのは新しい権力・新しい社会関係の生成過程であり、社会を一旦不定型・不安定なものと把握しておくことは、その社会関係の変容の性格を原理的に思考することを可能にするからである(6)。秩序の変容を問題にしているとき、「上から」「下から」といった一定の秩序を前提とした説明方法は、移行期の変化をその幅において全面的にとらえることができない。

このようにして「方法としての地域社会論」は、本節冒頭で述べた二つの疑問の一つ目、中央政府主導の変革において「地方」を研究する意味があるのか、という問いに対して一定の答えを与えることができる。つまり、社会を本源的に不定型で不安定なものとして見る地域社会論的な立場からすれば、国家権力の主導によって変革が成し遂げられた、という説明は、説明として成り立っていないことになる。国家権力が権力として機能しているその現場で、それが機能する根拠こそが問われなければならない。「この人が王であるのは、ただ、他の人々が彼にたいして臣下としてふるまうからでしかない(7)」のである。

さて、このような「方法としての地域社会論」は、本書の課題と直接かかわる日本近世史における「地域社会論」の蓄積といかなる関係にあるものと考えることができるであろうか。

日本近世史における「地域社会論」もまた、中国前近代史と同様、一九八〇年代に一つの研究潮流として姿を現した。それは、最も一般的には、農村史研究における村をこえた範囲での社会的結合の様態を対象とする研究動向を意味しており、渡辺尚志の「地域とは人々が日々の生産・生活を営むうえで、密接な政治的・経済的・社会的・文化的結合関係をもつ地理的空間」であり、「地域の範囲は、一村よりも大きく、最大で数カ国に及ぶが、多くは数カ村から数十カ村である」(8)といった定義が典型的な理解であろう。久留島浩の幕領組合村論、平川新・藪田貫の国訴論がその代表的な成果であることも、また異議のないところであると思われる。

この場合「地域社会」とは、上述の渡辺の定義からもうかがえる通り、特定の地理的空間に収斂しない重層的な広がりを持つものと認識されていた。たとえば平川新は次のように言う(9)。

社会的結合体は、一村内部の地縁的・職縁的関係から、村をこえた範囲まで、広狭さまざまなレベルで成立する。それはまさに生活・生産・流通・消費や役負担の問題など、成り立ち条件が局面によって異なるからである。成り立ち条件を共有する範囲が地域住民にとっての「地域」だとしたばあい、「地域」の範囲は、まさに局面に規定されて多元的・重層的に存在するといわなければならない。

ただし、平川や藪田において、このような「地域社会」が、実体的な概念なのか方法的な概念なのか、といった区別は明確ではなかった。九〇年代後半に「社会的権力論」として吉田伸之が提起した地域社会論批判は、この点にかかわっていたと考えることができる。吉田は、直接には藪田の「地域社会論」を批判して、「地域社会とは何をさすのかがあいまい」であり、「社会構造分析ぬきの地域社会論」であると述べ、社会的権力、小農共同体、「日用」的要素の三つの要素によって構造化された「単位社会」を「在地社会における地域に他ならない」としてこれに対置する。ここで「社会的権力」とは、「村社会を基盤とする村方地主＝村役人層であると同時に、これをこえて広領域に及ぶ社会を、経済的・政治的・文化的に、その一部または全体を統合・編成し、一定の社会秩序・社会構造の下へと定位せしめるヘゲモニー主体」のことである(10)。

吉田のいう「地域」は「単位社会」であり、実体概念としての地域社会である[11]。そして、薮田や平川の地域社会論が方法概念・実体概念の区別を明確にしておらず、地域社会の不定型性を実体的なものと考える余地を残していた限りにおいて、吉田の批判は確かに一定の妥当性を持っていた。近世の諸個人・諸集団は無限定に社会関係を取り結んでいたわけではなく、近世社会に固有の構造を持った関係を取り結んでいたのであり、平川や薮田がその点を十分に論理化していなかった点は否定できない[12]。しかし、吉田の議論は実体論であり、方法論的に研究着手以前の段階で措定しうるものではない。どのような枠組みが実体的な「地域」として機能しているのか、という命題は実証研究の後にはじめて述べることができるのであって、つまりそれは結論としてしか述べることができない。実体論的地域論を方法論として用いることは、結論を先取してしまうことになる[13]。

吉田の批判を受けた薮田は、その反批判[14]において、「そもそも地域社会の実態とは何だろうか。即時《ママ》的にあるものだろうか」と述べ、「吉田は、社会構造分析という手法が陥りやすい「閉じた体系」としての地域しか念頭にない。その結果、隣の郡や国で、あるいは遠く離れた地域で、漁民、農民、都市住民、商人、権力がどう動くことで、国訴という、限られた地域の対応が出ているのかが、全く不問に付されることとなる。地域は閉じた体系ばかりでなく、「開かれた体系」としてみることもできるのだ」と主張する。ここで薮田の地域概念は方法性に傾斜しており、右に述べた吉田の薮田批判と対応して、吉田の「地域」を方法的なものとしてとらえる限り、この反批判もまた妥当性を持つといわなければならない。しかし、方法論的「地域」と実体的「地域」を区別し、地域が「開かれて」いるのは方法論的次元においてであることを確認しなければ、双方の議論はかみ合わないままであろう。

実体としては「閉じている」地域を、方法的には「開かれている」ものとして理解する必要は、前述のように移行期研究において特に強く要請される点である。ある閉じた「実体」を前提にした移行期像が抱える問題について、吉田の所説と密接なかかわりを持つ塚田孝の「歴史社会の構造」論[15]を取り上げてみよう。

塚田は、「歴史社会」を「日本国家内の政治社会レベルの国家的広がりに一元化されない、固有性を持つ地域社会・社会集団の内包的併存」を持ち、「政治社会レベル」と「生活世界レベル」＝固有性を持つ地域社会・社会集団の二重構造を有するものとして理解する。これは、近世社会を、社会集団の「重層と複合」として理解する塚田の身分制社会論に対応しており、歴史分析が、集団の論理を共有する集団内の人々の位相、異なる論理が交錯して実体的に形成されている社会関係の位相、それらの外部にそれらを取り巻く外的世界一般、世相や社会状況の位相、という三つの位相を持つべきである、という主張とも対応している。ここでも「地域」は、近世社会において「重層と複合」的に社会を作り出す諸集団として実体的にとらえられている。

「重層と複合」論は、日本近世社会を説明する包括性においては極めて説得的な枠組みであり、それと対応して歴史記述の位相を区別すること自体に異論はない。問題は、塚田がそれを「歴史社会」一般に適用する方法論として提示することである。たとえば塚田は、「以上のような《歴史社会の構造》は、近代にももちろん存続した。その際、地域生活レベルの固有性は、近世から近代にまで粘着性を持って持続することがあった。それが、地域差が失われ、画一的な社会となっていくのが、高度成長の過程なのであった。これが家と村にささえられた地域社会の崩壊を意味することはいうまでもなかろう」と述べ、第二次世界大戦後の高度成長以前の近代社会においても、「地域生活レベル」が近世社会と連続性を持って存在していたと主張する。しかし、このような理解では、「政治社会」の変動もまた諸個人の行為によって発生していること、そのなかで「政治社会」・「生活世界」の分節関係そのものが変化すること、といった局面は論じることができない。「幕藩体制の瓦解から近代天皇制への展開という政治社会レベルの大転換にもかかわらず、座の構造が持続していることは、地域生活レベルでの持続的な時間の流れが存在していることを示しています」[16]といった、あたかも「政治社会」の変動とは無関係な「常民」的世界が存在しているかのごとき記述が生まれてしまう。もちろんこのような印象は塚田の意図するところではなく、塚田は政治社会レベル・生活世界レベルの双方が諸個人にとって「リアル」なものであって、両者の統一的把握が必要であることを説いている。また実際に近世社会から続く多くの実践行為が近代社会のなかで行われていたことは事実で、その意味で「生活世界レベル」を分離することも無意味ではない。しかし、移行期の政治社会の変容の意味を、諸個人・諸集団に即して考えるためには、その「統一的把握」の前提として、政治社会・生活世界を分かつことなき諸個人の関係の次元を設定することが必要なのではないか。

以上の吉田・塚田の議論と関連して、「研究対象の絶対性」の問題についても触れておこう。塚田は、「歴史社会」を固有性を持つ地域の並存によって成り立つものと考えると、「地域差は固有の絶対的な意味を帯びてくる」として、個々の研究対象の「絶対性」を意義付けている[17]。これにコメントを加えて吉田伸之は、「地域固有のあり方に絶対的な意味を与えることは、それを構成している社会集団なり、そこに包摂されている一人一人の人間、あるいはそういうものを生み出す地域社会の文化に絶対的な価値を見て、それを現代との対比で優っていたのか、劣っていたのかということではないような見方は、過去に対する我々のまなざし、先ほどの塚田さんの言葉でいえば等身大のまなざしがよく反映されているものだと思う。……（中略）……また、そういう目で現代を見て、現代社会が持っている無機質な画一性に対する、歴史の過去からの非常にラディカルな批判の視座にもつながってくる」[18]とこの立場を評価しており、このことは、個性を持った「地域」が、高度成長以降失われるという認識と一体のものであることが理解される。高度成長以前の個々の「地域」は、実体的に他の「地域」と異なっているがゆえに、それぞれの「地域」の研究が絶対的価値を持つと言うのである。

筆者もまた、「地域社会」を開かれたものとして把握する「方法としての地域社会論」の立場から、歴史研究の対象を、ある全体を例証するための部分とみなすような態度ではなく、個々の研究対象が絶対的意味を持つことを主張したいと思う。「全体―部分」モデルは、全体が所与の秩序として与えられていることを前提にしてはじめて意味を持つからである。[19] しかしその絶対性は、その対象が他の対象と即自的に差異を持つからではなく、個々の研究対象が、それを含む社会的分業と交通の結節点として、それぞれに固有の位置を占めていることに由来する。塚田・吉田の理解では、均質化された現代社会においては、研究対象の絶対性は失われてしまうことになるが、交通の結節点としての固有性は、いかに社会を均質化しても失われることはない。諸主体が異質なものであるからこそ交通が発生する以上、個体性を完全に消去することはできないからである。「上から」でも「下から」でもなく、強いて言うなら「そこから」の歴史記述であることによって、「方法としての地域社会論」は、「無数の《私》の価値をすくい上げる」[20] ことを可能にするのである。[21]

## 二　ヘゲモニーと制度

次に第二の疑問、制度の分析は表層的分析にすぎない、という点について検討を加えよう。すでに述べた通り方法的な意味での地域社会論においては、政治権力の存在を与件とすることはできない。「権力はいかにして可能か」という問題が、ここで問われることになる。このような地域社会論にふさわしい政治権力の概念としては、グラムシに由来する「ヘゲモニー」の概念を参照することが有効であろう。

グラムシはヘゲモニーを、指導的諸集団がその「同業組合的利害」を乗りこえ、「他の従属諸集団の利害となることができるし、また必然的にそうなる、という意識を獲得する」局面において機能する政治権力の概念として規定した。[22] 指導的諸集団と従属的諸集団がそれぞれ異なる利害を持つ集団である以上、そのような政治権力は、「基本集団の利害と従属諸集団の利益とのあいだの不安定な均衡」[23] にほかならず、絶えざる「同意の組織化」の遂行によってのみ存在する。

有名な「国家イコール政治社会プラス市民社会、すなわち強制力のよろいを着けたヘゲモニー[24]」という定式化で知られる通り、グラムシがヘゲモニー形成の場として設定したものが「市民社会」であった。東條由紀彦が「「市民社会」概念は、支配の対象となっている協働者間の関係――その「人格」の獲得と、それが「労働」(＝所有)を媒介として行う結合様式の決定――とその再生産のあり方に注目する。支配とは、支配される者によるその「正当化」・「同意」と不可分のものと考え、従って支配される者間の同意形式の関係に注目するのである[25]」と述べているように、「市民社会」は、第一次的には諸個人の協働＝分業関係として理解されるがゆえに、そこにおける支配・被支配の概念は、「同意の組織化」を内容とするヘゲモニーの概念によってとらえられることになるのである。このへゲモニー形成の場としての市民社会概念は、本書における地域社会の概念と重なるものである[26]。

ここで注意しなくてはならないのは、ヘゲモニー形成に先立って、ヘゲモニーを行使するもの、行使されるものの位置が決定されているわけではない、ということである。不定型で不安定な地域社会それ自体において、諸個人の間に共有される利害が特定の要素に収斂する必然性は存在しない。例えば、「この人が王であるのは、他の人々が彼にたいして臣下としてふるまうからだ」という事態を想定したとき、王である個人Aと、臣下である個人B、C、D……との間には、本源的には多様な側面の関係が成立している。不定型で不安定な地域社会という方法的次元において、彼らの関係は、「自由な諸個人の無限の「相互扶養」の連鎖[27]」の一つの局面にすぎず、それらが「王」と「臣下」という関係に収斂する必然性は存在しない。例えばBはAの教師といってもよいような関係を取り結んでいるかもしれないし、CにとってAは友人であるかもしれない。しかし、王AがB、C、D……にとってヘゲモニー主体であるということは、それら多様な側面の関係を捨象した上で、「王」であるAの利害の達成が、「臣下」B、C、D……にとっても同様に利害の実現であり、「王」と「臣下」の関係とは、そのような利益を共有する枠組み(たとえば「王国」)であるという合意が、諸個人の間に成立していることを意味している。

このようにして、ヘゲモニーを行使する主体が、他の主体とどのような関係を取り結ぶか、というその関係の切り取り方自体が、その主体がヘゲモニーを行使しうるか否かを決定する。この方向にグラムシのヘゲモニー概念を拡張し、ある面において徹底化させたのがエルネスト・ラクラウとシャンタル・ムフである。彼らは、ある行為者にとって特定のアイデンティティ（たとえば階級）を本質的なものと考えることはできない、という結論を導き出す。このような観点からラクラウとムフは、ヘゲモニーを、グラムシにおいて依然としてそのように考えられていたようなヘゲモニーの形成に先立ってあらかじめ存在する社会集団（経済的階級）相互の関係として理解するのではなく、逆にヘゲモニー形成を目指す運動が、社会内の諸個人を集団化するような性格のものとして把握する(28)。

本書では、ラクラウとムフに倣って、不定型で不安定な地域社会を一定の範囲内で固定化し、秩序づけることを「分節化」articulation と呼び、そのようにして分節化された関係の内部における諸個人の立場を、「主体位置」subjective position と呼ぶことにしたい。そして、分節化された主体位置間の関係の総体を「制度」と呼ぶ(29)。

こうして形成される制度とは、相対的な安定を意味するにすぎず、絶えず外部から転覆される可能性を抱えているような存在である。しかし、逆に言えばそのような相対的な安定の範囲内においてのみ、権力は行使可能なものとなる。したがって、ある個人に即して言えば、その主体位置は多様であって、何らかの本質にその多様性を還元することはできないが、一方でその個人がヘゲモニー主体たりうるためには、そのなかのある主体位置が選び取られ、そしてそれが他の主体位置との間で決定的な矛盾を引き起こすことのないような関係が形成されなければならない。

問題を具体的に考えてみよう。ラクラウとムフが念頭に置いているのは、黒人運動・フェミニズム・学生運動といった諸種の社会運動に対し、労働者階級、すなわち経済的なものにその本質を還元される社会集団が指導的な主体として立つことはできないという事実であるが、再び本書の課題に直接に関係する先学の議論にひきつけて考えれば、佐々木潤之介の「豪農」論と、それに対する諸種の批判は、まさにこの主体位置の多様性と、ヘゲモニー的権力を実現する制度形成の問題として考えることが可能である。

周知の通り、佐々木は幕末農村社会の基本的な矛盾を、「豪農」と「半プロレタリア」の対立であると考えた。そして、この対立の一方の極である「豪農」は、次のような諸側面を持つ農民として規定される。

〔生産面〕　(イ)普通地主小作関係に基づいて小作人から小作料を収奪することに、基礎をおく地主、(ロ)年季奉公人等を雇って、穀作を主体とした農業を行なう地主手作経営者、(ハ)日雇や短期奉公人等をも雇って行なう商品生産の経営者、(ニ)小生産者から商品生産物を買い占める買い占め商人。

〔金融面〕　(ホ)小生産者にたいして高利貸付を行なう、(ヘ)小生産者との間で、商品の買いつけや、原料・必需物資などの購入を通じて商業活動を行なう小商人にたいしても、高利金融を行なう。

〔村落内〕　(ト)同族団の最有力者、(チ)最大規模の土地保有と経済的基礎とをもっている富裕農民、(リ)村共同体関係の主導的地位にたつ代表者。

〔領主との関係〕　(ヌ)庄屋・組頭等の村役人層、(ル)領主支配の側面と村落内での地位とによって、村内では他の村役人層との間での、村外では他村の村役人や地主・豪農との間での、経済的社会的結合関係をもつ。

そして、「このうち、(ハ)(ニ)(ヘ)以外の諸特徴は、商品経済の発展とは関係なく、もともと地主がもっていた特徴であって、このような特徴をもっている地主を村方地主と呼ぶ」が、「この中で経済的には商品経済の発展に伴なって、(イ)(ニ)(ホ)の特徴をのばす方向で、つまり、商人・高利貸・地主として成長していく」。ところがその成長の過程において、幕藩制的市場構造の特質に規定された限界を持つ豪農の経営は、天保期に下層農民切り捨て〔小作地取り上げなど〕によって経営の再編を行い、切り捨てられた小生産者は、農業生産から切り離された労働力販売者としての「半プロレタリア」層を形成する。こうして「豪農」と「半プロ」の対立が幕末社会の基本的な矛盾であるとされるのである(30)。

佐々木が列挙した（イ）から（ル）までの「豪農の諸側面」は、ある農民が、他の農民あるいは領主との間で、異なった種類の関係を取り結んでおり、その関係の取り方によってその農民は異なった位置を与えられることを示している。これが「主体位置の多様性」である。しかし佐々木は、こうした諸位置の中で、「地主・高利貸」という経済的な規定を本質的なものとして取り上げ、これに対応する「半プロ」との経済的な対立関係を本質的な対立として固定してしまう。

ただし佐々木は現実に発生した騒動の諸要素をすべて「豪農」「半プロ」対立に還元しているわけではない。十八世紀半ば以降の「百姓的世界意識の意識化」が、その延長線上に「世直し」という意識を生んでゆくという、「闘争の論理」のレベルを騒動の発生の条件として検討していることは、佐々木の議論の包括性を極めて高いものにしている(31)。そして、佐々木の「世直し状況論」は、こうした「闘争の論理」の次元を含む包括性の高い議論であったがゆえに、「豪農・半プロ論」という経済的な本質規定との間に矛盾を孕むものとなり、多くの批判を誘発することになったのであった。

その第一は、小農と「村落共同体」の位置づけである。世直し運動の要求は小農回帰要求が基本であり、それに対応して「村落共同体」は否定の対象ではなく維持されるべきものとして運動の論理の中に組み込まれている。これについて佐々木は「半プロが主観的には、小農生産への回帰を強烈な要求としてもっていたにしても、客観的には、村の諸関係から外れた側面をもっている」というように、半プロが主体であることと要求の内容との間に十分な整合性を持った説明を与えることができなかった(32)。

そして第二は、「豪農」の政治的行動は、「豪農」の経済的規定からのみ導出しえないという点である。とりわけ維新期以降の「豪農」の政治的行動を説明するのに、佐々木が維新政権と豪農との政治的な関係を明治二年の時点で外挿し、「豪農の分裂」を論じたことが批判の対象となった[33]。

主として第一の批判を深化させ、「村落共同体」との関係で「豪農」を類型化する議論を展開したものが渡辺尚志の豪農類型論であり[34]、一方、第二の批判をふまえて、組合村・物代庄屋という機構の存在に注目したのが久留島浩の幕領物代庄屋論であった[35]。筆者なりに再解釈するならば、両者はともに、「村落共同体」や「組合村」という制度が、「豪農」の行動を規定すると考えたものといえよう。一人の農民を取り巻く多様な主体位置のなかでどのような側面が支配的なものとして固定されるか（例えば「村役人」対「小前百姓」、「村々惣代」と「村々小前」）。そのうえで、両者によって、彼と他の農民との関係が決まってくる（「村」における「村役人」や「組合村」における「村々惣代」）の間に「同意の組織化」としてのヘゲモニー関係が成立するか、あるいはそれが成立しないか（村方騒動や組合村騒動）が議論されることになるわけである。そこで問われるのは、村役人として、あるいは村々惣代としての一人の農民の行いであって、「前期的資本」としての彼の行いではない[36]。

主体位置の多様性に対応して、社会のなかにはさまざまな制度とさまざまなヘゲモニーが、それぞれ相互に関係しつつ存在している。そのなかのいずれかの制度を取り出して観察することにアプリオリな優位性が認められるわけではない（例えば組合村の大惣代を勤める人物が、親分・子分関係によって多数の手先を組織する人物である、という場合、前者が「制度」であって後者が「実態」であるわけではない[37]。「大惣代―組合村々」も「親分―子分」もともに制度的関係である）。しかし、ある時点で、その中の一つの制度に変容が起きるということは、諸個人の相互関係をこれまでとは異なった形に組み換える必要が生じた、ということを意味する。したがって制度変容は、制度と、これまでその制度の外にあった要素との関係を問題化する。本書で取り上げる「大区小区制」「三新法体制」「明治地方自治体制」といった制度の研究は、通常、近代史研究において「地方制度」史研究と呼ばれる。しかし、近世村落や組合村の研究を「近世地方制度史研究」とは、通常呼ばない。この経験的な事実の示すところは、近世社会における社会関係の分節化のあり方が近代社会とは異なっており、近世社会には存在していなかった制度的領域が近代社会に出現したということである。「地方制度」の存在する社会と、それが存在しない社会は異なった質の社会である。(38)

冒頭で見た猪鼻明順の「今日国家忠臣義士ト言フモノ村吏ノ義務ヲ精勤スルモノニ越ルナシ」という主張は、明治七年の時点において、「村吏」というアイデンティティこそ、彼が他の諸個人との間でヘゲモニー関係を成立させるために選び取った主体位置であったことを示している。しかし実はこの意見書は、その「村吏」の制度的な位置づけの改変を求める内容を持つものであった。(39) そして、「村」と「村吏」をめぐる制度改変が実際に繰り返され、明治二十二年に一定の制度へと収斂したということは、それ以前に存在していたヘゲモニー関係が動揺し、新たなヘゲモニー関係が形成されたこと、その場合の焦点は「村」と「村吏」をめぐる関係の組み換えであったことを意味しているのではないだろうか？　このようにして、村をめぐる制度変容の問題を考えることは、単に社会変化の表層や外被をなぞる作業を意味するのではなく、明治前期の地域社会変容を考える上で決定的な重要性を持つ。

歴史記述の方法として、不安定で不定型な地域社会を前提に置くこと、そのような地域社会における権力とは、「同意の組織化」としてのヘゲモニー以上のものではありえないこと、そして不安定で不定型な地域社会における「同意の組織化」とは、地域社会を分節化し、制度を形成することによって可能となること。以上をふまえる時、本書の課題は、改めて次のように提起されるであろう。明治前半期の繰り返された制度変容と、明治地方自治体制へのその収斂という事態は、それ以前に存在していた社会の分節化のあり方が危機に直面し、社会の新しい分節化が行われ、新しい制度＝ヘゲモニー関係が形成されたことを示唆している。その「危機」とはどのようなものであったのか？　そしてこのような「新しい君主」と「新しい臣下」の出現を可能にした、新しい制度＝ヘゲモニー関係の形成は、社会がどのように再分節化されたことを意味しているのか？

本書の第Ⅰ部は、近世社会におけるヘゲモニー危機を研究の対象とする。第一章「「組合村」から「大区小区制」へ」では、まず「大区小区制」という一つの制度を取り上げ、視点を制度の内部に限定して、その制度内の諸個人の関係がどのような特質を持っていたのかを観察し、制度の機能不全がどのような局面で発生していたのかを明らかにする。次いで第二章「備荒貯蓄と村」、第三章「勧業資本と蚕糸業」では、その制度と外部の関係から、機能不全の発生する原因を考察する。続く第II部では、新しい制度＝ヘゲモニー関係の生成過程とその構造を検討する。第四章「連合戸長役場から「行政村」へ」では、制度の機能不全を解決するために採られた制度改革と新たに形成された制度における諸個人の関係を再び制度内の視点から解明し、第五章「備荒貯蓄と府県会」、第六章「地方税と道路」では、新たな制度とその外部との関係を検討し、そのような制度がヘゲモニー関係たりえた根拠を明らかにしたい。

## 三　先行研究

かくして本書の課題は「明治地方自治体制の起源」である。個々の論点にかかわる先行研究はそれぞれの章に譲ることとして、ここでは「明治地方自治体制」の成立プロセスとその評価の全体にかかわるこれまでの研究について、整理しておきたい(40)。

まず、制度変容の概観を兼ねて、現在、地方自治論の標準的教科書が、明治前期の地方制度形成過程をどのように評価しているのか、その一例を次に掲げる(41)。

日本の地方自治制度の起点は、一八七一年に戸籍法の制定にともなって創設された大区と小区であった。これは歴史的に形成されてきた自然村秩序を無視して行政村としての地方行政区画を設けるものであった。そこには国の役人としての戸長が配された。彼らの多くは地方名望家であった。しかし、この自然村秩序を無視した大区・小区の制度は、まさにそれゆえに機能しなかった。そこで、一八七八年には郡区町村編制法、府県会規則、地方税規則の「三新法」が制定された。郡区町村編制法では、最末端の自然村秩序にあわせて行政村秩序を作ろうとしていたが、府県会規則によって設置された各府県の議会は、自由民権運動の活動家の拠点となり、地域社会の秩序と安定を実現することはできなかった。そのため、地方制度再編の必要が強まり、一八八八年四月には市制および町村制が、一八九〇年五月には府県制および郡制がそれぞれ公布されたのである。……（中略）……明治政府が、この時期を選んで地方自治制度の再編を強行した背景には、目前に迫っていた国会開設にたいする危惧の念があったと考えられる。国会開設は自由民権運動にたいする政治的譲歩の結果であったが、そのことは、国会内へ自由民権派の議員が大量に流入することを意味していた。その場合に、もし安定した地方制度が確立されていなかったら、中央における政争はただちに地方に波及し、まだ揺籃期にある明治国家全体が混乱の渦に巻き込まれることは必至である。それを防ぐ障壁として構築されたのが、明治の地方自治制度であった。……（中略）……名望家層を防波堤として、中央の政争の波紋が自然村的秩序に動揺を与えないようにすることこそ、地方自治制度に期待されていた機能にほかならなかった。

後に見る通り、このような説明は戦後のある時期までに形成された明治前期地方制度史の通説的見解であった。以下このような通説が形成された過程と、それに対する批判が提起される経緯を検討する。

## 1　近代的公法人の成立過程——戦前・戦中の研究

明治地方自治体制の歴史的位置づけについての研究は、中田薫の「徳川時代に於ける村の人格」および「明治初年に於ける村の人格」(42)をその出発点としている。中田はギールケの団体法論を参照枠組として、近世村および町村制以前の町村が、ゲルマン法的「実在的総合人」（「各村民の人格に依て組成され、各村民の人格に依て支持されて居る」(43)）であるのに対し、町村制によって創出された行政村がローマ法的「擬制人」（「各村民の人格と全然分離独立し、各村民と両々相対立するが如き、抽象的人格者」[44]）であるというシェーマを示し、後の研究に大きな影響を与えた。以後、戦前・戦中の研究は、主として中田学説の具体化、あるいは中田学説への批判という形をとって、展開したと言える。

中田学説の具体化に寄与したのは、いずれも東京市政調査会において『自治五十年史』の編纂に関与した亀卦川浩、徳田良治、藤田武夫の三人の研究者である。中田の「実在的総合人から擬制人へ」という図式は、出発点としての近世村と、帰着点としての行政村を無媒介的に比較したもので、市制・町村制は一挙に町村の性格を変容させたものと理解される（中田は市制・町村制を「非歴史的立法」と呼んでいる）。これに対し中田に続いた三人は、いずれも明治初年の制度変容を中田説の視点からどのように位置づけるかを課題とした。

主として亀卦川浩の執筆による『自治五十年史　制度篇』[45]は、大森鍾一文書・中山寛六郎文書を利用して、市制町村制の立法過程を詳細に解明した。亀卦川は戦後も二度にわたって同書を改訂した著作を刊行したが[46]、これら亀卦川の一連の著作は、市制町村制立法過程についての事実関係を明らかにしたものとしては、現在も基本的研究としての位置を占めている。

一方、町村の団体としての性格変容を、「寄合」と「町村会」の二元的構造という視角から論じたのが、徳田良治の研究である。福島正夫・徳田良治の共著論文「明治初年の町村会」[47]において、福島・徳田は、各地の町村会規則を紹介しつつ、「未だ各住民の複多的要素を脱せぬ綜合人たる町村は、又代表機関の樹立によつてその単一性の面を強めてゆく」と、中田説の立場から、実在的総合人に対応する「寄合」形式の代議機構に対し、町村会の設立によって「擬制人」に対応する近代的代議機関が次第に町村に持ち込まれてゆくという見通しを提示した。次いで徳田は、「我国に於ける町村会の起源」[48]「明治初年の町村会の発達」[49]という二つの単著論文でこの問題をさらに追究し、実在的総合人に対応する村寄合は、全会一致原則と、選出される総代に対する寄合参加者＝村構成員による拘束のため、維新後の諸改革の実施の障碍となったこと、それを排除するため、「議員がその議決につき何等町村民の意思に制約されることなく、しかもその議決が町村民一同の議決と同視され之に異議を唱ふることを許されない」という原理を持つ近代的代議機構としての町村会が設立されたこと、その結果町村会で議すべき公的事項と、旧来の寄合が扱う私的事項とが分離されたことを指摘する。このように町村会は、町村内部から発生したものではなく、政府・地方官の政策遂行上の意図から外在的に持ち込まれたものであり、「町村会は決して我国旧来の寄合を改造して作られたのではなく、むしろ外来的に移植され寄合とその機能を分担して来たもの」であるというのが徳田の結論である。

同様の現象を、財政構造の側面から論じたのが、藤田武夫の『日本地方財政制度の成立』[50]である。藤田は、明治初年の制度変容を、「公財政」、すなわち「村なる独立の法人と村民なる自然人との法律的関係によつて成立する近代的な村財政」の成立過程として把握する。藤田によれば、近世の村財政は、「村の財政が、一個の所謂公財政として住民の私経済から未だ完全に独立した存在となつて居」らず、「村民の私経済から独立した一個の経済体たるよりも寧ろ村民の私経済の総合たる性格を多分に備へて居た」。それに対してまず三新法が府県財政に公財政としての性格を与え、次いで、区町村費費目指定を含む明治十七年の地方制度改革によって町村財政が公財政化、そして町村制によって町村財政は「確定的にその独立性を獲得するに至つた」と位置づけられる。しかし、その近代的財政の成立過程は、「国内政治体制の確立と言ふ緊急の要請に迫られて上から与へられた官製的なものであつて、如何なる意味に於ても下からの市町村財政自体の要請に基くものではない」ため、「天降りの官製的性格」「輸入的模倣的性格」を持つものであった、と指摘される。

以上の中田説の具体化を目指した論者に対し、中田学説批判として提出されたのが、戒能通孝『入会の研究』[51]である。戒能によればそもそも近世村は、「行政単位としての村」「生活協同体としての村」の二重性を持った団体であり、前者と後者の分離のプロセスとして明治前期の地方制度変容は理解される。行政村は前者の側面のみを引き継いだものであり、後者は分離されそれ自体として存続したというのが戒能の説明である。

さて、以上のような戦前・戦中期の研究に共通した特徴として、法制史あるいは法社会学研究者が中心となっていることもあって、制度変容の論理が極めて明確に析出されていることが挙げられよう（「実在的総合人」から「擬制人」へ、「寄合」から「町村会」へ、「公私混合経済」から「公経済」へ、「行政単位と生活共同体の一致」から「行政単位と生活共同体の分離」へ）。一般化すれば、明治地方自治体制の形成過程とは、近代的公法人の形成過程であるというのが、彼らの共通した了解であったと思われる。一方で、そのように形成される法人の「近代性」とは、近世村内部から自生的に発生したものではなく、国家によって外部から持ち込まれた点であるという点も、彼らに共通して見られる見解である。

また、個々の制度変容理解について言えば、三新法と十七年改革が、それぞれ近代的公法人化への一階梯として段階的に位置づけられるのに対し、「大区小区制」期が、実在的総合人たる村の性急な否定と、実際にはそれが存続し続けたという矛盾した性格を持つ時期として、例外的にとらえられる点に特徴がある。

## 2　国家・共同体・地主——通説の形成

それに対して、戦後の研究は地方制度の形成過程が統治権力の外在的要求によるものであるという論点を戦前の諸研究から継承しつつ、それが外在的であったがゆえに持った「歪み」を主題として取り上げた。つまり、もはや明治地方自治体制は、単純に近代的性格を持つものとは見なされなくなったのである[52]。

例えばこの時期を代表する論者である大島太郎は、「日本では、制度の形成史はかきえても、本来、語の正確な意味をもつ「近代」地方制度生成史はかきえないのかもしれない」と述べ、明治前期の制度変容が、中央政府の

「統治の要請」によって規定されていることを強調する。その視点からは、「人為的区画」である「大区小区制」こそが「以後の変化を貫く基本線」であり、逆に三新法による町村の法認は、「止むを得ざる処方箋として出されたもの」として例外視される。そして最終的な到達点としての明治地方自治体制においては、「「近代性」が法制度上のみに留まらざるを得ないところから、その運営上においては制度と逆に社会の底辺＝部落共同体に発生する無限な人間関係・そのイデオロギーによって充塡されなければならなかった」として、官僚国家の統治の要請に基づく外在的な制度の近代性が、現実には共同体的諸関係によって支えられる点に特質を見出したのである(53)。

このような理解は、石田雄や藤田省三といった丸山学派の政治思想史研究者によっても共有されていた。石田は寄生地主の支配する「共同体的秩序」を温存して、下からの政治的エネルギーを非政治化し、寄生地主に政治的主体の地位を独占させることによって、国家の安定化を果たすものが明治地方自治体制であると論じ(54)、藤田もまた「一方官僚制的支配装置を社会的底辺まで下降させて制度化するとともに、他方で「隣保団結ノ旧慣ヲ基礎トシ」「春風和気」の「自然ノ部落ニ成立」つものであり、そこに政治的対立を解消せしめて、その基礎の上に国家を政治的にノイトラルな「家屋」として成立させる」点に地方自治制の機能を見た(55)。

また、すでに右の石田の所説から明らかな通り、共同体を通じた支配の実現とは、具体的には寄生地主の共同体支配に国家が依存することを意味している。このような見解に立って、制度変容の時系列的な分析を試みたものが、大島美津子「明治前期地方制度の考察(56)」である。

大島によれば、「大区小区制」期は、「新しい統治区域を通じての権力の極度の集中統一」の時期であり、近世村を否定して画一的・集権的な支配の実現が目指された。しかし、これには無理が伴い、そのため三新法によって、一方では府県・町村の「公共団体化」による部分的な政治参加の実現が、一方では町村共同体秩序を利用する統治の貫徹がはかられた。ところがこの共同体秩序の利用は、「共同体全体が権力に背を向けて反体制的な動きをする危険性を内包」し、明治十七年の改革による戸長の共同体からの切断が実施されるが、それは「あくまでも松方財政下における町村情勢の激化に伴う緊急の措置」であったため、制度的体系化が求められることになり、市制町村制の制定へとつながったとされる。そして町村制施行に伴って行われた町村合併は、寄生地主制の成長によって可能とされたもの、つまり共同体をこえた範囲に利害関係を持つ寄生地主の存在を前提とするものであり、これによって「未解体の村落共同体秩序と近代的中央集権国家機構の結合という矛盾は、国家の要求と地主制のもつ要求の合致の上に町村合併という強行手段によって形式的には一応止揚された」のである。

こうして、国家の意思を地主・共同体を通じて貫徹させる装置としての明治地方自治体制という通説的イメージが形成される。

一九五〇年代から六〇年代にかけて形成されたこのような学説は、戦前の学説と比較したとき、明治地方自治体制を単なる外在的な移入制度と見なさず、それを可能とする条件について考察した点（たとえば、石田雄は「日本型「合意による支配」の基底」という表現を用いている[57]）に特徴がある。その結論が、寄生地主制と共同体的秩序の存在であったことはすでに見た。

しかし一方で、戦前の学説が「大区小区制」期を一種の例外と見なしつつも、三新法→十七年改革→明治地方自治体制という諸画期を、近代的公法人化の過程として段階的に位置づけえていたのに対し、以上のような戦後の論者の所説では、制度変容は、国家がその意思を貫徹させるための試行錯誤過程（「大区小区制」による町村否定、三新法による その再認、十七年改革による再否定と町村制によるその体系化）として提示され、変容それ自体は論理的に構造化されない[58]。こうして、後に荒木田岳が「「大区小区制」＝急進期、三新法体制＝反動期、そして地域での試行錯誤による多様な実践……と、時間（時期）・空間（地域）双方の面において「断絶」によって分綴された制度史[59]」と批判したような状況が生まれることになる。

ただし、こうした状況において、町村の否定・再認・再否定という制度変容と、明治地方自治体制を支えるものとしての寄生地主制・共同体という通説的理解を大枠において共有しつつも、民権運動への対応という軸によって制度変容過程を構造的に把握したものとして、大石嘉一郎の業績(60)が存在する。

大石は明治地方自治体制を、単に官製的・輸入的なものとしてとらえることを批判し、「いかに官製的かつ輸入模倣的であったにしても、それが日本近代国家成立過程の基礎的一環として、日本資本主義の本源的蓄積過程の主要な一支柱として、成立し来ったものである限り、地方自治制が成立して来た国内的条件、それが存立しえた国内的な基礎が、まず解明されなければならない。むしろ、自生的な条件のどのような発展の上に、いかにして官製的自治の設定が必然とされたかが積極的に解明されねばならない」と主張する。具体的にすでに見た通説的論者と大石の所説が異なるのは、否定され、再認され、再否定される対象である町村の性格規定である。大石は町村を単に封建的・前近代的性格のものとは見ず、「村落共同体は、いまだ近代的構成の自治体にはなっていないが、もはや封建領主の支配の手段から小農民の抵抗の手段、すなわち領主的階層構成の末端組織から脱却した小農民の自治組織へと転化しつつあった」と評価する。そのような村落共同体の指導者たる豪農は、「小商品生産者層の生活共同体の指導者でありながら、同時にたえず上昇転化して権力機構に連繫しようとする」という両側面を持ち、国家の地方制度はそれに対応して、豪農＝村落共同体に対する「否定＝対抗」と「維持＝連繫」の両側面を持つとされるのである。そして、その帰着点である明治地方自治体制は、豪農の寄生地主化＝土地所有と農業経営の分離（所有主体と経営主体の分離）を前提として、一方では村落共同体をこえた範囲に行政村を設定し、所有主体を構成基盤とする側面にのみ公法的保護・規制を与え、また一方では従来の村落共同体を私的生活共同体として行政村から切り離し、経営主体を構成基盤とする側面を温存したと指摘される。

豪農は小商品生産者層の指導者としての側面においては自由民権運動の担い手であるから、明治前半期の地方制度の改編は、自由民権運動への対応として跡づけられる（「大区小区制」期の村の否定＝民権運動への抑圧／運動への譲歩としての村の再認と府県会の設置＝三新法／豪農の寄生地主化、運動からの脱落＝寄生地主制を基礎とする町村制）。このような大石の所説は、通説への方法的な次元での批判であると同時に、経済構造・運動・地方制度の三者について整合的・包括的な説明を与えることによって、内容的には制度史的な通説を補強・完成するものでもあった。

大石自身は後にこの方法論を発展させ、行政村成立以後の地方行財政のあり方について「地域的公共関係」論を展開してゆくが(61)、明治地方自治体制成立期についていえば、以後一九八〇年代にかけて、おおよそこの通説的な制度変容像の枠内で研究が進展することになる。地方制度の担い手の「名望家」から新「名望」家＝寄生地主への転換を見出した山中永之佑(62)、愛知県を事例に村と家の関係を分析した神谷力(63)、また広範な比較史的視点から明治地方自治体制の世界史的位置づけを行った山田公平の業績(64)は、それぞれ事実と視点の豊富化には寄与したものの、通説的枠組みを全体として組み換えるには至らなかった。そして、本節冒頭で見た通り、今日なお現状分析家の間では、このような通説的理解が牢固として再生産されているのである。

### 3　通説批判の登場

しかし、このような通説的理解は、一九八〇年代に入ると、いくつかの方面からの新しい研究の登場によって、再検討を迫られることになる。

第一に、有泉貞夫による「地方利益論」の提起である。有泉は、山梨県の政治史の詳細な分析から、治水・道路・鉄道・教育機関といった「地方利益欲求」のコントロールを通じた、県庁・政党による統合が、明治中期に達成されることを見出した(65)。同時に有泉は、明治地方自治体制の統合機能についての「作成者」の「期待」、つまり地方制度史の通説が説くような、共同体と名望家＝寄生地主を媒介とした政治統合の実現の期待を、「余りにも虫のよすぎる期待」として、「一〇年代以降の政治過程の理解に明治地方自治制の統合機能を前提として論を進めることは保留しなければならない」とする。

第二に、鶴巻孝雄[66]、稲田雅洋[67]の両者に代表される負債農民騒擾研究の進展が、（負債農民騒擾など）「民衆運動」の（民権運動に対する）「自律性」論を提起した。ここでは大石が提示するような、豪農民権家の小農民に対する指導の存在が否定され、近代的所有権の理念を受容した民権派と、伝統的諸価値に根ざす民衆運動とは異質な存在として描かれることになる。

以上の二つの研究動向は、いずれも従来の通説的地方制度史研究が依っている前提を問うことによって潜在的に通説を脅かす性格のものであったが、より直接的に通説批判を展開したのが、久留島浩、薮田貫らによって進められた近世地域社会論の成果を、近代史においてどのように評価するかという視点からの研究であった。具体的には、久留島らが近世後期の組合村に自治的・民主的性格を見出したことを受けて、同様に村をこえた組織である「大区小区制」が近世組合村に対してどのような関係にあるのかが問われることになったのである。その詳細については第一章において見る通りであるが、この視角から明治前期の地方制度形成過程全体を見通したのが奥村弘の研究である。奥村の提起した論点は多岐にわたるが、最も包括的な「近代地方権力と「国民」の形成」[68]によって見れば、次の通りである。

奥村が批判の対象とするのは、すでに見た藤田省三の所説である。奥村は、「近世後期に武士身分と他の諸身分の境界領域で新たな状況に対応するかたちで、領域的性格をもつ新たな機構・その運営理念の形成・運営主体の能力向上などが生じ」、近代初頭の地域社会がそれを初期条件としていることを重視する。このような前提に立つとき、藤田のように近代国家形成を権力集中とその脆弱さに起因する補完の必要性という形でとらえることはできず、維新期の国家が掲げた「公論」理念が形成されてきた歴史的な性格が問題とされねばならないと、奥村は主張する。

奥村によれば、維新期の「公論」には、「公論A」すなわち「「公論」そのものを統治者自身の思惟の外にあると考え、それを実態的に保証する機構として議事を制度化」するものの、「「公論」を実現する能力をもつものとしての統治者と、その能力を持ちえないものとしての被統治者が、表裏の関係として位置づけられ」「なお社会は統治と被統治に二元的に分離する編成のもとでとらえられている」ような性格の「公論」と、「公論B」、すなわち維新政権と諸藩の関係における、統治身分集団内での「公論」との二種類の「公論」があり、廃藩置県による身分制の一挙解体によって、「公論B」は消滅、「公論A」が一国の社会編成原理として全面化する。

「公論A」は、「「公論」そのものを統治者自身の思惟の外にあると考え」る点において、「統治身分が公的なものを即自的に代表する近世国制と質的な違いをなす」。これが可能となったのは、近世後期において被統治身分集団の政策作成能力が形成されているからである。この結果、「「公論」の存する社会＝「民」と「公論」を捉え統治を直接に担う「官」というかたちで」全社会が二元的に編成される。

ところが、「統治の担い手を「官」に一元化する以上、地方権力機構を中央権力と質的に異なるものとして位置づけることが原理的にできない。……（中略）……大区小区制下の区戸長は「官」「民」どちらかに入れねばならない存在であり、基底的な地方権力に見合った独自の位置をもちえなかった」。三新法においても十七年改革においてもこの「官」「民」二元的な社会編成原理は貫徹している。それに対して実際の地域社会では、地租改正による村請制解体を受け、多様な個人からなる地域団体であることを前提とする多数決が基底的な地方権力運用に採用されることによって、「固有の権利を持つ人々が、一定の領域をみずからの公共の範囲とし、みずからの権利を基礎とする議会と執行機関を構成、権力運営をはかる」という新たな政治権力の編成原理「公論C」が登場し、「官」「民」二元的原理と対抗関係に入る。

明治地方自治体制による名誉職による義務としての自治なる観念の導入は、「公論C」の一国政治編成原理化を阻止するため、国家の側から地域社会に持ち込まれたものであった。したがって、「明治地方自治制は、藤田の言うような基底的な社会の秩序を国家の制度として整序していくものではない。むしろ基底的な社会に形成されつつある秩序が国家的なものへと転化することを切断するために、これと対抗するかたちで形成されてくる巨大な法体系の根幹のひとつとして導入された」ものであった、というのが、奥村の結論である。

このような奥村の議論は、次の二点を特徴としている。第一に、身分制社会の解体過程という視角を導入したことである。このことによって、明治地方自治体制の形成過程が、一般的に中央集権―地方分権の軸で考えられるのではなく、近世・近代移行期における社会編成原理の転換として論じられることが可能になった。第二に、前近代社会における重層的集団が、国民国家の特定の領域の内部に部分化・領域化されることが、一般的に国民国家形成の不可欠の要素をなすものとして考察されている点である(69)。この問題の近代日本における現われが、「地域団体化」しつつある町村を、一国の社会編成原理として矛盾なく定置することができなかったという点であるとされるのである。

## 4　本書の立場

このような長い研究史に対し、本書は次の三点の立場をとる。

第一に、明治前期の制度的変化の段階性を明らかにするという点において、本書は、戦前の中田薫、徳田良治、藤田武夫らの視点を継承する。とりわけ徳田の町村会論には、近代の代議制が、町村民からの代議員の行動に対する制約を取り除くという点で近世的秩序と断絶しているという指摘など、後の研究で必ずしも深められてこなかった論点が含まれているように思われる。これは、前節で述べたこととの関係では、制度史的な方法論として提示したものと一致する。しかし一方で、研究の現段階をふまえるならば、そのような制度的変化は、単に町村という団体の性格変容としてとらえられるのではなく、社会編成の身分的性格がどのように変化したのかという視点からとらえられる必要があるだろう。この点については、奥村弘の視角を継承する。

第二に、ある制度が現実に存在している以上、それは単に諸個人にとって外在的なものと考えられるべきではなく、諸個人が現実に取り結んでいる関係に規定されていると考える点で、大石嘉一郎の問題提起を継承する(70)。これは、前節で地域社会論という方法論として提示したものと一致する。しかし、すでに民衆運動史の研究成果によって、自由民権運動を当該期における地域住民全体の動向を規定するものとして考えることは不可能であり、民権運動への対応としてのみ制度変容を理解することはできないと思われる。

第三に、そのような変化をもたらした具体的な要因として、有泉の地方利益論、鶴巻・稲田らの民衆運動論、奥村の地方制度論の三者の解明した事実の相互関係を検討する。現状においては、結果としてそれぞれが相互に問題点を指摘する関係にあると、筆者は考えている。

まず有泉の地方利益論については、奥村弘がすでに、「資本主義生産の発展のもとでの地域利益実現過程は、一地域全体にとって利益と考えうるものであっても、個別の部落・個人にとっては、宮谷村のように基本的な生活や生活《ママ》の破壊と伴って進行する」「もし著者が「地方自治制」の機能を否定されるのならば、地方利益誘導を支え、それが生起させる矛盾を押え込み、地域を構造的に安定させるしくみをはっきり提示する必要がある(71)」という批判を加えているように、交通や学校といった個々の政策が「地方利益」たりうるためには、なんらかの制度的要因がその条件となるのではないか、という問題がある。

一方、近代的諸価値が民衆の意識と対抗的関係にあることを明らかにした民衆運動史研究は、一九九〇年代を通じて国民国家論へと転回し、そのような近代的諸価値は、最終的には国家によって民衆が「国民」へと規律・訓練されることによって定着するという研究動向を生んだ。このようにして、本来的には、明治政府と全人民の利害を体現する民権運動の間に原理的な対立が存在するという「単純な図式」を排し、「地域社会にそれぞれの原理の担い手（社会層）を生み出して厳しい葛藤を現出する」点を指摘したものであり、「民衆一般を自由民権運動の大衆的（ときには国民的）基盤としたり、自由民権運動は底辺民衆の課題を共有しなければならない、とする時代像を批判[72]」するものであったのにもかかわらず、結果として、あえて単純化すれば、今度は原理的な対立軸が、政府・民権運動対民衆運動の間におかれることによって、新たな二元論的図式へと回帰してしまったかに見える。このような国民国家論の持つ問題性についてもやはり奥村弘が、「近代国家はなぜ国民国家という形態をとるのか」という問いに答えないと批判している通りである[73]。

しかし奥村の地方制度論は逆に、民衆運動史の提起した問題に充分答えていないという問題を抱えている。つまり、奥村は近世後期以来の地域社会における代議制原理の成長の延長線上に、明治初年の町村の「地域団体化」を見通し、それと官僚―国家との対立に明治地方自治体制の成立要因を求めるのであるが、地域社会内部の原理的な対立の様相を明らかにした民衆運動史の成果をふまえるならば、果たしてそのような「地域団体化」が、葛藤なく達成できたのであろうかという疑問が生じる。

これらの諸点を整合的に位置づけられるような制度変容の説明が、先行研究との関係における本書の課題となる。

（1）「鈴木（庸）家文書」（埼玉県立文書館寄託）六一七五。

（2）「社会的分業と交通」という対概念は、いわゆる市民社会派マルクス主義に由来するものであり、交通 Verkehr は「さまざまな諸個人が特定の社会的形式において相互に物質的・精神的に交わり通ずること」（平田清明『市民社会と社会主義』、岩波書店、一九六九年、八一頁）を意味する。したがって、本書で言う方法的な意味での「地域社会」は、市民社会派マルクス主義における、最も広い意味での「市民社会」、すなわち「歴史貫通的な人間の行為の領域」である「「生命と人間関係の世代的再生産」の領域」（東條由紀彦『近代・労働・市民社会』、ミネルヴァ書房、二〇〇五年、二二頁）としての「市民社会」の概念と重なりあうものである。しかし、本論中で述べる通り、本書においては「市民社会」概念は、「政治社会と市民社会の分離」という文脈において、実体的概念としての含みをもって（すなわち「近代的市民社会」の意味において）使用するため、ここでは混乱を避けるため「市民社会」ではなく「地域社会」と呼ぶ。あるいは、より端的に、このような方法視座を「人間の結合様式」としての「社会」Gesellschaft（平田清明、前掲書）と呼ぶことも可能であるが、人間の結合の諸関係の空間的広がりを想起させ、そのことによって国家・府県・市町村といった種々の実体的空間を相対化するという意図からも、また後述する諸先学の議論との関係からも、「地域社会」と称するのが適当であると判断した。

(3)　森正夫「中国前近代史研究における地域社会の視点」（『名古屋大学文学部研究論集』史学二八、一九八二年）。

(4)　山田賢「中国明清時代史における「地域社会論」の現状と課題」（『歴史評論』五八〇、一九九八年）。

(5)　岸本美緒『明清交替と江南社会』（東京大学出版会、一九九九年）。

(6)　繰り返すがここで社会を不定型・不安定なものとして把握するのは、あくまで抽象的・方法的レベルにおいてであって、実際の変革期の社会において、諸個人のアトム化や社会関係における不確実性の増大が実在したことを直ちに意味するわけではない。例えば須田努は、近代移行期を「万人の戦争状態」として描写するが（『「悪党」の一九世紀』、青木書店、二〇〇二年）、本論において提示するように、筆者はこれとは異なった理解を有している。逆に言えば、一見安定した社会に見えても、その基底に不定型で不安定な社会を想定することが、地域社会論の方法なのであって、それは移行期研究に固有の方法ではない。しかし岸本が明清交替期の江南社会を対象としてこのような立論をしていることからも知られる通り、移行期研究においてとりわけ意味を持つことは確かである。

(7)　マルクス『資本論（一）』（岡崎次郎訳、大月書店、一九七二年）、一一一頁。

(8)　渡辺尚志『近世の豪農と村落共同体』（東京大学出版会、一九九四年）、一八頁。

(9)　平川新『紛争と世論』（東京大学出版会、一九九六年）、二〇八頁。

(10)　吉田伸之「社会的権力論ノート」（久留島浩・吉田伸之編『近世の社会的権力』、山川出版社、一九九六年）。

(11)　この点は、吉田伸之「地域把握の方法」（歴史学研究会編『現代歴史学の成果と課題Ⅱ　国家像・社会像の変貌』、青木書店、二〇〇三年）においてより明瞭に主張されている。吉田はこの論文のなかで、板垣雄三の「n地域論」の解釈問題として、次のように述べている。「n地域とは、近代化、帝国主義、現代社会あるいは現代化の過程における地域社会把握の方法、あるいは「操作概念」として有効なのであって、こうした限定的、あるいは操作的な用い方をするところに意味がある。板垣が指摘するように、近代世界こそが「人々が自ずと安住していられた地域（生活圏、生活世界）」を打ちこわし、n地域へと解体したのである。逆にいえば、前近代＝伝統社会において、地域は実体あるものとして、地域＝生活圏・生活世界を基礎に概念化しうると板垣は考えていることになろう」。吉田は「n地域」を帝国主義・現代社会の分析に固有の方法として限定し、前近代社会における「実体ある」地域をそれに対置するのである。「n地域論」自体の解釈にはここでは踏み込まないが、この吉田の所説との対比で言えば、「n地域論」を、前近代社会へも拡張してとらえたものが、筆者の言う「方法としての地域社会論」であるということもできる。なお、「n地域論の限定」をめぐっては、町田哲が「地域史研究の新地平」（『部落問題研究』一六六、二〇〇三年）において、吉田の「実体としての地域」論が、「地域の再生・創造と、地域把握ということが緊密な関連をもって示されている点」を特徴としており、「nを多様に設定することだけでは、様々なレベルの「問題群」を指摘しているにとどまり、生活世界の再生には不充分である」が故にn地域の「限定」がなされると述べている。そうであるとすればこの問題は、究極的には、「実体としての地域」は「再生」し得るか、あるいは「実体としての地域」を「再生」させることは積極的な意味を持つか、という実践的課題に関連している。

(12)　平川や薮田にそれが全くなかったわけではない。たとえば薮田が、国訴における惣代に対する委任のあり方（「国訴惣代制」）を、既存の村落組織を基点とする点で、一個の市民を基点とする近代国家の代議制と比較して「代議制の前期的形態」と呼んだこと（薮田貫『国訴と百姓一揆の研究』、校倉書房、一九九二年）、あるいは平川が、前記の引用に続いて、「「地域」は多元的重層性をおびるが、対他的関係のなかでは、村レベルでの結合関係が中核的な位置を占めるケースが少なくない。他局面における共同性が、村レベルでもっとも分厚い層を形成するからであろう。だが、共同性を統合する社会的契機が、このレベルでもっとも強くはたらいた、という要素も見逃すわけにはいかない。とりわけ行政村としての区分は、村役人に行政統合の責務を負わせたものであった」といったように村の基軸性を指摘していること（平川、注(9)前掲書）などである。

(13)　実際には吉田の「社会的権力論」は、吉田自身の都市社会構造研究を通じて得た知見を農村社会の分析に応用する、という性格を持つ仮説である。

(14)　薮田貫「近世の地域社会と国家をどうとらえるか」（『歴史の理論と教育』一〇五、一九九九年）。

(15)　塚田孝「身分的周縁と歴史社会の構造」（久留島浩・高埜利彦・塚田孝・横田冬彦・吉田伸之編『シリーズ近世の身分的周縁6　身分を問い直す』、吉川弘文館、二〇〇〇年、所収）。

(16)　塚田孝「歴史学の方法をめぐる断想」（『市大日本史』二、一九九九年）。

(17)　塚田、注(15)前掲論文。

(18)　「シンポジウム　討論　身分を問い直す」（注(15)前掲書、所収）。

(19) 往々にしてその「全体」は、無自覚的に国民国家が念頭に置かれている。ただし、相対化されなければならないのは国民国家の実体性のみではない。羽田正「「有用な歴史学」と世界史」(『UP』四〇〇、二〇〇六年)は、「世界の一部だけを取り上げてその歴史を時系列的に記す作業」は、その一部分の実体化に協力する「イデオロギー」であるとして、「世界全体を一つの単位とする歴史、すなわち世界史」が必要であると主張する。実体的な「地域」を拡大して、(少なくとも今のところ知られている最大規模の地理的空間である)「地球」にまでそれを広げればイデオロギー性を持たずにすむというのは、「グローバリズム」がまさにイデオロギー的闘争の課題として浮上している今日、あまりに素朴な「世界史」であると言わざるをえない。

(20) 塚田、注(16)前掲論文。

(21) もちろん、諸個人の関係の変化の総体というものは確かに存在する。しかもその変化とは、その社会の分節化の様態に影響され、空間的な偏差を伴う(たとえば、A地点で起きた変化は、別の県のB地点でも観察される可能性は高いが、北海道のC地点で同様の変化が観察される可能性はより少なく、朝鮮半島のD地点ではおそらく皆無である)。一つの国民国家レベルで一つの変化が生じたように見えるのは、そのためである。

本書の記述は、ある場合には中央政府における政策過程の記述であり、またある場合には、特定の村や村々における変化の記述である。このことからあるいは、本書の記述もまた、国民国家レベルでの変化の総体を、特定の「地域」を「例証素材」として取り上げて解明するような歴史記述であるかのように受け取られるかもしれない。そのような読解を敢えて拒絶することはできないが、筆者はむしろ、一つの変化の総体を、異なった地点から観察することによって、その変化の質を明らかにすることを意図している。

(22) 山崎功監修『グラムシ選集　第一巻』(合同出版、一九六五年)、一四七頁。

(23) 同上。

(24) 同上書、二〇七頁。

(25) 東條、注(2)前掲書、二三頁。

(26) 注(2)参照。ただし、グラムシの「政治社会」「市民社会」概念についてはさまざまな解釈が存在する。ノルベルト・ボッビオは、マルクスの「市民社会」概念が経済的土台に属するのに対して、グラムシの「市民社会」概念は上部構造に属し、「政治社会」と「市民社会」が上部構造の二領域を構成すると解釈する(小原耕一・松田博・黒沢惟昭訳『グラムシ思想の再検討』、御茶の水書房、二〇〇〇年)。これに対して竹村英輔は、グラムシにおける「政治社会」「市民社会」の区別を方法的なものと考え、グラムシの「市民社会」はマルクスにおける経済的諸関係と、グラムシの時代に固有の重要性を帯びる上部構造内の諸関係

（政党・結社など）を包括するものであると解釈し、それはマルクスが政治批判の基礎にすえた「人間の社会的諸関係」の概念を引き継ぐものであると位置づけている（『グラムシの思想』、青木書店、一九七五年）。断片的なグラムシ「獄中ノート」の解釈それ自体は専門家でない筆者の到底及ぶところではないが、本書の「地域社会」概念と重なり合う「市民社会」概念とは後者の解釈に基づく。すでに注（2）で述べた通り、本書では政治社会と実体的に分離された市民社会を問題にする意味から「地域社会」と「市民社会」を別個の概念として扱っているが、付言すれば、「政治社会」と「市民社会」が実体的に区別されている近代社会において、あえてグラムシが（あるいは初期マルクスが）方法的に「市民社会」概念を使用するのは、「政治社会の市民社会への再吸収」が実践的課題となっているからである（竹村前掲書）。

(27) 東條由紀彦『製糸同盟の女工登録制度』（東京大学出版会、一九九〇年）、九頁。

(28) Ernesto Laclau and Chantal Mouffe, *Hegemony and Socialist Strategy*, 2nd edition, London and New York, 2001（山崎カヲル・石澤武訳『ポスト・マルクス主義と政治』、大村書店、一九九二年）。

(29) こうした「制度」の概念は、ニクラス・ルーマンのそれと近接するものでもあろう。ルーマンの定式化に従えば、制度とは、第三者の予期によって抗事実的に支えられる予期である。権力問題に即せば、BがAに服従することを、第三者が一般的に予期しているとBが予期することを通じて、BのAに対する服従は安定化される。この際、一回BがAに服従しなかったからといって、Bが第三者の予期について有する予期（だれもがBはAに服従するであろうと予期すること、とBが予期すること）は揺るがない（抗事実性＝規範性）。これは社会の複雑性を「縮減」し、社会関係を予期可能なものとする手段である（ルーマン、村上淳一・六本佳平訳『法社会学』、岩波書店、一九七七年）。

(30) 佐々木潤之介『世直し』（岩波書店、一九七九年）、一六―一八頁。

(31) 同上、一九七―一九九頁。

(32) 久留島浩『近世幕領の行政と組合村』（東京大学出版会、二〇〇二年）補論6「「世直し」をめぐって」（初出は一九八一年）。

(33) 同上。

(34) 渡辺尚志『近世村落の特質と展開』（校倉書房、一九九八年）第五章「幕末維新期村落論への視角」（初出は一九九二年）。

(35) 久留島、注(32)前掲書。ただし、久留島の言うような「組合村・惣代庄屋」制が、近代社会を準備する要素であるという点に関しては筆者は否定的である。この点に関しては本書第一章および筆者の注(32)前掲書に対する書評（『史学雑誌』一一三―三、二〇〇四年）を参照。

(36) 渡辺を始めとして、「村落共同体」を重視する論者は、土地所有に対する「村落共同体」の規制の強さを強調するが、これは経済的関係がそれ自体として存在するわけではなく、「村落共同体」という社会関係が支配的なものとしてまず存在し、その関係に規定される形で土地所有（地主制の展開も含めて）が展開するという理解が存在するからである（最近の代表的な成果が、舟橋明宏『近世の地主制と地域社会』、岩田書院、二〇〇四年）。また、繰り返して言えば、佐々木の「百姓的世界意識の意識化」論はすでにこの水準において、「百姓」なる主体位置の重要性を指摘したものであった。

(37) 坂本達彦が紹介した玉村宿寄場組合三右衛門の場合（坂本達彦「改革組合村道案内の活動」、『ぐんま史料研究』二二、二〇〇四年）。

(38) 厳密に言えば、「地方」なる制度的領域が成立するのは、明治十一年のいわゆる「三新法」によってである。この点については、「地方の誕生」という論点を明示した渡邉直子「「地方税」の創出」（高村直助編『道と川の近代』、山川出版社、一九九六年、所収）が重要である。詳細は本書第四章参照。

(39) 本書第一章参照。

(40) 石川一三夫「村落二重構造論の形成と展開」（『中京法学』三七―一・二、二〇〇二年）は、村落二重構造論という視角から、戦前以来の諸論者の地方自治論の位置づけをはかったものである。必ずしも明治地方自治体制形成史に限定された研究史整理ではないが、本書における整理は同論文から多くの示唆を受けている。

(41) 新藤宗幸・阿部斉『概説日本の地方自治　第二版』（東京大学出版会、二〇〇六年）、三頁。

(42) 中田薫『法制史論集　第二巻』（岩波書店、一九三八年）。初出は一九二〇年および一九二七年。

(43) 同上書、九八五頁。

(44) 同上。

(45) 良書普及会、一九四〇年。

(46) 亀卦川浩『明治地方自治制度の形成過程』（東京市政調査会、一九五五年）、同『明治地方制度成立史』（柏書房、一九六七年）。

(47) 『国家学会雑誌』五三―四、五、六、一九三九年。

(48) 『都市問題』三一―四、一九四〇年。

(49) 『法律時報』一四―六、一五―一、一九四二・四三年。

(50) 岩波書店、一九四一年。

(51) 日本評論社、一九四三年。

(52) おそらくそこには戦後改革の位置づけについての認識が横たわっているのであり、乱暴に言えば戦前・戦中における「超克すべき近代」から、戦後における「未だ実現されていない近代」への、知識人の「近代」観の転回（小熊英二『〈民主〉と〈愛国〉』、新曜社、二〇〇二年）があると想定される。
(53) 大島太郎『日本地方行財政史序説』（未来社、一九六八年）。
(54) 石田雄『近代日本政治構造の研究』（未来社、一九五六年）。
(55) 『藤田省三著作集1　天皇制国家の支配原理』（みすず書房、一九九八年）二八頁。初出は一九五六年。
(56) 『東洋文化』二二、二三、一九五七年。のち大幅に加筆・再構成されて、大島美津子『明治国家と地域社会』（岩波書店、一九九四年）。後述する新しい研究動向を踏まえ、「大区小区制」期に関する評価を修正している。詳細は本書第一章「はじめに」を参照。
(57) 石田、注(54)前掲書、一〇三頁。
(58) 地方制度のみを論じているわけではないが、藤田、注(55)前掲書が、帝国憲法制定前後の「天皇制国家確立」期と、明治二―三年の形成期とを比較し、「事態の思想的連関」は「驚くべく符合」していると述べている（一三七頁）点はこのような思考の特質をよく示している。藤田はこの二つの時点の間には「維新の第二段階たる廃藩置県とその後の啓蒙時代、さらには民権運動が、それぞれの方法を以て維新当初の集中形態に対抗して恐らく立ち現れ」、「維新当初の危機対処方法が、より高度に再生産されて制度の次元に高昇する」と見通しを述べているが、藤田の論文「天皇制国家の支配原理」は未完に終わり、この中間の時期についての藤田の見解はついに表明されなかった。
(59) 荒木田岳「「大区小区制」下の町村合併と郡区町村編制法」（『史学雑誌』一〇八―八、一九九九年）。
(60) 大石嘉一郎『日本地方財行政史序説』（御茶の水書房、一九六一年）、同「地方自治」（『岩波講座日本歴史16　近代3』、岩波書店、一九六二年、所収。のち同『近代日本の地方自治』、東京大学出版会、一九九〇年、収録）、同『近代日本地方自治の歩み』（大月書店、二〇〇七年）。
(61) 大石嘉一郎・西田美昭編『近代日本の行政村』（日本経済評論社、一九九一年）。
(62) 山中永之佑『近代日本の地方制度と名望家』（弘文堂、一九九〇年）。ただし同書において山中は、後述する「大区小区制」研究の進展を受けて、「大区小区制」下における村の否定という事実については自説を修正している。
(63) 神谷力『家と村の法史研究』（御茶の水書房、一九七六年）。
(64) 山田公平『近代日本の国民国家と地方自治』（名古屋大学出版会、一九九一年）。
(65) 有泉貞夫『明治政治史の基礎過程』（吉川弘文館、一九八〇年）。

(66) 鶴巻孝雄『近代化と伝統的民衆世界』（東京大学出版会、一九九二年）。
(67) 稲田雅洋『日本近代社会成立期の民衆運動』（筑摩書房、一九九〇年）。
(68) 『歴史学研究』六二八、一九九二年。
(69) この点を主題として扱ったのが、奥村弘「「近代日本」認識の方法としての国民国家論と地方自治」（『人民の歴史学』一二六、一九九六年）。
(70) すでに触れた通り、大石は注(61)前掲書において、このような方法を「地域的公共関係」論として定式化している。しかし筆者は、「公共」なる語の多義性を考慮し、「地域的公共関係」概念を使用することはしない。つまり、近世村における共同性のあり方を「公共性」と呼ぶことは、「公共性」概念の無限定な拡散を生むおそれがあると考えるのである。この点については東島誠『公共圏の歴史的創造』（東京大学出版会、二〇〇〇年）、二四一頁の指摘を参照。
(71) 奥村弘「書評　有泉貞夫『明治政治史の基礎過程』」（『日本史研究』二六七、一九八四年）。
(72) 鶴巻孝雄「近代成立期中間層の思想形成について」（『歴史評論』四九九、一九九一年）。
(73) 奥村弘「国民国家もしくは「近代」の形成をめぐって」（『新しい歴史学のために』二二〇、一九九五年）および奥村、注(69)前掲論文。

# 第I部　近世身分制社会におけるヘゲモニー危機

# 第一章　「組合村」から「大区小区制」へ

## はじめに

本章の課題は「大区小区制」の制度史的研究である。本書は全体として制度的なものへの関心によって規定されているが、本章および第四章は、特定の制度内部における諸個人の関係に視点が限定されるという点において、狭義に制度史的方法に基づく。

明治前期の地方制度をめぐる近年の研究動向において、とりわけ議論が集中したのがこの「大区小区制」であった。府県を大区に、大区を小区に分割し、それぞれに番号を付すというこの制度は、一見すると極めて整然と人為的に創出されたかのような印象を与え、研究史上の通説も長くこの印象に沿うものであった。「旧村埋没論」(1)とも称されるこの立場は、おおよそ以下の三点によって構成される。①「大区小区制」は、近世の町村を否定して作られた、中央集権的・官僚的な統治機構である。②しかし実際には、府県は統治の都合上町村を利用せざるをえなかった。③その矛盾を解決するため、三新法によって、町村を再び地方制度の中に位置づけた。この主張は、戦前の福島正夫・徳田良治「明治初年の町村会」(2)にはじまるものであるが、戦後大島美津子(3)、大島太郎(4)、大石嘉一郎(5)らによっても踏襲され、通説化した。

ところが一九八〇年代に入ると、この通説に対して批判が相次いで提出される。その契機となったのが七〇年代—八〇年代の近世地域社会論の進展、とりわけ久留島浩による幕領組合村—惣代庄屋制研究であった。久留島は近世後期の幕領組合村—惣代庄屋制が、代官所支配にとって不可欠な支配下請機能（「御用」）を担う一方で、組合村々の訴願闘争の組織などの「惣代」機能を持ち（「惣代」性）、「自治的」・「民主的」な性格を持っていたことを明らかにしたが[6]、このように村をこえたレベルにおける「惣代」性の「発見」は、近世の組合村と明治初年の「大区小区制」との関係という論点を提起したのである。以下に述べるような研究の進展の結果、今日までに少なくとも「旧村埋没」という事態は「大区小区制」の評価として妥当しないことがほぼ明瞭となっており、かつて通説を主導した論者たちも部分的に自説を修正するに至っている[7]。

茂木陽一は、各府県の区長・戸長の職務規定を分析し、戸長というポストの設置レベルに注目する。戸長の設置レベルが町村である場合は、町村は府県によって行政区画として認められているといえるが、小区など町村より広い範囲に戸長の設置レベルが設定されている場合は、町村は行政区画としては位置づけられていないことを指摘した上で、町村に戸長が置かれている事例が少数とはいえないことを示すことによって、「旧村埋没論」を批判したのである。同時に茂木は、戸長の設置レベル如何にかかわらず、「戸長」である限り、それは準官吏として位置づけられ、行政吏員として県の人民支配機構に組み込まれるのであり、近世の村役人がもっていた町村の代表者としての性格からますます疎外されていく」と、「惣代」の官僚化、「惣代」性の剝奪という方向で近世組合村と「大区小区制」の関係をとらえた[8]。さらに茂木はこの結論から、明治六年の新政反対一揆、明治九年の地租改正反対一揆の構造を分析し、戸長の「惣代」性剝奪が民衆の「日常的なレベルでの異議申立てが閉塞される状況」を生み、戸長攻撃という形で一揆が発生するという議論を展開している[9]。

茂木の「戸長」ポストへの着目という視角を引き継ぎながら、さらにそれを「旧村埋没論」の再評価へと結びつけたのが荒木田岳の研究である。荒木田はまず「大区小区制」の形成過程の検討から、それを近世組合村とは異質な、「連合事務による経費節略のための他律的な「事務処理共同体」」と把握し、「大区小区制」期の町村合併を考慮すると、旧村に一戸長という事例は少数であり、「「大区小区制」下で「旧村」が「埋没」させられていくという旧来の見通しは、政府内務省側の意図としては、依然正しい」と主張する。(10)

おなじく区戸長官僚化論に立つ三村昌司は、兵庫県の場合について、区長の「官吏化」は、「合議体制のなかの調整役的な役割」へその職務の重点が移ることによって実現され、それは「地域社会の合意から政治を組み立てていく」という兵庫県令神田孝平の路線に沿ったものだったと論じている。(11)財政構造の面から山口県の場合を検討した矢野健太郎も、明治七年の山口県の「緯租」制度が近世の入用構造の再編の結果として成立する経過を詳細に解明し、その方向を「官僚制的性格」への変化ととらえている。(12)

これらの所説は共通して、「大区小区制」期に、村役人や組合村惣代が府県の下級行政官僚化してゆく方向性を見出している。しかし、制度をあくまで諸個人の相互行為の結果として見る本書の立場からすれば、これらの「区戸長官僚化」論も、以前の「旧村埋没論」と同様に、政策意図から制度形成を説明しているという点に問題がある。区長や戸長といった主体位置が、制度を構成する諸個人にとってどのようなものとして了解されていたのかが、諸個人の行動に即して解明されねばならない。三村の言う「地域社会の合意」の構造こそが問題となる。

また、奥村弘は、身分制の一挙解体、統治者＝官、被統治者＝民という二元的地域編成の形成を「大区小区制」期から三新法期にかけての基本的動向とした上で、当初は近世的中間機構と同様に村々の連合体として存在していた小区が、「官僚的な中間行政機関」に改変されてゆく過程、すなわち官・民二元的地域編成の中で中間機構が「官」の側に整序されてゆく過程として、「大区小区制」期を位置づけた。奥村によれば、このような中間機構の官僚機構化（その延長線上に三新法による郡役所設置が位置づけられる）は、区戸長が官吏としてふるまいながら、他方個別利害の追及者であることから生じる「不正」への対応である。この時期の町村は、内部においては地域一般の利害を基礎とする、地域住民の公共的な社会結合へと変容しつつ、町村相互の関係においてはそれぞれに私的利害を持つ団体であったがゆえに、中間機構レベルにおいては地域社会内部から村々の対立を調停する主体を持つことができず、その結果中間機構の官僚化がもたらされたと奥村は主張する(13)。

一方、地租改正研究から地方制度研究へアプローチした奥田晴樹は、地租改正の終了まで村請制村落が存続する以上、近世村が区に埋没することは税法上ありえないとして「旧村埋没論」を批判した(14)。このことは当該期の諸個人の関係が、村請制村落における相互の主体位置として分節化されざるをえない状況に置かれていることを意味している。この奥田の指摘をふまえると、地租改正の終了以前においては、奥村の言う村々相互の関係のみならず、村内部においても諸主体が村請制的・身分制的な規定を強く受けることが想定され、「大区小区制」の機能不全と三新法への移行も、このような観点から問い直される必要があろう。

以上を念頭に置き、本章では第一に、直轄県設置から廃藩置県前後の時期の、組合村再編過程を検討する(15)。「大区小区制」形成の直接の契機となるのは、明治五年の二つの法令（荘屋・名主・年寄を戸長と改称する四月九日の太政官第一一七号、区長・副区長を設置する十月十日の大蔵省第一四六号）であるが、直轄県設置と廃藩置県の結果として、近世期の組合村秩序は、少なくとも同じ地理的範囲のままでは「大区小区制」へは接続しえない。したがって、地理的範囲の変化にもかかわらず両者が質的に同一のものとみなしうるか否かが検証される必要がある。次いで、「大区小区制」の制度的特質を、区戸長民会との関連で考察する。区戸長の「惣代」性あるいは「官僚」性をめぐる問題が端的に表れるのは、区戸長が代表としてふるまうことを求められる民会の場であることが予想されるからである(16)。区戸長民会における区戸長の代表性の質的性格を明らかにすることによって、当該期の区戸長がいかなる地位として制度に位置づいていたのかを解明する。

# 一　「大区小区制」の形成過程(1)――前橋藩川島組から入間県第一大区七小区へ

## 1　川越藩―前橋藩の組合村制

第一に検討するのは、幕末期の川越藩・前橋藩において「川島組」と呼ばれた四十二ヶ村である（図1―1）。この地域は、地理的には荒川、市ノ川、越辺川に囲まれた一体性を持ち、現在の埼玉県比企郡川島町にほぼ相当する。近世前期以来川越藩領と若干の幕領・旗本領で構成されていたが、明和四（一七六七）年川越藩主秋元氏の転封に伴い、秋元領にとどまった村々と、新川越藩主の松平大和守領となった村々とに分かれ、その後文化八（一八一一）年と弘化二・三（一八四五・四六年）年に幕領・旗本領が松平大和守領に、天保三（一八三二）年、天保十二・十三（一八四一・四二）年の二回にわたって秋元領が松平大和守領に領知替えとなり、四十二ヶ村の枠組みが成立する。[17] 慶応二（一八六六）年に松平家は川越から前橋に移城するが、引き続き同家の領分にとどまった。

この地域に組合村が設定されたのは文政十（一八二七）年のいわゆる関東の「改革組合村」の設置に際してであるが、本来的には、改革組合は御料・私領の別なく設定されることになっていたのに対し、川越藩では、水戸藩・小田原藩などとならんで、川越藩領村々限りの組合村設定を認められていた。[18] したがって、後年の川島組四十二ヶ村のうち、この時点で秋元領あるいは幕領・旗本領に属する村々はこの川越藩領限りの組合村には編成されていない。天保・弘化の三度にわたる領知替えの度ごとに新たに組合村に加えられることになる。

この組合村の運営については、戸森麻衣子による研究がある。[19] 戸森によれば、組合村は大組合（＝川島組）の下に複数の小組合が含まれるという重層構造であり、大組合には頭取名主（複数）、小組合には小組合惣代が役員として置かれていた（安政元（一八五四）年時点の編成が表1―1）。いずれも居村名主との兼帯である。財政面においても、

図 1-1　川島 42ヶ村

注）（村名）は川島組以外（他領）の村々.

**表 1-1**　安政元(1854)年の川島組と役員

| 大組合惣代 | 小組合惣代 | 小組合村名 |
|---|---|---|
| 田中三左衛門(三保谷宿)<br>猪鼻茂左衛門(角泉村) | 鈴木久兵衛(宮前村) | 上新堀村，宮前村，紫竹村，白井沼村，平沼村，出丸中郷 |
| | 田中三左衛門(三保谷宿) | 三保谷宿，牛ヶ谷戸村，山ヶ谷戸村，表村，吉原村，畑中村 |
| | 又十郎(下小見野村) | 上小見野村，下小見野村，谷中村，梅木村 |
| | 間下兵三郎(一本木村) | 中山村，一本木村，虫塚村，加胡村，松永村 |
| | 渋谷熊造(西谷村)<br>猪鼻茂左衛門(角泉村) | 角泉村，上狢村，下狢村，西谷村，曲師村，釘無村 |
| | 鹿山兵右衛門(飯島村) | 上伊草村，下伊草村，伊草宿，飯島村，安塚村 |
| | 田中助太郎(下八ツ林村) | 上八ツ林村，下八ツ林村，鳥羽井村，鳥羽井新田，大塚村 |
| | 道祖土利左衛門(吹塚村) | 長楽村，戸守村，南園部村，吹塚村，正直村 |

出典）「鈴木（庸）家文書」，11073.

「領中平均割」（川越藩領全体）―「大組合割」―（「小組合割」、明治元年以前は存在が不明）という、各レベルに応じた地域的入用のシステムが成立していた。

ここで注意すべきは、この地域的入用の性格である。大組合レベルの財政を考えた場合、そこで計上される費目は戸森が述べるように、「平均割」の当該大組合負担分と、大組合レベルに固有の支出が想定されるが、安政期まで、算用はそれぞれ（平均割も費目別に）別帳面で行われていた。文久以降、たとえば「見張番所人足賃、御上京夫役賃銭、前橋表御継立人馬、同処持通人馬、右四口賃銭其外諸入用割合帳」[20]といったかたちで、複数費目の同時算用が行われ、同時に大組合固有の支出もここに計上されるようになるが、これも列挙的なタイトルが示すように、あくまで便宜的な同時処理にすぎない。すなわち、恒常的な一般会計が成立しているわけではなく、組合村は領主からの夫役負担が生じたときにそれを処理するために参会・算用するという性格を強く帯びている。また支出内容についてみると、すでに述べた通り平均割費目はすべて領主からの夫役負担であり、大組合固有の支出はたとえば表1―2のようになる。請書の提出、御用のため川越出勤の際の費用など、いずれも領主との関係において発生した費用である[21]。以上の諸事実は、川島組という組織の性格が対領主関係に基軸を置いたものであるということを示す。これは組合自体が川越藩手限で設定されたものである以上当然なのであるが、組合に所属している村々の側から見れば、領主を同じくする村々が、その点における受身の利害の斉一性によって結合しているものが川島組という組織であるということができるだろう。

したがって、川島組四十二ヶ村という範囲は、対領主関係以外の局面では分岐の可能性を持つ。戸森によれば、宮前村が所属する組合には、ほかに中山組用水堰組合（二十五ヶ村）、堤川除普請組合（十三ヶ村）、御鷹霞組合（二十三ヶ村）、桶川宿加助郷組合（二十四ヶ村）などがあったという。そのうち用水組合と助郷組合には川越藩領以外の村々が含まれている。さらに、対領主関係自体の変動によって組合村構成は変化する。先に述べた通り天保三年と、

表1-2　安政3(1856)年大組合入用

| 項目 | 金 | 銭(文) |
|---|---|---|
| 飯田一件見舞其外役替御祝儀共 | 3両3分2朱 | 948 |
| 敷石奉納其外取継之節寄合入用之節割合不足之分 | | 2556 |
| 御主意筋被仰渡之節上猪村へ郡中寄合入用 | 2朱 | 3100 |
| 節倹筋取極之節上猪村へ郡中三役人出会之節茶代紙代 | 1分 | 224 |
| 御早乗之義請書被仰付候節角泉村へ寄合入用 | | 2472 |
| 同断三保谷宿寄合入用 | | 1424 |
| 頭取共度々川越御用出飯料共割合入用共 | | 13524 |
| 山ヶ谷戸村ニ而無宿御引付ニ相成候節諸入用 | | 9240 |

出典）「鈴木（庸）家文書」，821.

天保十二・十三年の川越藩領の拡大は、同時に組合村の拡大・再編をもたらしたのである。天保三年に関しては、藩が、「村々入狂ひ候ニ付為取締其村々組合ニ申付候」(22)と、新規に組合を設定していることが確認できる。すなわち、川島組は、対領主関係を基軸とする村連合という性格を持つ(23)。

## 2　明治三年の改革

そして、そのような組合村の性格に対する最初の変革の試みが、明治三年四月、藩によって示された「当管轄郷村三役勤振」(24)に基づく制度改革であった。これによって、「取締役」「肝煎役」「頭取」（「郷中三役」と呼ばれる）という新しい役職が設置され、「組」は「分界」と改称された。これまで組合村全体の役職であった「頭取」の呼称は小組合レベルの役職になり、組合村＝分界全体の役職として取締役と肝煎役が置かれることになった（表1―3）。

しかしこの三年改革は単なる役職名の変更にとどまるものではない。その画期性は各役職の職掌規定にある。「当管轄郷村三役勤振」には、三役の職掌として、治安維持、訴状・願への奥印、開拓事業などの項目が列挙されているが、まず冒頭で、それらが「郷中取締役勤方之儀は、当管轄中民事一切関係」、「肝煎役勤方之義は、都而取締役ニ準し、分界之内民事一切関係」、「頭取役勤方之儀は総して民事一切取扱」と一般的に規定されていることが注目されなければならない。このことは、対領主関係における村連合にすぎなかった組合村が、川島という一定の領域内における行政事務一般を取り扱う組織として設定されたことを意味しているからである。したがって、「組」から「分界」への名称変更に端的に示されるように、もはや「川島分界」は村連合ではなく、それ自体として自立的な機構である。単に受身の利害の斉一性に基づく結合であった組合村は、「民事一切」を管轄する「分界」へと変容する。

表1-3　明治3年川島分界役員

| 分　　界 | 小組合 | 頭取名主(居村) |
|---|---|---|
| 取締役：鈴木久兵衛(宮前村)<br>肝煎役：鹿山新一郎(飯島村)<br>猪鼻孫一郎(下狢村) | 大沢組 | 大沢庄平(畑中村) |
| | 石黒組 | 石黒玄四郎(上新堀村) |
| | 松崎組 | 松崎又十郎(下小見野村) |
| | 岩渕組 | 岩渕織次郎(梅木村) |
| | 谷島組 | 谷島半平(出丸中郷) |
| | 飯島組 | 飯島藤十郎(中山村) |
| | 渋谷組 | 渋谷源太郎(戸守村) |

出典)「鈴木(庸)家文書」, 15.

このような制度的性格の変容は、様々な局面に現象する。第一に、取締役・鈴木久兵衛が、取締役就任と同時に、居村宮前村の名主兼帯を解かれ、取締役専任となっていること、また、「当管轄郷村三役勤振」の規定により、名主の人選が三役の職権となったことが挙げられる。宮前村の後任名主には久兵衛の子孝太郎が選ばれているが、その際久兵衛は、「是迄は村役人見立之義は、村中相談落合連印之書面を以願上候上御沙汰ニ相成候処、今般御改正之御規則相立候ハヽ、村々名主組頭欠員之節は、取締役・分界中肝煎役・頭取名主、右三役上ニ而人撰之上御局江申上候得は、御上思召を以名主役被仰付候義ニ而、旧習之落合議定連印ニ不及」と、名主選出に際して従来行われてきた村内での協議が廃止されたことを記録している[25]。

第二に、常設の会所が設置され(白井沼村に設置)、明治三年七月の「会所役員定約書」[26]において、毎月二の日の三役会合と、毎日当番制での詰合が定められた。こうして能動化した分界は、従来よりも広範囲な業務を担うようになってゆく。なかでも三役たちが重視したのは、藩の指導により明治三年八月に会所と同じく白井沼村に設置された「郷学所」と呼ばれる教育機関である。これは三役たちによって会所に「合併」という扱いを受けており、分界の一業務としての学校運営が推進されることになる。

第三に、分界は、それまで課題ごとに異なった組み合わせで形成されていた種々の村連合の機能を吸収する志向を見せ、具体的には治水行政の分界への統合が図られる。この地域は周囲を河川に囲まれた地理的一体性を持つため、治水は常に大きな課題であった。近世期の堤普請には、地域全体の「大囲堤」普請（多くの場合領主による「御普請」の形をとるか、あるいは何らかの領主の補助を仰いで行われる）と、すでに述べた川島組とは別個の堤川除普請組合（宮前村が所属する組合は十三ヶ村）が主体となり、費用も基本的にその組合内部で算用される小規模な普請の二つの類型があったが、「大囲堤」普請の場合は、川島四十二ヶ村から堤外の長楽村を除き、堤内の他領村々を加えた範囲で、費用を負担した。この場合、他領村々を含むため、川越藩（前橋藩）の頭取名主は、頭取名主の職掌それ自体によっては堤防行政を指揮しえなかったことは、明治二年に、頭取名主の名前で藩に提出された御普請願書に対して、藩が「御他領村々之義は頭取共頼一札取之其写相添可差出」[27]と、他領村々からの「頼一札」の必要を指示していることから明らかである。しかし、明治四年六月二十九日に結ばれた「堤防方議定」[28]は、川島一円をいくつかの普請「組合」に分割し、その「組合」単位に「堤防締役」を設置してはいるものの、同時に、一切の費用を「郡中惣高割」とすることを定めており、この体制の下では個々の「組合」は、単なる持場の分担組織にすぎない。そして、「前橋藩地当分界取締役之儀は、堤通一円非常防方等総而関係可致旨藩庁ヨリ被申付候ニ付其段可相心得事」と、「民事一切関係」ゆえに、分界取締役の職掌は堤防行政にも及ぶ。

こうした分界の業務拡大の延長線上に、戸籍法制定に伴う戸籍区の設定が行われる。明治四年七月四日、藩は三役に対して、頭取名主を「仮戸長」、名主あるいは組頭を「仮戸長副」として戸籍業務を取り扱うよう申し渡すと同時に、戸籍区に関しても、「区画之義は当局（戸籍局、引用者）ニ而便利之程無覚束候間、分界内申談仮区画可定旨被　仰渡、（三役一同は、引用者）溜り引取、依而当分界之義は是迄之小組合を一区ツヽ定候事」[29]と、分界—小組合を基本として戸籍区設定が行われた。分界の一般行政区画化への延長線上に、戸籍区と分界を一致させる方針が採られたのである。

この改革は藩主導のものであるが、郷学所への熱心な取り組みや、堤防行政における体制変更を考慮に入れると き、三役たちが積極的にこの制度改革を受け入れてゆこうとする志向を持っていたことは明らかである。そして、このような動向は、明治四年九月に新たに結ばれた会所規則(30)において、「取締、頭取名主同補勤は川嶋村々ヲ一村と心得、自他之無差別郡中為筋ヲ専務ニ致、第一己を正ふし郷中之模範と相成候様可致事」と定式化されることになる。

しかし実際には、上述の郷学所運営と、堤防事務（後述するように、新しい体制は実現しない）以外に、新たな分界固有の行政課題が出現したわけではない。分界・会所の業務の大部分は、藩からの法令伝達や、藩への諸調査提出など、依然として対領主関係において発生していた。そもそも、中間機構の自立化自体がまがりなりにも実現しているのは、それが藩の命令によるものであるからに他ならない。そして、廃藩置県・府県統合と、それに伴う制度再編は、「川島＝一村」という三役の路線が四十二ヶ村全体を引き付けるだけの求心力を持っていなかったことを露呈させ、三役たちの路線に挫折を強いることになる。

## 3　廃藩置県と「大区小区制」の形成

### (1)　入間県引渡しまで（明治四年十一月―明治五年二月七日）

明治四年七月の廃藩置県そのものは、「前橋藩」が「前橋県」と改称されたのみで、支配関係に実質的な変化を与えてはいない。問題となったのは、十一月、府県統合によって入間県管轄が決定したことであった。

新県移管に対する三役の対応はすばやかった。鈴木孝太郎（明治四年七月から頭取名主）の日記は、明治四年十一月三日、会所において「会所・郷学所之義、此侭ニ而県替ニ相成候節は、掛り之役々一ト先免職は勿論之儀、依而は上ノ物ニ相成候而は其節浮物之様ニ相成、掛り役員差図及候義ニも相成間敷と存候ニ付」として協議が行われたことを記録している。その結論は「右ハ上より被命候役員は役員と致し置、郡中村々より世話役之者見立置、若取締役・頭取役等被免候而も世話役上ニ而会所・郷学所指揮致候方ニいたし置度」というものであったが、この決定に基づき、十一月六日、三役と「補勤之者」が集まり、「何様も相立度旨一同落合、付而は此上県替之節ニ如何成行者哉難斗ニ付、村々江も申通策相立度」と評決、さらに十二日、十三日と四十二ヶ村全体の協議が行われ、そこで「会所郷学所永続方議定書」が調印された[31]。

この過程からうかがえることは、新県設置が会所・郷学所の運営に大きな変更をきたすであろうという予測が三役中にあり、そのことが会所・郷学所の行方についての不安をもたらしているということである。つまり新県に移行すれば、会所・郷学所の帰属は不明確になり、結局その建物も県に接収され兼ねない。それと同時に、本来前橋藩（県）の役職である三役は当然消滅してしまうから、分界という機構もまた消滅し、会所・郷学所も消滅してしまうのである。ここで、実は取締や頭取名主による会所・郷学所運営を支えているのは藩権力であるということが露呈する。そして、そのとき彼らがとった手段は、村々の合意によって会所・郷学所運営の権限を確保しようとする方向であった。しかしそれは、分界役員がそれ自体として分界内一般の代表たりえていないことの表明でもあった。藩権力を失ったとき、それを支えるものは、村々からの委任によって純粋に村連合化すること以外には存在しない。後に見る通り、明治五年八月八日以降、組合村の再編が現実化した際、実際に彼らはこの路線に沿って行動をとることになる。

## (2)　新区画設定期（明治五年二月七日―四月二十六日）

明治五年二月七日、川島分界村々は前橋県から入間県へ引き渡された。入間県は成立早々（二月二十三日）の布達で、「県内分テ拾大区トナシ、各大区ニ就更ニ七小区或は六小区ヲ分チ、大区毎ニ戸長一名ヲ置、小区毎ニ又戸長副長各二名宛を置ク」と、新たな行政区画としての「大区小区制」の設定の意図を表明し、その区画割については、「地方便宜ニ依テ」、村方で決定して上申するよう命じている(32)。とはいえ、この時点の「戸長」は、のちの一般行政吏としての戸長ではなく、戸籍区に置かれる戸籍担当者としての戸長である。それ以外の行政事務については、さしあたって従来の組織の系統を維持したことは、当面会所を「其侭差置」ことの可否についての取締役・頭取名主からの伺に対して、県が二月二十四日に「伺之通」という指示を与えていることから明らかである(33)。

しかしすでに戸籍区が分界と一致するものとして設定されている以上、一方の変更が他方に影響を及ぼすことは不可避である。この問題を旧前橋藩川島分界の三役がどのように考えていたかはわからないが、「川越町・横見郡・大里郡・男衾郡戸長共」から、戸長の外に、「肝煎又は御用取扱と唱ひ候者」が設置されているのは「御政体御布告向等区ニ相成自然不取締之基」であるから廃止すべきであるという願書が二月二十五日付で入間県宛に差し出されていることからも、両者の一本化が求められていたことが知られる(34)。

このような状況のもと、新区画の設定作業が始まる。二月二十六日、川島分界の三役たちは川越において会合を開き、「川島郷外三老袋、鹿飼、川口、本宿、戸崎迄ニ而都合五拾五ヶ村ヲ小区四区ニ分チ候事評決」と、旧前橋藩川島分界四十二ヶ村に周辺の旧他領十三ヶ村を加えた五十五ヶ村を四つの小区に割るという方針を決定した。旧川島分界を基軸とした地域編成の方針を模索しているといえるだろう。こうして二月三十日、五十五ヶ村惣代の名前で新しい小区の区画割が上申され、そのまま採用となる（表1―4、明治五年六月―七月の間に番号は一つずつずれている。理由は不明）。この際正副戸長の人選も行われたが、これについては四月二十一日に改めて県官が出張し、「嵩札之人名ありと雖とも其人物平生之勤惰尚能否を詳察し、長官之決を取ラスンハ苟モ施行セス」(35)という条件の下での

**表 1-4**　小区設定と役員

| 区番号 | 5年2月30日上申役員名 | 任命された戸長 | 村　名 |
|---|---|---|---|
| 小七区<br>(後の第六小区) | 戸　長：片岡与五左衛門(出丸下郷)<br>今井半左衛門(出丸中郷)<br>戸長副：谷島半平(出丸中郷)<br>関根友蔵(下老袋村) | 今井半左衛門<br>(出丸中郷) | 上老袋村，中老袋村，下老袋村，西谷村，本宿村，戸崎村，鹿飼村，川口村，出丸本郷，出丸中郷上分，出丸中郷下分，出丸下郷，上大屋敷村，下大屋敷村，曲師村 |
| 小八区<br>(後の第七小区) | 戸　長：猪鼻孫一郎(下狢村)<br>戸長副：石黒玄四郎(上新堀村)<br>鈴木孝太郎(宮前村) | 田中次平<br>(三保谷宿) | 三保谷宿，山ヶ谷戸村，牛ヶ谷戸村，表村，上新堀村，下新堀村，吉原村，紫竹村，平沼村，白井沼村，宮前村，上狢村，下狢村，釘無村，角泉村，安塚村，飯島村 |
| 小九区<br>(後の第八小区) | 戸　長：大沢庄平(畑中村)<br>戸長副：松崎又十郎(下小見野村)<br>岩渕織次郎(梅ノ木村) | 松崎又十郎<br>(下小見野村) | 下小見野村，畑中村，大塚村，鳥羽井村，一本木村，鳥羽井新田，上八ツ林村，下八ツ林村，松永村，上小見野村，虫塚村，谷中村，加胡村，梅ノ木村 |
| 小十区<br>(後の第九小区) | 戸　長：渋谷源太郎(戸守村)<br>飯島藤十郎(中山村) | 渋谷源太郎<br>(戸守村) | 戸守村，吹塚村，南園部村，北園部村，正直村，長楽村，中山村，上伊草村，下伊草村，伊草宿 |

注）村名は，旧川島42ヶ村以外の村々.
出典）「鈴木（庸）家文書」，3212，『新編埼玉県史　資料編19』.

「入札」による正副戸長の選出を命じている。選挙の詳細は不明であるが、各村で四月二十三日に投票が行われ、封のまま県官に提出された(36)。なおこの時点でも「御布令其外之御用概ね名主組頭ニ関ル所ニ而、戸長副之掌ル所は固より戸籍を主務ニ相心得可申、然ルニ受取輻轄所之内戸長副之職分極メて名主組頭と兼勤為致候弊風も有之、今度長副人撰之義ニ付而ハ各小区内其弊なかるへし」と、入間県は戸長を戸籍担当者としてのみとらえていることを確認しておこう。

そして明治五年四月九日、村役人をすべて戸長・副戸長と改称するという中央法令が出される（太政官一一七号）。著名なものであるが一応主要部分を掲げておこう。

一荘屋・名主・年寄等都テ相廃止、戸長・副戸長ト改称シ、是迄取扱来リ候事務ハ勿論、土地人民ニ関係ノ事件ハ一切為取扱候様可致事

一大荘屋ト称候類モ相廃止可申事

この法令によって設けられた戸長と戸籍法による既存の戸長との関係については、研究史上(37)、戸籍区戸長が村役人の権限を吸収したという解釈と、戸籍区戸長は廃止

され、旧村役人が正副戸長と改称されたという解釈の二つの解釈が存在したが、現在では、政府・大蔵省は後者の解釈を採っていたことがほぼ確定されている。(38)

ところが入間県は、この改称令を直ちには適用せず、旧来の村役人は、三役も含めて当面そのままとされ、また上記の選挙によって選ばれた戸長・副戸長の任命もされなかった。おそらく入間県が改称令の解釈を確定できなかったためと思われる。一方区画に関しては、明治五年四月二十六日、会所において「是迄之小組合を廃し今般之小区ニ而取扱候事」(39)が決定され、戸籍区と一般行政機構は三役のイニシアティヴによって一本化された。

以上の通りこの時期は基本的に旧前橋藩川島分界の機構は維持されているのであるが、一方で会所の求心力が急速に低下してきていることが注目される。明治五年三月の川除普請が、先述の明治四年六月「堤防方議定」に反して旧来の堤川除普請組合十三ヶ村で行われていることもその一例であるが(40)、その端的なあらわれは廃寺作徳米の処理問題である。廃寺作徳米とは、明治三年に藩の廃仏毀釈方針によって閉鎖された無住・無檀の寺院の附属田畑から上がる小作料収入のことで、三役は当初、この田畑および廃寺跡地を会所・郷学所の財産として、分界の独自財源とすることを計画したが、曲折の末、土地自体は藩のものとして入札・売却された(41)。問題が生じたのは、藩から村方に付与されたその間二年分の小作料収入についてである。三役はこれを会所・郷学所の支出に充てようとしたが、廃寺跡を抱える飯島村・下伊草村がこれに反対、三役は一年分を地元村の、一年分を会所・郷学所の収入とする、という妥協案を提案し、明治五年三月十五日に一旦合意に達したものの、三月十八日に両村は再び全額の引渡しを要求して紛糾(42)、三役側は四月十八日に入間県に伺書を提出し、二十二日「先前議定之通可取計事」という指示を得て、ようやく三月十五日の妥協に沿って解決に至る(43)。この過程で注目されるのは、「川島＝一村」の論理に従い、独自財源を模索する三役に対して、飯島・下伊草の二ヶ村が、「組合村々之内ニも廃寺無之村方も有之候得は、廃寺之作徳を以会所・郷学所之入費ニ差向候義不平均」という、それと正面から対立する論理をもって反対していることである。新県引渡しに伴う、会所の存立根拠の薄弱化という状況を背景に、三役と個別村との対立が表面化してきたのである。

(3)「会所―小区」制期（明治五年四月二十六日―八月八日）

さて、四月二十六日の小組合廃止によって成立した体制は、「大区小区制」に比していうならば、「会所・小区制」と呼ぶことができるものであった。すなわち、この時期には依然として取締・頭取名主というポストは存続しており、したがって「会所」も機能しているからである。そのことは、五月九日に猪鼻孫一郎が取締役を辞職していることからも明らかである。会所における頭取名主・取締役の会議も開かれている。出席者は、たとえば六月五日をみると田中次平、松崎又十郎、石黒玄四郎、大沢庄平、鈴木孝太郎であり、六月十二日は大沢、岩渕織次郎、渋谷源太郎、飯島藤十郎、片岡与五左衛門、関根友蔵、鈴木である(44)。旧前橋藩川島分界には含まれない出丸下郷の片岡与五左衛門、下老袋村の関根友蔵が会所での寄合に出席していることから、この時期の会所は先にあげた四つの小区を管轄下においていたものと考えられる。

(4)「枝会所―小区」制期（明治五年八月八日―明治六年四月二日）

太政官一一七号の実施を見合わせた入間県は、大蔵省に対して「戸長ハ別ニ其人ヲ撰ヒ之ヲ命シ、従前ノ名主・組頭ヲ以副戸長トシ、戸数人員其他入送寄留厳密調査スヘキヤノ旨」を伺い（伺提出日は不明）、明治五年八月許可された。茂木陽一はこの入間県伺の許可は、それまで区に戸長を置くことを認めてこなかった大蔵省の方針転換であり、十月十日の大蔵省一四六号「一区総括ノ者無之事務差支ノ次第モ有之哉ニ付、各地方土地ノ便宜ニ寄リ一区ニ区長壱人、小区ニ副区長等差置候儀ハ不苦候」へとつながるものであると指摘している(45)。

ともあれ大蔵省の指令を得た入間県は、明治五年八月八日、取締・頭取名主・名主・年寄・百姓代などの役名をすべて廃止し[46]、小区に戸長、村に副戸長・准副戸長を置くことを命じた。

取締・頭取名主職の廃止によって、いよいよ「会所」はその存立の根拠を失った。以後しばらくの間、会所における旧川島分界全体の寄合は消滅し、第七小区限りの会議のみが開催されている。

動きが起こるのは九月十八日になってである。この日会所において、七、八、九の三つの小区に所属する村々が参集して、「当三区ニ而枝会所可相立哉、又ハ川越会所江常時詰合当会所廃し候哉之旨申談候処、当会所取立置度旨一同決極[47]」と、旧川島分界村々から構成される三つの小区（旧旗本領の二ヶ村を含む）によって、「川越会所」（第一大区会所）の「枝会所」として旧会所を維持する方針が決められたのである。これはおそらく、九月十二日の「入間県会所規則」が、「会所之義ハ区内広遠之場所ニ至ハ根会所之外出張所ヲ置キ[48]」と、大区内に複数の会所を設置することを認めたからであると思われる。この過程で、「会所―小区」制期には会所の管轄下にあった第六小区は「川越会所」の管轄へと移る（第六小区は大部分が旧川島分界以外の村々によって構成されているからであろう）。以降、行政区画は「枝会所」（白井沼会所）と、「小区」の二重構造となる。

しかし、再建された会所は以前の「分界」の会所とは大きく異なっていた。枝会所には、以前の「取締」「肝煎」に相当する、固有の役員が存在しない。それに相応して、県庁もこの区画を十分に意味あるものとしては取り扱っていない。県庁にとっては川越会所＝第一大区会所こそが基本的な機関であり、枝会所はその「出張所」にすぎないのであるから、令達等も川越会所へ配達されることになり、枝会所は川越会所に「川島江相廻し候様頼置」かねばならなかった[49]。また、徴兵・学校などの重要案件は、川越会所での、大区全体の協議の対象となってゆく。そして、県庁が枝会所を意味ある区画として認めていない以上、枝会所の存立根拠は、村々の合意に求められるほかない。この時期の枝会所の会議は、三小区村々すべての代表（各村副戸長）の出席をもって成立するものとなる。

こうして、それ自体自立的な区画として一旦成立した「分界」は、結局、藩・県の支えを失って、村連合化したのである。しかし、仮に村々の合意に正当性を求めたとしても、個々の小区の会議もまた村々の出席によって開かれる以上、枝会所という中途半端な機関を置くメリットは、村々にとってもはや明確ではない。それでもなお、曲がりなりにも三小区体制が維持されていたのは、会所の重要な事業であった郷学所が、学制公布後も変則小学として存続していたからであった。ところがこれも明治六年二月、河瀬秀治の入間県令就任によって正則小学設置へと方針が転換されるに至り、存続の根拠を失う(50)。

明治六年三月十九日、まず第九小区が枝会所体制から離脱する(51)。そして、明治六年四月二日、第一大区は根会所（川越会所）、枝会所（白井沼会所）をともに廃止すること、「諸調物等は当分之内小区限りと申事」、「大区中物事一体ニ無之候而ハ不宜候ニ付、月ニ壱両度位ツ、長副協議之為集会致し、其節品ニより御官員様御出張も有之候由、右ニ付川越・川島両所ニ而交番ニ集会宿致候事(52)」を決定した。こうして、明治三年の「分界」設置に始まる川島組の再編過程は、村連合としての小区と、その上にあって、「月ニ壱両度位ツ、長副協議之為集会」する機関としての大区という、「大区小区制」へと帰結した。

「川島四十二ヶ村」という、近世来の枠組みを維持しようとした枝会所体制を否定し、新たに設定された「大区小区」制の枠組みにそれを移行させた明治六年四月の制度変更は、一見すると近世的なものの否定に見える。しかし、文政十年以降、川越藩川島組の枠組みは何度も変化したことが想起されねばならない。四十二ヶ村の枠組みは弘化二年までしかさかのぼることはできないのであり、頭取名主たちのそれに対する執着は、明治三年以降の「分界」における経験にその根拠を持っていると考えるべきなのである。

そして、明治六年五月八日入間県は吏員設置レベルの改正を布達した（「正副区戸長及ヒ立会人職制概略(53)」）。これによって、明治五年八月以来の小区に戸長、村に副戸長・准副戸長という体制にかわり、小区に副区長、町村に戸長・

副戸長という新たな吏員配置がとられることになった（大区の長として区長が置かれるはずであったが、実際には任命されていない）。茂木陽一が指摘した通り、戸長の置かれるレベルの如何は「大区小区制」における町村の位置を決定するものであったから、この措置は、明治五年八月以来の経験をふまえて、入間県が改めて町村を制度の基本的な構成単位として承認したことを意味していた。こうして、入間県（明治六年六月群馬県と合併して熊谷県）の「大区小区制」は、村連合として出発することになる。

## 二　「大区小区制」の形成過程(2)――江川太郎左衛門支配所蔵敷組合から神奈川県第五十区へ

### 1　改革組合と支配所組合

続いて、直轄県の場合を検討する。関東における直轄県政下での組合村の再編については、すでに一定の実証研究の蓄積があり、直轄県の下で改革組合村が解体されること、各県ごとの組合村が新たに設定されることが明らかにされている(54)。その中で安斎信人は「組合村々の変更が、江戸時代にもしばしば行われていること」から、「この「府藩県三治体制」期や廃藩置県後の大区小区制期の変更のみを強調しすぎてはならない(55)」と、注目すべき指摘を行っている。以下、これらの研究に学びながら、直轄県ごとの組合の形成について、その制度的な論理を追ってみたい。ここで対象とするのは、武蔵国多摩郡蔵敷村（現在の東京都東大和市蔵敷）とその周辺村々（図1―2）の組合村体制の変容である。蔵敷村（元来は奈良橋村の一部であったため、「蔵敷分」と呼ばれることもある）は本章で対象とする安政期以降は一貫して代官江川太郎左衛門の支配を受けている。主として依拠する史料は代々蔵敷村の名主を勤めた内野家に伝存する「里正日誌(56)」である。

蔵敷村は文政の改革組合設定では所沢組合の所属となっているが（蔵敷村名主内野杢左衛門は小組合惣代である）、慶

中富村
北田新田
北野新田
所沢新田
林村
岩岡新田
安松新田
中北野新田
亀ヶ谷村
日比田村
城村
柳瀬川
牛沼新田
北野村
所沢村
下新井村
本郷村
上新井村
上安松村
下安松村
下清戸村
岩崎村
中里村
堀ノ内村
久米村
北秋津村
打越村
荒幡村
上清戸村
野塩村
中清戸村
大鐘村
川部村
氷川村
清戸村
新堀村
菩提木村
町谷村
南秋津村
西堀村
野火止用水
狭山丘陵
久米川村
門前村
小山村
野口村
宅部村
落合村
廻り田村
下里村
清水村
大岱村
前沢村
後ヶ谷村
南沢村
蔵敷村
奈良橋村
高木村
柳窪村
柳窪新田
大沼田新田
野中新田
(善左衛門組)
小川村
小川新田
田無村
野中新田(与右衛門組)
玉川上水
鈴木新田
砂川村
廻り田新田
(武藤野附)
関野新田
上保谷新田
中藤新田
榎戸新田
野中新田
(六佐衛門組)
立川村
戸倉新田
平兵衛新田
上谷保新田
恋ヶ窪村
貫井村
道路
水路
1km

図 1-2　蔵敷村周辺図

応期の蔵敷村は、改革組合とは別に、江川代官所支配村々だけで構成される組合村にも所属していた。後者は「蔵敷組合」と称されるが、「里正日誌」の、慶応元（一八六五）年閏四月の農兵諸入用のための献金についての記事中に、「外諸入用は御支配所組合勘定割帳披見すへし」[57]とあることから、ここでは「支配所組合」という呼称を用いることにする。

文政十（一八二七）年、関東に設置された「改革組合村」については、これまで多くの研究が積み重ねられてきた[58]。それは、水戸藩領・小田原藩領・増上寺領および前節で述べた川越藩領などの例外を除いて、御料・私領にかかわらず四十—五十ヶ村をもって一円的に編成されたものであり、その内部はさらに数ヶ村単位の小組合に分けられ、中心的な宿村が寄場村として指定された。組合全体には大惣代、小組合には小惣代が任命され、寄場村の寄場役人とともに組合村の役員を構成した。そして、この組合村は文化二（一八〇五）年に設置された幕府役人で、御料・私領の別なくその権能を行使する関東取締出役に対応するものであった。

改革組合村についての通説的見解は、取締出役および組合村の主要な機能を治安維持機能ととらえ、これを近世後期の農民層分解の進展に対する幕府支配強化・再編の一環として位置づけ、さらに幕末における「世直し状況」下においては豪農の政治的な結集の機関となるものと理解してきたが[59]、その後大きく二つの方向からの研究の進展が見られた。第一には、組合村の役員である大小惣代や寄場役人、またその指揮の下実際の治安維持業務に携わる道案内らの、具体的な社会関係を解明してゆくものである[60]。とりわけ「道案内」については、そのアウトロー的性格、自らの取締対象との社会的類似性などの点から多くの関心を集めた。第二の動向は、久留島浩らの惣代庄屋論の影響を受け、改革組合村の「自治」的性格を検証するものである。すでに早い時期から川村優によって指摘されていた通り[61]、文政の改革組合村編成に先立って村々の主導による治安維持・浪人取締などを目的とする組合が関東各地で結成されていたが、米崎清実は改革組合に先行する「浪人もの取締組合」を惣代庄屋的・自治的性格を持つものと把握し、改革組合は、幕府がそのような惣代庄屋的秩序を排除して、関東取締出役にかかわる限りでの行政機構として設定したものであったこと、しかし惣代庄屋的秩序を完全に払拭することはできず、改革組合内部に重層的な構造を有していたことを指摘した。(62) 吉岡孝はさらに議論を進め、取締出役・改革組合設置の政策的意図はそもそも治安維持ではなく、身分制的な風俗統制にあること、にもかかわらず改革組合が治安維持機能を現実に有しているとすれば、それは村々の側の自治的な組合村運営に由来することを主張した。(63) 大口勇次郎によって天保期に取締出役の管掌事項が農政一般に拡大すると指摘されていることも、(64) 取締出役の職掌を風俗統制と考えれば理解可能であると吉岡は言う。

これらの多様な論点についてここで立ち入った検討を加えることは、本章の限定された視角からして不可能である。(65) しかし、これらの諸研究が前提視しているか、あるいは黙過しているのは、改革組合村がまさに「組合村」であること、すなわちそれ自体自立的な機構として存在しているのではなく、ある特定の課題を基軸とする村連合として存在するということである。その基軸を機能的にとらえた場合、それが治安維持であるのか、風俗統制であるのか、あるいは領主と村々の側の間でのずれが発生しているのかということはもちろん問い直される必要があるが、(66) 改革組合自体の制度的編成原理を考えるならば、それが関東取締出役との関係を基軸とする村連合である、ということは、さしあたって共通の了解としてよいのではないかと思われる。(67)

一方、支配所組合は、江川代官支配所十二ヶ村（廻り田新田を一ヶ村と数えるときは十三ヶ村となる。なお、「廻り田新田」という呼称は、廻り田村の持添新田（現在の東村山市廻田の一部）を指す場合と、廻り田村から独立した武蔵野附廻り田新田（現在の小平市回田町）を指す場合があるが、本書では後者を指すときは「武蔵野附廻り田新田」と明記する。ここでは前者のことである）から構成される組合村であり（表1―5）、代官所からの命令の執行や、代官所への請願にかかわる。

それらの中で、最も目を引くのは農兵関係事務である。文久三（一八六三）年に江川代官支配の幕領村々で取り立てられた農兵組織については、すでに「里正日誌」を素材とした茂木陽一の研究(68)が存在するので詳細は省略するが、この農兵組織は蔵敷組合十二ヶ村で組織されている。むしろ本書の視角から見て重要なのは、この組合は農兵のためだけの組合ではなく、代官所と村々との関係のさまざまな局面で機能する組合であるという点である。慶応元（一八六五）年の幕領からの兵賦取り立て(69)、慶応元年五月の長州征伐のための村々からの献金(70)、慶応元年六月の助郷高取調(71)、慶応元年九月の江川代官屋敷の門番の退職に際しての帰郷旅費援助(72)、慶応三（一八六七）年六月二十日の風雨氷乱被害届(73)などが、支配所組合を単位として処理されている。代官所からの命令を受けるだけでなく、村々から代官所への請願もまた支配所組合単位である。たとえば、元治二（一八六五）年四月の、支配替反対願書は支配所組合単位で提出されている(74)。つまり、支配所組合は、村々と代官所との関係において成立する組合村、対代官所関係を基軸とした村連合なのであり、改革組合と支配所組合の併存は、村々が、関東取締出役と代官所という二つの機関と関係を取り結んでいることに由来するのである(75)。

**表 1-5　支配所組合 12 ヶ村**

（単位：石）

| 村　名 | 石　高（うち江川支配所） | ほか領主 |
|---|---|---|
| 日比田村 | 33.0000 | |
| 南秋津村 | 388.2300 | |
| 野 塩 村 | 149.7160 | |
| 野 口 村 | 778.1650 | |
| 久米川村 | 702.8110 | |
| 廻り田村 | 674.1000（370.0472） | 中川千満幾知行 |
| 後ヶ谷村 | 203.9240 | |
| 清 水 村 | 380.1350（46.1350） | 浅井武次郎知行 |
| 宅 部 村 | 165.0000 | |
| 高 木 村 | 188.4890（123.4890） | 酒井才次郎知行 |
| 奈良橋村 | 232.9293 | |
| 蔵 敷 村 | 215.7464 | |

出典）『里正日誌』第 9 巻，p. 349.

前節における川越・前橋藩領の場合と同様に、この江川代官支配所組合も、当然村々の支配替によってその構成は変化する。上述の蔵敷組合が形成されるのは元治元年のことであるが、安政期以後の支配所組合の変遷をたどると、次のようになる。

安政二（一八五五）年十月、安政地震に際しての代官所役人への見舞金は、蔵敷、奈良橋、高木、後ヶ谷、宅部、清水、廻り田の七ヶ村から高割で集められているが、この七ヶ村は改革組合の小組合と一致する(76)。当時、この小組合はすべて江川代官支配であったため、改革組合の小組合がそのまま支配所組合としても機能していたわけである。

その後安政五（一八五八）年から安政六（一八五九）年にかけて、蔵敷村は熊本藩細川家の預所となる。細川家の江戸湾海防担当に対する給付措置である。この際には、熊本藩から「其村々先般当御預所被　仰付候ニ付而ハ、政事向私領同様被　仰渡候間、以来御改革組合相除ニ相成候間、其段相心得、御預所村々厚申合不取締之儀無之様可致候(77)」と命ぜられ、改革組合から一時的に離脱している。これをうけて安政五年四月二十三日、野口村正福寺において、預所となった二十ヶ村が集会を開き、改めてこの二十ヶ村での組合村の結成を決めている(78)。本来御料・私領の別なく設定されたはずの改革組合であるが、熊本藩はこの対象とならなかったのである。安政六年四月に江川支配に復した後に改革組合にも復帰している。

次いで文久三（一八六三）年二月、所沢組合のうち所沢村ほか十五ヶ村が代官佐々井半十郎(79)に、またおそらく同時期に坂ノ下村ほか三ヶ村が代官松村忠四郎にそれぞれ支配替えとなり、所沢組合内の江川代官支配所は二十一ヶ村となった。この二十一ヶ村は「上新井組合」と呼ばれる組合村＝支配所組合を構成するが、翌元治元年四月に再び支配替があり、上新井村ほか十ヶ村が松村忠四郎支配となったため(80)、十二ヶ村が「蔵敷組合」となる（清水村は「上新井組合」には所属していないが、「蔵敷組合」には所属している。この間の支配関係は不明である）。

おそらく、関東における改革組合村と、個別領主・代官所支配村々の組合、鷹場組合や助郷組合、あるいは用水組合などの自主的な組織も含めた種々の組合村の間の関係には、構成村の意図的・偶然的な一致を含めさまざまなヴァリエーションがありえたものと思われる。ただ、ここでは、この地域が改革組合小組合と代官支配所組合の結合→熊本藩預りに伴う改革組合からの離脱→改革組合への復帰→改革組合と支配所組合の分離、とわずか十年余りの間に頻繁な組み換えを経験したように、それらのヴァリエーションは、支配関係の変化に伴い、同一地域においても変更されうるものであった、ということに留意しておきたい。

## ２　改革組合の解体

戊辰戦争に際して、韮山代官江川英武は慶応四年二月新政府への帰順を表明し、明治元年十月の韮山県設置に伴い、江川は引き続き知県事に任命された。したがって明治元年の段階では江川代官支配所村々はそのまま韮山県管下に移されたのみであり、支配関係に変更はなく、支配所組合は従来通りの機能を果たしている。

問題となったのは改革組合である。旧勘定奉行所の機能を引き継ぐことになった民政裁判所は、所沢の寄場を通じて、すなわち改革組合を通じて触れを出している(81)。関東幕領全体を覆う組織は改革組合しかないわけであるから、民政裁判所が直接村々に触れを出す際、それに依拠するのは自然であった。同時に、この時期には中央の令達が政府→韮山県→支配所組合→村々という形で伝達されることもあった。二つの法令伝達ルートが併存していたのである。

ところが、民政裁判所→寄場→村々という行政のルートは、村々にとって必ずしも自明の正当性を持つものではなかった。以下は慶応四年八月、各寄場組合連名で民政裁判所に提出された願書である(82)。

> 去ル文政十亥年中御改革ニ付関東為御取締御代官手附手代之内ニ而出役有之、最寄組合中合御用弁之ため寄場親村役人大小惣代共ニおゐて御取締向御用取扱来り候処、今般　御一新ニ付而は右御取締出役も御廃止相成候ニ付而は、当時之所村々之もの共も最早寄場親村并大小惣代役且組合村々之儀も同様御廃止相成候心得ニ成行、銘々一村立御用筋相勤候心得ニ而村々区々相成、然ル処　御一新ニ相成候而も矢張先前之通御触書又は御沙汰書等寄場親村江而已御書付を以被　仰渡候義ニ付、親村ヨリ組合村々江相達御用筋差支無之様取計罷在候儀ニは御座候得共、右は乍恐度々諸入用も相掛り候而も割合方差支、殊ニ大小惣代共之儀前書奉申上候通之次第ニ

付兎角御用弁不相成実以親村ニおゐて難渋仕候間、可相成候儀ニ御座候ハ、是迄之通り為御取締と時々御出役之上、寄場親村名主兼帯大惣代并組合内大小惣代役改而御取極被下置、組合役人共倶先前仕来之通り御用筋并諸入用共惣高割を以出金いたし候様被仰渡被下置度……（中略）……右願之通御聞済被下置候ハ、御締筋ニも相成難有仕合奉存候、以上

まず注目されることは、関東取締出役の廃止が、ただちに改革組合の廃止につながることが自明視されている点である。対関東取締出役関係を基軸とした村連合にすぎない改革組合は、関東取締出役が廃止されれば、「銘々一村立」するのが当然と観念されていたのである。それにもかかわらず民政裁判所が改革組合を利用し続けると、村々から見た場合の寄場役人の正当性の根拠が曖昧であるため、寄場から村々へ入費を割り掛けることができない。したがって寄場役人は、民政裁判所が改革組合の機能を再確認することを求めているのである。これに対して、民政裁判所は明治元年十月（『法令全書』等によれば民政裁判所は明治元年八月に鎮将府の会計局に改組されたはずであるが、これは民政裁判所名で出されている）「今般御一新ニ付而は差向関内取締役之もの等廻村無之所ヨリ自然右組合村々之規則も相崩れ、大小惣代共も差免し相成候様心得罷在候者も有之哉ニ相聞、以之外義ニ而、惣代役免しニ相成候義ニは決而無之」(83)と触を出し、寄場役人の願通り、改革組合の位置を再確認している。

しかし、改革組合はこの後大きく変質し、明治二年前半に消滅する。理由の第一は、民政裁判所の解体である。明治元年八月、鎮将府設置に伴い民政裁判所はその下の会計局に改組されたが、同年十月、鎮将府の廃止によって鎮将府に属する事務はおおむね各府藩県の管轄となった。前述の通り実際の民政裁判所の解体はより遅かったと考えられるが、少なくとも明治元年後半には中央の令達も県を介して施行される体制が成立する。

第二に、それと並行して所沢組合が品川県管下村々の組合としての色彩を強めてゆくことである。韮山県が既存の支配所組合を利用しての行政ルートを持ったのに対して、新設の品川県はさしあたって所沢組合を通じての行政

ルートしか持っていなかった。そこで品川県の令達は所沢寄場から村々へ伝達されることになるが、このことは村々にとっては混乱をもたらすものであった。たとえば明治二年四月四日、品川県から村々に各村の人口・職分・貢租額等の取り調べを命じた触が所沢村寄場を通じて組合全体へ伝達されたが、これについて小惣代・野口村の勘左衛門は、野口村太右衛門組、同村半四郎組、久米川村、大岱村、南秋津村、中里村、野塩村に宛て廻状を出し、四月十五日所沢山中屋に村々の出会を求めた。この六ヶ村は改革組合の小組合を構成する村々であるが、そのうち、野口、久米川、南秋津、野塩の四ヶ村は韮山県管下に属する。本来品川県管下村々限りに関係する廻状が、韮山県管下村々へも誤って伝達されてしまったのである。勘左衛門は後に、「然ハ来十五日所沢出会之義廻状ヲ以御達し置候得共、御留ヨリ所沢ニ而承り候得ハ、品川県御支配所計り之様子ニ御座候間、左ノ御承知御見合置被成下候」と、訂正を廻達しなければならなかった。[84]

入用の算用も複雑化する。韮山県官員の出張に関する費用は韮山県の支配所組合が負担するのに対し、品川県官員の出張に関する費用は改革組合が負担するため、改革組合の入用算用に際しては、「韮山県御支配所御村々は、圏番囚人掛り而已御割合致し候義ニ而、品川県御出役入用其外等は相除候」と、改革組合の会計を二つの部分に分ける必要が生じていたのである。[85]

このような状況のもとでは、所沢組合が品川県下組合へ、蔵敷組合が韮山県下組合へと分離してゆくのが合理的であるのは明らかであろう。こうして、関東取締出役という共通の基軸を失った改革組合は、それぞれの県下組合へと解体していったのである。

### 3　支配所組合の再編

一方、明治二年後半には韮山県下の支配所組合でも変動が生じる。明治二年六月、韮山県と品川県の間で、主として相給関係の整理を中心とする管轄地の交換が行われた。その結果、蔵敷組合十二ヶ村のうち、日比田、南秋津、野口、野塩、久米川の各村と、清水村の韮山県分が品川県管下に移り、廻り田村と高木村の品川県分が韮山県管下に入った。したがって蔵敷組合は蔵敷、奈良橋、高木、宅部、後ヶ谷、廻り田の六ヶ村から構成されることになった。

ところが明治三年正月韮山県は、人別帳の差出期限など毎年正月に定例として出される廻状(86)を、蔵敷組合六ヶ村の他、旧田無村組合に属する小川村、小川新田、(武蔵野附)廻り田新田、榎戸新田の四ヶ村を加えた十ヶ村を宛先として杢左衛門に送付した。前年の管轄地交換の結果組合村の断片化が発生し、以前の支配所組合単位での廻状伝達が不可能になったためと思われる。この組み合わせは村々にとって自明性を持たないものであったようであり、廻状を受け取った蔵敷村の杢左衛門は小川村以下四ヶ村に「前書之通当村江向ケ御達し有之候得共、前段御達し有之間敷哉と存、則写を以て御達申上候、且飛脚賃割五匁相払候間、当組合六ヶ村其最寄四ヶ村〆拾ヶ村、壱ヶ村ニ付銀五分宛ニ相当り候間小川村ヨリ銀二匁御立替御渡可被下候」という書面を添えて伝達している。

県の側が便宜的に設定した蔵敷組合六ヶ村プラス四ヶ村の枠組みは、もし繰り返されるのであれば「組合」として正式に確定しておく必要があった。そうでなければ、この廻状にあらわれるように、費用負担の正当性が、その都度の確認によって確保されなくてはならないからである。こうして、この十ヶ村による組合村設立の動きが始まる。一月二十四日、杢左衛門は蔵敷組合村々に「兼而御心配相掛候組合寄場之義ニ付御相談仕度義御座候間、乍御苦労様明後廿六日正四ツ時高木村尾崎氏江御集会被下度」という廻状を発し、この二十六日の集会で小川村を寄場とする新規組合の設立という蔵敷組合村々の意志が決定される。次いで二月六日、杢左衛門が小川村へ出向き、小川村名主弥次郎、榎戸新田名主源蔵と談判、小川村に寄場親村を依頼することで合意し、二月十一日に再度蔵敷組合六ヶ村による評議を経て、三月四日に小川村で十ヶ村による議定書作成の運びとなる(87)。同時に、村々から県庁に宛てて新規組合設立の願書が差し出された。作成された議定書では、「御支配様」出役への応対と、「捕亡」や「囚人番人」に関する規定にみられる治安関係業務という二系列の業務が列挙され、それぞれ費用の定額を規定した上で、「年々六月十一月両度立会之上ニ而組合村惣高割ヲ以出金」することが定められた。これによって、かつての支配所組合が行っていた業務と、改革組合が行っていた業務がこの組合＝「小川村組合」では包括して行われることになった(88)。

以上の経緯から明らかな通り、小川村組合結成の契機は県が十ヶ村を一括して廻状の宛所に指定したことにあったが、県は直接に組合村の設定を命じたわけではなく、新規組合の設立は村々の側の行動の結果であった。これは後の神奈川県移管に関しても発生する事態であり、村々にとって組合村が必要性の高いものであったことを示している。

この小川村組合は従来の蔵敷組合と同様に、対韮山県関係でのさまざまな事務を処理する機構として機能する。武蔵国内の韮山県管轄地内には十七の組合が設けられており、明治四年五月の戸籍法施行に伴い、これら十七の組合がそのまま戸籍区とされ、順次番号が与えられた上、従来の惣代が戸長に任命される(89)。小川村組合は「第一区」となった。以後、一般行政事務も「戸長」名で行われているので、韮山県では戸籍区戸長がただちに一般行政吏を兼ねていることになる。

### 4　韮山県から神奈川県へ

明治四年十一月の府県統合によって韮山県は廃県となり、この地域は入間県管轄とされるが、実際に引き渡される前に神奈川県に変更され、明治五年一月から神奈川県の管下に入った。区制については、旧各県の区号の上に「元」を付して暫定的に使用している。したがって旧韮山県一区は「元一区」と呼ばれる。

しかし、やはりこの管轄替えでも各区の断片化が発生する。蔵敷村周辺では旧品川県下十五区・十六区の村々が、入間県（入間郡）と神奈川県（多摩郡）に分割されてしまったため、何らかの新秩序が必要とされる状態にあった。こうして、神奈川県による新区の設定に先立って、明治五年三月二日、元一区十ヶ村から、「元韮山県第壱区小川村は最寄之義ニ而便利宜敷候間右区江組入之義示談致候処、故障差支聊無御座候間、何卒組入之義　御聞済被下置度」と、これら四ヶ村（清水村、野口村、久米川村、南秋津村）の編入が上申される(90)。同時に、四ヶ村が、先に掲げた明治三年三月の小川村組合設立議定書に追加で連印し、十四ヶ村からなる新しい区が成立する。

このような、断片化された村々の、一定のまとまりを保っている区への編入による新区設定は、四月十日の県布達が「区内村名不書出分、并元龍崎県、岩槻県、西端県之管下村々も其節迄最寄之区江組込其段可申出者也(91)」と命じているように、県の側の政策方針でもあった。こうして明治五年四月十七日をもって新区画設定が完了する。全県下は八十四区に編制され、元一区は第五十区となった。

続いて四月二十四日、太政官一一七号に基づく名主・年寄等の廃止、戸長への改称が実施される。前節で見た通り入間県がこの布告の施行については慎重であったのに対し、神奈川県は布告後ただちに施行しているが、「在来之正副戸長等之義ハ追而沙汰候迄ハ従前之通可相心得候(92)」として、すでに一般行政を取り扱っていた戸籍区戸長も当面存置することとした。これによって区の長としての戸長と、名主を改称した町村の長としての戸長の二種の戸長が併存することになり、前者は「元戸長」「元副戸長」と呼ばれる。以後、明治六年四月の区画改正までの神奈川県下の区画制度は、区に正副「元戸長」、町村に正副戸長という体制をとることになる。

この時期の区を特徴づけるものとして、「毎口銭」の存在がある。毎口銭とは、各区での戸籍編成の費用に充てるため「士民之無差別寄留人奉公人等総而毎口ニ付毎日」一文ずつを取り立てるというもので、明治五年四月一日の県布達により、同年一月分よりさかのぼって徴収された(93)。とはいえこれは区が主体となって徴収するものではなく、一度県に納められた後、明治五年七月以降戸籍帳の清書が終了した区から順次下げ渡されるものであった。そして、この下げ渡しが終了した後、「所持地無之官員士族僧尼」の分を例外として毎口銭は廃止され、区の費用は、高割あるいは家別など、「区内町村申合適宜之方法」によって徴収されることになった(94)。依然として区は村連合の地位をこえていないといえるだろう。

しかしながら、「所持地無之官員士族僧尼」については引き続き取立てが認められていることから、従来の村構成員ではない人々を地域秩序に編成してゆく局面においては、区と住民が直接に相対する契機をはらむことには留意しておこう。後に見る通り、明治六年四月の区画改正による毎口銭の復活は、逆に旧来の村構成員を「官員士族僧尼」と同様に、区との直接の相対関係に置くことになる。

## 三　身分制社会と村連合

以上の通り、考察の対象とした地域ではいずれの場合も、近世の組合村の空間的範囲と、「大区小区」の範囲は一致していない。しかし、そのことは、区が近世的秩序と断絶して形成されたということを全く意味しない。組合村の地理的範囲は、近世を通じて何度も変化したからである。後の郡や行政村の地理的範囲がある程度固定的であることを考えるならば、いかようにも組み替え可能であるという点こそがむしろ近世的なのである。そして、このような組合村の組み替え可能性は、対領主関係を基軸とした村連合というその限定された役割に由来する。各村々は川除、用水、鷹場、助郷など、個別の課題に即してそれぞれ別個の結合を持っており、対領主関係もそのような局面の一つであるにすぎない。

このことは、村が相互に強い自立性を持った集団であること、そして領主権力が村に対して外在的な権力であり、村との間に恣意的・偶然的な関係を取り結んでいるにすぎないことを示している。筆者は、このような村と領主権力の関係、およびその帰結としての組合村の性格は、身分制社会における政治権力の特質に規定されている、と考える。

身分制社会とはなにか？　常識の確認にとどまるが、塚田孝の「重層と複合」論[95]と、その前提となっているマルクス『ユダヤ人問題によせて』によって素描を試みるならば、以下のようになろう。

「身分」とは「前近代社会における人間の存在様式」である。近代社会における人間は、人（bourgeois としての homme）と公民（citoyen）の二つの側面に分裂して存在し、諸個人の具体的な差異・個別性は前者の資格において市民社会に私事として位置づけられ、抽象的な後者は、普遍的かつ平等な存在として政治的国家に位置づけられる。これに対し身分制社会においては、特殊利害の担い手としての人間が、その特殊性＝個別性において公的な世界に位置づけられる。この個人と国家・社会全体の即自的関係づけを媒介するのが集団である。「近代社会における農民は農民であることは私事であり、農民である前に平等の価値をもつ市民（公民、引用者）[96]であるが、近世の百姓は、百姓としてのみ社会全体に対して有意味なのであり、生物としては人間であっても社会的にはあくまで百姓なのであって、人間そのものとしては意味をもちえない」。このようにして、市民社会と政治社会は未分離であり、「古い市民社会」は直接に政治的性格を持つ。そしてそのことの帰結として、「国家的統一が、そしてまた国家統一の意識、意志、活動である普遍的な国家権力が、これもまた同様に、人民から切り離された支配者とその家臣たちの特殊な業務として現われる」（傍点引用者）。

その上で、塚田は、近世身分制社会を、種々の身分的共同組織が、「重層」（「村々が組合村を形成したり、町々が組合町をつくったりという基礎的な社会集団が二次的三次的に集団を形成していくような関係」）と「複合」（「異種の社会集団間の交流・関係」）とによって構成されるものとして提示した。

本書の視角に即して言えば、このような身分制社会のあり方は、不定型で不安定な地域社会の分節化の一つのあり方ということになる。近世身分制社会とは、社会が、職能的な利害を共有する身分的諸集団の重層と複合という関係に分節化され、諸個人の位置がその関係のなかでの身分的位置（領主・百姓・町人等々）として表象されるような社会のことである。(97)

本章で問題となっている近世の村について言えば、それは百姓身分の共同組織であり、一般行政区画としての近代の村の像を安易にそこに投影することはできない。それは領主権力についても同様であって、諸身分集団の「重層と複合」とによって構成される近世社会においては、領主権力もまた同様に、「支配者とその家臣たちの特殊な業務」を担う社会集団なのであって、村と領主の関係は、このような異種の社会集団の関係として理解されなければならない。対領主関係を基軸とする組合村は、単に村の「重層」としてのみではなく、領主と村との「複合」局面を含むものとして存在していることになるだろう。組合村という制度は、社会の身分制的な分節化の結果であり、身分制社会のサブシステムとして存在するような制度なのである。

右に述べたことは一見自明のことのようであるが、あえてそのことを強調するのは、「大区小区制」における「旧村埋没」の問題は、単に行政区画の広狭の問題ではなく、社会編成原理の転換にかかわる問題であることを確認しておきたいからである。近年、東京における戸籍政策の展開過程を詳細に解明した横山百合子は、「大区小区制」の研究史に関説して、従来の「大区小区制」研究において、「村や町が身分集団として存在していたことは忘れられ」ていると厳しく批判し、戸籍区が、身分をこえるものとして設定される以上、それは上からの新しい行政区画としてしか存在しえないものであり、ただ「身分構成の比較的単一な地域」（すなわち住民の大部分が百姓身分に属する農村部）において、「戸籍区は従来の近世村と同一の区画、あるいは村々の連合合併や分離分割の結果のごとく現象する」にすぎないと指摘した。(98)

しかし、本章のこれまでの検討の示すところに従えば、村をこえたレベルに存在していたのは依然として単なる村の連合体にすぎない。身分制的権力編成の下においては、村をこえたレベルに形成される権力は、それ自体「特殊な業務」である「支配者とその家臣たち」の権力であるか、特殊利害集団である村々の多分にアド・ホックな連合体であるか、どちらかであって、一定の地理的範囲における住民の諸課題を包括的に扱う公権力は成立しえないのである。[99]したがって、「大区小区制」の形成がその論理において村連合的であるということは、このような身分制的権力編成が依然として廃棄されていないことを意味する。戸籍法が人別把握における身分的性格を廃棄した後も、身分団体としての村の存在そのものが廃棄されたわけではない。前節末尾で神奈川県の「毎口銭」について見た通り、「所持地無之官員士族僧尼」は村の構成員とは別に区によって直接に把握されていた。ここで土地所持の有無が基準となっていることは重要である。人別把握における身分的性格の廃棄の結果として、「官員士族僧尼」といえども村内に土地を所有していれば、その土地所有を媒介として村に包摂することが可能となっているのである。逆にいえば、この時期に村の身分的性格を規定しているのは、土地所有の身分的性格であり、その最終的解体は地租改正を待たなければならないことを示している。[100]

なお、組合村が対領主関係を基軸とする村連合であり、同じ領主を持つ村々の、外在的な、受身の利害の斉一性によって形成される機構にすぎないということは、組合村が領主支配の下請け機関であるということを直ちに意味するわけではないということもここで付言しておく必要があるだろう。蔵敷村の二度の組合村再編は、支配替という村々の意思とは無関係な契機によって引き起こされたものであったが、新組合の編成自体は村々の主導によって行われている。単に領主支配の下請けか、村々の自治的機関か、という二項対立的な問題設定によってはこのような事態は理解することができない。[101]領主支配が存在する限り、組合村を結成して領主支配に対応することは、経費の軽減などの面において村々にとって有意義な機関であったことを示している。[102]

さらに言えば、対領主関係を基軸として結集した村連合は、領主の支配の受容において機能するばかりではなく、その拒否において機能するという潜在的な可能性も有している。かつて久留島浩が組合村—惣代庄屋制の「自治」的性格を取り上げた際に、主として問題にしたのは、このような領主に対する訴願闘争の組織の局面であった(103)。

以上の通り、「大区小区制」は、さしあたり県庁と村々の間の関係の束として成立する。しかし同時に、川島分界の惣代たちのように、村をこえた空間的範囲に、それ自体として自立的な、実体ある機構を創設しようという動向が、すでにこの時期に発生していたことも見逃してはならない。このプロセスは藩・府県が、「人民から切り離された支配者とその家臣たちの特殊な業務」であることをこえて、地域住民の、広い意味での福祉に直接関与し始めることと対応しているが(104)、このような諸政策に対応する動向が被支配住民のなかに存在していたのである(105)。やがて、新たな県による諸政策の遂行は、地域住民間の受身の利害の斉一性を解体し、その存在を前提とする限りにおいて正当性を確保していた機構の機能不全を生じてゆく。以下第四節で第一節に続いて熊谷県の場合を、第五節で第二節に続いて神奈川県の場合を取り上げ、制度の変容過程を追跡する。

## 四　「大区小区制」と民会(1)——熊谷県の場合

### 1　行政と財政

明治六年六月の、入間・群馬両県の合併によって成立した熊谷県は、合併前の入間・群馬両県の区画制度をそのまま存置し、二元的な体制を採った。区の番号についても旧県のものを流用し、旧入間県側（「南管下」）には「南」、旧群馬県側（「北管下」）には「北」を冠して（たとえば「南第一大区第一小区」のように）呼んでいる。したがって旧入間県側の体制は、第一節の末尾に触れた明治六年五月の「正副区戸長及ヒ立会人職制概略」が引き続き適用された。

表 1-6　南第一大区第七小区の村々

| 村名 | 旧石高(石) | 戸数 | 人口 | 反別 町 | 反 | 畝 | 歩 |
|---|---|---|---|---|---|---|---|
| 山ヶ谷戸村 | 320.835 | 53 | 251 | 57 | 8 | 8 | 3 |
| 表村 | 245.397 | 39 | 171 | 53 | 6 | 6 | 0 |
| 新堀村 | 195.962 | 24 | 121 | 32 | 6 | 4 | 29 |
| 吉原村 | 150.515 | 20 | 93 | 24 | 4 | 6 | 9 |
| 宮前村 | 264.487 | 29 | 274 | 39 | 2 | 1 | 3 |
| 上狢村 | 400.815 | 41 | 240 | 55 | 0 | 8 | 29 |
| 下狢村 | 384.815 | 33 | 176 | 57 | 4 | 9 | 13 |
| 釘無村 | 177.782 | 40 | 154 | 39 | 1 | 6 | 11 |
| 角泉村 | 386.600 | 69 | 382 | 65 | 6 | 8 | 29 |
| 安塚村 | 44.160 | 10 | 52 | 9 | 6 | 6 | 15 |
| 飯島村 | 234.540 | 40 | 206 | 33 | 0 | 6 | 7 |
| 平沼村 | 911.126 | 75 | 423 | 104 | 8 | 2 | 9 |
| 白井沼村 | 482.160 | 57 | 329 | 69 | 7 | 8 | 29 |
| 紫竹村 | 144.399 | 14 | 90 | 22 | 0 | 8 | 21 |
| 牛ヶ谷戸村 | 339.387 | 58 | 306 | 61 | 0 | 6 | 7 |
| 三保谷宿 | 448.333 | 63 | 303 | 80 | 4 | 1 | 15 |
| 合計 | 5131.313 | 665 | 3371 | 806 | 2 | 0 | 19 |
| 一村平均 | 320.707 | 41.6 | 210.7 | 50 | 3 | 8 | 24 |

出典）「鈴木（庸）家文書」，480-2，817.

吏員配置は大区に区長、小区に副区長、町村に戸長である。もっとも、区長は実際には任命されていない。大区は南管下全体で十一、小区が一大区につき七―十、町村が一小区につき二―二十三という構成になっている。

最初に、この体制を通じて処理される行政の構造、とりわけ村＝戸長レベルと小区＝副区長レベルの関係について見ておこう。ここでは、明治八年九月十八日県達一二四号として布達された「各区各村年中行事概略」[106]から、事務が集中する一月を取り上げて、南第一大区第七小区（表1―6）におけるその具体的な処理過程を検討する。「年中行事」一月には合計二十一件（毎月の行事を含む）の案件が列挙されているが、このうち後述する財政・会議関係（四件）、この地域には該当する事務がないと思われるもの（六件）、史料上確認できないもの（二件）、役場開き、学校始業を除いた七件が対象となる。ただし史料の残存状況により年度は前後する。

### a　前年地租五分通納方ノ事

地租改正が終了していないこの時期においては貢租は村請であるが、納入に関しても、南第一大区七小区副区長兼宮前村戸長鈴木庸行（孝太郎）の日記の明治八年一月二十五日の条に「川越収税所江石代初納飯野宇平出勤」という記述があり、(107)宮前村副戸長飯野宇平が単独で宮前村分の貢租を納めていることが知られる（この場合は副区長兼任の鈴木に代わって副戸長が村の業務を処理している）。

b　**戸籍総計取調着手ノ事**

一月時点での現住戸数・人員の調査である。明治八年の場合、まず各村戸長の名前で各村ごとの総計表が作成され、(108)副区長がそれらを集計して一小区単位の総計表を作成している。(109)

c　**御布告掲示表前年十月以後ノ分取調差出候事**

明治八年分に関しては、副戸長飯野宇平によって宮前村一ヶ村分の書上が作成されている。(110)明治七年分に関しては、七小区の一六ヶ村分が合綴された書類が残っている。(111)各村から副区長に提出された書上を、副区長が一括して県に持参したものと思われる。

d　**徴収生徒賄費并御委託金補共其年六月分迄予算賦課ノ分納方着手ノ事**

明治九年二月七日付で各村に反別割で割り付け、各村戸長が副区長へ持参している。(112)

e　**前年分埋葬調着手ノ事**

明治八年一月に、広徳寺、養竹院、慈眼院、弘善寺の各住職および下猪村戸長猪鼻明順がそれぞれ前年度分の埋葬人数を取り調べて副区長に報告し、副区長がそれを一小区単位で集計して県庁に報告している。(113)

f　**戸籍加除並身分異動前年十二月分取調翌月県庁へ差出候事**

明治九年一月分は、白井沼村戸長品川佐十郎、平沼村戸長矢部杢太郎の二名が、一小区単位での取調書を作成している。(114)これは各村戸長が毎月持ち回りで担当することになっていた。(115)ただし、送受籍事務自体は戸長の職務なので、何らかの形の各村戸長からの報告をもとにして作成されているものと思われる。

**g　前年七月以後半年分地券証書替証印税上納之事**

明治八年十一月二十八日付で「飯野宇平納」と記された地券掛発行の領収書が残っていることから[116]、各村が個別に納入していたものと思われる。

以上から大部分の事務が村を単位に行われており、副区長の業務はそれを一括して県庁に持参するか、各村戸長からの報告をもとにして集計する程度であったことが明らかであろう。例外をなすのはeの埋葬調で、これは副区長が直接各寺院からの報告を受け取っている。寺檀関係の展開が村の範囲と一致しない（たとえば表村に所在する広徳寺の埋葬調に書上げられている埋葬者の居村は二十一ヶ村に及ぶ）ため、この場合は村を媒介にすることができないのである（なぜ下猪村戸長猪鼻明順がこの書上を行っているのかは詳らかでないが、おそらく神葬祭の墓地管理を彼が行っていたのではあるまいか）。

次に財政の構造について、明治八年を例として検討しよう。まず、村財政であるが、この年の村費の算用は、「村入費諸立替物覚帳[117]」→「諸費割合帳[118]」→「諸費差引皆済取立帳[119]」の三冊の帳簿を通じて行われた。「村入費諸立替物覚帳」は、一月から十二月までの村の支出を発生次第記載したもので、月ごとに合計が算出されている。この時点では支出担当者の立替払いであり、人足賃等も記載されるのみで実際には支払われない。年末にこれら支出の総計を計算し、それを反別割にして各戸の支出額を記載したものが「諸費割合帳」である。その上で、一年間の立替払い分や受け取るべき人足賃等を差し引きして、最終的な支払・受取額を計算するのが「諸費差引皆済取立帳」である。

村費にはこの一連の帳簿とは別に県庁に提出される帳簿類がある。ひとつは毎月作成される「村入費明細書上」である。これは「村入費諸立替物覚帳」を月ごとに転写して提出するもので、若干の記載洩れあるいは計算ミスがあるが、基本的に両者の費目および金額は一致している。副区長の検印を受けて県庁に提出される。もう一つは翌年二月に作成される「民費書上帳」である。これは一年間の「村入費諸立替物覚帳」を、県が定めた費目ごとに振り分けて作成されるが[120]、明治八年「立替物覚帳」の総額が一四三円九十一銭七厘九毛であるのに対し、「民費書上帳」の記載総額は一六八円九銭二毛で[121]、二十円以上の差がある。この差がどこから発生するのか具体的に明らかにすることはできないが、同年の上狢村の「民費書上帳」[122]には「金二百二拾三円六拾八銭五厘　御検印済　金拾二円二拾銭三厘　無検印」という記載があり、「御検印済」とは上述の通り「村入費明細書上」＝「村入費諸立替物覚帳」記載の金額と考えられるから、それ以外の帳簿、すなわち村費とは別会計でその時々に算用された金額がここで総計されて県庁に報告されているものと考えられる[123]。

支出の費目について、「村入費立替物覚帳」に基いて作成したものが表1—7である。ここでは、「県庁賦課金」「布達活版費」「警察費上納」「国役金」「大小区費割」といった村をこえたレベルにおける支出が、一括して村費の中に組み込まれ、村レベル固有の支出と合算されている。

このような形で村に負担される大区小区費の内訳はどうなっているだろうか。大区小区費は三ヶ月ごと、年四回に分けて算用され村々に割り付けられるが、明治八年一月—三月期の南第一大区七小区の算用について支出項目を書上げたものが表1—8である。大区費の内容についてては明らかではない

表1-7　明治8年宮前村村費支出項目

（単位：円）

| 費　目 | 金　額 |
|---|---|
| 県庁賦課金 | 2.6350 |
| 警察費上納 | 2.4120 |
| 布達活版費 | 0.8310 |
| 国役金 | 3.9370 |
| 大小区費割 | 13.4720 |
| 学校費立替 | 16.2500 |
| 徴収生徒費 | 3.0340 |
| 用悪水路費 | 8.3214 |
| 道路費 | 3.6500 |
| 堤防費 | 43.8056 |
| 水防費 | 2.3500 |
| 祭典費 | 1.2100 |
| 村吏給料 | 22.3250 |
| 村吏出張手当 | 4.4800 |
| 脚夫賃 | 0.4500 |
| 消耗品 | 12.5000 |
| 備品 | 0.6500 |
| その他 | 1.5440 |
| 合　計 | 143.9179 |

出典）「鈴木（庸）家文書」，3750.
注1）費目は「明治八年民費書上」（「鈴木（庸）家文書」，1155）および出典史料中の「民費書上」作成のためのものと思われる書き込みを参照しつつ，筆者が設定したものである．
注2）合計額が一致しないが，そのままとした．

表1-8　明治8年1月-3月　南第1大区第7小区入費支出項目

（単位：円）

| 月 | 項　　目 | 金　額 |
|---|---|---|
| 1月 | 熊谷出勤　社領附属物品調 | 1.5700 |
| | 川越出勤　一大区其外 | 0.6700 |
| | 川越出勤　学校用其外 | 0.6700 |
| | 脚夫賃 | 0.5303 |
| | 半　紙 | 0.8050 |
| | 美　濃 | 0.3750 |
| | 表　紙 | 0.1200 |
| | 西之内 | 0.1660 |
| | 朱　肉 | 0.2500 |
| | 炭 | 0.2500 |
| | 区内小使給料 | 0.5000 |
| | 小　計 | 5.9063 |
| 2月 | 川越出勤　扱所江打合 | 0.6700 |
| | 本庁江出勤　駕篭税納 | 1.1700 |
| | 川越出勤　会議其外 | 0.2700 |
| | 川越出勤　徴兵検査 | 0.6700 |
| | 本庁出勤　徴兵軍服 | 1.1700 |
| | 本庁出勤　県庁入費上納 | 1.5700 |
| | 川越出勤　学校用 | 0.2700 |
| | 川越出勤　警視所江伺其外 | 0.6700 |
| | 半　紙 | 0.5750 |
| | 美濃罫紙 | 0.3900 |
| | 炭 | 0.2500 |
| | 脚夫賃 | 0.4292 |
| | 区内小使給料 | 0.5000 |
| | 小　計 | 8.6042 |
| 3月 | 川越出勤　会議其外 | 0.6700 |
| | 川越出勤　物産調其外 | 0.6700 |
| | 本庁出勤　大区会議 | 1.5700 |
| | 川越出勤　土木掛御用 | 0.6700 |
| | 川越出勤　土木掛御用 | 0.6700 |
| | 脚夫賃 | 0.5404 |
| | 半　紙 | 0.6900 |
| | 美濃罫紙 | 0.3900 |
| | 美　濃 | 0.1100 |
| | 炭 | 0.1700 |
| | 区内小使給料 | 0.5000 |
| | 小　計 | 6.6504 |
| | 一大区副区長給料其外一大区費 | 21.2946 |
| | 一大区学区取締・学校保護役給料，中学本部自費生徒費 | 32.4122 |
| | 合　計 | 74.8677 |

出典）「鈴木（庸）家文書」，2631，1955.

が、小区費に関しては筆墨・紙等の事務経費と出張旅費が大部分で、事業費は含まれていない。これらも発生時立替払いであり、表1―9の通り村々に割り付けられる際、差し引きされている。このことが可能であること自体が、村費―小区費の双方を含めた財政システム全体が、各村戸長による立替払い機能に基本的に依存していることを示している。さらに言えば、当然立替払いにおいて最も多くの額を負担しているはずの、小区費における宮前村、あるいは村費における鈴木庸行の項では、差引の計算が一切行われていない。小区費・村費の双方が実際には鈴木の手元で処理され、出金あるいは支払いが鈴木からのあるいは鈴木への金銭の出納という形で行われているため、差引計算をする必要がないためと思われる。小区レベルにおいては各村の支出は宮前村への支払いとして、村レベルにおいては各村の支出は鈴木への支払いとして、行われるのである。

以上から、熊谷県の「大区小区制」においては、小区の機構としての自立性は極めて弱く、それが各村の連合組織にすぎなかったことは明らかであろう。第一節で見た区の形成過程の論理は、その機能も規定するのである。副区長は自身居村の戸長を兼任しており、いわば各村戸長の同役中の第一人者として村々と県庁との間を往復するのがその職務であった。本章冒頭で述べた通り、茂木陽一は、戸長の設置レベルが町村である場合には町村が行政区画として公式に位置づけられることを論証しているが、熊谷県の事態はこの見解に適合的であると思われる。

**表 1-9　明治8年1月-3月　南第1大区第7小区入費各村割当**

（単位：円）

| 村　名 | 割当額 | 既　出　金　額 | 差引出金額 |
|---|---|---|---|
| 山ヶ谷戸 | 5.034 | | 5.034 |
| 表 | 4.288 | 0.750(2月12日本庁出勤) | 3.538 |
| 新　堀 | 2.947 | 6.000(学校保護役給料) | −3.053 |
| 吉　原 | 2.238 | | 2.238 |
| 宮　前 | 3.754 | | 3.754 |
| 上　狢 | 5.488 | | 5.488 |
| 下　狢 | 5.523 | 6.000(学校保護役給料) | −0.477 |
| 釘　無 | 3.121 | | 3.121 |
| 角　泉 | 5.877 | | 5.877 |
| 安　塚 | 0.773 | | 0.773 |
| 飯　島 | 3.251 | | 3.251 |
| 平　沼 | 11.524 | | 11.524 |
| 白井沼 | 6.766 | | 6.766 |
| 紫　竹 | 2.082 | 0.785(3月21日熊谷出勤) | 1.297 |
| 牛ヶ谷戸 | 5.319 | | 5.319 |
| 三保谷宿 | 7.012 | 1.170(2月15日出県日当) | 5.842 |

出典）「鈴木（庸）家文書」, 1955.

## 2　民会の構造

一方、明治六年六月に出された「集会局仮規則[124]」は、それぞれのレベルに対応して会議体が設置されるべきことを定めている。これにより全県レベルの会議として「大区集会（会議）」、大区レベルの会議として「小区集会（会議）」が設置された。小区レベルの会議については規定を欠いている[125]。大区会議は毎月一度、熊谷で開催されるものとされ、県官が「会頭」(議長)となり、正副区長および「議者」と呼ばれる任命制の議員[126]がメンバーである。その機能については「正副区長専ラ下情ヲ陳述、且朝旨ヲ奉シ上下相親ミ言路洞開、漸次旧来ノ陋習ヲ破リ人民一般ノ公利ヲ興スヲ要ス」と規定されている。小区会議も毎月一回、「毎一大区一ケ所ツ、会席ヲ設ケ定日集会スヘシ」とされている。会頭は正副区長、会員は各町村の戸長、「戸長副戸長ノ内専ラ区内村駅ノ情実ヲ陳述、且朝旨ヲ奉シ漸次旧来ノ陋習ヲ破リ、各村各区広ク協力人民相互ニ其志ヲ遂ケシムル」ことがその機能である。大区会議と小区会議の関係については、「小区会席ニ於テ会員陳述スル処ノ情実ヲ公評顛末条理ヲ詳ニシ、区長其可否ノ目途ヲ立テ大区会席ニ於テ更ニ之ヲ陳述スヘシ」「小区会席ニ於テハ一切ノ事件之レヲ決スヘカラス」「大区会席ニ於テハ紛議一決スヘクシテ一切之レヲ行ヘカラス」「大区会席ニ於テ議事ヲ起スモノハ更ニ小区会席ニ於テ熟議、次会大区会席ニ於テ之ヲ評決スルヲ以テ平素ノ例トス」と規定しており、大区会議あるいは小区会議で発議、小区会議で検討、大区会議で決定、県により施行、という手順になっていた。規定上は小区会議での議論は予備的なものと位置づけられており、それをふまえた上で最終決定は大区会議が行うことになっている。

しかし、実際に開催された会議の状況はこれと若干異なっている。南第一大区第七小区の副区長鈴木庸行の日記からうかがえる会議の開催状況は次のようなものであった。

まず、大区会議であるが、しばしば中止されたものの、原則として規定通り毎月一回、熊谷で開催されている（基本的に南北管下別開催）。しかし先述の通り区長は設置されなかったので、各小区の副区長および議者がメンバーとなっている[127]。

一方小区会議は、「仮規則」にあるようなかたちでは行われなかった。南第一大区の場合、大区レベルの会議は、ほぼ毎月一回、十一日に川越で開催されているが、参加者は大区内各小区の副区長のみである。そのためか鈴木庸行日記では「小区会議」という名称は用いられず、「一大区集会」等と呼ばれている。「別段議事無之」「不参之者多」という月も多い。

それに対して活発に活動しているのが、「仮規則」では規定されていなかった小区レベルの会議である。仮に

「村々会議」と名づけておこう。南第一大区七小区では毎月二回以上、鈴木宅で開催され、各村戸長がメンバーである。日記では「区内例会」「区内村々出会」などと呼ばれている。

大区会議の議題を判明する限り書上げたものが表1—10である。これらから大きく分けて、①会頭からの諮問、あるいは見込書等提出を求めるものとしての「議案」、②県が一方的にその意志を通達するものとしての「通達」、③会議構成員からの「建議」の三種の議事案件が存在していたことが読み取れる。

このような会議体は、第一に、その議事が、主として県からの「議案」に対する答議という形式をとり、それを補うかたちで県への「建議」が行われるという特徴をもっている。前者は県の政策に対するフィードバックであり、後者は県の政策への要求であって、実際にそれを執行するかどうかは県の手にゆだねられている。第二に、そのような会議体が、管下人民の一定の代表である根拠は「下情ヲ陳述」「区内村駅ノ情実ヲ陳述」することが可能であることに求められている。ここで代表機能はある吏員の担当する範囲と、上位権力との関係性において理解されている。つまり、県庁という主体に対して、その直接の担当者が「下情」をフィードバックする機関として民会は構想されているのであり、それゆえに大区会議—小区会議間の往復規定が設けられているのである。

これは県庁と村々との関係性において成立する「大区小区制」のあり方に相応した代表機関のあり方である。「管下」それ自体が一般的な単位として自立的に存在しているのではない以上、被統治者を何らかの形で代表する行為は、県庁の政策に対する受身の反応としてのみ可能となる。(128)

しかしこのことは、熊谷県の民会が従来言われてきたような意味で「相談会」にすぎないこと、すなわち、県庁の意向に沿った運営が可能な機構であったことを必ずしも意味しない。問題は、前節で述べたような行政・財政機構における村連合性が、この行政的フィードバックという民会の形式と結びついたときに発生する事態である。

**表 1-10**　熊谷県大区会議議題一覧

| 日　付 | 番　号 | 種　類 | 提　出　者 | 題　　　目 |
|---|---|---|---|---|
| 明治6年7月1日 | 1 | 議　案 | | •諸公費賦課方法 |
| 明治6年7月21日 | 2 | 議　案 | | •小区費・村費費目統一 |
| | 3 | 議　案 | | •小区費・村費割合方 |
| | 4 | 議　案 | | •活版布達各小区ごとの必要部数 |
| | 5 | 通　達 | | •各大区養蚕原紙入用高差出 |
| 明治6年9月21日 | 6 | 通　達 | | •御一新の目的につき諭達 |
| | 7 | 議　案 | | •地租納期改正見込書来月までに提出 |
| | 8 | 通　達 | | •御即位日・天長節国旗掲揚 |
| | 9 | 議　案 | | •村々正副戸長立会人給料見込書来月まで提出 |
| | 10 | 議　案 | | •区内仮規則提出 |
| 明治6年10月21日 | 11 | 建　議 | | •乞学校附金表 |
| | 12 | 建　議 | 南各区副区長・議者 | •乞期在任表 |
| | 13 | 議　案 | 大区会頭 | •道路ヲ開キ農車ヲ発行スルノ議 |
| | 14 | 議　案 | | •正副戸長立会人担任事務章程・人員制限・日当 |
| 明治6年11月21日 | 15 | 議　案 | 大区会頭 | •用水路ノ費用ヲ省キ田ヲ変シテ畑ト為スヘキノ議 |
| | 16 | 議　案 | 大区会頭 | •大小区集会局仮規則追加 |
| | 17 | 通　達 | | •徴兵適齢者調につき達 |
| 明治7年2月1日 | 18 | 不　明 | | •北部役員見込交代年限之事 |
| | 19 | 不　明 | | •種痘之事 |
| | 20 | 建　議 | 南部 | •田畑相場違之事 |
| | 21 | 不　明 | | •道路之事 |
| | 22 | 不　明 | | •大区会席入費之事 |
| | 23 | 不　明 | | •学校教員身行学務掛より御依頼之事 |
| | 24 | 不　明 | | •桑苗伏方法方書之事 |
| | 25 | 不　明 | | •太陽暦耕作一覧拝見 |
| | 26 | 不　明 | | •小区において入費賦課之義は適宜 |
| 明治7年3月2日・3日 | 27 | 通　達 | | •県令兼任御用向き多端に付諭達 |
| | 28 | 議　案 | | •村落において行政邏卒配置の義 |
| | 29 | 議　案 | | •芸妓酌婦等廃置之義 |
| | 30 | 議　案 | | •地券証印税残金割り戻し処置方 |
| | 31 | 議　案 | | •大区中惣代取極めの事 |
| | 32 | 議　案 | | •戸長以下村役人給料見込 |
| 明治7年4月21日 | 33 | 議　案 | | •道路橋梁修繕着手運ひ方且落成日限各小区限り見込之事 |
| | 34 | 議　案 | | •村吏給料之義 |
| 明治7年7月16日・17日 | 35 | その他 | | •県令留任願書反故の義 |
| | 36 | 議　案 | 大区会頭 | •堕胎取締方 |

表1-10　(つづき)

| 日　付 | 番　号 | 種　類 | 提　出　者 | 題　　　目 |
|---|---|---|---|---|
| 明治7年7月16日・17日 | 37 | 不　明 | | •暢発学校伝習生徒の教員資格について |
| | 38 | 不　明 | | •暢発学校書籍費民費支出 |
| | 39 | 不　明 | | •小中学校之義 |
| | 40 | 不　明 | | •学校生徒伝習中病気之者之義 |
| | 41 | 不　明 | | •学区取締給料之義 |
| | 42 | 不　明 | | •学校生徒諸入費取調月々分調書書上之事 |
| | 43 | 不　明 | | •石代相場之義 |
| | 44 | 不　明 | | •脱籍人町駅送之義 |
| | 45 | 不　明 | | •貯蔵之宝物書類書上之事 |
| 明治7年8月21日 | 46 | 議　案 | | •堕胎之義 |
| | 47 | 議　案 | 大区会頭 | •道路修繕取締設ル議 |
| | 48 | 議　案 | 大区会頭 | •物産取調手順ノ議 |
| | 49 | 通　達 | | •徴兵年齢之事 |
| | 50 | 通　達 | | •牛馬現況調一小区限り取調 |
| 明治7年9月21日 | 51 | 議　案 | | •堕胎取締見込書未提出の大区は提出のこと |
| | 52 | 建　議 | 南第1大区5-9小区 | •盆踊り廃止 |
| | 53 | 建　議 | 南第1大区5-9小区 | •獅子舞の事 |
| | 54 | 建　議 | 南第1大区5-9小区 | •百万遍の事 |
| | 55 | 建　議 | 南第1大区5-9小区 | •祈禱の事 |
| | 56 | 建　議 | 南第1大区5-9小区 | •会議の事 |
| | 57 | 建　議 | 森戸・中島 | •徴兵調の義に付不都合の件 |
| 明治7年10月21日 | 58 | 通　達 | | •清国事件につき注意 |
| | 59 | 議　案 | 大区会頭 | •民費賦課法地券調終了まで旧石高基準 |
| | 60 | 議　案 | | •戸籍送入籍副戸長奥印之義 |
| | 61 | 議　案 | | •布達活版配布方 |
| 明治7年12月1日 | 62 | 通　達 | | •証印帳簿規則遵守のこと |
| | 63 | 通　達 | | •蚕紙製造の義成丈半紙に成らざる様に致す事 |
| | 64 | 通　達 | | •牛馬会社廃止 |
| | 65 | 通　達 | | •火の番取締のこと |
| 明治8年3月21日 | 66 | 通　達 | | •定式道路橋梁修繕期間上申 |
| | 67 | 通　達 | | •傍示杭・境界杭見苦しからざる様 |
| | 68 | 通　達 | | •小荷駄の義正副戸長において注意 |
| | 69 | 通　達 | | •小荷駄馬にクツゴを付け使用のこと |
| | 70 | 通　達 | | •正副戸長進退願伺以後本庁へ差出 |
| 明治8年4月21日 | 71 | 議　案 | | •年中行事の義 |
| | 72 | 通　達 | | •証印済並びに印紙貼用帳簿調査のため官員派出 |
| | 73 | 通　達 | | •貢租取立日限20日前に確定，布達 |
| | 74 | 通　達 | | •芸妓新規願禁止 |

表1-10（つづき）

| 日　付 | 番　号 | 種　類 | 提　出　者 | 題　目 |
|---|---|---|---|---|
| 明治8年4月21日 | 75 | 通　達 | | •外国人と商業の次第県庁へ上申 |
| | 76 | 議　案 | | •学校ノ為ニ積金ノ議 |
| 明治8年5月21日 | 77 | 議　案 | | •衛生局を暢発学校へ付属 |
| | 78 | 通　達 | | •地方官会議召集，傍聴希望区戸長は願出ること |
| 明治8年8月21日 | 79 | 議　案 | 大区会頭 | •免許場所及人員ノ定限ヲ立娼妓ヲ置議 |
| | 80 | 議　案 | 大区会頭 | •凶穀予防并窮民救助ノ方法ノ議案 |
| 明治8年10月8日 | 81 | 通　達 | | •地租改正被仰出 |
| | 82 | 議　案 | 大区会頭 | •警察費賦課及邏卒配置方法ノ議案 |
| | 83 | 通　達 | 大区会頭 | •高札場掲示場の事 |
| | 84 | 通　達 | 大区会頭 | •国誌編纂の事 |
| | 85 | 通　達 | 大区会頭 | •士族禄渡方及畑税十二月限上納の事 |
| 明治8年12月6日 | 86 | 通　達 | 大区会頭 | •物産調雛形に照準のこと |
| | 87 | 通　達 | 大区会頭 | •農学書配付につき希望者は申し出のこと |
| | 88 | 議　案 | | •斃牛馬処分法 |
| 明治9年3月1日 | 89 | 議　案 | 大区会頭 | •武蔵地方ノ各区ヘ区長ヲ創置ノ議案 |
| | 90 | 議　案 | 大区会頭 | •本県管内南北ノ称ヲ廃シ大区名改正ノ議案 |
| | 91 | 議　案 | 大区会頭 | •本県々会仮規則改定之議案 |
| | 92 | 議　案 | 大区会頭 | •地租分割上納期限 |
| | 93 | 通　達 | 勧業課 | •京都府および奈良県より博覧会に付申越の趣回覧 |
| | 94 | 通　達 | 勧業課 | •良材産出の見込書上 |
| | 95 | 議　案 | 大区会頭 | •地租改正ニ付地主惣代ヲ置之議 |
| | 96 | 通　達 | | •地租改正顧問鑑定のため区戸長の内農事地理に明通する者選挙 |

出典）「鈴木（庸）家文書」，3206, 3207, 3210, 3211, 5285, 5678–5700, 6891.

### 3　大区会議と請書

上述の通り大区会議の主要な議事形態は県からの諮問としての「議案」であり，規則上それは小区会議の議事を経たのち，大区会議で「紛議一決」されることになっていた。

しかし実際にはどうであったのか，例として「諸公費賦課方法」議案(1)，以下括弧内の数字は表1―10の議題番号）の処理経過を追ってみよう。この議案は明治六年七月一日に大区会議で可決されており，県内の民費賦課基準を定める重要案件である。

大蔵省第九十八号御布告ニ
依リ諸公費賦課之方法商議
左ニ
地価　十分ノ四

反別　　十分ノ三
税額　　十分ノ三
右決議仕候間御定奪奉願候
各区
副区長
一同連印
前書之通り諸公費賦課之方法決議之趣承知仕候、依之御請印形仕候、以上
明治六年
第七月四日
南第一大区七小区
（村々戸長連印略）

この史料[129]から明らかな通り、議案は可決後に各副区長により各小区に持ち帰られ、そこで各村戸長による請書が提出されている。ところがその後この賦課基準に対して一部の小区から、「各村ニ而申候は稲田之義は元来租税高免ニ而民労甚敷候所、諸費用迄も右米額江相懸り候様ニ而は迚も田地相続相成兼難渋至極仕候間御歎願奉申上度旨挙而申出」と、決定された基準では田に重課になるため、それぞれのレベルに応じて反別割を加えた賦課基準を立てたいという異論が提出された[130]。結局この件は地券発行の遅延によって実現せず、明治七年十月の大区会議に「地券調悉皆相済候迄当分之中従前之法方ニ依リ旧石高ヲ以賦課候而ハ如何」という議案が提出され、可決されている。そしてこの議案についても改めて十一月一日に村々連印による請書が提出された[131]。

もうひとつ、明治六年十月の大区会議における「道路ヲ開キ農車ヲ発行スルノ議」(13)議案について検討してみよう。この議案は「管下一般協力大ニ道路之修繕ヲ加へ、難ヲ変シテ易トナシ、狭ヲ換ヘテ広トナシ、曲ヲ正シテ直トナシ、各地ノ形勢ニ応シ適宜方法ヲ定メ往々人馬ノ労疲ヲ省キ農車流行、独リ運輸ノ便ノミナラス人々交際親密家々産業盛大ノ基国是ノ初歩ヲ斯ニ開業センコトヲ希望ス」(132)というものであって、県下全体の道路を、県民の負担によって修繕するという計画である。これは十月二十一日に可決された後、具体的方法について見込書の提出が求められたようであり、第一大区もこの見込書を提出しているが、その際興味深いのは副区長たちが「何分不容易事業ニ付人民後来之大益を不斗眼前之小利ニ迷ひ難得機会を失し候義無之様、尚此上各村戸長副以下一統江被為添御威令衆心可致勉強様仕度奉願上候」と県に対して戸長以下への令達を要求している点である。これを受けて県は十二月一日付で「道路取締之義は追而何分之沙汰可及、其余総而伺出之通処分可致、尤道幅杭を建後来蚕食之患無之様注意致し、道巾九尺以上之橋梁は路巾ヨリ三尺迄は縮メ苦シカラス、九尺以下六尺迄は右准シ適宜、六尺以下は道巾同様たるへく事」(133)という達を出し、これに対して各村戸長連印の「前書御指令之趣承知仕件々異議無之候ニ付、然上ハ相互ニ協力早々修繕ニ取掛り不日落成致し候様可致候、依之一同連署致者也」(134)という請書が提出され、修繕が着手される。

以上の経過から見えてくることは、大区会議の決議をもって県下一般の意思の確定と見た「仮規則」に反して、実際には公費賦課法や道路修繕といった住民の負担にかかわる問題については、それが実施される段になると、村＝戸長連印の「請書」の提出が必要とされていた、ということである。これは否決の場合には必要ないのであって、実行される時点で問題となる。また、大区会議の議案には可決されても実行に移されないものも多く、上の二つの議案は、後に述べる村吏設置方改正議案と並んで、その成否はともかくとして実行のプロセスに乗ったという点で特殊な位置をしめる重要案件である。このような請書提出の必要性によって、議案は、大区会議と村々会議の間で往復を繰り返すことになる。両方に出席しているのは副区長であるから、実質的にそれは副区長を媒介とした県レベルと村レベルの往復である（上述三議案のほか、熊谷県廃県によって立ち消えとなった堕胎取締方(36)がそれにあたる）。

　これは村を単位とする行政機構と、行政的フィードバックが結合した場合に発生する必然的な事態である。県庁にとって行政の客体の単位が村＝戸長である以上、行政的フィードバックの起点は村であるほかない。しかし、副区長と村々小前の、県庁行政に対する意思がある程度同質的であるならば、それが県庁にとって受け入れ可能な結論を出すかどうかはともかく、少なくともこの往復は各村の意向を県庁に伝達することは可能であるはずだ。

## 4　副区長層の開明路線と県庁

　ここで問題になってくるのが副区長層の意識である。学校問題を例にとると、明治六年十一月十六日に南北管下の議者・区長・学区取締が県令に提出した「学費ヲ募ルコトヲ厳ニスルノ願(135)」は次のように言う。

夫レ興学ハ国家未曾有ノ一大典ナリ、而シテ其費ヲ其何物タルヲ知ラサル人民ニ募ル亦一大難事也、泰西人云、人民は政事ノ実体ニシテ政事ハ人民品行ノ虚影ナリト、然則蒙昧ノ人ヲ御スルニ束縛無カラ《ママ》ヘカラス、固陋ノ民ニ与フルニ自由ヲ以テシガタシ、学問之何物タルヲ知ラス蒙昧ニアラスシテ何ソヤ、出費ノ苦情ヲ唱フ固陋ニアラスシテ何ソヤ……（中略）……願ハ文部・司法江上請シ自今以後学区取締、副区長、学校庶務掛等協議之上相立ル処学費賦課法方ヲ論シ直々ニ送致センコトヲ、又願クハ学費ヲ納メサルハ公税ヲ納サル罪ヲ同フスル所以ヲ懇ニ諭アランコトヲ

　ここには、「蒙昧」な「人民」と自己を厳しく対置し、「人民」ではなくむしろ県権力の側に親近感を持ち、県権力（それを媒介にして国家権力）への依存を通じて開明路線を遂行してゆこうとする副区長たちの姿勢がある。そしてそれは、明治六年に彼らの信頼を集めていた県令河瀬秀治の転任の際、県令留任運動として表明される。明治六年

十月二十一日「乞期在任表」建議⑿である。[136] 建議はまず、明治四年十一月の入間県設置以降、県令が三度交代したことを指摘し、その弊害を次のように述べる。

> 大政府ノ制度法令一ナリト雖モ、之ヲ実際ニ行ヒ実物ニ施スニ及テハ長官ノ目的意向ニヨリ異同ナキ能ハス、異同アル時ハ則前ニ急ニスルコト今ハ緩シ前ニ緩スル所今ハ急ニス、而シテ其意ヲ人民ヘ伝ヒ人民ヲシテ其意ニ遵ハシムルハ某等ノ任ナリ某等ノ責ナリ、無知ノ人民ヘ或ハ之ヲ急ニセヨト告ケ或ハ之ヲ緩セヨト謂ヘハ其狐疑ヲ懐ク亦宜ナラスヤ、夫レ二十月間ニシテ三タヒ其方向ヲ変ス、某等一意之ヲ諭スト雖モ、其私情ニ便ナラサレハ只唯々トシテ遅延シ以テ長官ノ更ルヲ待ツノミ、豈某等ノ言ヲ信センヤ

すなわち、住民が県の方針転換を期待して、県の政策の執行者である副区長たちの命に従わない、というのである。彼らの県令留任運動は、単に開明県令・河瀬に対する思慕の念からのみ引き起こされているわけではなく、小前層と自己との関係において、県の開明方針が一定していることへの強い要求と結びついているのである。彼らがその例として挙げるのもまた学校政策である。前県令沢簡徳が小学校設置に関して漸進的方針を採っていたのに対して、現県令の河瀬は急進策を採用し、「断然四月三十一日ヨリ変則学校私塾家塾等ヲ禁スルノ令」を発した。ところが、「山間僻邑ニ至リテハ変則学校設立ノ後忽チ廃セラル、ヲ以テ正則学校モ長官更レハ亦廃セラレント」して、一向に学校を設立しない。このような状況の打開のために彼らが要求しているのは、河瀬が六年間熊谷県にとどまる許可を、河瀬自身が中央政府から取り付けてほしい、というものである。

この運動は単に副区長層だけではなく、県官の中にも共感を呼び起こし、県官二十名連印による「我輩僚属ニ於テ熟議討論誓テ一同情願ヲ確守シ仮令一旦移官転任ノ命アルモ百方控告尽力固執、必ス一般ノ人民ニ代リ其懇願情意ヲ遂テ決而方向ヲ過タシメス其企望ニ副エンコトヲ担保スルヲ約ス」という誓約書が、副区長たちに宛てて差し出されることになる。[137] 明治七年一月十日、河瀬は熊谷県令兼任のまま内務大丞（一月二十九日勧業権頭を兼任）に任ぜ

られるが、明治七年七月、内務大丞林友幸は議者吉田市十郎、竹井澹如、石川弥一郎の三名を呼び出し、河瀬の県令兼任を解くため、県官一同が差し出した誓約書を返還するよう要求した(138)。結果的に三名は誓書を返還、河瀬は明治七年七月十九日付で熊谷県令兼任を免ぜられ、かわって楫取素彦が権令として着任する。大区会議は同月の大区会議で「県令留任願書反故」(139)(35)を決議し、運動は終息するが、一連の運動には、大区会議に参集する副区長たちが、「頑固」「蒙昧」な小前に対して県令・県官との一体感を持ち、改革路線を貫徹するために県権力へ依存するという関係が明瞭にあらわれている。しかし、重要問題の決定が前節で見た通りたえず下のレベルへ下降してゆかざるをえないとすれば、「頑固」「蒙昧」な民衆との間に摩擦を引き起こすのは避け難い。一方県は副区長たちだけではなく、県下全体の統治を安定させなければならないから、副区長たちより常に穏健であり、たとえば、先に述べた建議中に言及されていた副区長たちの学費強制取立プランは県によって採用されない。このような三者の関係の中で、村を基礎とする制度そのものの変更をはかる村吏設置方の改正が提起され、この矛盾が露呈する。

## 5　村吏設置方改正問題

村吏改正問題の発端は、明治六年九月二十一日大区会議の次のような議案(140)である。

一村々正副戸長立会人給料其村々ニ応し見込相立一大区取纏来月十五日迄ニ無相違可差出事、尤人数増減之上ニ而御取捨有之候旨

このときまで熊谷県には、村吏の給与に関する規則や事務章程が存在せず、村々でまちまちに行われていたのだが、これを統一的に規定しようとする提案である。これに付随して村吏の「人数増減」が言及されている。しかし、この後問題の焦点は「人数増減」問題、すなわち戸長の管轄範囲の広狭にしぼられていく。

議案を受けて第一大区は、翌十月の大区会議に、戸長事務章程案とあわせて村吏設置形態案および給与案を提出

する。それは、戸長は反別六二五町、戸数六二五戸に一人で月給四円、副戸長は反別一二五町、戸数一二五戸に一人で月給三円、立会人は反別二十五町、戸数二十五戸に一人で月給七十五銭というもので、この数字が意味するものは、表1―6から明らかな通り、ほぼ一小区に一戸長というプランである。第一大区の副区長たちは戸長の管轄範囲を一村から一気に一小区へ拡大しようとしたのである。ところが、県はこのプランを採用しなかった。同会議において県から提示された案は原則一村一戸長を維持したまま、場合によっては小村の合併あるいは近隣村の連合による戸長設置をはかるというもので、南第一大区案より穏健であった。南第一大区は「議案之通ニ而至当と奉存候」とする見込書を再提出して、県の方針を一応受け入れている[141]。

この後しばらく事態は停滞するが、翌明治七年四月の大区会議に至って、給与形態、設置範囲ともに「其地適宜」に任せるという決定が下される[142]。これは結局のところ、大区会議レベルでの決定の放棄である。これによって事態は各小区へと下降を開始する。

序章の冒頭で見た下猪村戸長猪鼻明順の意見書[143]は、実はこの時点で提出されたものであった。「今日国家忠臣義士ト言フモノ村吏ノ義務ヲ精勤スルモノニ越ルナシ」の一節に続けて、猪鼻は次のように述べる。

然ト雖モ未タ全ク其ノ義務ヲ精究シ其実効ヲ奏スルモノヲ聞カス、然ル所以ノ者亦実情ノ已ムヲ得ザルアリ、夫今日太政大臣ヨリ地方県令ニ至ルマテ数百ノ月給アリテ以テ身ヲ此ノ一事ニ養フ、村吏ニ至テハ旧来ノ十分ノ一古来ヨリ此郷ノ戸長年々村入費ノ十分ノ一ヲ以テ自己ノ給トスノ如キニ過ギズ、故ニ其身ヲ他業ニ養ハザルヲ得ズ、已ニ身ヲ他ニ寄スレバ其ノ義務ノ惰ナル深ク咎ムベカラサルニ似タリ、然レバ則今日ノ急務ハ村吏ノ賢愚ヲ弁別シテ以テ其ノ員半若クハ八九ヲ減シ之ニ与ルニ適当ノ給ヲ以テスルニ如クナシ、然ラスンバ終ニ不平ヲ成醸セン、苟クモ多少ノ村吏不平ヲ抱カバ世教文明ノ源ヲ塞クモ計ルベカラス、方今村吏ニシテ事情ニ通ゼズンハ、小民ハ忽チ乱暴無頼ノ域ニ陥リ、啻ニ国家ノ益ヲ為サザルノミナラス、世ノ風俗ヲ乱リ他人ノ害ヲナスコト甚シキニ至ルベシ戸長の役割の重大さに比してその給与は寡少であり、これを改善するためには戸長の減員（管轄範囲の拡大）が必要である、そうしなければ村吏は不平を抱き、世の乱れの基となると彼は主張する。そして自らが戸長に不適格であることを縷述した後、意見書は次のように結ばれている。

曽テ合村ノ説アリ、然トモ是ノ如ク因循然トシテ未タ幾月ヲ経テ其実効ヲ見ルベキ目途ナシ、幸ニシテ今自ラ其職ヲ辞テ前例ヲ為ス又無キニアラス、若モ全区一般其職ヲ辞シ、而シテ後一二名真ノ戸長タル人物ヲ撰挙スルアラバ、諸事ノ簡略ノミナラス、衆物ノ費ナキコト論セスシテ照々タリ、言ハズシテ著明ナリ、余カ如キ弱愚ニシテ、何ヲ以テ区内ノ益ヲ為サンヤト、伏テ願クハ明順ノ微力ヲ察シ、其ノ志ヲ恤ミ、戸長ノ役ヲ除カンコトヲ、謹テ白ス

果たして猪鼻の真意が戸長辞職にあったのか、あるいは自分こそが「真ノ戸長」にふさわしいという点にあったのか、この意見書からは知ることができない(144)。いずれにせよ、小区レベルへ下降した問題の展開は、猪鼻の希望のようには進まなかった。南第一大区七小区では、七年七月六日付で副区長・鈴木庸行から各村戸長宛に意見の諮問が行われた(145)。

村吏人員年限給料之義

第一条

一区内江正副戸長幾名ト置、事務は扱所ヲ設、給料等区内惣賦課ニいたし候而は如何

但、人員幾名、給料何程、年限何年と見込之事

第二条

一凡戸数百戸・反別百三四十町前後ニ渉リ戸長壱名、副は三十戸位ニ壱名を置、給料は其区而已ニ而賦課ハ如何

但書前同断

第三条

一毎村人員を定一村毎ニ正副戸長を置時は年限給料等賦課之多寡如何

但書前同断

第四条

一戸数三拾戸以下之村は合併如何

外ニ妙案も有之候ハ、陳述有之度事

右件は一村毎ニ御見込書御差出し然後協議ヲ尽し決定致し度候事

この四ヶ条の諮問は二つの異なった系列の内容からなっている。つまり、一条から三条までは戸長の置かれるレベルをめぐる問題であり、一条は戸長＝小区、二条は戸長＝複数村、三条は戸長＝一村である。一方、第四条は村の合併をめぐる問題であり、両者は互いに相関なく実施することができる（たとえば、小村合併を行った上で、その新村に一名戸長をおく、あるいは小区に戸長を置く、等々）。この諮問に答えて各村が出した意見をまとめたものが表1―11である。この時点では各村戸長の意見の主流は戸長＝小区案であり、戸長＝一村案は一人も存在していない。このままであれば何の抵抗もなく戸長管轄範囲の拡大が実行されたはずである。

問題は続いて八月十五日の村々会議の議題となった。ここで表明された各村意見および具体的な各村の組み合わせ方が表1―12である。ここでは明らかに七月六日時点からの態度の後退が看取される。九ヶ村までが戸長＝小区案の取りやめを求め、残る七ヶ村も戸長＝小区案か戸長＝複数村案のどちらか、という線まで後退しているのである。主流は戸長＝複数村案に移ったといってよいだろう。

さらに、九月十五日には、八月十五日に決定された村々組み合わせ方の組み替え要望がいくつかの村々から提出

表1-11　明治7年7月6日　村吏設置方に関する各村意見

| 村名 | 方針 | 設置形態 | 給料 | 任期 |
|---|---|---|---|---|
| 下猺 | 第1条 | 戸長＝区に3名<br>副戸長＝30-40軒に1名 | 戸長＝4円 | 4年 |
| 上猺 | 第1条 | 戸長＝区に4名<br>副戸長＝30-40軒に1名 | 戸長＝3円 | 3年 |
| 山ヶ谷戸 | 第1条 | 戸長＝区に4・5名<br>副戸長＝40-50軒に1名<br>立会人＝30戸に1名 | 戸長＝4円<br>副戸長＝3円<br>立会人＝1円<br>区内惣賦課 | 3年 |
| 吉原 | 第1条 | 戸長＝区に1名<br>副戸長＝区に3名 | 戸長＝6円<br>副戸長＝3円 | 3年 |
| 新堀 | 第1条 | 戸長＝区に1名<br>副戸長＝区に2・3名 | | 3年 |
| 飯島 | 第1条 | 戸長＝区に3・4名<br>副戸長＝30戸に1名 | 戸長＝4円50銭<br>副戸長＝2円 | 3年 |
| 紫竹 | 第1条 | 戸長＝区に2名 | 戸長＝6円50銭<br>立会人＝1円50銭 | 3年 |
| 白井沼 | 第1条 | 戸長＝2・3名<br>副戸長＝50戸に1名 | 戸長＝3円50銭<br>副戸長＝2円 | |
| 牛ヶ谷戸<br>三保谷 | 第1条か<br>第2条 | 第1条を用いる場合：<br>戸長＝区に3名<br>副戸長＝50軒に1名<br>立会人＝25戸または一村に一名<br>第2条を用いる場合：<br>戸長＝120-130戸に1名<br>副戸長＝20-30戸に1名 | 第1条を用いる場合：<br>戸長＝5円<br>副戸長＝2円50銭<br>立会人＝1円<br>区内惣賦課<br>第2条を用いる場合：<br>戸長＝3円<br>副戸長＝1円50銭<br>其扱内惣賦課 | |
| 角泉 | 第2条 | | 戸長＝3円50銭<br>副戸長＝1円 | 3年 |
| 表 | 第2条 | 戸長＝区に5・6名<br>副戸長＝30戸に1名 | 戸長＝3円<br>副戸長＝1円 | 4年 |
| 平沼 | 第2条 | | 戸長＝2円50銭<br>副戸長＝1円 | 3年 |
| 安塚 | 第2条・<br>第4条 | 戸長＝区に2名<br>副戸長＝50戸に1名　地続入交の村と合併 | 戸長＝3円<br>副戸長＝2円 | |

出典）「鈴木（庸）家文書」，6584.

表 1-12　明治 7 年 8 月 15 日各村意見および合村・事務合併組み合せ

| 村名 | 方針 | 設置形態 | 給料 |
|---|---|---|---|
| 下狢，釘無 | 合併<br>（第 1 条か第 2 条および第 4 条） | 第 1 条を用いる場合：<br>戸長＝区に 2 名<br>副戸長＝25-30戸に 1 名<br>立会人＝50戸に 1 名<br>第 2 条を用いる場合：<br>戸長＝150町に 1 名<br>副戸長＝25戸に 1 名<br>立会人＝50戸に 1 名 | 第 1 条を用いる場合：<br>戸長＝5-7 円<br>副戸長＝50銭-1 円<br>立会人＝年額 5-7 円<br>第 2 条を用いる場合：<br>戸長＝2-3 円<br>副戸長＝50-75銭<br>立会人＝年額 5-7 円 |
| 山ヶ谷戸，表 | 〃 | 〃 | 〃 |
| 牛ヶ谷戸，三保谷宿，吉原 | 〃 | 〃 | 〃 |
| 角泉，安塚，上狢 | 事務合併<br>（第 2 条） | 戸長＝150町に 1 名<br>副戸長＝150町に 5 名<br>立会人＝150町に 5 名<br>一小区へ扱所設置は見合せ | 戸長＝2-3 円<br>副戸長＝50-75銭<br>立会人＝年額 5-7 円 |
| 飯島，平沼 | 〃 | 〃 | 〃 |
| 白井沼，紫竹，宮前，新堀 | 〃 | 〃 | 〃 |

出典）「鈴木（庸）家文書」，6571.

される。一例をあげれば次のような書面である。(146)

村吏法方之儀、先般安塚村、角泉村、上狢村右三ヶ村ニ而事務合併仕度役人一同見込之旨小前江申談候処、右三ヶ村之義ハ何れも民家相隔り不便之旨申之不落合ニ付、是迄之義ハ御取消被下度此段申上候、以上

七年九月十五日

（上狢村正副戸長・立会人連印略）

結果として、決定された事務合併は表1―13の通りである。三ヶ村が単独で戸長を設置、残りの十三ヶ村が六組に分かれた。この組み合わせにより、明治七年九月十八日、事務合併村々ごとに「村吏事務約信書」に調印し、県庁に提出して、この問題は一応決着した。このように、当初副区長レベルで戸長＝小区案として出発した村吏設置方改正問題は、紆余曲折の末、相当に矮小化されてしまったのである。

なぜこのような事態が起きたのか？　手がかりとなるのは、この問題に関して安塚村と飯島村の間で発生した紛争である。安塚村が提出した願書によ

って事実経過を整理すると次のようになる。七月六日の会議の席で、飯島村から安塚村に合併の話があったが、安塚村の村役人は、合併すると耕地の高低差が大きすぎ、水害のときなどは安塚村だけが被害を受ける可能性があるが、その場合被害を受けなかった飯島村と平均されてしまうと貢租減免の対象とならない、として懸念を表明した。それに対して飯島村側は、被害を受けたところだけを検見の対象とすればよい、としてその心配はないと述べた。そこで、安塚村は、平沼村との三ヶ村合併は行わないという条件つきで、村役人間の合意に達し、村に帰って小前の意見を聞いたところ、飯島村の言うことが本当かどうか、県に伺いを立てることになった。ところが県の返答はそれと異なっていたので、合併は保留ということで八月十五日の会議を迎えた。ここで飯島村は平沼村へ合併ということで話がまとまったので、安塚村は角泉、上狢と合併することにしたが、飯島村は安塚村が飯島村との合併を断ったことについて立腹し、飯島村地内の用悪水路の使用を拒否した。

(147)

表1-13　明治7年9月18日事務合併組み合せ

| 村　名 | 戸　数 | 反別 町 | 反 | 畝 | 歩 |
|---|---|---|---|---|---|
| 白井沼 | 57 | 69 | 7 | 8 | 29 |
| 平　沼 | 75 | 140 | 8 | 2 | 9 |
| 飯　島 | 40 | 33 | 0 | 6 | 7 |
| 宮前・紫竹 | 43 | 61 | 2 | 9 | 24 |
| 三保谷宿・牛ヶ谷戸 | 121 | 141 | 4 | 7 | 22 |
| 吉原・新堀 | 44 | 57 | 1 | 1 | 8 |
| 山ヶ谷戸・表 | 92 | 111 | 5 | 4 | 3 |
| 上狢・下狢 | 74 | 112 | 5 | 8 | 9 |
| 釘無・角泉・安塚 | 119 | 114 | 5 | 1 | 25 |

出典）「鈴木（庸）家文書」, 5715, 5797-5805, 6577.

ここから見えてくる点は、第一に合併あるいは事務合併をめぐる手続きの問題である。村々会議の席上で村役人同士が合意に達したとしても、帰村の上小前の意見を聞かねばならないのであって、小前が不同意を表明すればそれは成立しない。それが七月六日、八月十五日、九月十五日と三回にわたって各村の態度が変化する原因となっている。現に、九月十五日の上狢村の申し出も小前の不同意をその理由として掲げていた。

もうひとつは村請制という枠組みの存在である。「耕地之高低格外」の村と合併すると、水害時に「検見」の対象とならないことが小前が村々の合併に抵抗する最大の要因となっていた（その反面安塚村は「地券地代金ニ随ひ百分三税法相立候ハ、強而心配ニ有之間敷」と、地租改正の終了は合併を可能にすると述べている)。事務合併に対する抵抗が主として小前に起因することは、九月十七日付の田中次平宛鈴木庸行書簡(下書き)に「村々一体之人情は各村ニ而方法相立候ヲ冀望之体、然ルヲ正副戸長衆ニおゐては合村又は事務合併之説主張いたし候ニ付」とあることからもうかがえる(148)。

以上の通り、村吏設置方改正を挫折させたものは、村請制下での合村あるいは事務合併が負担の増大につながる可能性を持つという懸念を背景とする、村々小前の反対であった。そして、小前がそれに介入可能であったのは、村吏設置方改正が、「請書」(この場合は「村吏事務約信書」)を必要とするという機構的問題であった。

こうして問題は一応決着するが、しかし実際には、ここで決められた小規模の事務合併ですら実現しなかった。明治九年十月、釘無村戸長関喜平次が死去したため、同村の小前・役人一同は県(熊谷県廃県後であるため埼玉県)に宛てて、関八寿次の戸長任命を求める願書を提出したが、そのなかで、「村方之義ハ区内安塚村、角泉村三ヶ村ニ而事務合併約信書奉差上置役員定員モ有之候得共実際施行難仕(149)」と、単独での戸長任命を求めていることから、明治七年九月以降も一村一戸長制は維持されており、しかもその後戸長交代の必要が生じても事務合併は行われなかったことが明らかである。戸長管轄範囲の拡大は完全に挫折したのである。

副区長たちは、明治七年十月二十一日、「事務所設置建議(150)」を県に提出し、「政府ハ開化ニ進歩シ下民ハ旧習ニ固着シ、其差等隔絶スルコト雲壌ノ如ク、各区人民稍モスレハ瑣々ノ事ニ苦情ヲ鳴シ、或ハ正副戸長ニヲイテモ御布告其他御趣意柄誤解致シ候者モ有之、事務ヲ成理スルノ順序ヲ失ヒ無益ノ手数失費不少、民力ヲ煩ハシムルノミニテ却テ事務理成ノ防害ヲ生シ候」、すなわち各村への戸長設置が「政府」と「人民」の距離を生み、事務の効率性という点からも問題を生じているという現状を改革するため、小区事務扱所の設置によって事務を小区レベルへ集中することを提案している。民会という重層的な意思決定機構によってこれを実現する方向を放棄し、直接県権力の介入を仰ぐことによる事態の打開を期待したのである。しかし、これも県の採用するところとはならなかった。

## 6　県会条例案

ここに至って副区長たちは、「大区会議」にかわる「県会」の実現を模索し始める。明治八年十月、南第一大区の副区長たちは、みずから「県会条例」(151)を起草して、県に提出したのである。これは町村→「小区主選人」→「大区主選人」→県会議員という複選制による公選県会の構想である。まず、各町村から人口二〇〇人までは一名、二〇〇人以上は二〇〇人以上につき一名の割合で「小区主選人」を選出する。選挙権は「自己居住ノ屋敷又ハ二百円以上ノ価値アル地面家屋ヲ其町村内ニ有スルモノ」、被選挙権は「該小区内ニ一周年以上入籍居住シ齢満二十年以上ノ者」である。この「小区主選人」が、「該大区ニ一周年以上入籍居住シ齢満二十一年以上ノ者」の内から三名を「大区主選人」に選挙し、各大区の「大区主選人」が、「本県ニ一周年以上入籍居住シ齢満二十二年以上ノ者」から二名を県会議員に選ぶ。

議員は一年ごとの半数改選である。議すべき事項は「民費ノコト」「災害備慮ノコト」など十ヶ条が掲げられている。「決議ノ条件ハ管庁ニ差出シ管庁之ヲ不可トスルトキハ其由縁ヲ県会ニ向テ弁明スヘシ、否ラサレハ必ス之ヲ施行スルモノト認ムヘシ」と、県庁に対しても相当に強い権限を持つと構想されている。

このプランは複選制ではあるが、従来の村を起点とする重層的な区戸長民会とは異なる。起点である村は一村一人を選出するのではなく、人数に比例して小区主選人を選出する。かつ、小区主選人、大区主選人、県会議員はそれぞれ互選ではなく、自身の町村、小区、大区から小区主選人、大区主選人、県会議員を選ばなくとも良い。各レベルの選挙は「県」一般の代表を選出するための選挙なのである。

この「県会条例案」は明治八年十月九日、南第一大区の副区長たちにより「大区会議ノ節本書相認本県江上申可仕筈約定」され、県に提出された。県がこの路線に必ずしも否定的ではなかったことは、明治八年七月地方官会議終了後、楫取権令が木戸孝允議長宛に「本県下ニ於テハ一昨六年先官河瀬秀治在職中既ニ会議ヲ起シ、今ニ至テ大小区ニテ毎月両度ノ議場ヲ開ク、管下人民一般民会ヲ企望罷在候、就テハ区戸長之外夫々人物選択、議員ニ加ヘ候様仕度、右様相成候得ハ民費其外都テ疑惑無之、言路洞開一般ノ公利ヲ興ス場合ニモ可至哉ト奉存候、随テ公選議員ノ法案モ御下渡相成度」と伺っていることから知ることができる。これに対する木戸議長の指令は「伺之趣公選ノ儀ハ、追テ町村会準則可相達候条、町村会ヲ以テ施行ノ儀ト可心得事」であって、地方官会議で区戸長民会が方針として決定している以上、積極的に公選民会を推奨してゆく方針にはなかった。県はそれでも、明治九年二月「地方官会議之節予定之法案ニ準拠」して「大小区会」にかえて「県会」を開設したいという趣旨の伺を出しているが、これに対する大久保利通内務卿の指令も「詮議ノ次第有之、何分ノ指令ニ難及」であった[152]。このような政府とのやり取りを経て、明治九年三月一日の大区会議に、県は「本県々会仮規則改定」議案[153]（91）を提示する。

政府が積極的に公選民会を支持しなかったことを受けて、県のプランは区戸長民会である。しかし、これは区戸長全員の形式的参加によって構成されるのではなく、戸長以上による大区単位の選挙によって選出される議員がメンバーとなる。しかも、議員に選ばれた区長については、「正副区長各専務アリト雖トモ議員ノ撰ニ挙ラレ会議席ニ参シタルトキハ孰モ一般人民ノ代議人トナリ其便否ヲ協同公議スヘシ」と規定しており、村を起点とした積み上げによる重層制を払拭し、県下全体を一般的に代表する代議制を樹立しようとする県の意図が見て取れるのである。しかし、熊谷県は明治九年八月廃県となり、この規則に基づく県会が開かれることはなかった。

## 五　「大区小区制」と民会(2)——神奈川県の場合

### 1　明治六年の「区画改正」

神奈川県における「大区小区制」は、明治六年四月の、「区画改正」と通称されるところの制度改革によって確立する。第二節で論じた通り明治五年初頭に成立した神奈川県は、当初県下を八十四の戸籍区に分割し、各々の長として戸長を置いていたが、明治五年四月の名主・年寄廃止令に基づき各村名主を戸長と改称し、「元戸長」という名称で暫定的に旧戸籍区戸長が区の事務を扱っていた。早晩何らかの制度整備が必要とされる状態にあったのである。

区画改正は、まず六年三月、参事高木久成から各村正副戸長宛の「告諭」として予告され、続いて四月、「区画改正之大略」[154]が布達される。その内容は、①県下を二十区に分割し、それぞれに区長・副区長を設置。②区の下に、高二〇〇〇石を目途として番組を設置。③正副区長は正副戸長により、正副戸長は一〇〇戸に五人の割合で選出される「代議人」によって公選。任期四年。④代議人による会議の開催。⑤区の財源として「毎口銭」を設置、というものであった。

ただし、この「大略」では戸長の設置レベルは規定されていない。「村々戸長副戸長之義は先是迄之通可相心得候事」という第三条の規定から村レベルであるようにも思われるが、この場合「番組」には役員が置かれないことになる。実際、六年五月の改正実施の時点では戸長は従来通り各村に置かれたままであり、番組には「番組総代戸長」が置かれたにすぎなかった。しかし一般には区画改正は戸長の設置レベルを変更するものとうけとめられていたようで（後述）、十月初頭に県庁から「番組戸長」の任命が行われ[155]、十二月十七日の達[156]は同月二十五日までに旧戸長から番組戸長へ事務を引き継ぐよう命じた。以後、村の役員としては村用掛が置かれ、区に正副区長、番組に正副戸長、村に村用掛、という体制が確立する。入間・熊谷県が町村に戸長を置いたのに対し、神奈川県は「番組」に戸長を置くという体制をとったのである。

このような「区画改正」の実施の理由についてははっきりとしたことはわからない。一つの契機は区と学区との関係にあったようだ。前述の「告諭」は、「現今の区画にてハ独り学校のミにあらす百端の事務に付迂遠の廉少なからす」と述べており[157]、学区として区を利用するに際して規模が不適当であることが理由として挙げられている。学区と「大区小区」との一致傾向については荒木田岳の指摘するところであるが[158]、ここでもそのような事態が観察されることになろう。同時に「告諭」はその目標として民費の減少を掲げているが、この点について具体的な原因を語った史料は存在しない。確かに、県が事務統合による経費削減を狙っていたことは事実であろうが、県の「告諭」が掲載されたのと同じ明治六年三月六日『横浜毎日新聞』紙上の次のような投書を見るとき、削減すべき「冗費」とは単に事務の分散によるものにはとどまらないことがうかがわれる。

今般区画御改正にて従前の戸長副戸長も余程減員になるとのよし、私ともは先年無拠頼まれて農間渡世に戸長を致して居まする、性来の愚鈍且手習学問は一向致さす、此の節公用は頻に繁く、浪人は来てくづり、又区内の集会は出ても用向は人様に頼ミ、紙捻の手伝もちと骨か折れ、飯を喰時はかり人並らしく、殊に当時の御触は六つかしき字斗りて中々読めす写す事も出来ませんから、丁度下戸へ盃の廻て来るやうに受印をしてやたらに継送り、夫から跡て隣村へ聞に参りても矢張わかりません事もあり、小前へ申聞様もなく、終に御趣意は貫き不申、御時節柄と申誠に恐々縮々、とうも困り切て居升た処たからもう今度は幸復職いたし升て、昔取つた杵束の鍬鎌を友として田面をなかめるか何よりの上分別此上もなき事と覚悟いたし候間、御暇乞なから各郡村の戸長衆に申上候、以上

第五十三区新町村の御用留に「告諭」が記載されるのは三月十四日である[159]。「告諭」掲載と同日にこのような投書が載るのは明らかに不自然であり、投書の形式に仮託しての記者の創作として読むべきものであろう。そうであるとすれば逆に、当時の一般的な「戸長」イメージ（そして区画改正によって解決されるべき戸長イメージ）を反映してい

るということができる。「農間戸長」と概括されるそのイメージは、「愚鈍」であり、布告を「中々読めす写す事も出来」ない、というものである。同時に、この時点で区画改正は戸長の減員（戸長管轄範囲の拡大）ととらえられていることを確認しておこう。

この前後の『横浜毎日新聞』紙上にはこの種の戸長イメージが数多く見られる。先の三月六日の投書と同様の投書が六年三月十九日にも見られるし、保土ヶ谷宿戸長刈部庫次郎の所有する土地内の稲荷神社が参詣客を集めていることについて、「苟も戸長の任に在なから其私有の地の淫祠に群集する者あるを傍観し、剰へ其狐尾に属してかの淫祠上に関係し従前の御布令に戻れる所、為其字音を換れは狐長とも諱号すへく」という批判[160]、布告中の「翻訳」という語を理解できなかった戸長の話[161]などが挙げられる。

加えて重要なのは、単に戸長自身の無能が問題になっているだけでなく、村民との関係においての「無能」が問題になっている点である。明治六年三月二十二日に掲載された栃木県下農夫の投書は、徴兵逃れ横行の前提として、三月六日の投書を引き合いに出しつつ「農間戸長」の存在を挙げ、また、明治六年三月二十九日の記事は「凡て僻境里村の戸副長たる小前の農民等か投票に依て任選せるか故に、俚俗に所謂同気相求め同病相憐ミ衆庶の頑固に適宜せるものをして採用す」と、村人の「頑固」が戸長の「頑固」につながっていることを指摘している。

区画改正は事務統合による経費削減を狙っただけではなく、このような「農間戸長」撲滅を目指していたことが推測される。そしてそのような「農間戸長」のあり方は、単に戸長自身の事務的無能力において問題になっていただけではなく、地域住民と結びついて政策の障害物となる点において問題を抱えていた。区画改正は地域住民とは異質の戸長を創出すること、そのことによって「冗費」を削減することを狙っていたのである。

## 2　行政と財政

以上の経緯によって明治七年初頭には、区に区長・副区長、番組に戸長・副戸長、村に村用掛という制度が整った。ただし、番組は明治七年六月に「小区」と改称される[162]。大区・番組（小区）にはそれぞれ常設の会所が置かれ、基本的に毎日、正副区戸長と書記（大区）、書役（小区）が出勤することになる（ただし、明治九年七月に大区会所は大区区務所、小区会所は小区扱所と改称[163]）。

区画改正時に県庁が構想していた行政の体系については、明治六年十月の各区長から県への伺と、県の指令[164]が参考となろう。区長たちの伺は戸籍および租税の徴収に関する戸長の権限に関するものであるが、それに対する県の指令は「送籍入籍之義は、戸長取扱毎一ヶ月取調区長江指出候義ト可相心得候事」「貢納并村費とも番組戸長ニ而取集候義と可相心得事」というものであって、番組戸長への権限の集中を意図していることが明らかである。本章で繰り返し言及した通り、戸長の設置レベル如何が町村の制度的地位を決定する、という茂木陽一の指摘はここでも妥当する。

しかし、この方針には限界があった。すなわち地租改正が終了していないこの時期にあっては、租税は依然として村請であり、租税割付・皆済目録等は各村を対象として発行されつづけていたということである。そして、民費部分に関しても、県庁監獄費や国役金のように、県庁が県下一般に賦課するものは各村ごとにその額が算出され、通知されていた。したがって村という団体の存在を解消してしまうことはできなかった。

結局のところ、戸長の設置レベル引き上げがもたらしたものは、区画改正以前の体制において、ほとんどのすべての事務が名主―戸長に集中していたのに対して大区―番組（小区）―村の間に分業を生んだという点にあるように思われる。大区・小区のそれぞれの会所の日常業務は、大区については第八大区会所（小野路村、現東京都町田市）、小区については第十一大区五小区会所（田無村、現東京都西東京市）に日誌が残されており、ある程度うかがい知るこ

**表 1-14　第 8 大区会所支出項目(明治 7 年 8-10 月)**

(単位：円)

| 区分 | 項目 | 8 月 | 9 月 | 10月 | 合計 |
|---|---|---|---|---|---|
| 定費 | 正副戸長月給 | 22.0000 | 22.0000 | 22.0000 | 66.0000 |
| | 書記月給 | 11.0000 | 11.0000 | 11.0000 | 33.0000 |
| | 小遣給 | 7.0000 | 7.0000 | 7.0000 | 21.0000 |
| | 筆墨料 | 0.5000 | 0.3750 | 0.5000 | 1.3750 |
| | 会所家賃 | 1.5000 | 1.5000 | 1.5000 | 4.5000 |
| | 出港旅費 | | 1.2000 | 2.4000 | 3.6000 |
| | 紙類 | 1.4175 | 1.9920 | 1.6750 | 5.0845 |
| | 蠟燭 | 0.0900 | 0.1000 | 0.1100 | 0.3000 |
| | 石炭油・水油 | 0.2450 | 0.2450 | 0.2450 | 0.7350 |
| | 炭 | 0.3000 | 0.3500 | 0.3000 | 0.9500 |
| | 茶 | 0.4150 | 0.4000 | 0.4070 | 1.2220 |
| | 小買物代 | 2.9957 | 2.1250 | 0.6670 | 5.7877 |
| | 御布告其外配達脚夫賃 | 11.7183 | 9.8310 | 7.7050 | 29.2543 |
| | 新聞紙料 | 0.8800 | 0.8800 | 0.8800 | 2.6400 |
| | 小計 | 60.0615 | 58.9980 | 56.3890 | 175.4485 |
| 臨時費 | 伊藤亀吉他 5 人捕縛之節手配諸費 | 2.8750 | | | 2.8750 |
| | 本田勝三郎手当 | | 0.2500 | 0.2500 | 0.5000 |
| | 印判代 | | | 1.0000 | 1.0000 |
| | 戸籍訂正に付雇書記賃 | | | 1.2000 | 1.2000 |
| | 小計 | 2.8750 | 0.2500 | 2.4500 | 5.5750 |
| 合計 | | 62.9365 | 59.2480 | 57.9590 | 180.1455 |

出典)「小島家文書」B 288.
注) 計算に一致しない箇所があるが，そのままとした.

とができる。大区の業務としては①火災跡の検分、②諸雑税徴収、③複数小区にかかわるトラブルの取扱い、④邏卒と連携しての治安関係業務、⑤県庁への提出物の取りまとめなどが挙げられ、[165]一方小区会所の業務は①戸籍事務、②徴兵事務、③諸雑税徴収などである。[166]多くの事務は各小区で取りまとめた上、大区会所へ差し出される(諸雑税など)というパターンで処理されるが、治安や消防などは大区に固有の事務であり、一方戸籍は小区に固有の事務である(毎月総計表は大区に報告されるが、送受籍事務それ自体は小区に属する)。

このようなレベル間分業の存在を、財政構造から検討してみよう。「区画改正之大略」は、大区会所の独自財源として「毎口銭」を設定し、不足分に関しては適宜の方法で区内に割ることを定めてい

表 1-15　第 8 大区会所入費収支

（単位：円）

| 期　　間 | 支出総計 | 毎口銭 | 収　支 | 残　高 |
|---|---|---|---|---|
| 明治 6 年 5-7 月 | 244.1338 | 216.2351 | －27.8987 | |
| 明治 6 年 8-10月 | 202.8209 | 212.7408 | 9.9199 | |
| 明治 6 年11月-明治 7 年 1 月 | 220.4718 | 209.1160 | －11.3558 | －29.3346 |
| 明治 7 年 2-4 月 | 185.9301 | 203.0891 | 17.1590 | －12.1756 |
| 明治 7 年 5-7 月 | 178.8400 | 212.2992 | 33.4592 | 21.2836 |
| 明治 7 年 8-10月 | 180.1455 | 212.1612 | 32.0157 | 53.2993 |
| 明治 7 年11-12月 | 135.9365 | 131.8881 | －4.0484 | 48.3729 |

出典）「小島家文書」B288.
注）計算に一致しない箇所があるが，そのままとした.

た。第二節末尾で指摘した通り、「毎口銭」は戸籍区設置に伴い一時的に区の独自財源として設定され、壬申戸籍編成の終了に伴い「所持地無之官員士族僧尼」からの徴収を除いて廃止されたものであるが、区画改正によって復活したのである。第八大区についてこの「毎口銭」収入と大区会所の支出をまとめたものが表1―14、表1―15である。まず表1―14から大区会所費用の大部分が事務費であって、事業費ではないこと、つまり大区は事業主体ではないことを確認しておこう。なお小区費の支出項目にも事業費は含まれず[167]、土木事業や水利などの事業の主体は依然として村であった。しかしながらこの事務費についていえば、表1―15に見る通り、少なくともこの時期はほぼ毎口銭収入で賄いえていた。不足が生じた期に関しても、直ちに村々へ不足の割合がなされることはなく、過剰が生じた期から補填することで賄っている。判明する時期に関しては第八大区では不足額の割合を一度もしていない。

もちろん、独自財源とはいえ大区会所が各個人から直接に毎口銭を取り立てていたわけではない。実際には村用掛が一村分を取集めて小区会所に持参し、小区会所が一小区分を取り纏めて大区会所に持参するのである。したがって毎口銭収入に基づく大区会所の存在を位置づけるためには、各村での毎口銭の徴収方法を検討しなくてはならない。残念ながら第八大区諸村に関しての史料を欠いているのだが、第十一大区五小区会所の財政構造から、小区と村の関係について検討を加えてみよう。

第十一大区五小区は、区画改正当初は四番組であり、田無村、柳窪村、柳窪新田の三ヶ村で構成されていたが、明治七年の早い時期に番組の組み替えがあり、五番組（その後五小区）となるとともに田無村、南沢村、柳窪新田の三ヶ村の構成となった。

明治七年年三月の算用（第十一区四番組）は、「県庁監獄建増御入費・会所創立以来諸入費・戸長副其外月給・橋梁弐ヶ所修繕・人足雇上銭　割合小目録(168)」と題された帳面で行われているが、まず支出されている費目について注目すべきは、小区会所の事務諸経費に加えて、県庁監獄修繕費、御布告紙料という、前述した通り県庁から一村単位で賦課される費目が、三ヶ村分まとめて小区の支出として扱われ、同様に村用掛の給料も三ヶ村分合算されている点である。このような支出は合計されて、三ヶ村の総高・反別で割り、一反・一石あたりの課出額が算定される(169)。それに続いて、一戸あたりの課出額が列挙されている。虫損が激しいため列挙されている人数を確定することができないが、おおよそ三ヶ村全体の耕地所有者が、一枚の帳面に列挙されているものと推定できる。このことは、番組会所が直接に各戸の負担額を計算していることを示している。要するに、この時期の四番組会所はさまざまな支出を番組会所の支出として集中的に扱い、そして番組会所自身が直接に各戸からの徴収額を決定する体制をとっているのである。村の機能を番組会所に集中させているといえるだろう。

しかし、このような算用方法はこのとき一回しか行われなかった。以後の算用は「会所入費割合簿」→「割合小目録」→「高反別割合取立帳」の三つの帳面を経て行われることになる。以下細部を省略して概要を述べると、①「会所入費割合簿」では期間中（三ヶ月ごと）の小区会所の支出が書上げられるが、ここには県庁監獄費や御布告紙料、村用掛の給料は含まれていない。そして、この帳面で石高・反別割によって算出されるのは各戸あたりの課出額ではなく、各村ごとの課出額であり、帳面自体が各村用掛の連署をもって作成されている。②「割合小目録」は各村で作成される。小区会所費の各村割り当て分に、その他の村費支出を合算し、高・反別で割って一戸あたりの

**表 1-16**　田無村「割合小目録」支出項目（明治 8 年 4 月）

（単位：円）

| 項　　　　目 | 金　額 |
|---|---|
| 自一月至三月　　五小区会所入費 | 77.1537 |
| 纏壱基 | 6.0000 |
| 雲龍水壱挺 | 13.0000 |
| 同三挺直し | 3.5000 |
| 平十郎長提灯代 | 0.9600 |
| 十蔵払　手拭其外代 | 1.6934 |
| 新吉　　同断 | 1.1360 |
| 伊八　　水路集会費 | 0.3930 |
| 鎮守山国役金 | 0.0668 |
| 兵三郎越石触当分 | 0.5000 |
| 彦兵衛　材木代 | 3.9042 |
| 与左衛門　駕損料 | 0.5000 |
| 学校支払金反五銭割不足金 | 3.5727 |
| 銭相場切替賃 | 0.5000 |
| 地図入費仮割 | 150.0000 |
| 合　　　　計 | 262.8798 |

出典）「田無市有文書」TA424.

課出額を算出する。小区会所入費は村費の中に溶かし込まれてしまうのである（表1―16）。③最後に「高反別割合取立帳」において、「割合小目録」で算出された各戸の課出額に、国役金、学費、村用給などの（おそらくは別帳面で計算される）各戸毎諸費割当分が合算されて最終的な各戸ごとの取立の額が算出される。明治七年三月の算用に比して明らかに村連合的な傾向を強くしていると言えるだろう。

大区会所の毎口銭は当初はこの系列の帳簿の中に登場しない。しかし、明治九年七月の算用から「高反別割合帳[170]」の段階で小区費・村費に加えられるようになる。こうなると、県・大区・小区のすべての民費支出が村用掛段階で混交し、期限に応じて村用掛が持参する形態、つまりすべての支出が村を主体とする形態をとることになり、各レベルはそれぞれ財政的に村連合としての色彩を強く持つことになる。

こうして、当初はそれぞれ強い自律性を持った組織であった大区・小区は、次第に村連合へと溶解してゆく傾向にあった。このような事態は、明治八年二月十日の第八大区の会議において、正副区長が戸長に「各区之内兎角村用掛江事務相委置候戸長も有之、職掌ニ悖戻不都合之旨、会議之砌御庁ヨリ被仰出、右は当区内ニおゐて前条之如き不体裁は無之筈ニ候得共、尚御注意有之度候事[171]」という注意をあたえていることからも確認できよう。

## ３　民会の構造

区画改正直後から、神奈川県庁は各区の区長を県庁に集めて会議を開いていたことは、『横浜毎日新聞』の「茲に明治六年第五月を初として各区区長副区長を庁下に集め連月十有五日を以て会同を起し大議件あれハ県令君自ら臨筵し可否を決し、常にハ庶務課長以て議長たり」[172]という記事から知られる。この会議は通常「区長会議」と呼ばれていたが、明治八年五月四日の布達[173]によって正式に制度化され、以後「県会」と称される。議題について多くを知ることはできないが、判明する限り列挙してみれば表1—17の通りである。県から提出される「議案」に対して、区長が「答議」するという形式をとっている。区（大区）、番組（小区）のレベルにも会議体は設置され、第八区（大区）では区画改正直後からほぼ一ヶ月一度のペースで各番組（小区）の戸長による会議が開かれており、番組（小区）レベルでは、明治七年六月の代議人選挙以前は村用掛と伍長総代を集めた会議が、それ以降は村用掛・代議人による会議が開かれている。史料上の名称は区々であるが、ここでは区（大区）レベル会議を「戸長会議」、番組（小区）レベル会議を「村用掛・（代議人）会議」と呼んでおく。議案—答議という形式はいずれも共通している。

この議案—答議という形式をもつ民会の性格を考えるに当って、興味深い現象は庁詰区長制と区長会議との関係である。区長が三ヶ月ずつ交代で県庁に詰めるという庁詰区長制は明治七年三月の区長事務章程[174]によって導入されるが、その趣旨は次のように説明されていた。

> 区長ノ職タルヤ官民ノ間ニ立、上意下達下情上通セシムルヲ要シ、事ヲ理スルノ任ニシテ即官民ノ媒酌人ト云フヘキ也、然ルニ現今ニ在テハ徒ニ郷閭ニ在テ事務ヲ執リ適月次ノ出庁会同アリト雖モ官民ノ間疎遠ニシテ上下隔絶スルノ弊ナキ能ス、故ニ今般毎区正副長ノ内交替一名ツ、県庁ニ出仕シ官民ノ内ニ従事シ、以テ上下情意ヲ融通セシメ敢テ擁閉ノ弊ナカラシメンヲ要ス

ここで庁詰制が、月々の会議の延長線上にとらえられ、それを一歩進めたものとして理解されている。逆にいえ

表 1-17　神奈川県会議題一覧

| 日　付 | 議　題 | 答　議 |
|---|---|---|
| 明治6年9月15日 | • 番組戸長副戸長事務章程を草すること | 各区限見込書をもって当月下旬までに御改正掛へ提出 |
| | • 区会所距離里程を実測すること | 後会の節までに上申 |
| | • 学区を換置すること | 学区取締へ協議の上，後会までに上申 |
| | • 区長事務章程を増補すること | これまでの通り据え置き |
| | • 学校入費の方法を立てること | 学区取締へ協議の上，後会までに上申 |
| | • 六郷川～馬入川，三崎町～留浦間里程調 | すでに上申済み |
| | • 宿村送り浪藉人諸入費，宿村において繰替え分の官費・私費・民費区別取調，翌月10日までに差し出しのこと | |
| | • 帰住願いはすべて三通差し出しのこと | |
| | • 他府県ならびに他区より入籍する者は月々取り調べ差し出しのこと．当面士族の分は月々相違なく差し出しのこと | |
| | | • 村用掛選挙は番組戸長副選定の上打ち合せ |
| 明治7年12月18日 | • 来る1月集会は11日 | 一同承知・御受 |
| | • 本年分区費書上は1月15日期限 | 〃 |
| | • 民費総額，前月分翌月15日までに庶務課へ差し出しのこと | 〃 |
| | • 大区書記，小区書役選挙実施可否 | 〃 |
| | • 諸裁判所・諸府県からの照会は里程に応じ10日以内に回答のこと | 〃 |
| | • 戸籍総計調，規則通り毎年2月に差し出しのこと | 〃 |
| | • 人員出入寄留等，規則遵守のこと | 〃 |
| 明治8年5月？ | • 桑茶漆道路端空地，芝地無税地代のところへ試作植付け，17大区より建議 | 12・13大区のほか一同地勢不適当の由を議す |
| | • 茶濫製を禁ずるため結社したき旨，20大区九沢村の者より建議 | 可否同等未決 |
| | • 地籍調担当人選挙の義 | 戸長副，村用掛から選出，本月20日までと決議 |
| | • 外区逓送人繰替金，毎月5日までに書き上げのこと | |
| | • 第8大区十字一件可否 | 明日尚再議 |
| | • 賦金支払計算表布告 | 各大区とも可と御請議定建議 |
| | • 邏卒臨時探索日当入費，囚人護送の節一日金50銭の手当，区長にて立替の義権議長より建議 | 各大区承諾 |
| | • 甲州道中八王子駅裏道新道建築自費普請の義 | 各大区可 |
| | • 証券印紙税規則請書等書上等督促 | |
| | • 拾捨品有無書上督促 | |

表1-17　（つづき）

| 日　付 | 議　題 | 答　議 |
|---|---|---|
| 明治8年12月1日 | •民費予算徴収方法<br>•道路修繕方法 | |
| 明治10年2月20日 | •民費賦課法議案<br>•貯金法議案 | |

出典）明治6年9月15日，明治8年5月「小島家文書」A593.
明治7年12月18日『東京都古文書集第七巻　旧多摩郡新町村名主　吉野家文書（7）』，p. 42.
明治8年12月1日，明治10年2月20日『神奈川県史　資料編11　近代・現代（1）』，p. 68, p. 99.

ば神奈川県の持っている民会のイメージは、行政に対置される議決機関という性格のものではなく、「庁詰制」＝行政機関内部への「民」の取り込みと代替可能であるような代議制、つまり、行政の執行に対する「民」からのフィードバックとしてとらえられていたことを示している。実際、庁詰制によって区長会議は廃止となり、明治七年十二月になって再開される。[175] 代議制は行政と切り離されていたのではなく、それと不可分のものであり、行政の合理性（「実際施行ノ事務ニ就キ其可否得失ヲ弁論」）を追求するための手段であった。そして、それが同時に「官民」の間を媒介する代表機能を持つものとしてとらえられていたのである。

民会における代表性が、県庁の行政に対するフィードバックであるというこの点において、戸長の設置レベルが村であった熊谷県と、小区である神奈川県の場合とは共通した特徴を示している。戸長の設置レベルを引き上げた場合も、代表されるべき「県下一般」はそれ自体としてはいまだ存在していない。そこにおいて可能な代表機能は、受身の代表機能、県の行政の執行に対するフィードバックとしての代表機能でしかありえず、区戸長が代表機能を果たしうるのは、彼らが県の行政を実際に執行しているというそのこと自体にあった。

区戸長の行政の執行が彼の代表機能の根拠である以上、彼の代表しうる範囲は彼が行政を執行している範囲、すなわちその管轄範囲に限定されざるをえない（したがって明治八年五月の会議のように、区ごとの異なった回答が会議の結果として記録されることも生ずるし、逆に満場一致の場合は「各大区可」として記録される）。しかしここで問題になるのは、熊谷県の場合と異なり、「区画改正」後の神奈川県が大区・小区（番組）・村の間でレベル間の分業を成立させていたという点である。上述の通り、行政の執行と代表機能とが表裏一体のものであるとすれば、このような制度構造は熊谷県の場合のような県庁―村々の二元的構成とは異なった代表制を要請するはずである。

戸長会議は明治六年十二月の番組戸長設置に先立ってすでに開催されていた。この時期の戸長会議の議事の一例として、明治六年十月の第八区戸長会議から違式註違条例への苦情有無の問題が挙げられる[176]。この会議では全十五ヶ条の議案が討議されているが、そのうちの第三条で、第八区区長石阪昌孝は番組惣代・各村戸長に対し「今般大蔵省ヨリ御布達相成候違式註違條例云々就而は先達而県庁ヨリ被仰出候御ヶ条即今斟酌なく確守いたし差支候ヶ条は有之間敷哉」と諮問している。これについての戸長たちの回答は「農事ニ差懸リ候而は裸体袒裼股脚顕し候儀、糞桶蓋無之とも贖金御免除有之度事」であった。ここでは諮問の対象が「番組総代・各村戸長」であり、全村の戸長の意志が問われている（ただし、答議に連署しているのは総代戸長のみ）。十二月の番組戸長の設置以降は諮問の対象は「（番組・小区）正副戸長御中」であり、範囲は縮小する。戸長の設置レベルの引き上げにともない区（大区）レベルでの諮問の対象も引き上げられるのである。

この決議の後、第八区の区長は、「違式条例之内裸体袒裼股脛顕し候儀并蓋無之糞桶運搬云々農事ニ差掛り候而は御宥免有之度旨、戸長集会之節毎ニ苦情申立候得共、右は区内連印ヲ以出願為致候而も差支無御座候哉」という伺[177]を県に差出している。県からの指令は「即今伺中ニ付先従前之通可相心得候事」というものであったが、ここでは違式註違条例の施行をめぐって、各村からの意見が区長を介して県へとフィードバックされてゆく構造が見出される。区長の伺中の「戸長集会之節毎ニ苦情申立」という表現には、諮問―答議という形式とは別に、村々戸長の主導性も見て取れる。

さて、明治六年十二月の番組戸長設置と、戸長会議における諮問範囲の縮小以降、このような構造がどのような変容を蒙ったのだろうか。区・大区レベルの会議の参加者が番組・小区戸長に限定されたということは、番組・小区レベルの会議において村々の意思は確認の対象となったのかどうか、という問題につながる。その場として想定されるのは番組・小区レベルの村用掛・（代議人）会議ということになるが、実際戸長会議での決定内容が村用掛・代議人会議に再度提出され、村々の意志が改めて問われるという場面は存在した。たとえば明治七年一月、第八区二番組の村用掛会議では、「本月本館ニおゐて正副戸長方協議之節、区長御中ヨリ問題表目件々并番組戸長方ヨリ答議御熟答相成候趣被仰聞、一同奉承諾、小前末々迄無泄漏通徹方注意仕候」(178)という決議が行われ、同月開催された第八区の戸長会議の議決内容について、あらためて村々による「御請印形」がなされている。

しかし、すべての案件がこのように意思確認の対象となるわけではない。明治八年十月十九日の第八大区戸長会議議案の第八条は、「県庁詰書記下小使本田勝三郎手当として壱大区金壱円ツヽ、各大区ヨリ月々給与之積り各大区決評、当七月分ヨリ給与致し候間、此段御心得置可被成候(179)」というものであったが、これに対する戸長たちの答議は、「本田勝三郎給料不適当とは存候得共、各大区決議之上ハ暫ク当区も給与致置、実効見積之上尚評議之事」というものであった。議案―答議の連鎖はここまでとまっており、戸長は給料の支給に不満でありながら、区長へ異議を申し立てることができないことがわかる。

類似の事例として、明治九年七月十一日第八区戸長会議の議案第一条がある(180)。

警察区域追々盛大、区詰モ増員相成候ニ付而は、右入費是迄県税ニ而補償候処、昨今港内モ格外寂寥ニ相成引足兼候間、各区ニ而月々人口壱人ニ付金壱厘宛課出上納有之度、尤各区巡査人員不足之分ハ逐日増員候様可致候、屯所モ一ヶ所新築相成候段御達、各区共承諾、当七月分ヨリ相納候積ニ決定候事

答議は次の通りである。

第壱条警察入費は費用多端之折柄ニ候得共、各大区決定ニ候ハヽ、無余儀事情ニ付、戸数ヨリ当分之内壱戸ニ付

金五厘宛課出差出候様可致候事

ここでも戸長たちは不満なのであるが、「無余儀」同意し、毎口ではなく戸数に応じての賦課という微修正を加えているだけである。この件についても、小区以下のレベルでは意思確認の対象とはならず、ただ、戸長たちが加えたこの微修正についてのみが確認されている。[181]

なぜこれらの問題は、住民による負担の増加を求めるものであるのにもかかわらず村々による意思確認の対象とならなかったのであろうか。ここで改めて表1―14（一〇五頁）を参照すると、庁詰書記下小遣本田勝三郎の給料は、大区毎口銭から支出されていることが知られる。また、警察費の負担問題についていえば、治安業務が大区会所の機能であったこと、それに対応してこの新規の警察費負担も「毎口銭」の形式で徴収されることが重要であろう。すなわち、いずれの問題も行政のレベル間分業のなかで大区レベルの行政事務であったため、行政的フィードバックとしての代議制の論理に従えば、大区区長が回答するべき事項であって、戸長や村用掛には回答することができないのである。

しかし、このことは神奈川県の民会の構造を不安定化させる。上に見た二つの議案の場合に明らかな通り、内容に不満であっても異議の申立ができないという場合が生じるのである。第八大区で展開された「開化」運動とその挫折の中にその問題がよく現われている。[182]

第八大区の学校への熱心な取り組みや、小教院を中心とした神道化運動などの動向は『横浜毎日新聞』にも紹介され全県的に著名であったが、[183]『横浜毎日新聞』明治七年四月二十七日の投書はその実態を次のように暴露する。

当県第八区ハ開明彬々ノ地ナルコトハ既ニ新文誌上ニモ屢々讃美セリト聞居タリシガ、其実大ニ齟齬スルコトアリ、余頃日所用アツテ同区十番組矢ノ口村某方ニ至リシニ、其家ニ佳麗ナル雛人形ヲ安置スルヲ見タリ、余見ルヲ厭フテ避ントスルニ、忽青白二種ノ菱餅ヲ出シテ余ニ供セリ、余疑惑釈ケズソノ故ヲ問フニ家長曰、君知ラズヤ此地ハ来ル三日ヲ以テ三月節句ト称シ、毎戸此ク雛ヲ装飾シ餅ヲ搗キテ一般ニ休業ス、故ニ太陽暦ノ一月ハ公然ノ賀ノミニシテ其実ハ二月ヲ以テ歳旦ノ祝儀ヲ唱ル、即チ三日ヲ以テ上巳ノ佳節ト為ガ如シト……（中略）……文明進歩タル八区内ニ於テ如斯キ陋習アルハ怪シムベキノ一ナリ

このような表面上の華々しさと、実態面での齟齬について、芝居手踊の禁止問題について見ておこう。芝居手踊禁止はすでに幕末期からこの地域では申し合わされていたようであり、当該時期でも明治七年十月二十日の戸長会議において決議されているが、[184]実際には芝居手踊類似の行為はしばしば行われた。明治八年十一月の戸長会議議案[185]は其原因を「一体其筋之村吏不注意之責不可遁儀ニ有之、到底協議之確乎タラザルヨリ相発候弊と云ザルヲ得ス」とした上で、「若シ同心戮力全ク制退スル能ズンハ不如禁を解キ、制ヲ定メ分ヲ超事ヲ害スル能ハサルノ方法ヲ熟議シ、無智ノ者ヲシテ刑辟ニ陥ザラシメンニハ、諸君必シモ面従腹非ナク各自心胆ヲ吐露シテ其可否ヲ議定有之度候事」を戸長たちに呼びかけている。「到底協議之確乎タラザルヨリ相発候弊」「諸君必シモ面従腹非ナク」といった言葉の中に区長のいらだちが見て取れる。つまり、上述のような代議制の構造からして、不満が制度的な異議申し立ての形態をとることができず、「面従腹非」として堆積してゆくことになってしまうのである。しかも前節で見た通り、実態として大区・小区はそれぞれ村連合へと溶解してゆく傾向にあったから、それは村連合であるにもかかわらず自律的に「答議」機能を果たしてゆくことになり、このずれに不満が蓄積されてゆく。

このような問題の一つの解決方法として県によって取り上げられるのが「代議人」制であった。代議人は明治六年四月の「区画改正之大略」において、戸長選挙の選挙人として規程されたのが端緒であるが、実際の導入は一年以上遅れて明治七年七月二日の布達によってであった。[186]これ以降小区レベルの会議は村用掛・代議人の会議となるが、その機能については明確化されておらず、実際には旧来の百姓代に相当する村役人の一員としてとらえられていたものと思われる。それに対し明治八年十月十二日の「代議人規則」[187]は、その数を戸数に応じ十五人から三十人

とし、その職務については「代議人トナルモノハ決シテ町村用掛ノ代理又ハ輔助タルヲ得ス、所謂其町村ノ代議人ナレハ、勤メテ公平ヲ旨トシ其町村ノ民費割渡方ヲ相談シ且遣払ノ当非ヲ検査シテ其町村人民ノ疑念無カラシメンコトヲ要ス」と規定している。この規則の画期性は、代議人の人数が増加したこと（従来は戸数に応じ各村二人―五人）、代議人を村用掛という行政担当者から分離し、町村における代議機能にその役割を限定したことにある。行政的フィードバックに基づく代議制の機能不全に対して、代議制をそれ自体として位置づけてゆこうとする試みの端緒である。その延長線上に明治十年「総代人」制の導入が行われる。

### 4　「総代人」制の導入

明治十年八月十八日、神奈川県は甲第八十九号布達を発し、「町村総代人」制を導入した。これに加えて、九月十五日「小区会議事規則」、九月十八日「大区会議事規則」、翌十一年二月十四日に「県会議事規則」が布達され[188]、神奈川県の新しい民会の構想が明らかになる。まず、宿駅市街は一町ごと、村は一村ごとに戸数一〇〇戸までは二人、一〇〇戸を増すごとに一人ずつの「町村総代人」を選出する。選挙権・被選挙権はともに「其宿駅町村ノ籍ニアル壱ヶ年以上居住ノ者ニシテ、其町村ニ不動産ヲ所有シ国税或ハ県税ヲ納ムル男子ノ戸主」である。その町村総代人が各小区ごとに「小区会議」を構成する。さらに、小区会議議員の互選によって三〇〇戸に一人の割合で大区会議議員を選出し、各大区会議議員より二人を互選して県会議員が選出される。小区会議の審議対象は「該区ニ係ル民費予算、非常予備ノ蓄積法、道路橋梁ノ修造、教育上其他共有物保存等ノコト」、大区会議の審議対象は「該区ニ係ル民費予算、非常予備ノ蓄積法、道路橋梁ノ修造、教育上其他共有物保存等ノコト」、県会のそれは「県内一般ニ係ル民費賦課、予備蓄積、教育、勧業、共有物保存等其他一般人民ノ利害ニ関スルコト」とされた。

この「総代人」制の画期性は、県・大区・小区・町村のすべてのレベルにおいて、行政と代議制のルートを分離したことにあった。そして、それとひきかえに、「県庁及区戸長ヨリ一宿駅町村一般人民ニ係ル事件ニ因リ其意見ヲ尋問及フコトアルトキハ其町村総代人ニ対シ其事由ヲ尋問シ其答フル処ハ其人民ノ一同答フルモノト見認ルヲ以テ成規トス、然ル上ハ其答ヘタル条件ニ就キ、他日人民ヨリ異議ヲ称フル権理ナキモノトス」と、住民の側の責任が明記されることになる。

『横浜毎日新聞』に掲載された「神奈川県公選議員についての説教《はなし》」(189)と題する論説記事は、この総代人制の意義を次のように論じている。

もしも総代人が区戸長さんの指揮《さしづ》を取次ぎ役で何事も区戸長さんの決議を待つようでハこれほど大間違ハありません、元来議員則ち総代人ハなんの為であり升か、この事ハ町村の利《ため》となるか害《ふため》となるか、彼の事ハ承諾すべきものかすまじきものかを考へる役目でありましやう、区戸長さんハこの考へたるもの則はち相議《はか》りたるものを県庁へ上申するかもしくハこれを行ふ役目でありましやう、……（中略）……一と口に云へば議員ハ人民方なり、区戸長さんハ官員組なり

「区戸長さんハ官員組なり」という表現に従来の神奈川県の民会が陥った機能不全が端的に表現されているように思われる。区戸長がそれぞれに県庁へ向かって行政的フィードバックをなしたとしても、それは「官」内部でのフィードバックにとどまり、「人民」からのフィードバックとはみなされなくなってしまったのである。

このような新しい神奈川県の民会は、しかしおそらく施行されていないものと思われる。県は明治十一年一月二十五日付で、二月からの小区会議開催にあたり各大区一ヶ所ずつ官員を派遣する旨の布達を出しており、二月二十八日には大区会について同様の布達を出している(190)。このことから少なくともこの時期までは大小区会とも開催されていないことが判明するのであるが、神奈川県における三新法の施行は十一年十一月であるから、総代人制はほとんど機能しなかった可能性が高い。

# むすび

かくして「大区小区制」は機能不全に陥った。その制度的論理を整理すれば次の通りである。出発点において「大区小区制」は近世組合村と同一の編成原理によって形成された。それは百姓身分の集団である村と、それ自体として外在的に存在する統治者集団とが取り結ぶ関係という限定された局面に成立する。一つの区＝村連合を構成する村々の間には、同一の統治者を偶発的に共有しているという以上の積極的な連帯の契機は存在しない。それは受身の利害の斉一性に基づく便宜的な結合である。

組合村の代表者である「惣代」という制度的地位は、このような権力の編成形態において可能となる代表制の一形態と位置づけられる。「惣代」の持つ代表機能を、近代的代議制の代表機能と一般的に混同してはならない。[191]「惣代」が代表する利害とは、百姓身分集団の特殊な利害であって、抽象的「公民」citoyen の利害ではない。換言すれば惣代―村々小前という二つの主体位置の間のヘゲモニー関係は、身分制的社会編成における外在的な統治者身分集団の存在と、それとは区別された諸身分集団の利害が存在しているという社会の分節化を前提としている。その意味で、組合村制度とは身分制のサブシステムという制度的性格を有する。

惣代という主体位置に基づく代表制とは、統治者集団＝県庁の行為に対して、その客体が結果をフィードバックしてゆくような形態をとる。新たな統治者である県官にとって、その末端における執行者に行為の結果をフィードバックさせてゆくことは、行政の合理性を確保してゆく上で必要不可欠の機能であった（「実際施行ノ事務ニ就キ其可否得失ヲ弁論」）。県庁は区戸長の惣代性を剝奪しようとしたわけではないのである。問題は、県庁のこのような期待にもかかわらず、それが機能しないことである。

なぜ機能しないのか？　区戸長層と村々小前の、県の行政に対する反応が一致しない、つまり「惣代」性の前提である受身の利害の斉一性が解体されてしまったからである。県庁による新たな質の行政の展開（学校・勧業・土木など）に対して、区戸長層は同調的であるのに対し、村々小前は同調しない。

身分制的社会編成が完全には解体されておらず、村と村をこえたレベルの間には質的な差異が存在するこの時点では、村に置かれた役員は、村をこえたレベルの問題について、その職務において意見と責任とを有する主体位置にはない。彼らは、彼ら自身の政策的志向の如何にかかわらず、その主体位置の性格上、個々の百姓身分集団の個別の利害に拘束される。それはその職名が戸長であれ村用掛であれ同様なのであって、したがって現実に生起している現象は、県庁の諸政策が村レベルの役員によって拒否されるという点で熊谷県でも神奈川県でも同様である。戸長の設置レベルが村であった熊谷県の場合、県庁や副区長らによって打ち出される諸政策は、各村の同意を必要とする場面において異議申し立てに直面する。一方、このような事態を避けるために戸長の設置レベルを小区（番組）に引き上げた神奈川県のように、県庁にとっての行政の末端＝戸長ポストを村をこえたレベルに設定してしまうということは、村をこえたレベル、「支配者とその家臣たちの特殊な業務」の中で行政的フィードバックを完結させてしまうということを意味する。まさに「区戸長さんは官員組」である。

つまり、受身の利害の斉一性が存在せず、かつ身分制的権力編成が解体されていないという条件の下で、何らかの代表機能を区戸長に求めようとすると、区戸長がその意思に反して村々小前の意思に拘束されるか、区戸長が村々小前から遊離してしまうかのいずれかの事態が発生してしまうのである。これは、区戸長のヘゲモニーの危機を意味する。

さて、ここでわれわれは新たな問いに直面する。それでは、県庁の諸政策に対する受身の利害の斉一性はなぜ存在しないのか？　県庁の諸政策に対して区戸長層が同調的であるのに対し、村々小前が同調しないのはなぜか？

次章ではこの問題を考えてみたい。

（1）「旧村埋没」論という呼称は鈴江英一「大小区制下の村について」（『史学』六二―一・二、一九九二年）による。九二年までの研究史は当論文に整理されており、この時点までに「旧村埋没」論はすでに成立し難い状況にあったことが的確に提示されている。
（2）『国家学会雑誌』五三―四、五、六、一九三九年。のち明治史料研究連絡会編『明治史研究叢書二　地租改正と地方自治制』（御茶の水書房、一九五六年）に収録。
（3）大島美津子「明治前期地方制度の考察（一）（二）」（『東洋文化』二二、二三、一九五七年）。
（4）大島太郎『日本地方行財政史序説』（未来社、一九六八年）。
（5）大石嘉一郎『日本地方財行政史序説』（御茶の水書房、一九六一年）、「地方自治」（『岩波講座　日本歴史16　近代3』、岩波書店、一九六二年）。
（6）久留島浩「直轄県における組合村――惣代庄屋制について」（『歴史学研究』一九八二年大会報告別冊）、のち『近世幕領の行政と組合村』（東京大学出版会、二〇〇二年）に収録。
（7）大島美津子『明治国家と地域社会』（岩波書店、一九九四年）は「大区小区制の下において町村はその行政的地位を否定されたとする従来の研究は、筆者の論稿を含めて訂正すべき側面を持つことが明らかとなった」としつつ、大区小区制が「地方制度画一化の意思」に基づくことは否定できないと主張し、大石嘉一郎も注(5)前掲「地方自治」の論文集への再録に際して、「町村を積極的に否認しようとしたというのは言い過ぎ」と述べる一方、「その意図された制度、あるいは制度の意図」における「画期的変革」性の強調については修正の必要を認めないとしている（『近代日本の地方自治』、東京大学出版会、一九九〇年）。
（8）茂木陽一「大小区制下における町村の位置について」（『社会経済史学』五二―四、一九八六年）。
（9）茂木陽一「大小区制期の民衆闘争」（『日本史研究』三三三、一九九〇年）、同「新政反対一揆と地租改正反対一揆」（『シリーズ日本近現代史Ⅰ　維新変革と近代日本』、岩波書店、一九九三年）。
（10）荒木田岳「「大区小区制」の成立過程と学校行政」（『歴史学研究』七二〇、一九九九年）、同「「大区小区制」下の町村合併と郡区町村編制法」（『史学雑誌』一〇八―八、一九九九年）。
（11）三村昌司「「大区小区制」期における「区」運営」（『市史研究さんだ』九、二〇〇七年）。

(12) 矢野健太郎「明治初期山口県の地域財政の再編」(『地方史研究』三一九、二〇〇六年)。
(13) 奥村弘「「大区小区制」期の地方行財政制度の展開」(『日本史研究』二五八、一九八四年)、同「三新法体制の歴史的位置」(『日本史研究』二九〇、一九八六年)、同「近代地方権力と「国民」の形成」(『歴史学研究』六三八、一九九二年)。
(14) 奥田晴樹『地租改正と地方制度』(山川出版社、一九九三年)。
(15) 以下、藩領と直轄県の場合を取り上げているが、これは、近世期の支配関係が変わるタイミング(明治二年の直轄県設置か、明治四年の廃藩置県か)の差を意識したからであって、いわゆる「領国地帯」と「非領国地帯」の類型化を試みたものではない。むしろ筆者の関心は、近代社会において消滅する「非領国」的な地域編成のあり方にある。
(16) 地方民会研究は主として民権運動研究の一環として行われてきた。地租改正反対運動における浜松県民会の機能についての原口清の研究(「地租改正をめぐる静岡県民の動向」、『歴史学研究』二一〇、一九五七年。のち増補されて『明治前期地方政治史研究　下』、塙書房、一九七四年に収録)、高知藩議院─民選議院設立建白のコースに対置される、熊本藩議院─小田県地方議院要求のコースを、「豪農層独自の立場から形成されてきた民主主義的要求」とする大江志乃夫の研究(『明治国家の成立』、ミネルヴァ書房、一九五九年)、「愛国社路線」に対する「県議路線」の出発点として地方民会を位置づけた内藤正中の研究(『自由民権運動の研究』、青木書店、一九六四年)などが代表的なものである。しかし、これらは一般的に運動論の視角からの研究であり、民会の制度的な構造への関心は希薄であるか、「区戸長民会」か「公選民会」かという問題に集中する傾向にあった。その際、「大区小区制」が中央集権的な官僚統治機構であるという「旧村埋没論」の理解に従い、「区戸長民会」は「行政諮問会」という評価が与えられることになる。このような動向をふまえて地方民会それ自体を論じたものとしては渡辺隆喜の業績が挙げられるが、渡辺もまた「語の本来の意味における民会は、公選議員による人民より選出された代議員の会議」であり、区戸長民会は「町村役人から大小区の区戸長が行政事務を調整する相談会」であるという評価において上述の傾向を共有している(渡辺隆喜『明治国家形成と地方自治』、吉川弘文館、二〇〇一年、五九頁)。
(17) 『武蔵国郡村誌　第六巻』(埼玉県立図書館、一九五四年)。
(18) この経緯については、高橋実『幕末維新期の政治社会構造』(岩田書院、一九九五年)の第二章に詳しい。
(19) 戸森麻衣子「幕末維新期における夫役負担と地域社会」(学習院大学一九九六年度提出卒業論文)。論文の借覧・引用を御許可下さった戸森氏に深く御礼申上げる。
(20) 「鈴木(庸)家文書」(埼玉県立文書館寄託)四八〇七。
(21) 「敷石奉納」とは川越城内の神社への敷石の奉納を指す。

(22)「御用留覚帳」(「鈴木(庸)家文書」三二六一)。
(23)関東における地域編成の単位としては「領」結合が注目されており、たとえば岩田浩太郎は「領」単位を幕領支配における中間支配機構と、鷹場役賦課―負担機構の両者の一体的展開として評価しているが(「関東郡代と「領」」、『関東近世史研究』一六、一九八四年)、武蔵国六郷領の分析を行った熊澤徹の「江戸周辺農村における「領」と「触次」制」(『論集きんせい』九、一九八四年)に明らかな通り、それが同じ「六郷領触次」の名のもとに行われているにせよ、両者の地理的範囲はずれている。なお、川島組もしばしば「川島領」の名で呼ばれているが、本来地理的範囲としての「領」としての「川島領」に属する村々で川越―前橋藩領に属さない村々を含めて組合村が編成された事実は管見の限り存在しない。
(24)「当管轄郷村三役勤振」(「鈴木(庸)家文書」一二二二)。
(25)「御用日記」(「鈴木(庸)家文書」一五)。
(26)「鈴木(庸)家文書」一二一九。
(27)「御普請願下案」(「鈴木(庸)家文書」五五二)。
(28)「鈴木(庸)家文書」五四〇。
(29)「明治辛未勉強録　壱」(「鈴木(庸)家文書」三三一七)。
(30)「会所仮規則連印」(「鈴木(庸)家文書」二〇一五)。
(31)「明治四辛未年公務誌　弐」(「鈴木(庸)家文書」三三一八―二)、「会所郷学所議定兼頼状并郡中取極書」(「鈴木(庸)家文書」、二〇八八)。
(32)「明治壬申公務誌　壱」(「鈴木(庸)家文書」三三一二)。
(33)同上史料。
(34)同上史料。
(35)同上史料。
(36)「明治壬申勉強録」(「鈴木(庸)家文書」三三一五)。
(37)亀卦川浩『明治地方自治制度の成立過程』(東京市政調査会、一九五五年)。
(38)茂木陽一「廃藩置県後の地方制度形成過程について」(『三重法経』九一、一九九一年)。
(39)注(32)前掲史料。
(40)「御用日誌」(「鈴木(庸)家文書」一七)。結局、新体制による川除普請は一度も行われなかった。

(41)「明治辛未会所日誌　壱」(「鈴木(庸)家文書」三三二八―一)、注(31)前掲史料。
(42)注(36)前掲史料。
(43)注(32)前掲史料。
(44)注(32)前掲史料。
(45)注(38)前掲論文。なお、その結果として十月十日の大蔵省達が出た時点では、入間県においてその内容は既成事実化しており、制度に影響を与えなかった。
(46)「明治壬申公務日誌　二」(「鈴木(庸)家文書」三三二一三)。
(47)注(46)前掲史料。
(48)『新編埼玉県史　資料編一九』(一九八三年)、一五九頁。
(49)注(36)前掲史料。
(50)工藤航平「近代小学校の成立過程と地域社会」(『文書館紀要』二〇、二〇〇七年)。
(51)「明治癸酉公務誌」(「鈴木(庸)家文書」三三二一一)。
(52)同上史料。実際には川越のみで集会が開かれる。
(53)注(48)前掲書、一六二頁。
(54)増田節子「幕末・維新期の東叡山領組合」(『論集きんせい』六、一九八一年)、安斎信人「明治初年の宮谷県の村落支配」(『地方史研究』二一八、一九八九年)、同「維新期「組合村」の再編と警吏「道案内」」(『千葉史学』二七、一九九五年)、飯島章「明治維新期直轄県の成立と展開」(『千葉史学』一六、一九九〇年)。
(55)安斎、注(54)前掲「明治初年の宮谷県の村落支配」。
(56)「里正日誌」は編年体の編纂史料であり、「天正里正日誌」から「明治里正日誌」まで全六十五冊からなる。原本は内野家所蔵であるが、東大和市教育委員会によって活字化がすすめられている。以下、刊行分については刊本から、未刊行分については東大和市立郷土博物館所蔵の複製から引用する。なお、同一の主題について同一の史料に依拠した研究として、伊藤好一「神奈川県における大小区制の施行過程」(『駿台史学』一七、一九六五年)があるが、改革組合がそのまま「大区小区制」に接合するかのように記述しており、この点が実証的に誤りであることを、増田、注(54)前掲論文が指摘している。
(57)『里正日誌　第九巻』(東大和市教育委員会、一九九四年)、一五八頁。
(58)二〇〇五年までの研究については、関東取締出役研究会編『関東取締出役』(岩田書院、二〇〇五年)所収の「関東取締出役・改革組合村関係文献目録」を参照。

(59) 森安彦『幕藩制国家の基礎構造』(吉川弘文館、一九八一年)、山中清孝「幕藩制崩壊期における武州世直し一揆の歴史的意義」(『歴史学研究』大会報告別冊特集、一九七四年)。

(60) 川田純之「改革組合村の内部構造の検討」(『史学』五六—四、一九八七年)、「関東取締出役の道案内について」(『栃木県立文書館研究紀要』三、一九九九年)、岩橋清美「飯塚源蔵家文書にみる関東取締出役道案内人の実像」(関東取締出役研究会編『関東取締出役道案内人史料』、関東取締出役研究会、一九九四年)、安藤陽子「近代警察制度と飯塚源蔵」(同上所収)、安齋信人「近世後期における「改革組合村」制について」(『関東近世史研究』四八、二〇〇〇年)、坂本達彦「火附盗賊改の在方廻村と改革組合村」(『国史学』一七五、二〇〇一年)、同「改革組合村道案内の活動」(『ぐんま史料研究』二二、二〇〇四年)、同「幕末期における関東取締出役・物代層の動向」(『日本歴史』六七五、二〇〇四年)、同「慶応二年生糸運上徴収実施と改革組合村物代層」(『関東近世史研究』五九、二〇〇五年)など。

(61) 川村優「近世における組合村の存在とその性格」(『史学雑誌』七三—一一、一九六四年)。

(62) 米崎清実「改革組合村の構造」(村上直編『幕藩制社会の展開と関東』、吉川弘文館、一九八六年)。

(63) 吉岡孝「近世後期関東における長脇差禁令と文政改革」(『史潮』四三、一九九八年)、「関東取締出役成立についての再検討」(『日本歴史』六三一、二〇〇〇年)。

(64) 大口勇次郎「天保七年「旧弊改革」と関東取締出役」(『信濃』四〇—三、一九八八年)。

(65) 近世組合村における「自治」性の問題については次節で論じる。また、改革組合村の物代・役人・道案内らが、組合村の諸地位の外において取り結ぶ社会関係の問題は、本書の視角によれば制度間の関係であって、「制度」と「実態」の関係ではない(序章参照)。制度間関係の問題はさしあたって制度内関係への関心を第一義的課題とする本章では取り扱うことができない。

(66) 取締出役の設置は文化二(一八〇五)年であり、改革組合の編成はそれより二十年も後の文政十(一八二七)年である。桜井昭男は、当初の取締出役は組合村編成以後と比べ村方との関係が薄く、文政十年の取締出役体制の立て直しの過程で、予測される村方の費用負担増大に対応するために組合村の編成が行われたという理解を提示している(桜井昭男「文政・天保期の関東取締出役」、注(58)前掲書所収)。

(67) その上で、取締出役の活動が、組合村を構成する諸村によって支えられえたという点が地域社会論的に問い直される必要がある。広い意味での「警察史」の課題であろう。

(68) 茂木陽一「幕末期幕領農兵組織の成立と展開」(『歴史学研究』四六四、一九七九年)。

(69) 注(57)前掲書、一四七頁。
(70) 注(57)前掲書、一四三頁。
(71) 注(57)前掲書、二三六頁。
(72) 注(57)前掲書、一八八頁。
(73) 注(57)前掲書、三八三頁。
(74) 注(57)前掲書、一三二頁。
(75) このような体制は、久留島浩が上総国埴生郡立木村を事例にして明らかにした「知行所村組合」と改革組合の併立体制と同様のものである。「十九世紀における相給村落の内と外」(『千葉県史研究』第七号別冊、一九九九年)。
(76) 『里正日誌　第七巻』(東大和市教育委員会、一九九五年)、八八頁。
(77) 同上書、二三一頁。
(78) 同上書、二四四頁。
(79) 『新編埼玉県史　資料編一七』(一九八五年)、五四一頁。
(80) 『所沢市史　近世史料Ⅱ』(一九八三年)、七一〇頁。
(81) 『里正日誌　第十巻』(東大和市教育委員会、一九九六年)、一二八頁。
(82) 同上書、一四五頁。
(83) 同上書、一五六頁。
(84) 『東村山市史　資料編　近代一』(一九九五年)、四二頁。
(85) 注(81)前掲書、四三九頁。
(86) 「明治里正日誌　三年庚午四冊一」
(87) 以上の経過は「御用日記」(「武蔵国多摩郡後ヶ谷村杉本家文書」、国文学研究資料館所蔵、一六八五)。
(88) 注(86)前掲史料。
(89) 「明治里正日誌　四年二冊乾」。
(90) 「明治里正日誌　五年壬申三冊天」。
(91) 同上史料。
(92) 同上史料。

(93)　同上史料。

(94)　「明治里正日誌　五年壬申三冊地」。

(95)　塚田孝『近世日本身分制の研究』（兵庫部落問題研究所、一九八七年）、同『身分制社会と市民社会』（柏書房、一九九二年）、マルクス（城塚登訳）『ユダヤ人問題によせて・ヘーゲル法哲学批判序説』（岩波文庫、一九七四年）。

(96)　塚田は citoyen、Staatsbürger を「市民」と訳しているが、これでは、bourgeois としての homme の位置づく領域が「市民社会」であることと対応しなくなってしまう。「公民」とするのが妥当であろう（なお、注(95)城塚訳は「公民」と訳している）。

(97)　逆に言えば、身分制社会の解体＝「市民社会」と「政治社会」の分離もまた一つの分節化の帰結である。「公と私、政治社会と市民社会の区別は、ある特定のタイプのヘゲモニー的分節化の帰結にすぎない」（Ernesto Laclau and Chantal Mouffe, *Hegemony and Socialist Strategy*, 2nd edition, London and New York, 2001, p. 185. 山崎カヲル・石澤武訳『ポスト・マルクス主義と政治』、大村書店、一九九二年、二九一頁）。

(98)　横山百合子『明治維新と近世身分制の解体』（山川出版社、二〇〇五年）。

(99)　仮に、村をこえた領域において、被統治身分の実質的な行政参与の必要性が生じていたとしても、それは、身分制的な社会の分節化に規定され、そのような参与が新たな身分の形成を目指す動向を生んだり（奥村弘「地域社会の成立と展開」、歴史学研究会・日本史研究会編『日本史講座　第七巻』、二〇〇五年、所収）、あるいは「正式な位置付けがないままに、しかも小前層と切れた一種のフィクサーが暗躍する隙間」（舟橋明宏『近世の地主制と地域社会』、岩田書院、二〇〇四年、一六六頁）が生じたりする。ただし本書が重視しているのは、このような側面での身分制社会の矛盾ではなく、個々の身分集団内部に発生する矛盾についてである。

(100)　この点については戸籍法と地租改正の、それぞれの身分制解体における意味についてのより詳細な検討を必要とするところであるが、本書ではこの点は課題として残さざるをえなかった。

(101)　序章で論じた、方法としての地域社会論の視座は、まさにこのような場面において最も必要とされる。「上から」の組合村か、「下から」の組合村か、という問いはここでは意味を持たない。

(102)　経費軽減の必要性から、案件の処理単位を空間的に拡大することは、このような村連合の場合にむしろよく当てはまるのであって（注(66)で触れた改革組合の場合を参照せよ）、その後の行政村の成立に至る処理単位の空間的な拡大は、単に経費軽減のための量的な空間の拡大を意味するのではなく、右に触れた横山百合子の批判に明らかな通り、社会編成原理の転換である。そのことを無視して、単に明治前期地方制度における行政区画の空間的拡大を、事務処理量増大に伴う（国家からの事務の「押し付け」に伴う）事務効率化の追求としてとらえる見方（あるいは、「明治の大合併」「昭和の大合併」「平成の大合併」と基礎的自治体が拡大してゆくという通俗的見解）は、斥けられなければならない。
(103)　この点については、拙稿「書評　久留島浩著『近世幕領の行政と組合村』」（『史学雑誌』一一三―三、二〇〇四年）において詳述したところである。
(104)　第三章で見る勧業政策の展開はその一例である。
(105)　繰り返しになるが、このような動向が「上から」か「下から」かということは相対的に無意味である。
(106)　注(48)前掲書、一七〇頁。
(107)　「鈴木（庸）家文書」五二八五。
(108)　「鈴木（庸）家文書」二三二四。
(109)　「鈴木（庸）家文書」二二二五。
(110)　「鈴木（庸）家文書」二五一。
(111)　「鈴木（庸）家文書」一九二四。
(112)　「鈴木（庸）家文書」二六二一。
(113)　「鈴木（庸）家文書」一八六三―一八六七、一八七四。
(114)　「鈴木（庸）家文書」二三〇六。
(115)　注(107)前掲史料、一月四日条。
(116)　「鈴木（庸）家文書」七八六三。
(117)　「鈴木（庸）家文書」三七五〇。
(118)　「鈴木（庸）家文書」三七四八。
(119)　「鈴木（庸）家文書」三七四九。
(120)　「村入費立替物覚帳」には朱字で「区」「用」「道」等の書き込みがあり、「民費書上帳」作成にあたっての費目の振り分けが行われているものと思われる。
(121)　「鈴木（庸）家文書」一一五五。
(122)　「鈴木（庸）家文書」一一五六。
(123)　茂木陽一は、同じ熊谷県管下に属する大里郡大麻生村の村財政の分析を行っているが（「大小区制期における民費制度」、『三重法経』七五、一九八七年）、そこで見出される算用の経過はほぼ本章で示したものと同様である。ただし茂木は「付込帳」（宮前村の「諸費差引皆済取立帳」に相当）と「村費帳」（「村入費明細書上」に相当）に差額が存在することを主張しているが、宮前村に関してはそのような差額は目立ったものとしては見当たらない。なお筆者は、大麻生村に関しても茂木の指摘は全面的には妥当しないと考えている。拙稿「明治前期の村運営と村内小集落」（渡辺尚志編『近代移行期の名望家と地域・国家』、名著出版、二〇〇六年）参照。

(124) 注(48)前掲書、一七四頁。

(125) 注(48)前掲書所収の当該史料は府県史料の「群馬県史料」（国立公文書館所蔵）によるもので、それによれば「小区集会」は「毎一小区一ヶ所ツ、会席ヲ設ケ」開催するものとされている。一方、明治六年九月二日に北管下（旧群馬県）に出された布達は、「旧入間県下南各区ノ仮規則」を、北管下に準用するものとして「集会局仮規則」を改めて達しているものであるが、これによれば「小区集会」は「毎一大区一ヶ所ツ、会席ヲ設ケ」とされている（「管下布達留」、「埼玉県行政文書」明一〇一。『埼玉県史料叢書7（上）入間・熊谷県史料三』、五九頁）。六月の「仮規則」は管見の限り「群馬県史料」所載のテキストしか残されていないため、直接の比較はできないが、ここでは同時代史料である「布達留」の文言に従い、「小区会議」は大区レベルの会議体であるとしておく。なお、仮規則の最初の布達が六月の何日であったのかは「群馬県史料」には記されていないが、九月布達の言うところに従えばこれは入間県の布達として出されたものであり、とすれば六月十六日の熊谷県設置以前のものであることになる。

(126) 議者に任命されたのは竹井澹如、吉田市十郎、石川弥一郎、諸井興久、北野智行、根岸武香の六人であるが、明治七年三月四日に「信ヲ御管下人民ニ失シ候ニ至リ」として全員が辞職している（「鈴木（庸）家文書」五六八九）。詳しい経緯は不明であるが、後述する河瀬県令転任問題が関係しているのではないかと考えられる。なお、吉田市十郎については拙稿「「奇特之者」から官僚へ」（渡辺尚志編『近代移行期の名望家と地域・国家』、名著出版、二〇〇六年）、石川弥一郎とその周辺の「七名社」グループについては、拙稿「明治前期の地方政治と古沢花三郎」（同上所収）。

(127) 渡辺隆喜「府県制成立期の地域支配」（『埼玉県史研究』二五、一九九〇年）および同執筆の『新編埼玉県史　通史編五』（一九八八年）は、入間郡赤尾村の御用留（「林家文書」、埼玉県立文書館所蔵、三二八）に記載されている明治六年十二月二日付県布達によって、これ以降大区会議の出席者は、全副区長ではなく、各大区一—四名の「総代」であったとしている。しかし、明治六年十二月以降も大区会議メンバーが全副区長であったことは、「鈴木庸行日記」明治七年四月二十一日条の「右議定　訖而午後四時退席　津田権参事、松田渡七等出仕様御臨席、議者出頭無之、南管下副区長一同出席」という記述から明らかである。

おそらく「総代」とは大区副区長中の幹事的存在を意味するのであろう。
(128) 久留島浩は、「郡中・組合村は、このような代官行政委任事務を遂行するという意味において、公共的性格を獲得していた」と、近世において「惣代」性が、彼らによる代官所業務(「御用」)の執行と密接不可分の関係にあったことを指摘している(「近世後期の「地域社会」の歴史的性格について」、『歴史評論』四九九、一九九一年)。
(129) 「鈴木(庸)家文書」一八〇五。
(130) 「鈴木(庸)家文書」五六九一。
(131) 「鈴木(庸)家文書」五六八八、一七九二。
(132) 「鈴木(庸)家文書」五六八二。
(133) 「鈴木(庸)家文書」五六四〇。
(134) 「鈴木(庸)家文書」五三九七。
(135) 「鈴木(庸)家文書」五六七八。
(136) 注(132)前掲史料。
(137) 注(135)前掲史料。
(138) 「熊谷県県治之儀ニ付投書」(「中村(宏)家文書」、埼玉県立文書館所蔵、三五八)。埼玉自由民権運動研究会編『埼玉自由民権運動史料』(埼玉新聞社、一九八四年)二五頁以下に翻刻が収録されている。
(139) 「鈴木(庸)家文書」五六八一。
(140) 「鈴木(庸)家文書」三三一〇。
(141) 注(132)前掲史料。
(142) 「鈴木(庸)家文書」五六八三。
(143) 「鈴木(庸)家文書」六一七五。
(144) 実際、熊谷県川越警視方は、副区長鈴木庸行に対し、当該意見書が「免役願」であるとすれば書式が不備であり、これが「免役願」なのか否か、また猪鼻明順がいかなる人物であるのか、照会している(「鈴木(庸)家文書」、六六四〇)。
(145) 「鈴木(庸)家文書」六五八四。
(146) 「鈴木(庸)家文書」六五七五。
(147) 「鈴木(庸)家文書」六一八七。

(148)「鈴木（庸）家文書」六五六九。なお、この書簡であわせて注目されるのは、戸長層が事務合併について積極的であるのに対し、鈴木は「改革之義ニ付一朝ニ而定候得は後より何様之不便相生し候哉も難斗」、あるいは「寧壱村立可然哉」などと、むしろ消極的であるという点である。同書簡で鈴木が七月以来の合併協議を振り返って、「当七月六日已来度々協議も相遂候処会毎区内差異、且夫々目途相立決定致し候も、愈本書認御庁江差出し候場ニ至り候得は変心之もの而已出来有之」と、戸長たちの「変心」を批判していることを考慮すると、本来戸長は副区長層の路線に同調的であるのだが、小前層の意志によって容易にその立場を変えうる存在であると位置づけられよう。そのような戸長層に鈴木は苛立っているのであり、それならばそもそも事務合併などしなければ良いではないか、というのが、この時点の鈴木の立場であると考えられる。
(149)「鈴木（庸）家文書」六五五九。
(150)「鈴木（庸）家文書」三三〇六。
(151)「鈴木（庸）家文書」五六九六。
(152)注(48)前掲書、一七六―一七七頁。
(153)「鈴木（庸）家文書」五六九九。
(154)『神奈川県史　資料編一一』（一九七四年）、三三三頁。
(155)『東京都古文書集　第六巻　旧多摩郡新町村名主　吉野家文書（6）』（東京都教育委員会、一九八八年）、六七頁。
(156)注(154)前掲書、四三頁。
(157)『横浜毎日新聞』明治六年三月六日。
(158)荒木田、注(10)前掲「「大区小区制」の成立過程と学校行政」。
(159)注(155)前掲書、二三頁。
(160)『横浜毎日新聞』明治六年一月二十一日。
(161)『横浜毎日新聞』明治六年二月六日。
(162)注(154)前掲書、五七頁。
(163)「公用漫録」（「小島家文書」、小島資料館所蔵、A二七〇）。
(164)注(154)前掲書、四〇頁。
(165)「日誌」（「小島家文書」A五九八）。
(166)「日誌」（「田無市有文書」、西東京市中央図書館所蔵、TA九二七）。

(167)「小島家文書」B二八八。
(168)「田無市有文書」TA一四一。
(169)なお、入作者にはこれに加えて「越石割」の負担が求められる。この対象となるのは、番組内三ヶ村相互の入作関係（すなわち、田無村村民が柳窪村に耕地を持っている場合など）も含まれるのか、それとも番組外居住者の番組内への入作が対象であるのか、帳面からは判然としないが、数値から推測するとおそらく番組外居住者の番組内への入作であると考えられる。ここでも番組はひとつの単位として機能していることになる。
(170)「田無市有文書」TA三四三。
(171)「小島家文書」A五九七。
(172)『横浜毎日新聞』、明治六年九月十九日。
(173)注(154)前掲書、九〇頁。
(174)同上書、五五頁。
(175)「公用書留」（「田無市有文書」、TA八五八）。
(176)「小島家文書」A五九一。
(177)「石阪昌孝文書」（「吉野文庫」、東京大学法学部明治新聞雑誌文庫所蔵、二六七）。
(178)『町田市史史料集　第九巻』（一九七三年）、一五〇頁。
(179)注(171)前掲史料。
(180)「小島家文書」A五九九。
(181)注(163)前掲史料。
(182)区長石阪昌孝が推進したこの運動と、それが引き起こした摩擦については、渡辺奨『村落の明治維新研究』（三一書房、一九八四年）、鶴巻孝雄『近代化と伝統的民衆世界』（東京大学出版会、一九九二年）に詳しい。
(183)『横浜毎日新聞』、明治六年十二月十五日、「八区近況の美風を讃す」など。
(184)注(176)前掲史料。
(185)注(171)前掲史料。
(186)注(154)前掲書、三六頁。
(187)同上書、八六頁。

(188) 同上書、一〇八―一一九頁。
(189) 『横浜毎日新聞』明治十年八月二十八日。
(190) 『東京都古文書集　第九巻　旧多摩郡新町村名主　吉野家文書(9)』(東京都教育委員会、一九九一年)、二一一頁、三三三頁。
(191) 区戸長民会を、公選民会の不完全な形態と見る通説的見解は、このような一般的混同に基づく。区戸長民会は公選民会とは原理を異にする代表機関である。

# 第二章　備荒貯蓄と村

## はじめに

本章では近世後期から明治初年にかけての罹災者救助の問題、とりわけこの時期に特徴的な展開をみせる備荒貯蓄政策を検討する。

前章でわれわれは、身分制的権力編成において、村役人・惣代という地位が村々小前に対してヘゲモニー的関係を形成しえなくなっていること、すなわちヘゲモニー危機が発生していることを見た。本章の課題は、このような危機の由来を明らかにすることであり、身分制的権力編成の機能の局面を取り上げて、その手がかりを見出すことを目指す。

このような課題の設定に対して、罹災者救助という特定の政策領域が何らかの特権的な意味を持っているわけではなく、その限りで、当該問題は恣意的に選択された一つの挙例以上のものではない。ただし、社会を構成する個々の経営体が危機に直面した時、政治権力はいかなる作用を示しうるかという問題は、課題の解明において相対的に有利な素材であるということは予測可能であろう。多くの経営体を破滅させ続けるような政治権力が、長期的な安定性を確保することができないことは明らかだからである。

さて、従来この時期の救恤・備荒貯蓄政策については主として二つの方向から研究が行われてきた。第一は社会保障史からの接近であり、第二は維新政権の政策基調を問題にする立場からの議論である。

前者の諸研究は、「公的扶助」に対する家族・共同体扶助の優先という日本型社会保障の「原型」成立過程に主たる関心を寄せており、その焦点は明治七年十二月の「恤救規則」の性格規定である。この観点からは、小川政亮が、直轄県期の救恤・備荒貯蓄を「一般救貧法」に対する「罹災窮民救助法」の優先と位置づけているように(1)、当該期の政策展開はその前史として論じられることになる。その中で貴重な専論である笛木俊一「明治初期救貧立法の構造(2)」は、これらを「村落共同体の相互扶助組織たる備荒貯穀制度を各府県の管轄下に組込み、再編成せんとするもの」と規定し、その延長線上に明治十三年の備荒儲蓄法を展望している。

後者の諸研究は、維新政権の存立基盤としての直轄県の性格に着目し、その政策動向を中央レベルでの政策対立と関連させつつ論じるものである。救恤・備荒貯蓄政策に関説したものとしては、千田稔の「維新政権の地方財行政政策(3)」が代表的成果として挙げられよう。千田は明治元年・二年の凶作が政府財政の窮迫をもたらしたこと、それに対して政府部内では「大隈派」の貢租収奪強化路線と「大久保派」の貢租減免・救恤実施による民心掌握路線の対立が生じたことを指摘し、大隈路線に立つ大蔵省は「貢租収奪の前提としての凶作対策を能う限り農民負担で行なわしめ、救恤米金下渡を極力抑え」、かわって「強制的付加税」としての備荒貯蓄制度を導入したことを明らかにしている。

これら二つの研究潮流は、共通して、罹災窮民救助政策を、維新政権と農民との対立関係を軸に理解するものである。しかし、このような二元論的理解は本書の問題関心においては不十分なものである。もし政府が窮民救助の負担を農民に転嫁しようとすれば、それは被統治者である農民相互の間に救助するものと救助されるものを生み出すことになる。したがって罹災窮民救助政策の展開は、少なくとも、政府、罹災者救助の役割を担う富裕層、救済を受ける貧困層の三者の関係として検討されなければならない。このことは、単に政策主体の側からこれを分析するのではなく、罹災者救助が行われる場の社会的・経済的状況に留意しつつ、諸政策が持つ歴史的性格を解明することを意味する。(4)

被統治者における救う者と救われる者の関係、そしてそのことが地域社会の変容において持つ意味に注目してきたのは、むしろ近世史研究者であった。たとえば深谷克己(5)は、本来的な領主―百姓の関係において、領主は「百姓成立」維持のために「御救」を行う責任を有しており、この(1)「御救」に加えて、(2)村内部での「助合」、(3)個々の百姓の「入情」の三つが、「百姓成立」の条件であったとする。その上で、近世中・後期には領主の側が「御救」を制限してゆく方向に向かい、百姓経営の維持が、村内部の「助合」に一層転嫁されてゆくと論じている。

また備荒貯蓄施策の個別的研究としては、大友一雄(6)、菊池勇夫(7)の業績が挙げられる。大友は、(1)享保前期の幕府の救恤政策には、夫食貸付およびその一形態としての貯麦・置籾仕法とがあったこと、(2)享保十五年以降の年貢減収・夫食貸付の増大に対して、幕府は夫食貸付の制限に乗り出すこと、(3)その一方で、夫食貸付に代わる百姓間の相互扶助政策として郷村貯穀政策が打ち出され、寛保の関東洪水を機に幕府農政へ取り入れられていったことを明らかにしている。菊池は寛政期以降導入される郷村貯穀政策が、領主の「御救い主義」の行き詰まりに対して、それに代わる「地域住民（村・町）側に運営組織を作らせて自主的に管理させ、領主側が監督する地方行政的なシステムの構築」をはかったものと位置づけ、そこに「地域社会が行政的な危機管理能力を備えていく備荒貯蓄の公共性」を見通している。しかし、両者の研究はいずれも政策体系の成立期を主として取り扱ったものであり、寛政期以降の備荒貯蓄制の運営の推移については論証を欠く。仮に備荒貯蓄施策が「御救」後退に対応しているとしても、それが「助合」たりうるためには、備荒貯蓄制の機能全体（出穀→支給）を通じて、個々の農家経営間で何らかの再分配が行われることが条件となろう。

一方、地域社会の「行政的な危機管理能力」についての菊池の指摘は、救助の主体の問題が、単に罹災者救助という課題の内部にとどまるのではなく、地域社会における政治権力の編成の問題と関連していることを示唆している。山﨑善弘(8)の研究はこの角度から備荒貯蓄制に接近したものであるが、その示すところは必ずしも菊池の見通しとは一致しない。山﨑も同様に備荒貯蓄制を領主御救の後退ととらえるが、領主はその際具体的な担い手として組合村単位で地域の有力者層を設定し、彼らの出金・出穀によって備荒貯蓄制を支える一方、御救主体としての領主という原則との整合性を保つために、領主の一部に組込む方向を取ったと指摘する。すなわち、組合村単位の地域有力者への依存を通じて「領主支配の実現」が達成されていた点が強調されるのである。逆に栗原健一は、むしろ菊池の問題提起に沿う方向で、備荒貯蓄制度に百姓の自律的な「社会保障」の成立を見ている(9)。

以上から、本章ではまず、近世後期の救恤・備荒貯蓄の諸形態を、救済主体のあり方と、そのような主体のあり方を必然的なものとする権力編成の様式に注目しつつ、検討する。素材として取り上げるのは、低生産力地域ゆえにこのような問題が集中的にあらわれる武蔵野新田地帯である。その際、上記の大友・菊池の政策論的検討をふまえ、備荒貯蓄的施策の再分配機能の検証に重点を置く。次いで、維新期の直轄県における救恤・備荒貯蓄政策の展開が、近世における救恤・備荒貯蓄の諸形態といかなる関係にあり、そしていかなる展開を見せるのかを検討する。全体を通じて、身分制的権力編成が小経営の再生産維持において持つ機能の行き詰まりの様相を示すことによって、前章で述べたヘゲモニー危機の由来を解明することを目指す。

## 一　近世武蔵野新田地帯における救恤と備荒貯蓄

### 1　武蔵野新田地帯の経済構造

本節では、主として武蔵野新田地帯の、武蔵国多摩郡小川村と大沼田新田（現在は東京都小平市）の二つの村（地図1—2）を検討対象とする。利用する史料は、小川村の小川家文書、大沼田新田の当麻家文書、当麻伝兵衛家文書である。いずれも小平市中央図書館に所蔵されている。

武蔵野の新田開発については、一九五〇年代から六〇年代にかけて、木村礎や伊藤好一らによる共同研究が行われ、いくつかの成果を生んでいるので、まずこれらによりながら、両村の成立の経緯を略述しておく。(10)

武蔵野新田地帯の村々は、成立の時期によって、慶長から元禄ごろまでに成立した前期新田と、享保改革の一環として享保期に成立した享保期開発新田の二つに分類されるが、小川村は前者、大沼田新田は後者に属する（なお、小川村は成立当時は「小川新田」であるが、享保期開発新田が成立して後は「小川村」となり、かわって享保期に小川村からの出百姓によって、その隣接地に新たな「小川新田」が成立する）。

小川村は明暦二（一六五六）年、多摩郡岸村の小川九郎兵衛の出願によって成立した新田である。開発者小川家は、当初百姓から畑一反につき永三文ずつの地代金をとったり、百姓を夫役に使用したりするなど、小領主的支配を行っていたが、延宝期の村方騒動によってこれらの特権を喪失する。村高は享保十八（一七三三）年の検地以後六七二石四斗六升四合、反別は三九四町八反四畝一歩で、皆畑である。戸数は享保期に二〇〇軒弱、その後漸増して幕末には二二〇軒余となっている。

大沼田新田は入間郡大岱村の村請新田として享保期に成立した新田村であるが、成立の詳しい経緯は不明である。初期には親村である大岱村を通じた村落支配が行われ、大岱村名主弥左衛門が新田名主を兼帯した。寛保二（一七四二）年弥左衛門の甥伝兵衛が新田に入村して組頭となると、新田百姓は伝兵衛を名主に推して弥左衛門と対立し、寛延三（一七五〇）年以降、伝兵衛と弥左衛門が隔年で名主を勤めることで落着する。安永三（一七七四）年以降は弥左衛門家が再び単独で名主を勤めるが、安永八（一七七九）年には弥左衛門家が新田に移住、伝兵衛家は年寄となる[11]。村高は元文五（一七四〇）年検地の結果三二〇石八斗三升八合、反別は一二三町九反五畝三歩で、幕末には内二町余が田である[12]。戸数は四十五戸前後で推移している。

武蔵野新田地帯の経済構造については、伊藤好一の研究が、参照されるべき成果である[13]。伊藤が提示するのは、いわば「雑穀を売って糠を買う」というモデルである。武蔵野新田村々は、その低生産力ゆえに肥料の多投を再生産の条件としており、かつ新田開発の進展は秣場の消滅をもたらし、農民の金肥依存を必然化させた。そこで農民は雑穀を売ることによって肥料（糠）を購入し、この過程を通じて江戸地廻り経済圏へと包摂されてゆく。しかも、この過程を媒介するものは蒔入れ時に糠を貸し付け、収穫時に出来穀で返済をうける在方穀肥商であり、化政期から天保期にかけて、肥料投入の多寡による農業生産力の不均等な発展を契機として農民層分解が進行し、在方商人が質地地主として成長する。

一方、多摩郡中藤村を対象とした大舘右喜の研究は、これに対する修正説を提示している[14]。大舘によれば、中藤村では天明期までに穀肥商の成熟がみられるが、それ以降は穀肥商の経営は行き詰まりを見せる。これはこの時期以降木綿織や養蚕といった農家副業が農民的小商品生産として展開し、農民が雑穀生産への依存から脱却したことに起因する。そして穀肥商にかわって、このような小商品生産者を前貸しを通じて組織することに成功したグループが、地主として成長する。

しかし、大舘の議論は、地域と時期の二点に関して、伊藤の所説を全面的に否定するには不十分であると考えられる。地域に関して言えば、入間織物業地域に属する中藤村と、本章で対象とする新田地帯南部の大沼田新田・小川村とは大きく事情が異なることが予測される。また入間織物業の成立についても、谷本雅之はこれを十九世紀の前半としており[15]、天明期を画期とする大舘とは若干の差がある。試みに大沼田新田の村明細帳類を見ると、文化十三（一八一六）年までは、「女稼無御座候[16]」であり、文政四（一八二一）年が「女は薪を取、木綿織出申候[17]」、天保十四（一八四三）年が「女は木綿縞織出し申候[18]」、文久三（一八六三）年が「農業之外男女共助成ニ相成候稼無御座候[19]」となっており、副業としての木綿賃織の展開は文政期以降であったと考えられ、それも文久期には見られなくなってしまうように、必ずしも安定したものではなかった。

したがって現在なお伊藤の所説を否定する材料は提示されていない。伊藤の議論を深化させるには、在方穀肥商人の経営内容を具体的に解明することが不可欠であろうが、現在までのところこの地域では穀肥商人の経営史料を含む文書群は見つかっていない。よって本章では、以下、断片的史料から伊藤の所説への補足と若干の修正をはかることとする。

大沼田新田の当麻伝兵衛家は、安永から文化にかけての時期に糠取引に従事している。まず伝兵衛家の糠購入先からみると、請取などから、馬喰町上州屋喜兵衛、南茅場町橋本小四郎、小網町一丁目伊勢屋伝兵衛、鉄砲洲本湊町住吉屋作兵衛、栖原三九郎といった名前を見出すことができる。このうち橋本、栖原は後述する寛政二（一七九〇）年の糠値段引き下げ運動関連史料中に、「大問屋ニ而上方筋ヨリ小糠仕入仕候」ものとして名前が見え[20]、上州屋喜兵衛は天保二（一八三一）年の江戸糠仲間議定書に名前が見える[21]。すなわちいずれも江戸糠商人であり、伝兵衛はこれら江戸商人と直接に取引をもっていた。

ついで販路を検討する。糠代として現金を貸し、翌年の収穫期に穀物で返済を受ける形式の金融活動は宝暦七（一七五七）年からみられるが、糠の現物を貸し付け、穀物で返済を受ける取引は安永七（一七七八）年から確認できる。表2―1は残存している証文類を一覧にしたものである。ここから、取引先は大沼田新田のほか、野中新田、鈴木新田、小川新田の近隣三ヶ村であること、四月に貸し付け、九月に荏胡麻で返済、九月に貸し付け、六月に小麦で返済、という二つのパターンがあったことがわかる。なお、証文として残されているのはほとんどが村外との取引であるが、安永五（一七七六）年に伝兵衛が大沼田新田の利助、七兵衛、兵右衛門、平六、文右衛門、彦兵衛、

**表2-1**　安永7(1778)-寛政8(1796)年　当麻伝兵衛家の糠貸付

| 年　月 | 借主村 | 借　主 | 糠種類 | 糠数量(俵) | 糠代金(両) | 前年まで滞金(両) | 期　限 | 返済穀物 | 利　足 |
|---|---|---|---|---|---|---|---|---|---|
| 安永7(1778)年8月 | 大沼田新田 | 孫兵衛 | 尾張糠 | 2 | 0.3226 | | 2月 | | 2割半 |
| 天明5(1785)年4月 | 野中新田 | 七右衛門 | 地　糠 | 6 | 0.8220 | | 9月 | 荏胡麻 | |
| 天明5(1785)年4月 | 野中新田 | 平次郎 | 地　糠 | 5 | 0.6850 | | 9月 | 荏胡麻 | |
| 天明5(1785)年4月 | 野中新田 | 長右衛門 | 地　糠 | 8 | 1.0959 | | 9月 | 荏胡麻 | |
| 天明5(1785)年4月 | 野中新田 | 伝右衛門 | 地　糠 | 4 | 0.5479 | | 9月 | 荏胡麻 | |
| 天明5(1785)年4月 | 野中新田 | 喜　八 | 地　糠 | 4 | 0.5555 | 0.1613 | 9月 | | |
| 天明5(1785)年9月 | 小川新田 | 文　助 | 尾張糠 | 6 | 1.3630 | 0.9621 | 6月 | 小　麦 | |
| 天明5(1785)年9月 | 野中新田 | 徳兵衛 | 尾張糠 | 6 | 1.2500 | 0.4649 | 6月 | 小　麦 | |
| 天明6(1786)年4月 | 野中新田 | 喜右衛門 | 地　糠 | 5 | 0.7575 | 0.4092 | 9月 | 荏胡麻 | |
| 天明6(1786)年4月 | 野中新田 | 八郎兵衛 | 地　糠 | 3 | 0.4950 | | 9月 | 荏胡麻 | |
| 天明6(1786)年4月 | 野中新田 | 太郎兵衛 | 地　糠 | 8 | 1.1540 | 0.9440 | 9月 | 荏胡麻 | |
| 天明6(1786)年7月 | 小川新田 | 卯左衛門 | 尾張糠 | 10 | 2.3256 | 2.4903 | 6月 | 小　麦 | |
| 天明6(1786)年9月 | 野中新田 | 長右衛門 | 尾張糠 | 3 | 0.8108 | 0.4290 | 6月 | 小　麦 | 2割半 |
| 天明6(1786)年9月 | 野中新田 | 紋右衛門 | 地　糠 | 6 | 1.1538 | 0.3046 | 6月 | 小　麦 | 2割半 |
| 天明6(1786)年9月 | 野中新田 | 平次郎 | 地　糠 | 6 | 1.1538 | 0.7198 | 6月 | 小　麦 | 2割半 |
| 寛政1(1789)年8月 | 鈴木新田 | 市左衛門 | 尾張糠 | 6 | 1.4285 | 1.5052 | 6月 | 小　麦 | |
| 寛政1(1789)年8月 | 野中新田 | 卯兵衛 | 尾張糠 | 4 | 1.0000 | 2.0334 | | | |
| 寛政2(1790)年4月 | 野中新田 | 八郎兵衛 | 地　糠 | 4 | 0.5000 | | | | |
| 寛政8(1796)年9月 | 野中新田 | 平次郎 | 尾張糠 | 4 | 0.8695 | 1.4283 | 6月 | 小　麦 | |
| 寛政8(1796)年9月 | 小川新田 | 十右衛門 | 尾張糠 | 4 | 0.8696 | 1.4949 | 6月 | 小　麦 | |

出典）「当麻伝兵衛家文書」Q-2-16, 19, 20, 30, 31.

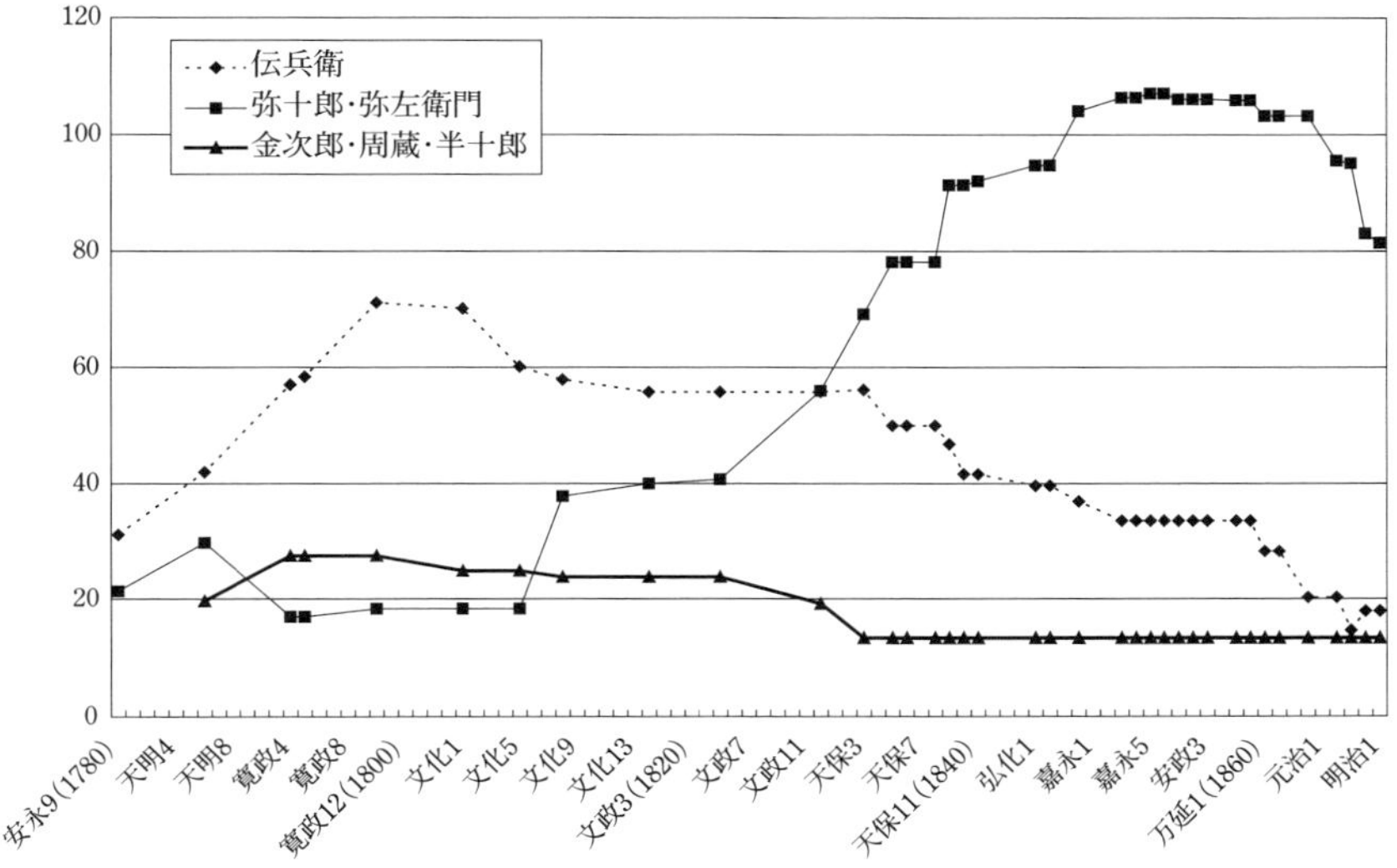


**図2-1　大沼田新田三家所持石高推移**

出典）「当麻家文書」C-2-15～30, F-1-3～44.

同人倅久三を相手として糠代金滞りの訴訟を起こしていることから、[22] 村内でも糠を販売していたものと思われる。

大沼田新田ではこの他に、寛政十一（一七九九）年十二月の村明細帳に、金次郎が「油絞糠売銭質仕候」として書上げられている。[23] 伝兵衛家の販路を考えても、糠商人は高密度に分布していたと考えてよいだろう。

次に伝兵衛家の土地所有を見る。伝兵衛家と、あわせて安永三（一七七四）年以降同村名主である当麻弥十郎・弥左衛門家の所持石高を示したものが図2―1である。ここからは、安永から寛政にかけての伝兵衛家の急速な増加（寛政十（一七九八）年にピーク）と、弥十郎家の減少、享和から文政期の伝兵衛家の減少と弥左衛門家の増加（文化十二（一八一五）年に両家所持高の逆転）、天保から嘉永にかけての弥左衛門家の急速な増加（嘉永六（一八五三）年にピーク）と、伝兵衛家の減少、嘉永以降の両家の減少傾向が読み取れる。すなわち、前貸し糠商人＝伝兵衛家が一貫して土地集積を進めていったわけではないのである。おなじく寛政期の糠商

表 2-2　大沼田新田階層構成

| 所持石高 | 安永 6 (1777)年 | 寛政 10 (1798)年 | 文政 7 (1824)年 | 嘉永 5 (1852)年 | 慶応 4 (1868)年 |
|---|---|---|---|---|---|
| 1 石未満 | 0 | 2 | 6 | 11 | 3 |
| 1 石-2 石 | 6 | 8 | 6 | 11 | 5 |
| 2 石-3 石 | 10 | 9 | 4 | 1 | 5 |
| 3 石-4 石 | 8 | 8 | 8 | 3 | 9 |
| 4 石-5 石 | 8 | 8 | 9 | 4 | 7 |
| 5 石-6 石 | 6 | 3 | 6 | 3 | 3 |
| 6 石-7 石 | 0 | 1 | 1 | 0 | 2 |
| 7 石-8 石 | 2 | 1 | 2 | 4 | 2 |
| 8 石-9 石 | 1 | 1 | 0 | 2 | 2 |
| 9 石以上 | 6 | 5 | 5 | 5 | 7 |
| 合　計 | 47 | 46 | 47 | 44 | 45 |

出典）「当麻家文書」C-2-14, 25, 42, 57, F-1-44.

人・金次郎家の動向もまた伝兵衛家と同様である。

伝兵衛家の経営が下降に転じてのち、かわって所持石高を伸ばしているのは名主の当麻弥左衛門家であるが、ここで弥左衛門家の土地集積の背景をみるために大沼田新田全体の土地所有動向を確認しておこう。表2―2である。安永六（一七七七）年から寛政十（一七九八）年にかけては、大勢として構成に変化はない。各層がそれぞれ所持高を減少させ、九石以上層では伝兵衛が急速に成長している。先述した安永五（一七七六）年糠代金滞りの訴訟の相手の所持石高は一石九斗七升三合から十二石一升七合まで広く分布しており、各層が伝兵衛家への負債を抱え、結果として各層から伝兵衛家に土地が流出したことを示している。続く寛政十（一七九八）年から文政七（一八二四）年の時期には、二石―三石層の減少、一石未満層の増大がみられるが、三石―八石層は維持されており、分解の進展は緩慢である。それに対し、文政七（一八二四）年から嘉永五（一八五二）年にかけては、二石未満層の増加、三石―七石層の減少、七石以上の増加という形で分解傾向が明瞭に看取されるようになる。天保飢饉をはさむ前後に農民層分解が急速に進展したのである。ところが興味深いことに、嘉永五（一八五二）年から慶応四（一八六八）年にかけて、二石未満層が減少し、かわって二石―七石層が増加して、文政七（一八二四）年段階に近い水準にまで分解が逆行する。

なぜこのような分解の逆行が起きたのだろうか。注目すべきは、嘉永五（一八五二）年から慶応四（一八六八）年にかけて所持高を増加させた経営の中に、慶応四（一八六八）年時点の所持高が文政七（一八二四）年時点の所持高と一致するものがみられることである（たとえば喜助家は、文政七（一八二四）年に二石一斗九合、嘉永五（一八五二）年に九升六斗三合、慶応四（一八六八）年に二石一斗九合を所持している）。つまり、この分解の逆行は嘉永から慶応にかけて質地の請戻しが大規模に進行したことを意味している。おそらく、この事態の背景には幕末のインフレーションと大沼田新田における質地請戻し慣行の存在があるものと思われる。すなわち、インフレによって証文上の借用金額の価値が相対的に低下し、請戻し慣行の存在に支えられてもとの所有者への土地の移動が促進されたものと考えられるのである。そして、この時期に弥左衛門が所持石高を急速に減少させていることは、天保飢饉期に流地を抱え込み、インフレ期に放出したのは主として弥左衛門家であったことを示している。実際、弥左衛門家には、文久三（一八六三）年三月八日付で、同村伊左衛門が流地を請戻す旨の請戻し証文[24]が残されている。しかもその際、小作料七両三分二朱銭一九〇文の支払いが滞っており、弥左衛門はこれを五ヶ年賦とすることを認めている。

このことは、逆に弥左衛門家の土地集積の性格についても示唆を与える。つまり、天保期の弥左衛門家の土地集積は、飢饉という状況下での緊急避難的金融の結果として起こった事態であり、必ずしも弥左衛門家にとっては経済的に有利な取引ではなかったのではないか、ということである。

たとえば慶応四（一八六八）年時点の所持高が文政七（一八二四）年時点の所持高と一致する経営の一つである喜助の場合、弥左衛門との間に質地をめぐる出入が発生しているが、天保十二（一八四一）年閏五月八日付で代官所に提出された弥左衛門の訴状[25]によれば、天保七（一八三六）年に一度弥左衛門へ流地となった土地は喜助が小作人として引続き耕作しており、その小作料および年貢・諸役が滞っていたこと、弥左衛門が小作地取り上げを行おう

表2-3　小川村階層構成

| 所持反別 | 宝永7(1710)年 | 安永6(1777)年 | 天保2(1831)年 | 嘉永7(1854)年 |
|---|---|---|---|---|
| 1町以下 | 27 | 22 | 75 | 119 |
| 1-2町 | 99 | 115 | 65 | 62 |
| 2-3町 | 60 | 60 | 43 | 34 |
| 3-4町 | 11 | 9 | 17 | 19 |
| 4-5町 | 2 | 3 | 8 | 7 |
| 5町以上 | 7 | 2 | 5 | 16 |
| 合　計 | 206 | 211 | 213 | 257 |

出典）『小平町誌』p. 271-272.

としても実施できなかったことが知られる（なお、別の訴状下書によれば、喜助はもと弥左衛門の下男で、先代喜助の養子に入った人物であるという）(26)。この取引において全く弥左衛門家は利益を得ていない。

次に、隣村小川村の土地所有動向を見よう。表2—3が、同村の階層構成の推移である。ここでは大沼田新田のような幕末期の農民層分解の逆行という事態は看取しえない。一町未満層の増大、一—三町層の減少、三町以上層の増大という分解傾向は一貫している。

しかし、小川村の場合も分解が急速に進んだのは天保期であった。幕末期に最大の土地所有者となった勝五郎家の所持反別は、天保七（一八三六）年の二町四反八畝十二歩から、天保十四（一八四三）年の十町六反五畝二十八歩へと、急激な増加が認められる(27)。また、名主小川家に残る土地譲渡証文の枚数も、天保七（一八三六）年（二十件）、天保九（一八三八）年（三十四件）、天保十一（一八四〇）年（二十六件）に集中しており(28)、天保飢饉前後の土地移動の激しさをうかがわせる。なお、小川家には年代不明であるが、勝五郎からの糠代金請求書が残っており(29)、勝五郎が土地集積を進めると同時に糠取引に従事していたことが知られる。

ただし、小川村の場合、名主小川家の土地所有規模の変化が不明である。これは、小川村における開発名主小川家の特殊な位置によっている。すなわち、小川村には全村の土地が基本的には開発者小川家のものという観念が長く存在しており、天保八（一八三七）年までは、すべての流地・土地譲渡は、譲渡人から小川家への地所「返進」、小川家から第三者への再譲渡という二重の手続きを踏んで行われていた。また、小川家の土地所有は名寄帳にも書上げられず、年貢関係帳簿にも小川家の負担分は計上されていない。しかし、後述する通り化政期に公金貸付返済が滞っていることからも、経営が順調であったとは思われない。

表2—4は、小川村の負債状況について、文政六（一八二三）年にまとめられた「村方困窮始末申上候書付写」の内容である。代官所に村方の困窮を訴え、「相続拝借」を受けることを目的として作成された史料であるから数字は過大と考えねばならないが、おおよその傾向を知ることはできよう。これは十両以上の負債を有するものの書上であるが、ここから江戸周辺の穀問屋や、近隣の榎戸新田源蔵、柳窪村七郎右衛門などへの負債件数が多いこと、名主・年寄・組頭や、村内上層でも村外に多額の負債を抱える者が存在していること、中規模の土地所有者も江戸周辺の穀問屋と直接に取引していることがわかる。しかし、このように村外への負債額が相当に上るにもかかわらず、村外への土地流出はそれほど多くはない。文政四（一八二一）年の村明細帳は入作・出作百姓とも存在しないと書上げているし[30]、嘉永六（一八五三）年の年貢小割帳からも、野中新田平左衛門が七反七畝十四歩、柳窪村七次郎が二反九畝十四歩を所持している以外に入作は確認できない[31]。大沼田新田でも嘉永六年に柳窪村七郎左衛門が一石九斗七升九合を所持しているほかは村外流出は認められない[32]。

以上から、近世中後期の武蔵野新田地帯においては、地域全体をその経済的影響力下に置くような経済的主体は存在していないこと、二—三ヶ村単位で分布する糠前貸し商人や、天保期を画期として各村に出現する質地地主は、いずれも小農民の経営動向に左右され、不安定な経営であったことが指摘しうる。このことは、「雑穀を売って糠を買う」というこの地域の基本的な再生産構造が、その過程を媒介する経済的主体にとって常に利得をもたらしうるものではなく、したがって糠前貸し商人や質地地主層を含んだ諸階層が、全体としてこの過程の安定的な回転への欲求を有していたことを意味している。

**表 2-4　文政 6(1823)年小川村負債状況**

| 名　前 | 文政 3 年<br>所持反別(順位) | 金　額 | 債　権　者 | 抵　当 |
|---|---|---|---|---|
| 名主　小太夫 | | 80両 | 榎戸新田源蔵，元右衛門，芋窪村八郎兵衛，廻り田村五左衛門，宅部村作右衛門 | 地所 6 町歩他 |
| 年寄　清蔵 | 3 町 9 反 4 畝10歩(15) | 50両 | 小川新田徳兵衛 | 地所 5 町歩 |
| 組頭　彦八 | | 50両 | 保谷村源兵衛 | 地所 5 町歩 |
| 磯右衛門 | | 50両 | 小川新田忠兵衛，柳窪村七郎右衛門他 | 地所・立木 |
| 九平次 | 2 町 2 反 5 畝24歩(58) | 20両 | 柳窪村七郎右衛門 | 立木 |
| 佐　七 | 1 町 3 反 8 畝 5 歩(128) | 50両 | 四ツ谷内藤新宿成子町淀橋辺穀問屋他 | |
| 八三郎 | 3 町 4 反 1 歩 (23) | 50両 | 柳窪村七郎右衛門 | 地所 1 町歩 |
| 又兵衛 | | 50両 | 榎戸新田源蔵，四ツ谷内藤新宿成子町穀問屋 | |
| 定　七 | | 40両余 | 戸倉新田源兵衛他 | 家財・立木 |
| 長兵衛 | 3 町 4 反 7 畝 9 歩(22) | 100両余 | 榎戸新田源蔵，保谷村源兵衛，四ツ谷内藤新宿成子町辺穀問屋他 | 田畑・家財・立木 |
| 組頭　善兵衛 | 9 反 7 畝 5 歩(161) | 30両 | 砂川前新田久次郎，廻り田村五左衛門 | 家財・立木 |
| 伊三郎 | 1 町 2 反 4 畝13歩(141) | 15両 | 内藤新田三郎兵衛他 | 家財・立木 |
| 源　蔵 | 1 町 8 反 6 畝 (82) | 30両 | 内藤新田三郎兵衛，所沢村小平次 | 地所 3 町歩 |
| 安右衛門 | | 10両 | 谷保新田伝兵衛 | 家財・立木 |
| 吉兵衛 | | 30両 | 川越町近江屋，谷保新田伝兵衛 | 家財・立木 |
| 吉五郎 | | 25両 | 榎戸新田源蔵，元右衛門 | 地所 2 町歩余 |
| 組頭　兵左衛門 | 1 町 4 反 6 畝22歩(114) | 10両 | 野中新田勘左衛門 | 地所 1 町歩 |
| 平十郎 | 1 町 6 反 7 畝14歩(94) | 10両 | 榎戸新田元右衛門 | 地所 1 町歩 |
| 清左衛門 | 1 町 6 反 5 畝17歩(98) | 15両 | 高木村庄兵衛 | 家財・立木 |
| 又右衛門 | | 10両 | 高木村庄兵衛 | 家財・立木 |
| 弥五左衛門 | | 50両 | 高木村庄兵衛，芋窪村八郎兵衛他 | 地所・立木 |
| 組頭　善左衛門 | 3 町 2 反 1 畝20歩(26) | 20両 | 榎戸新田源蔵，砂川村七郎右衛門 | 家財・立木 |
| 市右衛門 | | 10両 | 高木村庄兵衛 | 家財・立木 |

出典）「小川家文書」I-1-9.
注）小川村には同名の百姓が複数存在するため，所持反別が確定できないものは空欄としてある.

**表2–5　寛保2(1742)年　当麻伝兵衛による諸貸付**

| 月 | 名　目 | 数　量 | 対象人数 | 返納条件 | 返納期限 | 返　納　形　態 |
|---|---|---|---|---|---|---|
| 4月 | 粟　種<br>肥　代 | 6斗7升6合<br>永2貫70文 | 32<br>23 | 貸　与<br>給　付 | 9月 | |
| 5月 | 籾　種<br>唐　籾 | 6斗8升5合<br>1斗4升 | 10<br>2 | 貸　与<br>貸　与 | 9月<br>9月 | |
| 5月 | 籾　種<br>唐　籾<br>こ　け<br>〆　粕<br>扶持米 | 1斗5升<br>2斗4升5合<br>8俵<br>2分5厘<br>2斗1升5合 | 2<br>6<br>9<br>1<br>4 | 給　付<br>給　付<br>給　付<br>給　付<br>給　付 | | |
| 6月 | 〆粕代 | 永433文2分 | 7 | 貸　与 | 9月 | 蕎麦2斗4升8勺(永344文) |
| 8月 | 肥　糠 | 4石8斗 | 15 | 貸　与 | | 蕎麦5斗(永714文) |

出典）「当麻伝兵衛家文書」I–3–2.

## 2　救恤と備荒貯蓄の諸形態

それでは、この過程の安定的な回転が何らかの事情で妨げられた場合、いかなる手段がとられるのであろうか。まず天保飢饉以前の時期に見られる諸形態を類型化し、ついで天保飢饉期にそれらが複合的に動員される状況を検討する。

### (1)　開発初期の諸施策と養料金

当然のことながら、新田開発初期には再生産構造は安定的に回転しえない。したがってここに何らかの開発補助的施策が取られる必要がある。初期のこのような補助の主体は、第一に開発者とその一族であり、第二に領主であった。

前者の例として、大沼田新田の当麻伝兵衛が、寛保二(一七四二)年に新田百姓に対して行った諸給付・貸し付けを表2―5に示した。肥料、種籾など多様な補助が行われ、純粋な給付も多い。大沼田新田は大岱村の村請開発新田であるが、伝兵衛を通じて大岱村の生産物の一部が大沼田新田に給付されていると考えることもできよう。

領主による補助は、まず低年貢率としてあらわれる。武蔵野新田村々は享保十一(一七二六)年までは鍬下年季中であり、無年貢であった。図2―2はその後の大沼田新田の年貢額を示しているが、

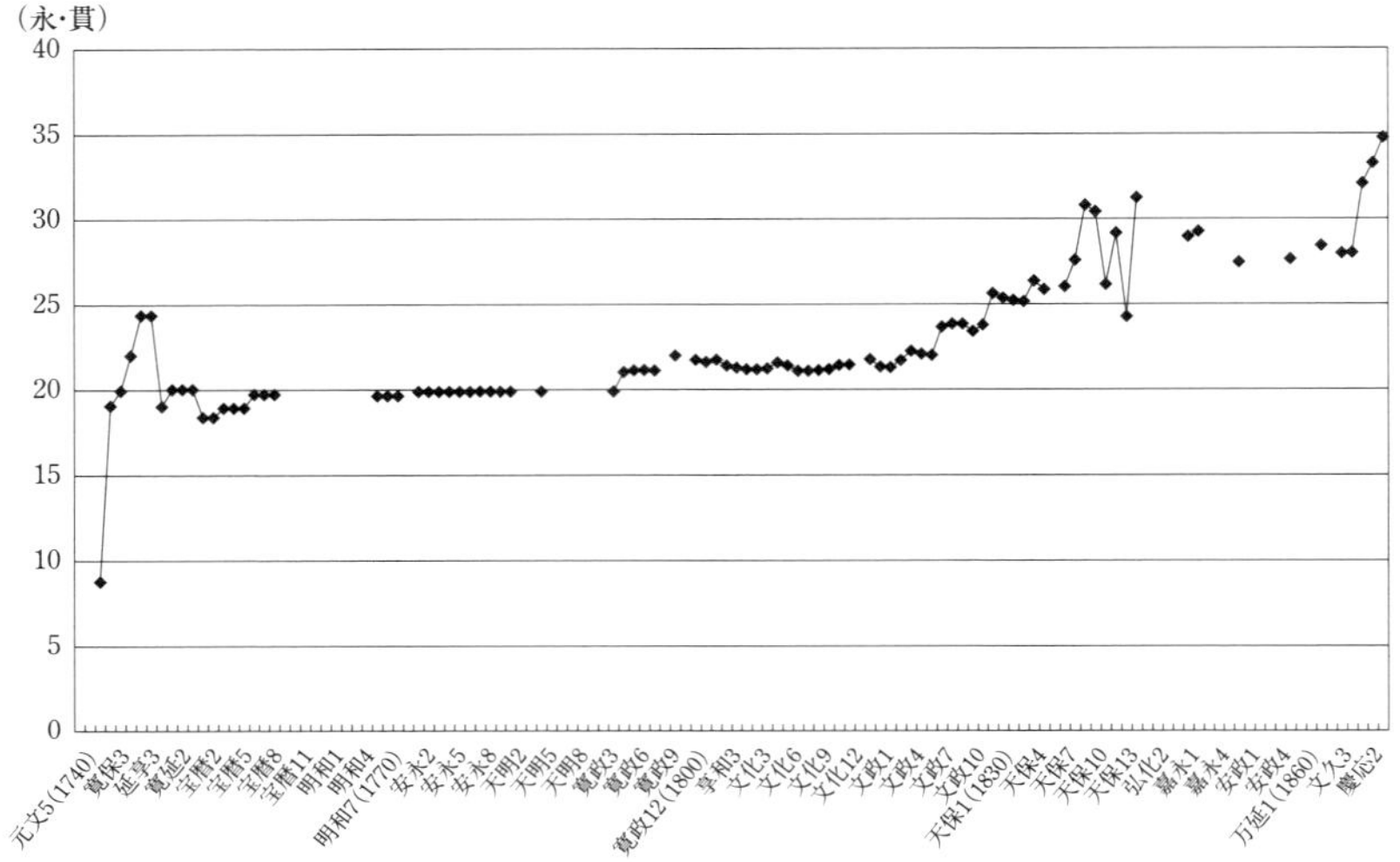


図 2-2　大沼田新田年貢額推移

出典）「当麻家文書」C-4-13～117.

ここから寛保三（一七四三）年以前は低額であり、寛延以降おそらく定免となっていること（米で計算する部分の換金率によって若干上下）、文政以降は上昇傾向にあることが看取される。

また、百姓に対する直接の諸貸付・給付も実施された。大沼田新田の延享二（一七四五）年御用留[33]には、新田望扶持米、家作修復金、蕎麦種拝借、麦肥糠切手支給など、多様な項目の諸補助がみられる。表2―6は年貢皆済目録にみられる大沼田新田の開発初期の諸拝借を書き出したものであるが、夫食、麦種、家越料の三種類の借り入れが、寛延三（一七五〇）年までに返済を終えていることが知られる。初期の幕府への依存から、寛延期までに一応再生産可能な生産水準に到達したことが示されているものと言えよう。

そしてこれら開発初期の諸補助策を一本化し、寛延期以降も存続したものが、武蔵野新田地帯に特殊な施策としての「養料金」および「溜雑穀」制である。これは単純化すれば、幕府が各百姓に毎年「養料金」として一定の金額を貸し付け、各百姓は毎年出来穀をもってそれを返済し、そ

表 2-6　初期の大沼田新田諸拝借

| 年 | 金　額 | 当初返納条件 | 返納終了 | 備　考 |
|---|---|---|---|---|
| 享保 7(1722)年以前 | 永 8 貫 365 文 | 延享 4(1747)年まで 25 ヶ年賦 | 寛延 1(1748)年 | 夫　食 |
| 元文 4(1739)年以前 | 永 3 貫 466 文 8 分 | 寛保 2(1742)年まで 3 ヶ年賦 | 寛保 3(1743)年 | 夫　食 |
| 元文 4(1739)年以前 | 永 9 貫 424 文 8 分 | 延享 3(1746)年まで 7 ヶ年賦 | 延享 4(1747)年 | 麦種拝借 |
| 寛保 3(1743)年以前 | 永 1 貫 500 文 | 寛延 3(1750)年まで 7 ヶ年賦 | | 家越料 |

出典）「当麻家文書」C-4-14〜19.
注）借用年は返納開始年の前年を示す．金額は一年あたり返納額×返納期間によって推定.

の返済雑穀を「溜雑穀」として備荒貯蓄に充てるという体制である。この支給を受けるのは武蔵野新田村々のうち享保期以降開発の新田（「〇〇新田」の名を有する）村々に限られ、したがって大沼田新田は支給対象であるが、小川村は支給対象ではない。この「養料金」および「溜雑穀」制の形成過程については、大友一雄がすでに明らかにしているので詳細はそれに譲り(34)、本章では、成立後の展開を中心にその位置づけをはかることにしたい。

大友によればこの仕法は、開発初期に代官上坂安右衛門および川崎平右衛門によって、幕府からの拝借金を元金として行われた種々の救済策に起源を持つものである。上坂期には、この拝借金は新田外の村々に貸し付けられ、その利金が新田村々に支給された。また川崎は同様の利金を肥糠の形で村々に貸し付け、出来穀をもって返済させてそれを備蓄する体制を整えた。続く伊奈半左衛門支配期に貸し付けは現金＝「養料金」に切り替えられ、さらに明和四（一七六七）年、元金としてきた幕府からの拝借金が返済期限を迎えたことに伴い、それまでに蓄積されてきた「溜雑穀」の売却金およびその利殖分四二三両二分永二十八文七分八厘四毛を元金とする新たな「養料金」体制が構築され、「全く領主の支出を不用とする」制度として確立した。その後安永七（一七七八）年と天明四（一七八四）年にさらに溜雑穀の売却による元金の積増しが行われている。なお、元金は代官所（文化十四（一八一七）年以降は馬喰町貸付役所）を通じた貸し付けによって運用されていた。

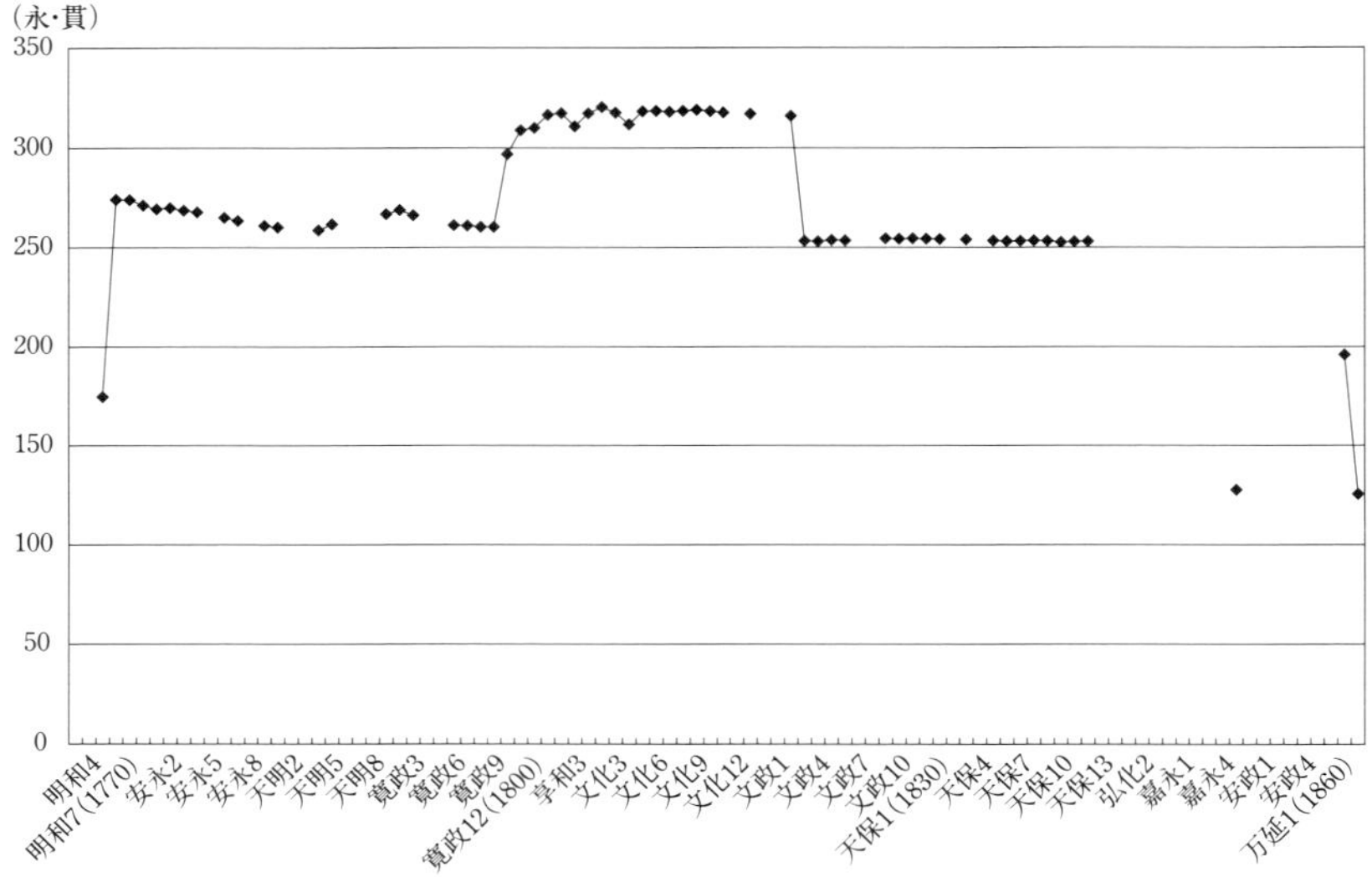


図 2-3　大沼田新田一軒あたり養料金支給額

出典）「当麻家文書」I-3-1〜86.

明和以降の養料金制の展開について、まず大沼田新田の養料金支給額をみると（図2―3）、寛政十一（一七九九）年に水準の上昇、文政七（一八二四）年と天保期以降に低下がみられる。支給対象軒数が一定とすれば、支給額は元金額と運用利子率に左右されることになるが、寛政期の引き上げは元金積み増しによる（安永七（一七七八）年売却代金を二十年間利倍、寛政十（一七九八）年に元金に差加え）ことが[35]、文政の引き下げは利子率の引き下げによることが[36]それぞれ史料上明らかである。天保期の引下げは史料を欠くが、おそらく、幕府公金貸付政策全体の動向を反映した利子率の引下げによるものと思われる[37]。

養料金の支給に関しては、関係村々による組合村が形成されていた。宝暦から明和にかけての養料金制の成立過程において、榎戸新田の源蔵が「武蔵野惣代」の地位を獲得し、養料金支給を受ける享保期開発新田八十数ヶ村の「惣代」として以後安政期まで同家が養料金関係事務を取り扱ったのである[38]。支給は毎年十月―十二月に代官所役人が榎戸新田に出役し、各村役人が榎戸新田に出向いて行われた。天明期には小川新田弥市郎家へ出役の例もあるが、寛政以降源蔵家に固定している。同時に源蔵は、溜雑穀の売却や、養料金貸付利率など、養料金に関する訴願の惣代としての機能も果たしていた。たとえば文政三（一八二〇）年の利下げ申渡しに際しては、源蔵自身が訴願を組織している。(39)

このような榎戸新田源蔵家の惣代としての地位は、安政二（一八五五）年に終焉を迎える。この年から、従来の源蔵による一元的な関係事務管理にかえて、支給村々全体を五つの組合村に分割し、それぞれの組合から年番で請取惣代を江戸に派遣する体制がとられることになったのである。(40)これは幕府からの指示に基づくもので（組み合せは村々の協議による）、直接的な契機は不明であるが、源蔵はこれに際して「恋ヶ窪新田等ヨリ度々存意被申立候ニ付、惣代入用等後日彼是無之様御役所ヨリ被仰触候趣被仰渡候」(41)と述べており、源蔵と一部村々の間で何らかのトラブルが発生していたようである。

次に返済・溜雑穀の蓄積について見よう。溜雑穀の差出額は、明和四（一七六七）年から天明七（一七八七）年までは一軒につき稗三升であったことが大友によって明らかにされている。ところが天明八（一七八八）年、寛政改革の一環として、関東幕領に対し百姓出穀による貯穀が命じられると、武蔵野新田村々は、溜雑穀の存在を理由にして適用除外運動を展開する。その結果伊奈摂津守支配所村々では貯穀令は適用除外となり、それに代えて一軒につき毎年二升の積み増しを命じられ、合計毎年五升の返納となった。しかし、飯塚常之丞（その後支配替えとなり野田文蔵）支配所村々では除外にならず、天明八（一七八八）年・寛政元（一七八九）年の二年間溜雑穀のほかに貯穀が実施されたが、寛政元（一七八九）年に再歎願が行われ、寛政二（一七九〇）年から伊奈支配所同様貯穀免除が実現した。(42)

返納された溜雑穀は、当初いくつかの組合村によって保管されていたようである。安永七（一七七八）年の売却時には、榎戸新田組（四十四ヶ村）、高倉新田組（十三ヶ村）、勘六新田組（七ヶ村）、岩岡新田組（十七ヶ村）の四組合が存在しており[43]、天明四（一七八四）年の売却願書にも「組合限り御封印請奉預り置候」という記述がある[44]。しかし寛政九（一七九七）年に大沼田新田では村内の各戸に溜雑穀を分割して保管しており[45]、この間に各村保管に転換したものと思われる。

蓄積された溜雑穀は、必要に応じて売却、あるいは夫食として貸し渡された。最初の貸し渡しは明和七・八（一七七〇・七一）年で、この時には新田村々全体で「不残夫食ニ拝借」し、安永四（一七七五）年までに返納を終えている[46]。

ついで先述の通り安永七（一七七八）年、天明四（一七八四）年にそれぞれまでの蓄積分が売却された。安永七年の売却は、前年の村々からの出願によるものであるが、その願書は貯穀量の増加による火災等による消失の危険と、新穀詰替えの際の目減り分補塡の負担増を理由として挙げている[47]。これも前に述べた通り、二十年間利倍の後、元金に差加えられた。この際、大沼田新田では、各戸ごとに均等割で上納代金を徴収しており、売却が村を通じて個々の百姓に割り当てられていたことが知られる[48]。一方、天明四（一七八四）年の売却は天明二（一七八二）年の出願によるもので、出願時点での理由は安永六（一七七七）年時と同じであるが、天明三（一七八三）年が飢饉であったため、夫食としての売却へと名目が切り替わっている。代金は天明五（一七八五）年から三ヶ年賦で返済され、直ちに元金に差加えられた[49]。

その後の蓄積状況は未詳だが、寛政九（一七九七）年までに大沼田新田では稗二十八石二斗五升の溜雑穀が蓄積されており[50]、大沼田新田の戸数を四十五軒、一軒当り五升の出穀とするとこれはほぼ十二年分の蓄積量に相当する。天明五（一七八五）年から寛政九（一七九七）年までは十三年間であるから、この間継続的に蓄積が進行したことになる。天保四（一八三三）年時点では七十石四斗八升の蓄積があり[51]、天保飢饉期まではほぼ順調に蓄積されたものと思われる。

さて、このような養料金体制はどのような意義を有するものであると考えられるだろうか。大友は、川崎期、伊奈期のそれぞれの仕法について、前者は、新田地主による肥料貸付、出来穀返済の手法を取り入れたものであり、自らも新田地主であった川崎平右衛門の経験をふまえた地主の利害に基づく新田経営安定策であるのに対し、それを領主権力によって有利な村落支配政策として把握し、備荒貯蓄策として組替えたものが後者であるとしている。この理解自体は妥当であるが、しかし、明和期以降、実際には領主の追加支出なしに回転し、また管理も村方で行われているにもかかわらず、その起源において養料金が開発初期の領主による救済の系譜を引くことの意味は重要である。すなわち、元金とされている雑穀売却代金も、本源的には拝借金の運用利金であって、それゆえ毎年返納義務が存在するのである。

このことの意味は天明八（一七八八）年貯穀令との関連を考えると一層明確である。前述の通り、養料金制の存在によって、武蔵野新田地帯は貯穀令施行の対象外となった。天明八年貯穀令が全面的に百姓の負担によるものであったことにくらべ、武蔵野新田地帯は、災害・凶作対策においてより領主依存的構造を持つことになったのである。

養料金の支給、溜雑穀の差出は、ともに一軒ごとの均等割であって、村内あるいは支給を受ける新田村々の百姓の間での再分配的機能をこの制度は有していない。また、惣代・源蔵家は、先述の通り新田村々に広範な経済的関係を有していたと考えられるが、その経済的影響力が直接養料金制を支えているわけではない。組合村は養料金支給という特権を有する村々と、その特権を付与している領主という限定された関係において機能する機構であり、源蔵はその局面に限定された惣代として活動する。結合の契機によって複数並列して存在する組合村と、その限定された機能においてのみ意味を持つ村々惣代という、前章で指摘した近世組合村の基本的性格はここでも貫徹している。養料金の支給において、救済の主体はあくまで領主であって、開発初期の領主による救済の諸形態が統合されたものがこの養料金・溜雑穀制であると評価できよう。

（2）　夫食貸付

寛延期以降新田地帯の再生産が一応軌道に乗り、開発初期の諸貸付が養料金制に統合された後、代官所は基本的にはそれ以外の貸付の実施について消極化した。小川村では、明和八（一七七一）年に金十五両一分永一八一文八分二厘（五ヶ年賦返納）の夫食貸付を受けているが[52]、この時作成された願書は、そのような消極化の先にあるものを示して興味深い。長文にわたるため引用しえないが、内容は、①夫食拝借を願い出たところ、「夫食願之儀ハ重キ儀ニ付多分願も難相済、殊ニ当時冬成明年寅上納之時節ニ有之候得は引方願之種ニも相成候様ニ夫食願願出村方も有之段相聞江候」として却下された。②再度歎願し、見分を受けたところ、当年春麦作は豊作で、秋作が多少違作でも夫食に差し支えるはずはないと役人から指摘された。それに対し村々では、春作が豊作だったのは事実であるが、秋作・冬作の被害が大きく、年貢上納のため、備蓄してあった麦を売却したため、夫食に差し支えていると回答した。③しかし役人は、麦作が豊作であった以上、年貢の半分は上納可能で、残る半分も、秋冬両度に作付け、しかも複数の種類の作物を植え付けているのだから、年貢上納に差し支えるということは考えられないと指摘した。これに対し村々では、秋冬作は収穫が少なかった上に低価格であったために麦を売却して年貢に宛て、秋冬作の収穫を夫食に宛てていたが、そもそも収穫が少なかったので、すぐに底をついてしまったと回答した。④仮に夫食拝借が許可になったとしても時間を要するが、その間はどのようにするかという役人の問いに対して、村々は、余裕のあるものの「助合」によると回答した、というものである[53]。

第一に、夫食拝借願が「引方願之種」として、年貢の減免願と相関されてとらえられていることに注目したい。両者が領主を主体とする救済であるという共通性を有していることがその条件となっている。第二に、領主側は、夫食願は「重キ儀」であり、簡単に許可できないという姿勢を強調している。そして第三に、領主による救済のこのような後退のあとを引き受けるべきものは、村内富裕者による困窮者への救済であった。実際、小川村ではこの後、夫食貸付を受けたうえは、貸付を受けなかった村人からも乞食や餓死者を出さないことを、村役人および村方一同が誓約する請書が作成されている[54]。領主救済の後退は、飢人発生を防止する責任を村に、とりわけ村役人に転化するものであったと言えるだろう。

夫食拝借願は結局聞き届けられ、翌明和八（一七七一）年に一三〇軒を対象として夫食代の支給が行われた。各戸に対する貸付額は各戸の家族人数に比例しており、翌年からの返納額は貸付額に比例している[55]。ここから、領主は夫食貸付には慎重な姿勢をとっていたが、ひとたびそれが実施された場合には村は再分配機能を有しないこと、領主が救済の主体として立ち現れることが確認されよう。この時点では村の救済への負担転化は可能性として存在するにとどまる。

### (3)　貯　穀

前述の通り、天明八（一七八八）年の貯穀令は享保期開発新田には適用されなかった。ここでは適用を受けた小川村についてその性格を検討する。

小川村の貯穀は稗で行われているが、天明八（一七八八）年から文化五（一八〇八）年までの蓄積状況は表2—7の通りである。一軒あたり拠出額は、男一日六合、女一日四合を基準として、家族人数に応じ一日分を計算し、それに日数をかけて算出されている[56]。その年の貯蓄日数の決定過程は不明であるが、この計算によると文化五（一八〇八）年までに約七十二日分の稗を蓄積していることになる。

こうして蓄積された貯穀は、文化六（一八〇九）年に一五二石二斗二升六合、文化七（一八一〇）年に二一二石二

表 2-7　小川村貯穀蓄積状況

| 年 | 出穀高(石) | 日　数 | 累計(石) | 日数累計 | 備　考 |
|---|---|---|---|---|---|
| 天明8(1788)年 | 32.578 | 7 | 32.578 | 7 | |
| 寛政1(1789)年 | 40.818 | 9 | 73.396 | 16 | |
| 寛政2(1790)年 | 34.356 | 7 | 107.752 | 23 | |
| 寛政3(1791)年 | 15.486 | 3 | 123.238 | 26 | |
| 寛政4(1792)年 | 15.390 | 3 | 138.628 | 29 | |
| 寛政5(1793)年 | 15.096 | 3 | 153.724 | 32 | |
| 寛政6(1794)年 | 15.096 | 3 | 168.82 | 35 | |
| 寛政7(1795)年 | 15.096 | 3 | 183.916 | 38 | |
| 寛政8(1796)年 | 15.096 | 3 | 199.012 | 41 | |
| 寛政9(1797)年 | 16.212 | 3 | 215.224 | 44 | |
| 寛政10(1798)年 | 16.132 | 3 | 231.356 | 47 | 推　定 |
| 寛政11(1799)年 | 15.936 | 3 | 247.292 | 50 | |
| 寛政12(1800)年 | 15.954 | 3 | 263.246 | 53 | |
| 享和1(1801)年 | 15.306 | 3 | 278.552 | 56 | |
| 享和2(1802)年 | } 30.534 | 6 | — | — | 推　定 |
| 享和3(1803)年 | | | 309.086 | 62 | |
| 文化1(1804)年 | — | — | — | — | |
| 文化2(1805)年 | 10.092 | 2 | — | — | |
| 文化3(1806)年 | 10.036 | 2 | — | — | |
| 文化4(1807)年 | — | — | — | — | |
| 文化5(1808)年 | — | — | — | — | |
| 文化6(1809)年 | — | — | 364.452 | 72 | |

出典）「小川家文書」I-3-6～27.

斗二升六合と、全額が取り崩される。この際、文化六年分は文化八（一八一一）年から五ヶ年賦、文化七年分は文化六年返済終了後から五ヶ年賦の返済を領主から指示されている[57]。

取り崩しの際の一軒あたり額の算出基準について、文化六（一八〇九）年時の割渡小前帳[58]の様式から検討する。次に掲げるのは小前帳の筆頭にある市右衛門分の記載である（①―③は引用者）。

市右衛門㊞

弐斗壱升六合四勺ツ、　……①

一稗壱石八升弐合　……②

内四斗五升弐合　……③

まず②と③の比率に注目すると、③は②の四一・八％弱で、この割合は各戸とも同じである。これは、文化六（一八〇九）年取崩し額一五二石二斗二升六合の、文化五（一八〇八）年までの蓄積総額三六四石四斗五升二合に対する割合と一致することから、②はこの時点での各戸の蓄積額、③は各戸が文化六年に受け取った額であることがわかる。①は②の五分の一で、文化七（一八一〇）年の全額取崩し後に一年分の返済額を計算して記入されたものであろう。

ついで、文化八（一八一一）年以降の返済状況を見ると、文化八・九（一八一一・一二）年にはそれぞれ当初の返納条件通り、三十石四斗四升五合六勺、すなわち文化六年取崩し分の五分の一を返納している。[59] 文化十（一八一三）年には、総取崩し額の五分の一に相当する七十二石八斗九升四勺を返納しており、返納の前倒しが行われた。[60] 以降の返納経過は不明である。

一軒あたりの返納額の算出基準を、同様に市右衛門の場合についてみてみると、文化八・九（一八一一・一二）年には、文化六（一八〇九）年取崩し分（③）の五分の一にあたる九升四勺を返納し、文化十（一八一三）年には取崩し総額の五分の一（①）にあたる二斗一升六合四勺を返納している。留意すべきは、この間に、市右衛門家の家族数は文化八（一八一一）年に三人から四人に、文化九（一八一二）年には五人に増加していること、[61] つまり返済は返済時点の家族人数比例ではなく、取崩し時の受取額に比例して行われていることである。貯穀の分配は、蓄積額に応じて受け取り、受取額に応じて返済するという原理に基づいて実施されていたのである。領主の支出ではなく、百姓の支出に依存するという点で、貯穀制の導入もまた、領主の救済主体としての後退を示しているが、この段階での貯穀制それ自体は再分配機能を持たず、個別経営に対する強制貯蓄制度であったということができるであろう。

(4)　公金貸付

夫食貸付が無利子の貸付であるのに対し、有利子の領主による貸付をここでは公金貸付と呼んでおく。小川村では安永五（一七七六）年と文化二（一八〇五）年の二回、名主の小川家がこのような貸付を受けている。

安永五年の名主弥次郎の借り入れについては、その経緯は不明であるが、村内に又貸しされていることから、[62] 名主が代表者となっての村借的性格のものと推定される。しかし安永八（一七七九）年に至ってこの借用金は返済に行き詰まり、小川家の出身村である多摩郡岸村の年寄で、小川家の親類である五郎右衛門が引き受け、五郎右衛門が代官所に差し出していた御用金の未返済分と相殺することで処理されている[63]。この事例は、土豪的な系譜を持つ新田開発地主が、その血縁のネットワークに依存して経営の行き詰まりを打開することがこの時点では可能であったことを示していると考えられよう。

一方、文化二（一八〇五）年の名主弥四郎の借入れは馬喰町貸付会所からのもので、金額は五十九両、五町九反六畝二十歩を質地に差し出している[64]。弥四郎持地を一〇二町一反二十五歩と申告しており、実際に弥四郎がこれだけの土地を所持しているとは考えにくいので、これも村借的性格のものかと思われる。

ところがこの借入も文政五（一八二二）年に利息分の返済に行き詰まってしまった。その結果取られた処置は、各組組頭に小川家が所有する水車からの上り金、毎月金三分を差し出し、それを運用することで、利息分の返済にあてるというものであった[65]。さらに文政九（一八二六）年には、代官所から「相続拝借」によって貸附役所へ元金を返済するという借り換えが行われ、利息分六十六両に関しては五ヶ年賦返済が歎願されている。その後の処置は未詳であるが、この利息年賦願書によれば、小川家は「名主役退役仕候程之仕儀」に陥っていたという[66]。

これらの事例では領主は救済の主体ではなく、自己の責任で外部から村内へ資金を調達してくる名主が救済主体であると言えよう。しかし、それは名主の個別経営にとっては大きな負担となっており、文政期には名主の経営自体の破綻が村によって処理される事態が発生していた。安永期に比して、村という単位の重要性が増しているのである。

### (5)　天保飢饉期の諸施策

天保四（一八三三）年から天保九（一八三八）年まで続いた天保飢饉は、以上にみた諸種の救済手段が並列して動員されると同時に、新たに富裕者による困窮者への直接救済が全面的に展開した点において画期をなす。

小川村では、貯穀の取崩し、夫食代借用、富裕者による救済の三つの方法がとられた。そのうち貯穀の取り崩しは天保四（一八三三）年に実施され、天保八（一八三七）年に返納中であること以外詳細は不明である。(67)

夫食借用は天保五（一八三四）年三月、金六十五両一分永二一六文七分、翌年より五ヶ年賦の条件で行われたが、この際の各戸への割渡し方法は従来とは異なっていた。まず、二十四名の店借りに一朱ずつ、合計一両二分が渡され、(68)これとは別に八人の組頭に六両ずつが渡されている。(69)残額がどのように処理されたのかは不明であるが、小川村の八組は家数・人口とも均等ではないにもかかわらず、(70)各組頭へ等額が配賦されているということは、各組単位で割渡額の調整が実施されたことを示している。一方、代官所に提出された割渡小前帳には、一四〇名が一分二朱、八名が二分の貸付を受けた形で記載されている。(71)領主への報告とは異なった形で、村と組が介在して借用金の分配が行われたものと思われる。

富裕者による直接救済は、天保四（一八三三）年から七（一八三六）年にかけて、表2—8の通り十七名の百姓の拠出によって行われた。対象人数は最大五十一名、最小五名で、食料・現金・糠の三形態で配布されている。

一方、大沼田新田では、溜雑穀の取崩し、夫食代の借用、代官所からの御救金の下付、富裕者による救済の各手段が取られた。まず溜雑穀の取崩しは、天保四（一八三三）年に四十九石三斗三升六合が放出され、続く天保五（一八三四）年には通常の出穀すなわち養料金返納分の一軒あたり五升と、天保四年取崩し分の十分の一、四石九斗三升三合六勺の返納が行われるが、天保六（一八三五）年にふたたび二十一石一斗四升四合（天保四年以前蓄積分の残額）、天保八（一八三七）年に残りの全額七石一斗八升三合を取り崩した。天保八（一八三七）年から通常の出穀の再開と、取崩し分の返納が開始され、天保十二（一八四一）年までに五十二石九斗五升二合七勺八才が返納されたと記録さ

**表 2-8**　天保 4(1833)-天保 7(1836)年　小川村「救合力」差出者・内容

| 差出者 | 小　麦 | 稗 | 大　豆 | 金 | 糠 | 対象人数 |
|---|---|---|---|---|---|---|
| 鶴　蔵 | 8石 | 1石5斗 | | 8両 | | 51人 |
| 喜左衛門 | | 1石 | 1石3斗5升 | 5両 | | 49人 |
| 孫兵衛 | | 2石5斗 | | 1両2分 | 15俵 | 49人 |
| 勝五郎 | | 2石7斗 | | 2分 | 17俵 | 49人 |
| 磯右衛門 | | 1石 | | 1両2朱 | | 38人 |
| 佐右衛門 | | 1石 | | 1両2朱 | | 38人 |
| 林右衛門 | | | | 2分2朱 | | 5人 |
| 清　蔵 | | | | 2分2朱 | | 5人 |
| 平五郎 | 2斗5升 | 2斗5升 | | | | 5人 |
| 源左衛門 | | 7斗5升 | | | | 15人 |
| 兵右衛門 | | 7斗5升 | | | | 15人 |
| 惣兵衛 | | 5斗 | | | | 10人 |
| 伊兵衛 | | 5斗 | | | | 10人 |
| 佐右衛門 | | 1石 | | | | 20人 |
| 庄次郎 | | 1石 | | | | |
| 弥兵衛 | | 1石 | | | | 10人 |
| 金右衛門 | | 1石5斗 | | | | 15人 |

出典）「小川家文書」I-2-33.

れているが、[72]実際には「銘々かし付置」であると記されており、またこの経過を記した史料自体が「榎戸帳面之写」、すなわち榎戸新田源蔵の手元で作成された帳面の写しとされていることから、返納は書類の上だけで、実際には返納されていないものと思われる。割渡し、返納はともに各戸均等割である。

夫食代借用（天保七（一八三六）年十月に金七両三分永六十五文八分、[73]天保八（一八三七）年五月に金十五両二分永一三一文六分）[74]、代官所からの御救金（天保八（一八三七）年三月に永三一四文二分八厘）[75]、および村内富裕者による救済（弥左衛門から金二十両、麦十七石五斗、白米四斗、太郎から割麦一石四斗九升、伝兵衛から金四両三分、味噌九十三貫）[76]は、いずれも村内の一部を対象として行われた。これらの六件の救済受給状況を示したものが表2—9である。ここからは、救済費用を拠出しているもの、救済を受けないもの、被救済者に村内が三分されていることが明瞭である。

しかも、これらの富裕者による救済は領主によって政策的に推進されたものであった。天保八年五月に、弥左衛門ら上記三名の救済についての報告が大沼田新田村役人から代官所へ提出されているが、そこでは「村方身元相応之者ヨリ飢人数江取続之儀厚御理解御座候ニ付」[77]と述べられており、代官所からの指導があったことがわかる。

こうして、天保飢饉期には、村内富裕者による村内困窮者への直接救済が実施され、領主はこの方向を政策的に推進していた。換言すれば、この時期に村は再分配の単位としての機能を有するに至ったのである。

以上の考察から、武蔵野新田地帯における災害・凶作への対応策は、以下の通りに類型化されるであろう。

① 開発者による救済　これは再生産可能な生産水準に達する以前の、開発初期の新田において、開発に責任を負う開発地主あるいは開発を請け負った村の名主が、新田出百姓への開発補助として実施するものであり、したがって古村から新田への富の移動である。基本的には新田が再生産軌道に乗った後には消滅するが、安永期の小川村弥四郎に対する岸村五郎右衛門の借財引き受けなどはこの系譜を引くものであると考えられる。

② 領主による救済　近世を通じて中心的な救済主体であったものはやはり領主であった。とりわけ生産力の低い新田地帯において、領主権力は一貫して養料金の支給という形で小農民の経営の維持に寄与しつづけ、危機時には夫食貸付を実施した。

③ 百姓による百姓の救済　近世中後期において、領主は政策基調としては直接救済の実施に消極的となる。かわって導入されるのが天明期の貯穀制であり、天保期の村内富裕者による村内困窮者への救済であった。貯穀制は個々の農民に対する強制貯蓄制度ともいうべきものであっ

**表 2-9　天保 8(1837)年　大沼田新田における諸救済受給状況**

| 救済状況 | 軒数 | 所持石高平均(石) |
|---|---|---|
| 救済拠出 | 3 | 33.998 |
| 救済対象外 | 10 | 4.917 |
| 被救済 1 件 | 0 | — |
| 被救済 2 件 | 12 | 5.493 |
| 被救済 3 件 | 2 | 3.621 |
| 被救済 4 件 | 7 | 2.713 |
| 被救済 5 件 | 12 | 3.062 |
| 被救済 6 件 | 1 | 1.452 |
| 人別帳外被救済者 | 8 | — |

出典）「当麻家文書」I-2-8, 10, 11, 12, F-1-20.

たが、天保飢饉期の苛酷な状況と、農民層分解の進展を受けて、村内富裕者による村内困窮者への救済が出現し、この時点に至ってはじめて村という単位が再分配の単位としての機能を持つことになる。

以上の経過は、全体としてみれば、領主御救の後退という点において既存の研究の示すところと一致しているが、その後退のあとを引き受けるものは単に百姓間の相互扶助ではなく、また山﨑善弘の示すような組合村レベルでの有力農民でもなく、個別の村という単位であることを強調しておきたい。

## 3　糠訴願・糠移入・糠融通

さて、すでに触れた通り、武蔵野新田地帯において、安定的な再生産の維持のためには肥料、とりわけ糠の安定的供給が不可欠であったが、その糠の安定的確保のための諸手段もまた上記の救済の諸類型に対応したものであった。

### (1)　糠訴願

武蔵野新田地帯では、寛政二（一七九〇）年と安政六（一八五九）年に糠値段の引き下げを求める訴願運動が組織されたことが知られており[78]、また文政三（一八二〇）年にも訴願の計画が存在していたことが確認される。

寛政二（一七九〇）年の訴願は当初入間郡の村々が起こしたものであった。同年六月、入間郡六十五ヶ村が上新井村名主善右衛門と上安松村名主友右衛門を惣代として、代官野田文蔵役所に出訴し、米穀値段に引き合うよう、糠値段引下げの触流しと、交ぜ物禁止の触流しを要求したのである。これに対して幕府は七月、「在方粉糠取次惣代」所沢村久蔵および下り糠問屋惣代に値下と交ぜ物の禁止を申渡し、江戸糠問屋が大坂値段の引き下げを主張したため、十月に大坂・尼ヶ崎糠屋へも値下を申し渡した[79]。これに追随する形で、同年八月になって、新田十三ヶ村を含む多摩郡二十五ヶ村は、小川村名主弥四郎と野口村名主勘兵衛を惣代として勘定奉行所に出訴した。結果は不明である(80)。

文政三（一八二〇）年六月の訴願は実施されたかどうか明らかではない。六月二十九日付の榎戸新田源蔵による廻状(81)が、同月二十八日に小川村で「多摩・入間・新座三郡之内糠・灰多分遣ひ候村々」の寄合が開かれたこと、七月二日に「南は柴崎ヨリ上下小金井辺迄之内」の寄合を南野中新田で開催する予定であることを述べているのが唯一の史料である。安政六（一八五九）年の訴願が、寛政二（一七九〇）年の訴願の成果に言及しながら、文政三年の訴願については述べていないことから、少なくとも成果を挙げるに至らなかったものと思われる。

その安政六（一八五九）年の訴願は、同年九月二十八日、入間郡・多摩郡五十六ヶ村が、多摩郡蔵敷村杢左衛門、入間郡所沢村名主助右衛門代祖父退蔵に惣代頼証文を差し出して開始されている(82)。惣代両名は十月十二日に江川太郎左衛門役所に糠値段引き下げと交ぜ物禁止を求める願書を差し出し、願書は勘定奉行所に回付されて取り調べを受けた(83)。その後十一月二十九日には入間郡堀口村ほか二十一ヶ村、中里村ほか十七ヶ村が新たに訴願に参加し、両名に惣代兼任を依頼した(84)。その際、新座郡村々は糠・下肥併用地域なので、入用高割出金額を三分の一とすることで入間・多摩郡村々と合意しているが(85)、結局文久元（一八六一）年六月六日に願書は却下となった(86)。

これら一連の訴願運動は、領主に依存して再生産の安定化を目指す点で、領主による救済と同様の類型に属する。また、訴願に際しては組合村が形成されているが、恒常的結合に基づくものではなくその都度結成されたものであり、安政六（一八五九）年訴願の新座郡村々の場合のように、構造自体も複合的であった。糠問題の共有のみを契機とする訴願組合村であったと言えよう。

なお、寛政の訴願においては「糠商人共并村方有徳之百姓共」の糠買占めが訴えの内容に含まれているが、村々内部にこのような存在を抱えながらも村々が訴願運動を組織しえたことは、これら買占めを行う前貸し商人が独自の集団を形成していないことを示しているだろう。おそらく多くの糠商人は、先に見た当麻伝兵衛家の如く高糠価を消費者に転嫁できず、むしろ訴願運動に参加してゆく契機を有していたものと考えられる。

(2)　糠融通

小川家文書には、慶応四（一八六八）年から明治二年にかけて作成された、①「糠貸渡控帳」（慶応四年三月）[87]②「糠貸渡名前控帳」（慶応四年四月）[88]③「糠貸渡俵数名前取調帳」（明治二年九月廿六日）[89]④「糠代金取立改帳」（明治二年十一月）[90]と題する帳簿類が残されている。内容はいずれも糠俵数、金額、人名等の列挙で、性格を確定することは難しいが、①②④はいずれも表題に添えて「（武州）小川村」と記載されていること、②の一部に「今般重立候者ヨリ困窮人助成金借受候名前左之通リ」という記述があることを考慮すると、この時期小川村では、村を単位として、何らかの形で富裕者が組織的に困窮者に糠を融通していたものと推定される。また、③の表紙には「熊右衛門つる蔵　勝五郎　元右衛門」という記載があり、糠提供の中心はこの四名であろう。さらに、明治元年九月七日には、村方八名から名主宛に、同年五月に名主から融通を受けた糠の代金の返済が猶予されたが、翌年二月までには必ず支払う旨の一札が出されている。[91]

このような糠融通は、村内富裕者による村内困窮者の救済と同一の類型に属するものである。小川村では文久元（一八六一）年の糠値段引下げ訴願の失敗後、村の再分配機能に依存する方向で対応が取られていたのである。

(3)　糠移入

これら二つの類型に対し、それとはまったく異なった方策によって糠問題の打開を企図したものが、安政二（一八五五）年、田無村の下田半兵衛と上保谷村の久五郎によって計画された尾州糠移入計画であった。

乍恐以書付奉願上候

御鷹場内武州新座郡上保谷村久五郎、同州多摩郡田無村下田半兵衛奉申上候、右久五郎儀先年ヨリ当　御屋形様炭薪御用を始、御年寄御役人衆中様御側御用、御役人衆中様・御用人衆中様・御勘定奉行御役人衆中様・大御番頭御役人衆中様・大御目付御役人衆中様方江御勝手向御馬御飼料其外御用被　仰付、御蔭を以永続罷在候段冥加至極難有仕合ニ奉存候、且田無村之義は駅場ニ而下田半兵衛義は年来名主役相勤居、殊ニ御鷹場入口之村方ニ而乍恐　御屋形様被為　成候砌御小休被為遊候御儀も御座候、其余奥御掛り御役人様方御鷹野を始平日御場御掛御役人様方御休泊并御継立御用相勤罷在候ものニ御座候処、当最寄村々之儀は重ニ糠肥し相用ひ来候へ共、近来追々糠肥物格外高直ニ相成村々甚難渋罷在候義ニ御座候、然ル処当　御国許名古屋表問屋中ヨリ江戸表江運送仕候糠荷物直買仕入ニ仕、私共両村は勿論　御鷹場内村々江も売捌遣候得は、村々一統之助成ニも相成候事ニ御座候間、私共両人ニ而引請右問屋ヨリ直買仕度奉存候、乍然御府内問屋共ヨリ差障之筋も難斗、且は右糠運送水揚等ニ差支申候間、何卒　御屋形様　御威光を以直買入相成候様名古屋表問屋中江御沙汰被成下、平日糠運送之節而已乍恐築地　御蔵屋敷并御目印御拝借被為　仰付被下置候ハヽ、右故障之儀は勿論運送向其外共差支之義毛頭無御座、村々難有仕合ニ奉存候間、此段奉願上候、右願之通御聞済被成下置候ハヽ、御国許問屋中ヨリ糠積送次第私共両人ニ引請代金無滞相渡、聊不実之義無之様可仕候、且右様直買ニ候得は直段格好之上糠恒合も宜敷事故、御冥加之ため幷　御蔵敷御運上として築地　御蔵入俵数高ニ随ひ糠百俵ニ付年々銀拾五匁宛御上納可仕候間、何卒格別之以　御慈悲　御憐愍之御沙汰偏ニ奉願上候、右願之通被　仰付被下置候ハヽ、難有仕合奉存候、以上

武州新座郡上保谷村
久五郎

安政二卯年九月

同州多摩郡田無村
下田半兵衛

尾州様御勘定役所
御役人衆中様

これは両者が鷹場御用を通じて尾張藩と関係を有していることを契機として、尾張藩に、同藩領で産出される糠移入に対する江戸糠問屋からの保護（蔵屋敷と目印の提供）を求め、その対価として糠百俵につき年銀十五匁の上納を申し出たものである。(92) この後十月に両人は冥加金を年銀十八匁に増額することをさらに申し出たが、尾張藩は、「当時御領分中糠問屋締筋一般ニ被相解候ニ付」と、糠移出を取り扱う組織が国許に存在しないことを理由としてこれを却下した。(93) そこで十二月、久五郎と半兵衛は名古屋へ出向き、糠商人と直接に談判、年々五〇〇〇俵ずつの移入の契約を締結した上で、再度尾張藩に蔵屋敷と目印の提供を歎願した。これによって翌安政三（一八五六）年二月、尾張藩は築地ではなく蛎殻町の屋敷への水揚げを許可し（目印は保留）(94)、安政三（一八五六）年から五（一八五八）年にかけて、毎年一〇〇〇俵ずつの糠移入が実現した。(95)

文久元（一八六一）年には移入額を契約額全額の五〇〇〇俵に増加させ、そのうち二〇〇〇俵を蛤町抱屋敷山田一次郎が新たに引き受けるという計画が浮上する。これは山田が、尾州の熊谷庄蔵なる商人へ〆粕・干鰯を販売していたことから、「〆粕干鰯熊谷庄蔵方江為積登右為替ニ積取候」という予定であったのだが、尾州側の事情、すなわち熊谷庄蔵に糠移出を許可しないという原因のため挫折している。(96) 結局糠移入がいつまで続けられたのか明らかではない。

ここには、領主への依存でも、村への依存でもない再生産構造安定化への志向が提示されている。すなわち、有産者が商人として活動し、その活動を通じて安価な生産要素を安定的に供給することによる問題の解決である。そして、未だ「出入」という偶然的な関係であるにせよ、領主権力がそれを保証する契機として立ち現れていることにも注目すべきである。有産者と領主権力とは、それぞれ単なる救済主体ではない、新たな性格の関係を取り結ぼうとしているのである。

以上検討してきた武蔵野新田地帯において、領主による救済が後退していったあとを引き受けて小農民の再生産を支える役割を果たしていたのは、村役人と村内の富裕層であった。また、養料金の支給と糠値段引下げ訴願において組合村の結成が認められるが、これらはいずれも対領主関係の局面において発生しており、最終的に村をこえた範囲で救済主体たりうるものは領主しか存在しない。前章でみた権力の身分制的編成は、再生産維持機能の実現という場面でも貫徹している。ここで村内富裕者層および村請制村において村内諸経営の再生産に直接の責任を負っている村役人層は、領主に救済を働きかけるという訴願の形態においてのみ村々小前百姓に対して共通の立場に立つことができる。換言すれば、村役人という主体位置の、村々小前という主体位置に対するヘゲモニーは、彼らに共通して外在的な政治権力である領主権力への働きかけを村役人（およびその第一人者としての村々惣代）が行いうるという点に支えられている。

ところが、幕末に向かって領主の御救機能はますます低下する（養料金利率の引下げ、糠訴願の失敗）。こうして、問題は村の中へと内攻してゆかざるをえない。これは貢租引請の単位としての村請制村が、農民層分解を背景としてその機能を転換させ、富裕層の富を困窮者に恒常的に移転させる機能を持つに至ったことを示している。

このことは、村の共同性の成熟でもあるし、同時に腐朽でもある。このような状況においては富裕層と貧困層は村内部でのゼロ・サム的関係に立たされることになるからである。実際、天保期以降の質地地主の経営がこのことによって不安定性を免れえなかったことはすでに見た通りである。こうして、村内に相対的な富裕者＝救うべきものと、相対的な貧窮者＝救われるべきものとが発生する。一村を構成する百姓全体が、外部の領主権力との関係において持っていた受身の利害の斉一性は解体し、村役人・村々惣代のヘゲモニーはその存立根拠を喪失する。

先行研究との関連で言えば、ここまでの検討の結果は、地域社会の行政能力の獲得も、再編された領主支配の実現も示してはいない。敷衍すれば、領主御救の後退も、あるいは経済的に有力な主体の存在も、それ自体として安定的な秩序形成に直接つながったわけではないのである。富の集積が秩序形成に結びつくためには、富と小農民と政治権力の、新しい構造が創出されねばならない。

このような状況を打開すべく登場するのが下田らの糠移入計画であった。それは、商業資本が、まさにその資本としての活動ゆえに諸階層に安定的な再生産をもたらしうるという方向性を示している。維新期における救恤・備荒貯蓄政策の推進は、このような発想の延長線上に、村内の富のゼロ・サム的再分配の持つ問題をどのように解決してゆくか、という課題をめぐって展開される。

## 二　維新期直轄県における救恤と備荒貯蓄

本節では、浦和県と品川県の場合を取り上げて、維新期直轄県の罹災窮民救助政策の展開を検討する。[97] 維新政権は成立早々、明治二年に凶作に見舞われる。このことは、維新政権の統治権力としての能力が問われる事態が早速に到来したことを意味する。本節で対象とする罹災窮民救助政策とは、主としてこの二年の凶作への対応にほかならない。[98]

両県は、ともに江戸周辺幕領の再編過程で成立した直轄県である。浦和県は旧代官大竹佐馬太郎支配所を母体とし、慶応四年六月武蔵知県事山田一太夫（忍藩士）、明治二年一月十日同宮原中務（旧幕臣）の支配をへて、一月二十七日に成立した大宮県が、明治三年二月に改称されたものである。知事は大宮県期の明治二年四月十日以降間島冬道（名古屋藩士）である。品川県は代官松村忠四郎支配所を引き継ぎ、慶応四年六月以降同人が武蔵知県事、続いて明治二年二月九日に品川知県事に任命されることによって成立する。明治二年八月八日、知事は古賀一平（佐賀藩士）に交代する。両者ともこの間周辺の旗本領・寺社領を支配下に組み込んでいる。

前節で検討した武蔵野新田地帯の村々は、直轄県設置の過程では基本的には幕領時代の各村の支配代官ごとに韮山県あるいは品川県に所属することになったが、このうち品川県による備荒貯蓄政策の推進は新田村々の激しい反発を招き、「社倉騒動」あるいは「御門訴事件」と称される騒擾を惹起した。このような品川県の備荒貯蓄政策と村々の反発をめぐっては、森安彦[99]、藤野敦[100]による村落の内部に踏み込んだ研究の蓄積がある。森は近世期武蔵野新田村々の生産条件に、藤野は新田村々の要求が結果としては貫徹している点に、それぞれ注目しており、本章もこれらの指摘に多くを学んでいる。しかし、両者の分析は結果的に、維新政権＝直轄県と農民の二元論で当該期の政策展開を理解しようとするものであり、諸階層の再分配関係が政策展開の中で有した意味を十分に論じていない。本節では、村内部での負担額設定と、社倉金運用の担い手となった「培養会所」構想の意図に注目することによって、この点に接近してみたい。

### 1　救恤政策の特質

まず浦和県における救恤政策の特質を検討する。

明治三年十二月十四日、浦和県は弁官に伺を提出し、同年七月・九月の水害で被害を受けた管下五十一ヶ村に対し、種貸の実施を求めた[101]。これは五十一ヶ村の田反別一一一二町九反一畝二十五歩から、「身元ケ成ノ者所持地ノ分」を除いた九四七町一反三畝五歩を対象とし、田一反につき籾七升を代金（総額二三六七両三分永七十八文五分）で貸し付け、翌年から五ヶ年賦で返済させるというものである。これに対して弁官は浦和県伺の通り支出することを指令しているが、この際浦和県伺は、「身元ケ成ノ者ヨリ精々救済為致僅ニ相凌居候へ共」と、有産者による救済が実施されたことを強調している。

次いで十二月十七日、浦和県は再び弁官に伺を提出し[102]、同じ水害の被害を受けた十一ヶ村について、今度は夫食貸の実施を要求した。これは総人口二五一一人から、「村役人其外身元ケ成ノ者」四三一人をのぞいた二〇八〇人を対象とし、一日男一人米二合、女一合の三十日分、合計九十二石七斗を代金（総額六六二両永一三七文六分）で貸し付け、翌年から五ヶ年賦で返済させるというもので、これについても弁官は「伺之通」と指示している。

ところが翌四年三月二十五日、さらに浦和県は弁官に伺を出し、十二月十七日の十一ヶ村のうち足立郡・横見郡九ヶ村・一九一一人について夫食代金の再貸付を求めた[103]。これに対する弁官指令は不明であるが、民部省は「書面伺之趣、最前夫喰貸渡候節取続方日数見込相立伺出、猶今日ニ至リ取続難相成旨ヲ以再度伺出候段際限モ無之事ニ付難聞届候事」と否定的見解を示しており、以下に見る経過からこの通り指令されたものと思われる。

同年六月二日、浦和県知事間島冬道は弁官に対し、「夫食幷夫食貸渡伺之儀ニ付再願書[104]」を提出し、指令が遅延していた足立郡・横見郡八ヶ村の夫食貸付（この件についての一回目の伺は残っていない）、および三月二十五日伺の九ヶ村再貸付を再願している。この中でも間島は、指令が下るまでの間「近隣村豪農」を説諭して夫食を立て替えさせたこと、すでに広範囲に有産者による救済が実施されていること、近隣村の豪農による立て替えはそのような有産者による救済とは異なり、「貸渡方伺候上は多少トモ伺済可相成見込ヲ以急場ヲ繰替サセ置候姿」であるため返済の必要があることを主張し、その返済に充てるための夫食貸付の速やかな実施を要求している。これに対する指令は残されていない。

以上の一連の経緯は、先行研究で指摘されている維新政権の財政上の困難と直轄府県への過重な依存、それに起因する救恤に関しての地方官専決処置範囲の制限といった事態[105]を示しているが、ここでは有産者による救助が実施されていること、それが限界であることを主張することによって中央の許可を引き出そうとする論理が働いていることを指摘しておきたい。仮にこの時期の政府財政難により問題が先鋭化した側面があるにせよ、すでに述べた通り領主の「御救」が後退し、百姓身分間での救済に領主が負担を転嫁させる傾向は近世後期以降の現象であり、政策基調としては近世後期以来の連続性を持つと考えることができる。

これら浦和県伺の中で主張されている有産者による救済とは、明治三年二月管下各地に派遣された官員によって行われた次の口達[106]によるものである。

救助筋之義ニ付而は、兎角心得違致し御趣意ニ振れ候ものも有之、何様ニも　御上ニおゐて御救助も被遊度候得共、引続多分之御入用ニ而難御行届、既　知事・参事・大属を初、頂戴御扶持之内十分一ツ、積金いたし、往々御救助之筋も被為立度候間、村々名主・与頭は不及申、重立候もの共申合救助筋厚相心得、尤米石を以施行致候義ニハ無之、重立候もの共集金、村内困窮之もの得と取調、元手金仮令ハ壱貫相渡し候得共、敷物之様働出し、村役人江持参いたし、壱貫之品ニ候得は、百文と歟又ハ弐百文と歟高価引受、右を以渡世為致候様為仕候ハヽ、金銭差出し候ものも賦金申義ニも無之、元金ハ不減様相成、貧民共ハ産業出来双方之弁利ニも相成可申

文意が必ずしも明確ではないが、大意は以下の通りであろう。①県が現状では十分な救恤実施の能力を有しないこと。②村役人はもちろん、「重立候もの」もそれを行う義務を負うこと。③その場合、単に金穀を支給するのではなく、「産業」の「元手金」として機能するのが望ましいこと。とりわけ③の点が政策的な特徴として注目される。

翌明治四年一月に県から弁官に提出された褒賞者一覧によれば[107]、この「窮民救助」政策によって、合計八〇二六

人が、一万五九四〇両の救助を行っている。最高支出額は足立郡鴻巣宿の名主横田雞作の三三〇両余であり、以下、足立郡寺山村名主高橋作右衛門の二四〇両余、埼玉郡琴寄村名主小林官吉の一五六両と続く。大部分（七三一人）は五両以下の支出である。

「窮民救助」の具体的様相の検討に移ろう。対象とするのは埼玉郡新堀村（現在の埼玉県南埼玉郡菖蒲町新堀）である。[108] 同村は近世を通じて旗本内藤氏の知行所であり、上新堀村と下新堀村とに分かれ、それぞれに村役人が置かれている。石高は一〇二五石五斗五升、文政三（一八二〇）年時点での反別は一八六町二反二畝二十五歩（うち上新堀村八十九町五畝四歩、内訳田三十九町八反三畝八歩、畑四十九町二反一畝二十六歩）、戸数は明治三年時点で上新堀村が八十四戸、四五三人、下新堀村が九十八戸、四八五人である。

利用する史料は埼玉県立文書館寄託の「大熊（正）家文書」であるが、同家は天保七（一八三六）年、第四代所右衛門の時から上新堀村の名主を勤め、第六代所右衛門（嘉兵衛・新之丞）は、加えて桶川宿改革組合小惣代（安政五（一八五八）年―）、内藤氏知行所村々割元役（文久元（一八六一）年―）を勤めた。明治二年四月からは所右衛門の子条作が名主役を勤めている。

前提として、天保から慶応にかけての時期の新堀村における救恤の様相を概観しておく。天保飢饉下の天保五（一八三四）年七月、上下新堀村のうち五十一名が、御救穀を求める願書を領主宛に提出している。[109] これによれば、この五十一名は「地面不足」であり、農間諸職・諸商によって生計を立ててきたものであったが、飢饉による高穀価によって生活難に陥っており、かつ村役人は彼らから提出された救済願書を握り潰しているという。村役人の願書握り潰しの背景は不明であるが、救済願書の提出に際して村役人・富裕者による救済の実施が前提となることによるのかもしれない。また、すでにこの時期に、村内の貧困層にとっては農間余業の動向が生活状態を大きく左右する位置を占めていることが明らかである。

表2-10　天保〜慶応新堀村各種救済

| 年　月 | 名　目 | 救助差出者 | 差出人数 | 受給軒数 | 受給人数 | 救助内容 |
|---|---|---|---|---|---|---|
| 天保7(1836)年2月 | 御救穀依願村方助成 | 領　主 | — | 29 | — | 1軒に米3升〜1斗2升 |
| 弘化3(1846)年7月 | 大水ニ付御救米 | 領　主 | — | 39 | 139 | 1人あたり玄米7合5勺 |
| 嘉永4(1851)年4月 | 天龍院様弐百五十回忌ニ付極貧窮人救助 | 領　主 | — | 24 | 98 | 1人あたり米3升 |
| 安政6(1859)年7月 | 大出水ニ付村内困窮人へ施行 | 領　主 | — | 30 | 130 | 1人あたり米3升 |
| 安政6(1859)年11月 | 大出水ニ付困窮人施行 | 名　主 | 1 | 60 | — | 1軒に米5升〜1斗5升 |
| 安政7(1860)年3月 | 大出水ニ付困窮人江夫々施行 | 村　内 | 20 | 39 | 148 | 1人あたり挽割3升，極困窮人15軒へは1軒につき追加2升 |
| 慶応2(1866)年6月 | 御取締関口斧四郎様より御達ニ付米価高直ニ付困窮人助成 | 村　内 | 25 | 11 | 53 | 1人あたり米5升 |
| 慶応3(1867)年3月 | 御取締出役米価高直ニ付助成差出 | 村　内 | 28 | 17 | 61 | 1人あたり挽割5升 |
| 慶応4(1868)年4月 | 御救米 | 領　主 | — | 31 | 151 | 1人あたり米4升 |

出典）「大熊（正）家文書」5910，2116，2774，2753，314，1474，859，1859，3753.

この時期以降、慶応期までの諸救済について、史料の残されているものは表2—10の通りである（いずれも上新堀村のみ）。約三十年間に九回の救済が実施されている。領主である旗本内藤氏主体が五回、村内有産者によるものが四回であるが、時期的に見ると安政六（一八五九）年七月の洪水を契機として、村内有産者の困窮者に対する救助が常態化したとみられる。慶応期の救済は関東取締出役の介入によるものであり、ここでも村内での再分配が政策的に強制されていたと言えよう。

次いで明治三年「窮民救助」実施時の、上・下新堀村における階層構成と農間余業の分布状況を見る。表2—11である。上新堀村では名主大熊条作家の所持反別が隔絶している（十一町余）。同家は他村にも三町三反一畝一歩の土地を有する。両村ともに、五反以下の各層が厚く存在し、加えて農間余業の広範な展開が見られるが、余業を有するものは所持高上層（二町以

表2-11　上・下新堀村所持反別構成と余業

| | 所持反別 | 軒　数 | 内余業軒数 | 余　業　内　容 |
|---|---|---|---|---|
| 上新堀村 | 3町– | 3 | 2 | 質屋，藍玉・葉藍・紺屋 |
| | 2町– | 9 | 2 | 梶職，油屋 |
| | 1町– | 15 | 3 | 紺屋，馬労，舂米，梶職 |
| | 5反– | 14 | 2 | 紺屋，舂麦 |
| | 1反– | 29 | 12 | 茅家根葺職，麦物商，綿商売，馬労，梶職(3)，箱屋，居酒屋，菓子煙草売買，綿打職，菓子煙草草履草鞋筆物渡世 |
| | 0– | 17 | 5 | 畳屋，餝屋，麦物出商，綿打，挽割小売 |
| 下新堀村 | 3町– | 4 | 1 | 酒　造 |
| | 2町– | 5 | 2 | 下質屋，材木小売・梶職 |
| | 1町– | 18 | 2 | 藍玉・葉藍・紺屋，梶職 |
| | 5反– | 25 | 8 | 樵・綿打，梶職(2)，麦物，大工(2)，桶屋，飴菓子時々物商 |
| | 1反– | 25 | 11 | 麦物商売(4)，茅家根葺職(2)，玉子売，石臼目切職(2)，居酒屋，綿打并糸綿小売商売 |
| | 0– | 23 | 11 | 麦物商(3)，飴菓子時々物商(2)，茅家根葺職，梶職(2)，綿打，飴菓子，諸穀仲買酒造 |

出典）「大熊（正）家文書」165, 166, 2833, 3751.

上）と下層（五反以下）に集中して存在しており、両者の間には、上層では酒屋・質屋など多額の資本を要する業種、下層では小商人・職人的業種が支配的である。

新堀村において、県庁の諭達に従い窮民救助が実施されたのは明治三年四月のことであった。上新堀村では二十人が永三十三貫を拠出、二十三軒・五十八人に一人永五八六文五分六厘ずつが分配され、下新堀村では三十人が金一九両二分二朱を拠出、十九軒・三十八人に一人二分二〇〇文ずつが分配された。その際の救済拠出者と被救済者の明細がそれぞれ表2―12・13である。表2―12から支出金額は所持反別と比例しないことが明らかであり、各個経営の状態を勘案して決定されたものと思われる。また表2―13からは、被救済者に関しても所持反別にはばらつきがあり、上新堀村では五反九畝以下、下新堀村では一反八畝以下に幅広く分布していることが読み取れる。

救済・被救済関係と余業の有無についてみると、上新堀村では救済拠出者二十軒のうち七軒、被救済二十一軒のうち十一軒、いずれにも無関係の四十六軒のうち九軒

表2–12 上・下新堀村「窮民救助」負担者一覧

| | 肩書 | 名前 | 拠出額 | 所持反別（村内順位） | | | 出石反別 | | 渡世 |
|---|---|---|---|---|---|---|---|---|---|
| | | | | 畝 | 歩 | | 畝 | 歩 | |
| 上新堀村 | 名主 | 条作 | 10両 | 1160 | 11 | （1） | 331 | 1 | 農間質屋渡世 |
| | 組頭 | 仁平 | 4両 | 267 | 4 | （5） | | | |
| | | 磯右衛門 | 3両 | 256 | 21 | （6） | | | |
| | 組頭 | 和三郎 | 3両 | 236 | 22 | （9） | 262 | 28 | 農間油屋渡世 |
| | 名主 | 小右衛門 | 2両2分 | 377 | 25 | （2） | | | |
| | | 小左衛門 | 2両 | 337 | 7 | （3） | 170 | 20 | 農間藍玉・葉藍・紺屋渡世 |
| | 組頭 | 武左衛門 | 1両2分 | 236 | 28 | （8） | | | |
| | | 儀兵衛 | 1両 | 285 | 21 | （4） | 35 | 0 | 農間梶職渡世 |
| | | 三右衛門 | 1両 | 131 | 12 | （22） | | | |
| | | 嘉兵衛 | 2分 | 255 | 7 | （7） | | | |
| | | 清吉 | 2分 | 211 | 12 | （11） | | | |
| | | 重右衛門 | 2分 | 209 | 29 | （12） | | | |
| | | 四郎兵衛 | 2分 | 193 | 8 | （13） | | | |
| | | 宇右衛門 | 2分 | 187 | 6 | （14） | | | 農間紺屋渡世 |
| | | 勘左衛門 | 2分 | 186 | 6 | （15） | | | 農間馬労渡世（文太郎） |
| | | 与左衛門 | 2分 | 165 | 20 | （16） | 30 | 0 | |
| | | 七平 | 2分 | 143 | 18 | （19） | | | |
| | | 藤二郎 | 2分 | 85 | 8 | （31） | | | 農間紺屋渡世 |
| | | 重兵衛 | 1分2朱 | 128 | 11 | （24） | | | |
| | | 治兵衛 | 2朱 | 82 | 4 | （33） | 25 | 13 | |
| 下新堀村 | | 重左衛門 | 1両2分 | 456 | 9 | （1） | | | |
| | | 藤兵衛 | 1両1分 | 431 | 1 | （2） | | | 農間酒造渡世 |
| | 名主 | 弥東治 | 1両 | 375 | 6 | （3） | | | |
| | 組頭 | 幾三郎 | 1両 | 360 | 14 | （4） | | | |
| | 組頭 | 長右衛門 | 1両 | 267 | 13 | （5） | | | 農間下質屋渡世 |
| | | 市三郎 | 1両 | 245 | 24 | （8） | | | 農間材木小売渡世・農間梶職渡世 |
| | 名主 | 利右衛門 | 1両 | 231 | 0 | （9） | | | |
| | | 甚兵衛 | 1両 | 173 | 14 | （12） | | | 農間藍玉・葉藍・紺屋渡世 |
| | 組頭 | 仙蔵 | 3分 | 260 | 10 | （6） | | | |
| | | 杢兵衛 | 3分 | 246 | 9 | （7） | | | |
| | | 五郎兵衛 | 3分 | 197 | 4 | （10） | | | |
| | | 佐治兵衛 | 3分 | 166 | 10 | （14） | | | 農間梶職渡世 |
| | | 茂兵衛 | 3分 | 156 | 6 | （16） | | | |
| | | 嘉右衛門 | 3分 | 144 | 12 | （18） | | | |
| | | 辰五郎 | 3分 | 130 | 18 | （22） | | | |
| | | 金六 | 2分 | 172 | 29 | （13） | | | |
| | 組頭 | 弥三郎 | 2分 | 156 | 12 | （15） | | | |
| | 組頭 | 六郎右衛門 | 2分 | 40 | 18 | （56） | | | 石臼目切職 |
| | | 善兵衛 | 2分 | 0 | 0 | （99） | | | 諸穀仲買酒造稼渡世 |
| | | 八郎右衛門 | 1分2朱 | 189 | 10 | （11） | | | |
| | 組頭 | 喜七 | 1分2朱 | 155 | 24 | （17） | | | |
| | | 太郎左衛門 | 1分2朱 | 140 | 28 | （20） | | | |

表 2-12　（つづき）

| | 肩書 | 名前 | 拠出額 | 所持反別（村内順位） 畝　歩 | | | 出石反別 畝　歩 | 渡世 |
|---|---|---|---|---|---|---|---|---|
| 下新堀村 | 組頭 | 勘左衛門 | 1分2朱 | 110 | 19 | (24) | | |
| | | 太左衛門 | 1分2朱 | 70 | 9 | (43) | | |
| | | 五郎左衛門 | 1分2朱 | 63 | 17 | (45) | | |
| | | 直右衛門 | 1分 | 117 | 3 | (23) | | |
| | | 由右衛門 | 1分 | 104 | 4 | (26) | | |
| | | 弥兵衛 | 1分 | 87 | 26 | (35) | | |
| | | 市郎兵衛 | 1分 | 80 | 0 | (38) | | 農間梶職渡世 |
| | | 小兵衛 | 1分 | 97 | 21 | (28) | | |

出典）「大熊（正）家文書」771, 763 及び前掲表 2-11 出典史料.

表 2-13　上・下新堀村「窮民救助」被救済者一覧

| | 名前 | 家族人数 | 被救済人数 | 支給額 | 所持反別（村内順位） 畝　歩 | | | 渡世 （　）内は当主以外が従事の場合 |
|---|---|---|---|---|---|---|---|---|
| | | | | （永・文） | | | | |
| 上新堀村 | 茂平治 | 4 | 2 | 1137.10 | 59 | 11 | (36) | |
| | 弥市 | 6 | 4 | 2274.20 | 53 | 13 | (40) | |
| | 惣七 | 10 | 5 | 2842.80 | 46 | 0 | (44) | 農間茅家根葺職渡世 |
| | 久右衛門 | 7 | 2 | 1137.12 | 44 | 22 | (45) | 麦物商渡世 |
| | 惣左衛門 | | 1 | 568.56 | 43 | 8 | (47) | 農間馬労渡世（鶴蔵） |
| | 与五右衛門 | 9 | 4 | 2274.20 | 41 | 15 | (49) | 農間梶職渡世 |
| | 六郎兵衛 | 6 | 4 | 2274.20 | 39 | 1 | (51) | |
| | 杢兵衛 | 5 | 3 | 1705.60 | 29 | 11 | (57) | 箱屋職 |
| | 藤兵衛 | 4 | 2 | 1137.12 | 26 | 22 | (59) | 菓子煙草売買渡世 |
| | 文右衛門 | 2 | 1 | 568.50 | 25 | 29 | (62) | |
| | 佐五兵衛 | 6 | 4 | 2274.20 | 24 | 7 | (63) | 農間梶職渡世 |
| | 喜兵衛 | 5 | 3 | 1705.60 | 18 | 18 | (65) | 梶職渡世 |
| | 八兵衛 | 4 | 2 | 1137.10 | 15 | 22 | (66) | |
| | 庄左衛門 | 7 | 3 | 1705.60 | 9 | 26 | (71) | 畳屋職（伊右衛門） |
| | 市左衛門 | 6 | 2 | 1137.10 | 8 | 10 | (72) | |
| | 清右衛門 | 6 | 2 | 1137.10 | 4 | 2 | (76) | |
| | 五平 | 2 | 1 | 568.56 | 1 | 0 | (79) | |
| | 権右衛門 | 6 | 2 | 1137.10 | 0 | 26 | (80) | 飾屋職 |
| | 儀右衛門 | 5 | 4 | 2274.20 | 0 | 20 | (82) | |
| | 長三郎 | 6 | 2 | 1137.12 | 0 | 12 | (83) | |
| | 八郎右衛門 | 4 | 1 | 568.56 | 0 | 11 | (84) | 麦物出商渡世 |
| | 市郎右衛門 | 5 | 3 | 1705.60 | 0 | 4 | (85) | 綿打渡世（林蔵） |
| | 庵坊主 | 1 | 1 | 568.56 | | | | |

表2-13 (つづき)

| | 名前 | 家族人数 | 被救済人数 | 支給額 | 所持反別(村内順位) 畝 歩 | 渡世 ( )内は当主以外が従事の場合 |
|---|---|---|---|---|---|---|
| 下新堀村 | 忠左衛門 | 6 | 2 | 1両・400文 | 18 28 (69) | 麦物商売渡世 |
| | 三郎兵衛 | 3 | 2 | 1両・400文 | 13 15 (73) | |
| | 利兵衛 | 7 | 3 | 1両2分・600文 | 12 25 (74) | |
| | 惣左衛門 | | 2 | 1両・400文 | 10 26 (77) | |
| | 弥五左衛門 | 3 | 2 | 1両・400文 | 9 2 (79) | |
| | 茂右衛門 | 2 | 2 | 1両・400文 | 7 15 (82) | |
| | 和助 | | 1 | 2分・200文 | 5 9 (84) | 農間梶職渡世 |
| | 伊兵衛 | 5 | 2 | 1両・400文 | 5 6 (86) | 農間梶職渡世 |
| | 与次左衛門 | 4 | 2 | 1両・400文 | 4 1 (88) | 飴菓子時々物商渡世 |
| | 助左衛門 | 5 | 3 | 1両2分・600文 | 4 1 (89) | 麦物商渡世 |
| | 重蔵 | 5 | 3 | 1両2分・600文 | 3 1 (91) | |
| | 才兵衛 | 2 | 2 | 1両・400文 | 2 9 (92) | |
| | 七郎兵衛 | 4 | 2 | 1両・400文 | 1 26 (93) | |
| | 新兵衛 | 4 | 3 | 1両2分・600文 | 0 19 (94) | |
| | 四郎兵衛 | | 1 | 2分・200文 | 0 17 (95) | 綿打渡世 |
| | 庄五郎 | 6 | 3 | 1両2分・600文 | 0 13 (96) | 飴菓子渡世(仁右衛門) |
| | 久左衛門 | | 1 | 2分・200文 | 0 5 (97) | |
| | 七左衛門 | | 1 | 2分・200文 | 0 1 (98) | |
| | 長吉 | | 1 | 2分・200文 | 0 0 (100) | 麦物商売渡世 |

出典) 表2-12に同じ.

が余業を有しており、下新堀村では救済拠出者三十軒のうち八軒、被救済者十九軒のうち八軒、無関係五十三軒のうち十一軒が余業を有している。救済の拠出者、被救済者双方において、無関係の経営より余業比率が高い。これは上述の階層構成と余業の関係から当然予測されるところであるが、救済対象となる貧困層においては、農業収入の不足を余業によって補塡しえていないことを示している。

被救済者の状態についてまとめたものが表2―14、表2―15である。ただし、上新堀村分は、「窮民救助」の事前調査として三月に行われた「極実窮民之者」調によるもので、実際の救助内容とは若干の差異がある。救助にあたっては、家族全員が救済の対象となるわけではなく、上新堀村では何らかの労働によって収入のある者を除外し、下新堀村ではそれに加えて一人分の「産業手当」を交付している。

以上から、明治三年「窮民救助」実施時の新堀

表2-14　上新堀村被救済理由

| 名　前 | 被救済人数 | 内　訳 | 救済不要人数 | 内　訳 | 実際救助人数 |
|---|---|---|---|---|---|
| 六郎兵衛 | 4 | 女1(盲目)，小児3 | 2 | 男1(農業稼)，男1(奉公稼) | |
| 長三郎 | 2 | 男1，女1(老年) | 4 | 男3，女1(奉公稼) | |
| 藤兵衛 | 2 | 男1，女1(病身) | 2 | 男1，女1(農業稼) | |
| 喜兵衛 | 3 | 小児3 | 2 | 男1(農業稼)，女1(奉公稼) | |
| 弥市 | 4 | 男1(病身)，小児3 | 2 | 男1(農間陣屋形附稼)，女1(農業稼) | |
| 義右衛門 | 3 | 小児3 | 2 | 男1(奉公稼)，女1(農業稼) | 4 |
| 市郎右衛門 | 2 | 小児2 | 3 | 男1(農油絞)，女1，男1(農業稼) | 3 |
| 久右衛門 | 3 | 男1(病身)，小児2 | 4 | 男1，女1(農業稼)，男1，女1(奉公稼) | 2 |
| 八兵衛 | 3 | 女1(身弱)，小児2 | 1 | 男1(農業稼) | 2 |
| 権右衛門 | 3 | 男1(老年)，小児2 | 3 | 男1(農間きせる張渡世)，女1(農業稼)，女1(奉公稼) | 2 |
| 庄左衛門 | 4 | 男1，女1(老年)，小児2 | 3 | 男1(畳屋渡世)，女2(奉公稼) | 3 |
| 惣七 | 5 | 男1(老年)，小児4 | 5 | 男2，女1(農業稼)，男1，女1(奉公稼) | |
| 五平 | 2 | 2(病身) | 0 | | 1 |
| 市左衛門 | 2 | 男2(病身) | 4 | 男2(農業稼)，女2(奉公稼) | |
| 与五右衛門 | 4 | 男1(病身)，小児3 | 5 | 男1(油絞稼)，男2(奉公稼)，女2(農業稼) | |
| 清右衛門 | 2 | 女1(病身)，小児1 | 4 | 男2，女2(奉公稼) | |
| 佐五兵衛 | 4 | 男1(身弱)，女1(病身)，女1(老年)，小児1 | 2 | 男1，女1(奉公稼) | |
| 文右衛門 | 2 | 男1(盲目)，女1(病身) | 0 | | 1 |
| 茂平次 | 2 | 小児2 | 2 | 男1(農業稼)，女1(奉公稼) | |

出典）「大熊（正）家文書」767.

**表 2-15　下新堀村救済理由**

| 名　前 | 被救済人数 | 内　　訳 |
|---|---|---|
| 三郎兵衛 | 2 | 盲(1)，産業手当(1) |
| 新兵衛 | 3 | 子供病人(2)，産業手当(1) |
| 与次左衛門 | 2 | 老衰(1)，産業手当(1) |
| 忠左衛門 | 2 | 病人(1)，産業手当(1) |
| 伊兵衛 | 2 | 子供(1)，産業手当(1) |
| 弥五左衛門 | 2 | 老人(1)，産業手当(1) |
| 助左衛門 | 3 | 子供(1)，病人(1)，産業手当(1) |
| 利兵衛 | 3 | 病人(1)，子供(1)，産業手当(1) |
| 七郎兵衛 | 2 | 子供(1)，産業手当(1) |
| 庄五郎 | 3 | 子供(1)，産業手当(2) |
| 才兵衛 | 2 | 唖(2) |
| 茂左衛門 | 2 | 老衰(1)，産業手当(1) |
| 重蔵 | 3 | 病人(1)，子供(1)，産業手当(1) |
| 久左衛門 | 1 | 産業手当(1) |
| 四郎兵衛 | 1 | 産業手当(1) |
| 惣左衛門 | 2 | 産業手当(2) |
| 和助 | 1 | 産業手当(1) |
| 七左衛門 | 1 | 産業手当(1) |
| 長吉 | 1 | 産業手当(1) |

出典）「大熊（正）家文書」768.

村では、①貧困層を含む農間余業の広範な展開、②貧困層における農間余業の家計補助としての不十分性、③富裕層による貧困層の救済の常態化、という事態が発生していたことが明らかとなった。このことが、二月の口達に示される浦和県の「窮民救助」政策が、貧困層に「産業」の「元手金」を貸与するという方法を提示したことの前提をなす状況であり、県はそのことによって村内での単純な再分配を解消する意図を有していたと考えられる。しかし、実際には（下新堀村における「産業手当」という名目を除いては）富裕層から貧困層への救助の一方的支給という事態は依然として解消していなかった。

この「窮民救助」路線の隘路を示すものとして興味深いものが、「告諭誌」と題された一冊の木版本(110)である。表紙に「浦和県記」という朱印があり、振り仮名が付されたこの冊子は、年代不明であるが、村役人・高持・小前のそれぞれに対して窮民救助に際しての心得を説く内容から、明治三年「窮民救助」政策当時のものと推定される。

まず村役人に対しては、小前窮民のために「工夫をこらし誠をいたして貧困のものを助け救ふ」ことを要求する。また「大勢の中にハ其志をかたじけなしともおもはず、却て僅の事より恨ミの、しる者もあるべけれど、ゆめ〳〵いかる事なかれ」と、逆に小前の恨みを買うようなことがあっても決して怒ってはならないと説く。救済に際しては、高持たちから「少しにても余財余穀あればそれを出させ」るのは当然であるが、窮民というものは平生農業を怠り神罰を受けたものか、「父祖の代」の心掛けの悪い者の報いを受けるものか、いずれかであるのだから、本来は、「かかる時に平生怠りたる罰を受るハ詮方もなき事」である。しかし「眼前飢寒に迫るを見捨置べきならねば」、「よく〳〵説教へて志を改めさせ、今より業を励ミ、借財返金の唱ハなくとも其実ハ終に恩を報い、来年また八三年の後或ハ数年を経ても必その恵をわする丶事なく送りかへす心得をのみこませ、又々のついでを以て幸に一家の産を起さするやうに深切法を立る事至極の肝要也」と、小前に自助努力を促すことが必要であると言う。

「高持」に対しては、救済を負担と考えるのではなく、「無産の者に産を与へ、後々にハ必恩を倍してかへさするやうにすくひ遂、後年の大利を仕入置て、弥一家の富にこやしをする事と思ふべし」と述べる。「只窮民の徒党を恐れ上の仰ゆゑ致し方なしとのミ心得ては、其場しのぎにたやすく金穀をあたふる訳になり、其にてハ大切なる世の宝を捨るにあたりて、甚不深切なる事也、かくする時は遣れバやるにつけて弥あまへ付、ゆく〳〵ハ却て恨を醸するやうになるも、あまたある習也」と、消極的に金穀を与えるだけではむしろ弊害を生むだけなので、「財を散じて人を助け後には倍に成て庫に返来るやうに仕法を考へ村役人とともに力をつくすべし」と、村役人と協力して適当な仕法を設けることが要求される。

そして「小前窮民」に向かっては、「此難儀に行あたりてハ、已が平生心懸の悪き事をバ夢にもしらず、俄に身がらのものをそねミ羨ミ、却て救ハる丶物の不足をいかり、何事に付ても人を而已恨ミて益身の業をおこたり、や丶もすれば所々にあつまりて徒党をくミ、悪事を企るもの少からず」と、救済を受けるに至った自らの平生の行為を反省せず、かえって救済の過少に不満を持ち、ついには「徒党」に至るがごとき態度を強く戒め、「また同し人間と生れて同し身分の人にすくハれ養ハれて生涯を終らん事恥かしともおもはずや、是をすこしにても恥かしとおもひ、子どもの行末を考へ我一生のなり行果をおもはゞ、今より志を改て人よりハ早く起、おそくいねて、油断なく農業を励ミ、すミやかに救はれたる恩をかへし、重ねて不作のとしにあハゞ人の憐ミを乞ハざるやうに覚悟をいたすべし」と、今後の改心が求められる。

整理すれば、村役人は高持に金穀を負担させると同時に、それを受け取る窮民に自助努力の必要を教え、高持は救済を積極的に理解して金穀を負担し、窮民はこれを契機に貧困から脱出するべく努力を重ねるべきである、と浦和県は説諭しているのであるが、逆に考えれば、現状では、窮民は救済を受けることを当然と考え、高持は窮民の圧力と権力の強制とによってやむなく救済を負担し、村役人は両者から恨みを買う、という構造が存在しているということになる。ここで「窮民救助」政策は隘路に直面し、浦和県にできることは各自に心得を説くことか、中央政府から資金を引き出してくること以外には存在しない。

なお、後述する社倉金政策を実施する品川県管下村々ではこのような県権力の介入による強制的再分配政策が行われた形跡が見られない。たとえば武蔵野新田地帯村々でも、韮山県管下に属する村々では同様の仕法が実施されているのに対し[11]、品川県管下村々にはそのような史料が残されておらず、法令としても確認されない。品川県はすでにこのような村レベルでの再分配路線を放棄し、社倉金政策による事態の打開を構想していたものと見られる。

## 2　備荒貯蓄政策の展開(1)——浦和県積穀・積金政策

明治三年二月から四月にかけての「窮民救助」が一段落すると、次いで浦和県は事前の凶歳対策としての備荒貯蓄政策の推進を開始する。まず三年四月、浦和県は「違作凶年之備ハ必難捨置事候条、各其村々之便利を計り年々積金積穀之仕法を立、且其中より平生無産之者貧窮之者追々成立筋可相成儀をも能々申合セ、是又一組合宛見込之趣可申出候事」という達を出し、組合村ごとに「積金・積穀」仕法の立案を命じた(112)。これに対して桶川宿組合では組合各村の意見を聴取したものと見られ、埼玉郡下閏戸村および新堀村の意見が残されているが、それらは小村では決定し難いので隣郷・大村での規則制定を見てからそれを参照して方針を立てたい（下閏戸村(113)）、当年は凶作につき実施不可能（新堀村(114)）と、いずれも消極的であった。

ところが十一月、浦和県は官員を各地に派出して「積金・積穀」の実施を命じた。その内容は①組合会所(115)を単位として、一万石につき年間一五〇石の割合で、田方は米、畑方は麦で五ヶ年間蓄積を実施する（のちに代金による積立も認められる）、②持高十石未満は一石につき一升四合、十石以上三十石未満は一石につき一升五合、三十石以上は一升五合に加えて十石未満の不足分を負担する。③積穀を運用することによる「授産」は、各会所で方法を立てて許可を得る、というもので(116)、累進的負担による強い再分配性が看取される。

この達に基づく積穀・積金仕法は三年十二月の田方積立から開始され、浦和県廃県・埼玉県成立直前の明治四年十二月の田方積立まで実施された。桶川宿組合では小組合ごとに保管されていたようである。明治四年十二月の新堀村における田方積立の様相を見ると(117)、一石につき一升五合の基準に基づき一村負担高八石三斗二升七合八勺を算出し、これを代永三十一貫八三五文五分に換算、田反別八十二町八反六畝十歩に割って、一反あたり三十八文四分二厘とし、各戸の所持反別に応じて割り付けている。なお、徴収は上下組ごとに実施された。一村負担額は石高で決定されるが、村内では反別で割り付けていること、三年十一月の達で命じられている村内における三階層区分が実施されていないことがわかる。凶作時の取崩しは家族人数比例（あるいは困窮度勘案）とすれば反別比例負担でも再分配性は有するが、県が設定しているよりその幅は狭いことになる。

仕法実施の後の明治四年五月、浦和県はこの積金・積穀仕法を体系化し、「凶歉予備仮法」として弁官に伺書を提出した[118]。内容は概ね前年十一月達と同様であるが、代金納を認めたこと（その理由として「開港已来支那米之輸入夥敷、殊ニ管下之議（ママ）ハ舟車共ニ相通候地ニ付」と、輸入米の存在が挙げられている）、蓄積金の運用による利子収入をはかることなどが付け加えられ、「商賈ハ各其職ニ応シ些少之金を取立夫々会所へ分与、高懸り積金ニ併セ保護為致候事」と新たに商工業者からの積立金取立が計画されていることが報告されている。また、「頑愚之民只管聚斂之疑念を挿ミ取纏め方頗難事ニ而」という一節からは、浦和県が積穀・積金仕法の実施が必ずしも順調ではないという認識を有していたことが知られる。

　ここで言及された商工業者からの積立金取立は、明治四年七月、次の浦和県達によって実施に移された[119]。

　　昨年来凶荒予備として持高ニ応シ積穀申付候ニ就而は農間諸職業渡世之者も身元之厚薄ニより夫々積金可申付之処、先般身元金差出置候ニ付別段出金ニ不及、右上納之身元金を以て積穀同様五ヶ年分之積金ニ充テ会所々へ下遣候間、渡置候鑑札組合会所へ取集メ早々相納可申、尚渡世柄ニ寄取立洩之分ハ此節取調上納申付候間、其旨可相心得者也

　農間渡世のものは、すでに差し出している「身元金」をもって積穀・積金に充てるというものであるが、この「身元金」とは明治三年五月二十六日、馬喰、葉藍・藍玉、同仲買、紺屋、鍛冶職の各渡世に対し、「是迄勝手次第売買致不都合義も不少候ニ付、夫々締之為鑑札相願、且身元金相納度旨申立候もの有之、依而県内一定不致候而は不都合ニ付、身元金として可差出候事」を命じた浦和県達[120]に基づく賦課金のことである。鑑札下付と引換に「身元金」として一定の金額の差出しを命じたものであり、県に出願した者がいたとされるが詳細は不詳である。「休業致鑑札返上之節は身元金御下ケ可相成候事」とされていることから一種の保証金的性格を持つ。同年八月八日には、諸穀問屋渡世、同仲買渡世、舂米渡世、味噌造渡世、呉服太物渡世、舟積問屋渡世、材木問屋渡世、同小売渡世、秤差渡世、菜種渡世が新たに鑑札下付・身元金差出を命令され[121]、上記の明治四年七月の達によりさらに業種は追加

された[122]。

ところが明治四年九月十三日、県は「暫取調之筋も有之」を理由として、身元金取立の一時中止を命じる[123]。この背景には大蔵省の動向があった。大蔵省検査寮が浦和県東京出張所の官員を呼び出し、「備荒積金穀之内職業之者ハ県命を以為差出候様ニ相当リ中ニハ不如意之者も可有之、全積金穀相願候者共ニ候哉、右情実篤ト取調可申出」と申渡したのである。これに対し浦和県は「農商共有志之者ハ頻年之救荒ニ懲リ希望致シ候者モ不少候得共、末々ニ至未然ニ予法ヲ心掛候者ハ甚稀少ニ付、金穀共惣而県ヨリ申触説諭之上為差出申候、尤貧富不当之分も相聞候ニ付、平等改正方此節取調中ニ有之[124]」と、「説諭」と制度の修正で乗り切る方針を示し、実際にこの「説諭」に相当すると思われる「惣触」を発して積穀・積金仕法の趣旨の徹底をはかっている。

また大蔵省に対しては、改めて次のような上申書[125]を提出した。

当県管内凶荒予備仮法之儀ニ付、去ル五月別紙之通弁官江申立候処、民部省江御廻相成候節、右貸付利分高月数等取調可申立、又商賈之儀田舎ニハ無高ニ而全然之商賈ハ有之間敷、然レハ高掛積穀之外職業之為メ積金為致候而ハ二重出ニ相成不条理ニ可有之哉、右等之条々巨細更ニ可申立旨御評議之趣ヲ以庶務司官員ヨリ出張所官員江演達有之候得共、前書貸付方之儀ハ一時之見込ヲ以仮設致シ候迄ニ而未タ永年之確見ハ不相立候ニ付、暫ラク実地試験之上尚可申立積、且農間職業渡世之者ハ田舎ニ於テモ多分商業ヲ専ラト致シ相応之金高取扱、其上所持高モ有之商農両戸之勢ヲ成シ居候者ニ而、別紙表面各数之金高五ヶ年分トシテ一時差出候儀敢而難渋之事ニモ無之

両者の見解の相違は農間渡世の評価にある。大蔵省が「全然之商賈ハ有之間敷」として、農間渡世からの積金取立が二重賦課であり、過重負担であるとするのに対し、浦和県はむしろ彼らの財産規模からいって二重賦課が当然であるという見解に立つ。浦和県は、農間渡世によって蓄積された富に対しても、あくまで再分配志向を貫徹させ

ているのである。結局大蔵省は十二月になって「書面伺之通」と指令を下すが、まもなく浦和県は廃県となり、管下村々は新設の埼玉県へ引継ぎとなる。

### 3　備荒貯蓄政策の展開(2)――品川県社倉金政策

品川県による社倉政策実施の最初の表明は、明治二年十一月、管下各地に派遣された県官による口達を通じて行われた。しかしこの口達は、諸種の記録によって差異があり、その内容を確定することができない。たとえば、荏原郡下丸子村の御用留に記録された、三番組御用取扱町屋村名主見習善五郎からの十一月二十一日付廻状が、「今般貯穀高壱石ニ付米弐升つゝ積立ニ相成(126)」と述べているのに対して、十一月八日付の、多摩郡保谷新田名主伊左衛門・野中新田名主定右衛門から九ヶ村宛の廻状は、「今般社倉御取建ニ付高五石以上ノ者ハ一石ニ付米二升ツヽ、五石以下ノ者ハ上中下三等ニ分ケ夫々出穀被　仰付候ニ付(127)」と述べており、前者によれば持高一石につき一律米二升ずつの賦課であるが、後者によれば五石以上は一石につき米二升、五石以下については「上中下三等」に分けるという曖昧な指示が与えられていることになる。事後の記録としては、弾正台による調査の報告である「品川県探索(128)」が、十一月三日、矢部貞蔵・荒木源右衛門が多摩郡田無村に出役して行った口達として、五石以上の者は一石につき米二升、四石以上五石未満の者は一軒につき四升、三石以上四石未満は一軒につき三升、三石未満は一軒につき一升五合を、代金で積み立てるという内容を伝えている。

出役口達後、実際に作成・提出された各村ごとの積立高書上帳を検討してみよう。表2―16が多摩郡大沼田新田の、表2―17が同郡関前村・関前新田（現東京都武蔵野市）の、積立高書上帳の内容を集計したものである。このうち十一月の書上を見ると、大沼田新田では五石以上・上・中・下の四段階が設定されているが、上・中・下の各等級設定は所持高と無関係であるのに対し、関前村・関前新田では五石以上・上・中・下・「困窮者ニ而社倉御積立

**表 2-16　大沼田新田社倉金等級区分**

| | 区分 | 軒数 | 最高石高 | 最低石高 | 積立額 |
|---|---|---|---|---|---|
| 11月 | 5石以上(1石につき2升) | 16 | 81.092 | 5.188 | 4.506 |
| | 上(軒別4升) | 7 | 4.769 | 1.102 | 0.28 |
| | 中(軒別3升) | 9 | 4.596 | 2.109 | 0.27 |
| | 下(軒別1升5合) | 13 | 4.762 | 0.209 | 0.195 |
| | 合計 | 45 | | | 5.251 |
| 12月 | 5石以上(1石につき2升) | 2 | 81.092 | 12.172 | 1.865 |
| | 上(軒別4升) | 2 | 17.445 | 8.379 | 0.08 |
| | 中(軒別3升) | 3 | 9.111 | 7.252 | 0.09 |
| | 下(軒別1升5合) | 4 | 17.901 | 5.729 | 0.06 |
| | 極窮(積立なし) | 34 | 9.663 | 0.209 | 0 |
| | 合計 | 45 | | | 2.095 |
| 3月 | 5石以上(1石につき2升) | 1 | 81.092 | | 1.623 |
| | 軒別1斗3升 | 1 | 12.172 | | 0.13 |
| | 軒別1斗2升 | 2 | 17.445 | 7.8 | 0.24 |
| | 軒別8升 | 3 | 17.901 | 7.252 | 0.24 |
| | 軒別7升 | 2 | 9.663 | 4.769 | 0.14 |
| | 軒別5升 | 7 | 13.322 | 3.398 | 0.35 |
| | 軒別4升 | 2 | 3.261 | 1.102 | 0.08 |
| | 軒別3升 | 4 | 5.729 | 3.705 | 0.12 |
| | 積立なし | 23 | 6.511 | 0.209 | 0 |
| | 合計 | 45 | | | 2.923 |

出典）「当麻家文書」I-4-1, I-4-4, I-4-9.

難相成者」・「極困窮之者」の六段階に分けられており、上＝四石台、中＝三石台、下＝一・二石台で、「品川県探索」の記録に適合的である。ただし、「困窮」「極困窮」は所持高に関係がない。

最終的に賦課の基準が確定するのは、明治三年一月十四日付の次のような触[129]によってである。

　其組合村々今般社倉御取建相成候ニ付、兼而相達置候通五石以上之ものハ高壱石ニ付米弐升、其余上竈壱軒ニ付米四升、中同断三升、下同断壱升五合之割ヲ以積立被仰付候ニ付、石代金書面之通候条得其意来ル廿五日限リ無相違相納可申候

五石以下層の上中下区分については基準を示さず、各村での決定に委ねており、徴集は代金（金一両につき米一斗、明治三年度分は金一両につき米一斗四升[130]）によって行われて

表2-17　関前村社倉金等級区分

| | 区　分 | 軒　数 | 最高石高 | 最低石高 |
|---|---|---|---|---|
| 11月 | 5石以上 | 29 | 23.319 | 5.161 |
| | 上 | 7 | 4.893 | 4.05 |
| | 中 | 7 | 3.882 | 3.073 |
| | 下 | 13 | 2.899 | 1.56 |
| | 困窮(積立なし) | 14 | 1.99 | 0.296 |
| | 極困窮(積立なし) | 4 | 1.442 | 0.633 |
| | 合　計 | 74 | | |
| 12月 | 5石以上(1石につき2升) | 6 | 23.319 | 16.455 |
| | 上(軒別4升) | 5 | 14.32 | 9.202 |
| | 中(軒別3升) | 7 | 9.749 | 4.58 |
| | 下(軒別1升5合) | 10 | 16.152 | 4.082 |
| | 極窮難渋(積立なし) | 49 | — | — |
| | 合　計 | 77 | | |
| 3月 | 5石以上 | 4 | 23.119 | 7.535 |
| | 上 | 5 | 16.152 | 8.659 |
| | 中 | 8 | 9.916 | 6.415 |
| | 下 | 12 | 8.846 | 4.058 |
| | 極難 | 45 | 7.535 | 0.317 |
| | 合　計 | 74 | | |

出典）『武蔵野市史　続資料編6　井口家文書3』, 1991年, p. 406, p. 410, p. 452.

いる。またこれに伴って二月二十五日には「旧幕中積立来候貯雑穀之儀御下渡可相成」と、近世期の貯穀を廃止、各戸への分配を指示している(131)。徴集された代金は、県庁において米に換えられ、荏原郡大井村地内の倉庫で一元的に管理されることとなった(132)。

政策導入の動機も判然としないが、知事古賀一平・大参事牟田口通照は、弾正台の聴取を受けた際、「社倉ハ従来民部省ヨリ可積立様被申渡候哉、或ハ県ヨリ申出候哉」という質問に対して「右ハ県庁ヨリ民部省へ伺書差出置取立仕候、尤モ旧幕ノ時代ヨリ貯穀ト唱へ積来候ヘトモ、有名無実却テ凶荒ノ為ニハ不相成ニ付社倉取立申候」と回答しており(133)、村々によって管理される貯穀制への不信感が存在していたものと思われる。

以上から社倉金徴収過程の特徴を整理すると、第一に、負担の基準に関しては、いずれの場合も財産の多寡に応じて負担することとされており、社倉金負担とその分配を通じて、社倉金制度は再分配機能を有している。しかし第二に、近世期の再分配が村を単位としているのに対し、社倉金は県の一元的管理下にあり、県下村々全体の再分配が実施される点において近世期との相違が存在する。

このような社倉政策は、その管下のうちとりわけ武蔵野新田地帯の十二ヶ村において強い反発を受けることになる。いわゆる「品川県社倉騒動」あるいは「御門訴騒動」である。先述の通りこの事件に関してはすでにいくつかの研究があり、事実関係はほぼ解明されているといってよい。ここでは論点を絞って、騒動の過程から浮かび上がる政策的特質について考察を進めることにしたい。

まず騒動の経過を整理しておこう(134)。明治二年十一月三日、品川県役人が田無村に出役して社倉金取立の趣旨を口達した後、新田地帯の村々は一旦それぞれの積立高書上帳面を作成・提出した。その後十一月九日になって保谷新田名主伊左衛門、野中新田名主定右衛門の呼びかけで新田十三ヶ村の集会が開かれ、その席で社倉金減免の願書を作成、県庁へ提出、これを受けて十一月十六日、県役人・荒木源右衛門が再度田無村に出役、村役人を召集した上で、「有高無高ニ不抱可納ル分村役人共見斗可相納」として減免を承認し、村々はこの減免承認に基づく積立書上帳を作成して提出した。ところが十二月十九日になって県役人・西村小助が田無村に出役し、荒木の減免承認を撤回して基準通りの納入を要求、新田十二ヶ村(田無村が脱落)は再度願書を作成し、十二月二十二日に提出した。県庁は十二月二十四日、関前新田忠左衛門ほか三名を県庁に呼び出し糾問、うち二名を宿預けとした。十二月二十八日、県庁から福永忠太郎、飯沼吉次郎が田無村に出役すると、新田村々の小前は田無村に集合して、荒木の減免承認の実行と、宿預けの村役人二名の釈放を迫り、両人はこれを承認するに至る。しかしこの約束も実行されず、翌明治三年一月八日には十二ヶ村の名主が県庁に呼び出され、知事・大参事より直接に基準通りの納入を要求される。名主たちは一旦帰村を求め、宿預けの二人も釈放されて帰途につくが、村々の小前の間では後から出頭した名主たちも入牢となったとの風聞が広まり、一月十日、田無村八反歩に集結、東京へ行進して県庁へ門訴を決行するが、県庁役人により鎮圧、四十六名が逮捕される。一月十三日から各村役人が相次いで逮捕、最終的には牢死者四名、新田十二ヶ村名主全員の罷免という結果に終わる。社倉金の取り立て自体も三月には実施された。

ここで問題になるのは、減免を求める新田村々の論理である。事件の発端となった明治二年十一月十二日の新田村々願書[135]は次のように述べている。

> 元来当新田之義は武蔵野新田ニ而、元文度御高入相成候得共、軽土悪地ニ而糠灰其外之肥物多分相用不申候半而は諸作実法不申、全肥之精力を以諸作生立候麁畑場、農事一派之外余業産物更ニ無之営方難相成土地柄ニ付、其筋ヨリ近来迄養料金と唱肥代家別ニ御割渡被下置、其上反取永之内ヨリ御用捨引被成下候新田も有之、其外種々御主法被成下候得共、潰退転之者多く村高ニ不応家数無数ク、古田村々江引競候而は三分一ニも足り兼候家数ニ有之、仍而は新田場ニ而五石余所持致候而も全地力無之故、麦作之義年々仕附候而は用立不申、無余義隔年仕附致候義御座候ハヽ、古田村々ニ而弐石所持致候ニも足り兼候収納ニ有之、殊ニ近年諸色高直ニ随ひ新田場第一之肥ニ相用候糠灰直段引上候ハ際限も無之事ニ而驚入候直段ニ相成、困窮之百姓諸作根入不行届、自然取穀薄く、其上近年不作之年柄相続、来午年麦作取入迄夫食足り兼候者多く困窮仕居候折柄ニも有之、何様ニも御憐愍之御沙汰奉願呉候様挙而申之ニ付、無余儀不奉恐多顧此段奉歎願候、御憐愍ヲ以古田新田之差別相立新田場相応之出穀被仰付候様、　御仁恵之御沙汰偏ニ奉願上候

新田村々が低生産力地帯であること、近世期には養料金という形で補助が与えられていたこと、したがって今回の社倉金取立に関しても「古田新田之差別」を立てることが必要であること、以上が彼らの主張である。ここで述べられている「養料金」については、すでに前節で検討を加えた通り、領主が各百姓に毎年「養料金」として一定の金額を貸し付け、各百姓は毎年出来穀をもってそれを返済し、その返済雑穀を「溜雑穀」として備荒貯蓄にあて

るという体制であり、武蔵野新田地帯の村々のうち、享保期以降開発の新田八十数ヶ村のみがこの貸与を受けることができた。彼らは「新田」という特権の主張をもって社倉金取り立てに対抗しているのである。

　ところが、社倉金政策の特徴は、県下全体が一つの単位として機能することにあり、県下を異なった種類の社会集団の束として理解する新田村々の主張は県庁からすれば容認しがたい要求であった。いずれも村々の側の記録だが、西村小助が「此度歎願ニ付納方相減し候様ニ而は県之御規則不相立候ニ付、歎願致候新田村々亡所と相成候共宥免難相成」[136]と述べ、知事古賀一平が「此度之願筋、譬十二ヶ新田江及発炮、元之野原ニ致候而も県之御規則は相立可申」[137]と述べたと伝えられることは、「古田新田之差別」を求める新田村々と、「県之御規則」の貫徹を志向する県庁との対立が原理的なものであったことを示す。しかし実際には明治二年の凶作のもとで基準通りに社倉金を徴収することは困難で、県庁から出張した役人は二度にわたって減免を承認してしまう。このことがむしろ県庁への不信を招き、結果村役人不在のもとでの小前の直接行動を引き起こしたのである。

　次に社倉金取立額の等級設定について検討する。これに関しては藤野敦が、荏原郡馬込村と多摩郡大沼田新田(十一月当初書上、荒木申渡しに基づく十二月書上、明治三年三月の実際の出金額)とを比較した上で、大沼田新田の実際の負担総額は、十一月案より十二月案に近く、「古田と新田の差別」は、特別に新たな方法を立てるという方法では実現されなかったが、古田村と新田村に、困窮免除者の極端な差を付けることによって、その「差別」の代役を成した」と指摘している。この指摘は正しいが、ここでは村内での負担格差について見ておこう。再び表2―16から、大沼田新田における十一月書上と、荒木申渡しに基づく十二月書上とを比較してみると、十一月の五石以上グループが上・中・下に分割され、十一月の上・中・下グループは大部分「困窮」として徴収免除となっていることがわかる。これに対して三月の実際の徴収高では、区分が細分化し、おおよそ十一月の上グループまでが八グループに分割され、十一月の中・下グループは徴収免除となっている。負担額トップの名主弥左衛門が全村負担額に占める割合は、十一月で三〇％、十二月で七七％、三月で五五％でいずれも高く、かつ結果として五石以上で基準通り負担しているのは弥左衛門のみである。

いずれも、それぞれのグループの所持石高にはばらつきがある。このことは村内での財産の多寡が、土地所持の多少と必ずしも結びついてはいなかったことを意味しており、農間渡世の広範な展開と、それに基づく富の蓄積を前提とした等級設定が行われた点で、浦和県の場合と同様の傾向を示していることが看取される。

さて、以上のような経過を経て県下から徴集された社倉金は、すでに述べた通り米に換えられ、県庁のもとで一元的に管理されることになったが、県庁はまもなく更痛・鼠喰などによる米穀の目減りの危険に直面した。それに対応するための計画を提起したのは、多摩郡上布田宿の原豊穣を始めとする「培養会所」のメンバーたちであった。年月日を欠いているが、おそらく明治四年中の史料「御囲米取扱方見込書」によれば、[138] ①米を培養会所（多摩郡下祖師谷村福田竹次郎、廻沢村島田磯二郎、喜多見村小泉重右衛門、上布田村原豊穣、東京本町一丁目杉井幾三郎）へ委託、売却。②売却代金で糠を購入。管下村々農民に貸し付け、出来秋に仕入値＋運賃＋利足二割で返済させる。③返済金と利足分の一割で新穀を購入し、積み立てる。④残り利足一割が培養会所の収入、というのが彼らの計画であった。これが実現すれば、毎年積立米穀は交換され、利足分だけ増加し、かつ、管下農民に安価な糠が提供可能となる。品川県はこれを採用し、明治四年六月十九日、「窮民救助ノ仕法」として、内藤新宿・布田宿・所沢駅の三ヶ所に会所を設け、原らが尾州糠の取扱を行う旨の布達を管下に出している。[139]

原らがこのようなプランを提起するに至った直接の契機については不明で、また培養会所参加メンバー間の関係についても詳らかにしえない。しかし、これが先に述べた武蔵野新田地帯における「養料金」の存在と、その廃止への新田村々の反発を背景としていることは、容易に推定される。県庁からみれば、この計画はかつて糠代金として貸与され、その返済分が備荒貯蓄に充当された「養料金」と同様の機能を社倉金に付与し、その反発を緩和するという機能を持つ。

担い手である原らの立場から見た培養会所構想を考える上で重要なのが、原豊穣の父、原惣兵衛による明治元年十月の建白書[140]（提出先は不明）である。この建白書において惣兵衛は、農業蔑視、商業偏重の傾向が蔓延していること、肥料不足が深刻であることを指摘し、それに対してこれまで領主は、「県令農宦之御役々ニテモ上之御益は一向ニ諸税ト上金御取立之御手段斗りニ而、富国之大本タル農事練熟世話被為在候方ハ絶ト不被為在」と、有効な手段を講じてこなかったと批判する。一方新政府に対しては、「朝政御一新之御盛途ニ当テ厚ク農事ニ御世話被為在候事、天下蒼生之供福、草莽之民不堪踊躍」と強い期待を示し、取るべき施策として次のような計画を提示する。

以後肥物は都而宦ニ而御統括、商人江不渡直江村々江引取候様御主法被為立度、夫ニハ組合村々之内温和老実成役人ヲ撰勧農教諭之役被仰付、宦ノ浦々江肥物収穫之局ヲ取立、其地ニ而出来候〆粕干鰯之類肥用之品は不残御買揚、其品物ハ余物不交様厳ニ被仰付、夫ヲ勧農役之者共其組合入用高為取調薄税ヲ取テ村々江御売渡、其内窮民当座代金上納難出来者江は御貸渡、秋穫之節代金上納被仰候ハヽ、余物不交極上品之肥物下直ニ引取候故、村里莫大之益ニ可相成、右御取立之薄税ヲ以当年諸雑費勧農役手当ニ遣、其余は窮民済救、御国用ニ置弁致候ハヽ、朝野其利ヲ受テ農功十分ニ行届

肥料は官で管理し、生産地から直接官が買い上げ、消費地では組合村単位で勧農役を設置して売却、窮民へは貸与し、出来秋に返済させるという構想である。この建白書で議論の対象となっているのは〆粕・干鰯だが、翌二年三月の同様の建白書[141]では、干鰯と糠が対象となっている。①肥料値段の上昇を引き起こす商人への不信、②遠隔地から肥料を購入しうる資本への需要、③新政治権力への期待、の三要素から、政治権力による直接の肥料購入—販売というプランが浮上するのである。原豊穣自身は「培養会所」計画の主旨を、「利益ヲ東京之商人江与ルヨリ管下之究民江甘シサセ候様仕度[142]」と述べており、惣兵衛と同様の問題認識が構想の背景にあることがうかがえる。

東京の糠商人を排し、安価・良質な尾州糠を移入することによって農民の再生産を安定化させるという点において、この試みは、前節末で見た田無村下田半兵衛の尾州糠移入計画と酷似している。そして、社倉金政策が、すでに見た通り再分配的性格を有し、富者に負担を強いる性格を有するものである以上、肥料の安定供給によって諸階層の安定的再生産が保証されることは、単に事業によってその担い手が利益を得るという以上のメリットがあったのである。

ところが培養会所の社倉金運用事業は惨憺たる失敗に終わった。明治十一年に作成された「培養会所計算書」(143)には、尾州糠移入事業の赤字と、米価変動に伴う損失として、一万両あまりの損失が計上されている。糠移入による赤字の原因は、明治十年七月二十四日付、原ら五名の神奈川県権令宛上申書(144)によれば、天候悪化によって尾州からの輸送が遅れ、東京に到着したときには相場が下落、大きな損失を出したことにあった。原ら旧培養会所メンバーはこのため委託された社倉金の返済に行き詰まり、一方旧品川県管下村々は、明治十年代にかけてその返還運動を展開してゆくことになる。

## 4　廃県とその波紋

廃藩置県に続く明治四年十一月の府県統合は、近世期の代官支配地を引き継ぎ、領域の分散性をその特徴としていた東京周辺直轄諸県の支配形態を大きく再編することになった。旧直轄県支配村々はいずれも明治五年初頭には新府県に引き渡される。

また、明治五年十月二十五日に発せられた大蔵省第一五八号は、次のように従来の備荒貯蓄政策を一旦白紙に戻すことを命じる。

各所積穀ノ内市村ヘ貸附有之内、官民二途ニ引分ケ、官物ハ借主共ヨリノ証文取纏申出、現在貯蓄ノ分ハ早々

**表 2-18　品川県社倉金各府県引継状況**

| | 項　　目 | 金(円) | 米穀(石) |
|---|---|---|---|
| 神奈川県 | 培養会所へ預高 | | 677.14515 |
| | 三井組へ預高 | 2958.41910 | |
| | 小　　計 | 2958.41910 | 677.14515 |
| 熊谷県 | 培養会所へ預高 | | 547.13801 |
| | 県庁預高 | 0.15000 | |
| | 小野組へ預高 | 2565.04990 | |
| | 小　　計 | 2565.19990 | 547.13801 |
| 東京府 | 鳥山貞利へ預高 | | 900.7153 |
| | 平林九兵衛へ預高 | | 89.277 |
| | 原豊穣ほか1名へ預高 | | 680.0272 |
| | 培養会所へ預高 | | 46.3787 |
| | 小　　計 | | 1716.39820 |
| 合　計 | | 5523.61900 | 2940.68136 |

出典）「公文録」明治11年3月内務省伺4（2A-9-公2268），「社倉穀代一件」（「東京府文書」610.B4.2）．

上納可取計、民有ハ聚散トモ下民ノ適宜ニ任セ可申、
此段相達候事

前述の通り、原豊穣らの「培養会所」に貸し付けられていた旧品川県の社倉金は、債権として、品川県管下村々を引き継いだ東京府、神奈川県、入間県へと、村々石高に比例して分割されて引き継がれた。培養会所は各府県に改めて借用証文を差し出している(145)。各県引継ぎ後の社倉金の状態を示したものが表2—18である。培養会所への貸付分の残額を、神奈川県は三井組へ、熊谷県は小野組へ、それぞれ預金していると同時に、東京府分には培養会所以外への貸与（原豊穣個人への貸与を含む）が見られる。培養会所から各府県への証文は米で記載されており、このことが後に紛議の一因となるが、一府二県への債務総額は米一二七〇石余である。これを村々差出時点での社倉金額に換算すると一万二〇〇〇円弱となる。

すでに述べた通り、培養会所は貸付を受けた米の運用に失敗しており、実際にはこれらは不良債権化していた。

以下、この培養会所貸付分の問題を中心に、旧品川県社倉金の処理過程を検討する。処理は東京府分と入間（明治六年六月以降は熊谷県）・神奈川両県分とで別個に行われたので、それぞれについてまず事実の経過を述べておこう(146)。

東京府下における社倉金問題は、明治五年四月十七日、旧品川県村々から、「村々小前共義近来引続物価胇騰《ママ》及

難儀候間、奉恐入候得共右両年分社倉金積立之分一ト先御下ヶ切」と、社倉金の全額返還を求める願書が提出されたことによって始まる(147)。これに対し東京府は培養会所等への貸付分について返済が滞っていることを回答し、おそらく培養会所から提出されたものと思われる返済延期の願書を村々に示した。しかし翌年六年一月二十四日、村々は中野村戸長堀江卯右衛門ら三名を惣代として再度願書を提出し、「凶年之節之手当差支不相成様幾重ニも御所置之程」を再度要求(148)、次いで明治七年五月には、下げ渡された旧社倉金を村々で運用し、利子を学費に充当することを目的とする返還願書が(149)、明治八年二月にも同様の願書が重ねて提出された(150)。

この間東京府は、培養会所を含む貸し付け先から貸付分および利子の回収を実施した。こうして回収された七一九二円八十六銭三厘が、明治八年三月から九年四月にかけて村々に下付される(151)。

ただしこの際の米金換算率は、金一円に対し米一斗四升で、これは明治四年社倉金徴収時の換算率であるから、明治三年分は金一円に対し米一斗の割合で徴収された村々からすれば取立額に対して回収額が目減りすることになる。あくまで取立額で全額の返還を求める村々の要求に対して、明治十二年十一月一日、東京府は、内務卿に伺書を提出、この目減り分の国庫支出を求め、十二年十二月十二日付で内務卿は太政官に稟請、十三年一月二十日の閣議で国庫支出の決定が行われる(152)。こうして十三年十月、旧品川県管下村々に対して残額七四六七円六十七銭五厘の下付が実施されるが、計算のミスから埼玉県に混入した分の再下付を巡って村々と府の間で再度紛糾が発生し、最終的な解決は明治二十年までもつれこむ(153)。

つぎに神奈川県・入間県（熊谷県・埼玉県）分の処理を見る。両県下における事態の表面化は、明治六年十月、原豊穣らが、経営の行き詰まりを理由として、明治七年より五ヶ年賦返納を神奈川県に出願したことに始まる。さらに直後の同年十一月、原らは、金一円につき米二斗八升の割で代金を仕切り直した上で、年利一割・六ヶ年賦とさらなる条件の緩和を申し出る。これを受けて神奈川県は、管下多摩郡内の旧品川県村々に対し、この条件での返納を受け入れることを説得、村々は熊谷県管下の入間・新座両郡村々も同一の条件を受け入れるならば承知すると回答したため、明治七年七月、神奈川県から熊谷県に照会し、十月、同県が入間・新座両郡内の村々を説諭した。ところが村々はこの条件を受け入れず、あくまで全額一括返済を主張したため、熊谷県はその旨神奈川県に回答、神奈川県では残額を五ヶ年間三井組に預金することで元額を確保することを計画し、各村の合意を取り付けようとするが、進展しない。結局明治九年四月、神奈川県は原らへ一括全額返済を督促するが、原らは改めて金一円につき米二斗八升、十ヶ年賦の返済を申出、神奈川県下村々はこれも拒否する[154]。

一方熊谷県は明治九年八月、北部が群馬県として独立、南部が埼玉県へ合併して消滅するが、社倉金一件にかかわる書類は群馬県へと引き継がれ、本来関係する村々を管轄する埼玉県へは引き継がれなかった[155]。入間・新座両郡の村々は、新座郡上内間木村の副区長野島呈助を惣代として、明治十年三月、群馬県へ返還願書を提出する[156]が、群馬県は野島らに神奈川県と協議中と回答、小野組へ預金分の内（小野組鎖店に伴い、この分も不良債権化している）大蔵省より第一分配金として交付済の八九七円九十一銭七厘のみを下げ渡した。野島らはこれに対し群馬県を相手取って裁判所に訴訟を提起する[157]。

完全に行き詰まった神奈川・群馬両県は、明治十年五月三日、神奈川県権令野村靖・群馬県令楫取素彦名で、内務卿大久保利通代理内務少輔宛に伺書を差し出し、村々に対し全額を官費で立て替え下付、原ほか培養会所メンバーへは年賦返納を申し付けることを申請する。内務省は返還期限の短縮を指令するが、九月二十六日、神奈川県令野村靖から短縮は不可との回答を得て、十一年一月八日太政官に稟請、原豊穣ほか四名へ預高一万一五六三円一銭七厘七毛、三井組および小野組へ預金分を合わせ、全額一万七〇八六円六十三銭二厘七毛を村々人民へ下げ戻し、原豊穣ほか四名からは、明治九年の貢米相場一石に付四円四十二銭二厘二糸で計算した代金八三九一円三十九銭七厘四毛を三十ヶ年賦で返納させ残額は棄捐という処理案を提出、三月九日付で決定を見る[158]。

浦和県下の積穀の行方についても見ておこう。明治六年四月の地方官会同に際し、おそらく大蔵省宛に提出した報告書の中で、埼玉県令野村盛秀は同県が旧各県から引き継いだ各種の備荒貯蓄についても報告している(159)。そのうち「旧浦和県凶荒予備」は三万六一〇〇円となっているが、これについて野村が次のように述べていることは注目されよう。

右旧浦和県・葛飾県管下村々書面之通蓄積方法相設ケ有之、元来年々貸据候ヨリ自然有名無実之姿ニ相成候向も有之候間、目今専ら取纏中ニ付、前書金額実地精緻董轄候得ハ増減可有之哉も難量候、右金取纏之上更ニ賑窮授産之方法相設、勧業之資本ニ充候積、且凶荒予備之儀ハ猶更ニ管内一般之方法相立可申積ニ有之候

浦和県の積穀はすでに述べた通り、各組合村（区）会所単位で管理されていたが、浦和県解体後はこれら旧県単位の組合は解体され、新たに埼玉県下の区として再編される。こうして蓄積の主体が消滅する状況において、埼玉県庁は積穀の正確な量を把握しえていないことが示されている。その後明治七年のものと思われる「埼玉県治一覧概表(160)」において、旧浦和県下の積穀総額は三万〇六二九円余と若干の減少を見せ、明治七年四月十日の埼玉県達によって、旧藩県から引き継がれた他の各種貯蓄と一括して「物産資本金」と改称される(161)。これは「物産盛殖ノ為メ」、希望者への貸付を目的とするものであったが、さらに同年十一月二日の達によって、「或ハ学資或ハ区務所新築等」にも使用可能なものとして「民務准備金」と改称(162)、十二月十二日の達によって「民務准備金貸付方概則」が制定される(163)。この一連の措置は第五章で見る「賑育金」制の導入に伴うものであったが、「民務准備金貸付方概則」が「従来旧県々設法の儲蓄に付、貸付方規則区々に有之、到底人心の信疑に関係致し候而已ならす規則の粗雑より終に計算の首尾全からす」と述べ、各区務所に現況報告を求めていることからも、依然として県庁における一元的把握は実現していないものと思われる。その後明治十二年度の「埼玉県治概表(164)」は、民務准備金の総額を五万一六五三円余と記載しているが、同時にそれを「七百七十三ヶ村」にかかわるものとして記載しており、結局ここ

でもそれは課出した個別村々の所有に帰するよりほかないものであったことが知られる。これ以降の旧浦和県積穀の行方は詳らかにしえない。

## むすび

以上の通り、「御救」の後退、百姓相互間の救助への再生産維持機能の転嫁、という近世後期以降の政策動向は、基本的に浦和・品川両県の救恤・備荒貯蓄政策においても、継続的に看取される。しかし、一村を単位とし、有産者が困窮者に救助を支出するという単純な再分配は、もはやこの時期には限界に達していた。維新期直轄県の救恤・備荒貯蓄は、この問題に対するいくつかの選択肢の問題として展開したと理解することができる。

第一の選択肢は、再分配の単位を広域化するということである。品川県の場合は一県が、浦和県の場合は組合村(区)が再分配の単位として設定された。特に品川県の場合は一県単位での再分配という方針が、特権を有する社会集団としての武蔵野新田村々との間で原理的対立を惹起したのであった。

ところが、この再分配単位の広域化は、その広域化された単位が地域住民にとって有する意味を問題とする。繰り返し述べてきた通り、権力の身分制的編成において、身分集団である村をこえたレベルに住民自身によって構成される政治権力を、それ自体自立したものとして構築することは不可能である。明治五年から九年にかけての府県統合は、府県レベルの政治権力が、統治者集団の恣意によって分合可能な、住民にとっては外在的な権力体にほかならないことを端的に示している。そのようなレベルにおいて、住民自身の福祉を住民間再分配によって支えようとする試みが安定的に存立しえないことは自明である。実際、府県統合の結果として品川県の社倉金について責任を負うべき主体は雲散霧消し、最終的にはその管轄区域に旧品川県村々を含まない群馬県が処理に巻き込まれてしまうという混乱までもが発生する。明治五年大蔵省第一五八号が規定した備荒貯蓄の官・民区分は、直轄県期の備荒貯蓄政策を何らかの形で処理しようとした場合、身分制的権力編成の下で採りうる唯一の方法であったのである。そして、旧品川県の社倉金も、旧浦和県の積穀・積金も、その過程で「民有」であることを否定されたことは一度もなく、政府は旧品川県村々の返還要求に対してこれを拒絶する論理を持たない。それが貢租として徴収されたものでない以上、「官有」でないことは疑いようがなかったからである。

第二の選択肢は、農家経営の安定化要素として商品流通の契機を罹災窮民救助政策に組み込むという方向である。農家経営の商品生産・販売者としての局面においては、農間余業という形での商工業の広範な展開を再分配政策に組み込む施策が、①困窮者が余業を有することを前提に、有産者から困窮者に移転される富を、困窮者の「授産」に充てることにより困窮者の総体としての底上げを狙う（浦和県）、②有産者が余業を有することを前提に、余業によって蓄積された富をも再分配の対象とする（浦和県・品川県）、という二つの方法によって追求された。また、商品購入者としての局面においては、③備荒貯蓄として蓄積された富そのものを資本として機能させ、生産要素の安価な供給を実現することによって、農家経営の安定化をねらう施策が実施された（品川県）。

単なる再分配の強化である（したがって、浦和県に対する大蔵省の懸念が示しているように、結局は単純な再分配と同様の結果を生じる）②を別にすれば、①と③はともに、市場を媒介とした個別経営の安定化を目指し、商品流通のプロセスの一部分に政治権力が資本を投入することによってそれを保障しようとする構造を持っている。しかし政治権力によって徴収された富（積穀・積金、社倉金）が、それ自体個別資本に貸与され運用される場合、培養会所のように運用が失敗してしまうことをあらかじめ回避することは困難である（なぜこのような方法が採られるのかは次章で論じる）。

つまり、いずれの方向性においても、直轄県政は有効な施策を打ち出すことができなかったのである。とはいえ、直轄県期の試行錯誤は、政治権力がその社会の構成員の福祉のために発揮しうる機能について、その後の政策展開の可能性を提示した。すなわち、再分配の広域化と、商品流通を契機とする農家経営の安定化である。

改めて前章でみた村役人＝区戸長層と村々小前の政策志向の相違を問題とすれば、それは身分制的権力編成下における一村単位のゼロ・サム的再分配の進行に根拠を持つものであった、というのが本章でわれわれが得た解答である。村役人＝区戸長は、何らかの新たな秩序を形成しない限り、このようなゼロ・サム的再分配に伴う負担を免れることはできない。したがって、各種の政策領域において、村役人＝区戸長は現状変革的志向を示す。一方、村方小前は、むしろ既存の秩序の論理を徹底することによってその再生産維持を貫徹させようとする。かつ、区戸長という、それ自体旧秩序に属する主体位置は、このような小前の要求を拒否できない（その人が名主あるいは戸長であるならば、困窮する村方小前を救わなくてはならない）。こうして区戸長と村方小前の間に対立が発生し（浦和県「告諭志」の内容を想起せよ）、区戸長層のヘゲモニー危機が生じる。

ゼロ・サム的再分配の持つ問題性を解決しようとした直轄県期の諸施策がいずれも失敗に帰したということは、このようなヘゲモニー危機の発生を回避する有効な手段が見出されなかった、ということを意味する。こうして、問題解決への模索は、身分制的権力編成それ自体の変容を強いてゆくことになるだろう。しかしその前に章を改めて、身分制的権力編成のもとでの、市場を媒介とした経営安定化政策（つまり勧業政策）が、なぜ個別資本への資金投入という形式を採ることになるのかを検討することにしよう。

（1）「恤救規則の成立」（福島正夫編『戸籍制度と「家」制度』、東京大学出版会、一九五九年、所収）。
（2）『早稲田法学会誌』二三、二四（一九七二年、七三年）。
（3）『史学雑誌』八五—九（一九七六年）。
（4）葛飾県の義倉制度を扱った飯島章「明治維新期直轄県における救恤政策」（『埼玉地方史』二九、一九九二年）は、義倉拠出に際して一村内で上・中・下階層区分が行われていたこと、その区分は必ずしも所持石高に比例しないことを指摘している。これらの諸点は本章で見る品川・浦和両県にも共通している。
(5) 深谷克己『増補改訂版　百姓一揆の歴史的構造』(校倉書房、一九八六年)。
(6) 大友一雄「享保期郷村貯穀政策の成立過程」(『国史学』一一八、一九八二年)。
(7) 菊池勇夫「近世中期における救荒システムの転換」(『宮城学院女子大学キリスト教文化研究所研究年報』三三、一九九九年)、同「享保・天明の飢饉と政治改革」(藤田覚編『幕藩制改革の展開』、山川出版社、二〇〇一年)。
(8) 山﨑善弘『近世後期の領主支配と地域社会』(清文堂、二〇〇七年)。
(9) 栗原健一「近世備荒貯蓄の形成と村落社会」(『関東近世史研究』六三、二〇〇七年)。
(10) 『小平町誌』(一九五九年)、木村礎・伊藤好一編『新田村落』(文雅堂銀行研究社、一九六〇年)。
(11) 以上の経緯については『小平町誌』の記述は誤っているため、『当麻伝兵衛家文書目録』(小平市中央図書館、一九八八年)解題によった。
(12) 「当麻家文書」D―四―一〇。
(13) 伊藤好一『江戸地廻り経済の展開』(柏書房、一九六六年)。
(14) 大舘右喜『幕末社会の基礎構造』(埼玉新聞社、一九八一年)。
(15) 谷本雅之『日本における在来的経済発展と織物業』(名古屋大学出版会、一九九八年)。
(16) 「当麻家文書」D―四―四。
(17) 「当麻家文書」D―四―五。
(18) 「当麻家文書」D―四―七。
(19) 「当麻家文書」D―四―一一。
(20) 『里正日誌　第七巻』(東大和市教育委員会、一九九五年)、四三〇頁。
(21) 同上書、四五八頁。
(22) 「当麻伝兵衛家文書」Q―三―六。
(23) 「当麻家文書」D―四―三。
(24) 「当麻家文書」A―五―六五。
(25) 「当麻家文書」D―八―八。
(26) 同上史料。

(27) 注(10)前掲『小平町誌』、二七五頁。
(28) 「小川家文書」A―五一一～五五七。
(29) 「小川家文書」P―二―二八。
(30) 『小平市史料集　第一集』(小平市中央図書館、一九九三年)、五八頁。原出典は『武蔵国多摩郡小川村小川家文書』(明治大学文学研究所)。同史料は現存する小川家文書中には含まれていない。
(31) 「小川家文書」C―二―二七一。
(32) 「当麻家文書」C―二―五八。
(33) 「当麻伝兵衛家文書」D―六―一。
(34) 大友一雄「武蔵野新田支配政策の特質」(『徳川林政史研究所研究紀要』昭和五十六年度、一九八二年)。
(35) 大友一雄「史料紹介　南北武蔵野新田養料金始末書」(『徳川林政史研究所研究紀要』二七、一九九三年)、四二六頁。
(36) 「当麻家文書」D―六―二二
(37) 幕府公金貸付政策の動向については、竹内誠「幕府経済政策の変貌と金融政策の展開」(『日本経済史大系4　近世下』、東京大学出版会、一九六五年、所収)、飯島千秋「近世中期における幕府公金貸付の展開」(『横浜商大論集』一八―二、一九八五年)、「近世後期の幕府公金貸付政策」(横浜開港資料館・横浜近世史研究会編『十九世紀の世界と横浜』、山川出版社、一九九三年、所収)など参照。飯島の指摘によれば、大名・旗本向の幕府公金貸付は、返済滞納が増加することによって文政期以降停滞、天保十四年には養料金同様に公金貸付利金によって賄われていた各地の宿場助成金の下渡しの中止を決定している。また、馬喰町貸付会所に「差出金」を委託し、その利金を助成金として地域住民に分配するタイプの救済事業は、武州幡羅郡下奈良村の吉田家の事例が著名であるが(渡辺尚志「近世後期関東における一農民の上納金」、『論集きんせい』第六号、一九八一年)、本章の対象とする地域の近隣においても、田無村の下田半兵衛が同様の「差出金」を行っており(熊沢徹「利倍貸付金仕法と田無村」、『たなしの歴史』三、一九九一年)、これらも天保末から弘化にかけての時期に、差出金の下戻し・利下げを強いられている。
(38) 注(35)前掲史料。
(39) 注(36)前掲史料。
(40) 『武蔵野市史　続資料編六・井口家文書三』(一九九一年)、二〇二―二二二頁。
(41) 同上書、二〇九頁。
(42) 注(35)前掲史料、四一四―四一六頁、および、注(40)前掲書、三一六―三三五頁。

(43) 注(35)前掲史料、四〇五頁。
(44) 同上史料、四〇九頁。
(45) 「当麻家文書」I—三—二六。
(46) 注(35)前掲史料、四〇〇—四〇一頁。
(47) 同上史料、四〇一頁。
(48) 「当麻家文書」I—三—一二。
(49) 注(35)前掲史料、四〇九—四一四頁。
(50) 注(45)前掲史料。
(51) 「当麻家文書」I—三—六一。
(52) 「小川家文書」I—二—二三。
(53) 「小川家文書」I—二—二一。
(54) 同上史料。
(55) 「小川家文書」I—二—二三〜二六。
(56) 「小川家文書」I—三—六〜二四。
(57) 「小川家文書」I—三—二七。
(58) 「小川家文書」I—三—二五。
(59) 「小川家文書」I—三—二七、二八。
(60) 「小川家文書」I—三—三一。
(61) 「小川家文書」F—一—一三、一五。
(62) 「小川家文書」Q—一—三。
(63) 「小川家文書」Q—一—七。
(64) 「小川家文書」Q—一—一五。
(65) 「小川家文書」Q—一—一六。
(66) 「小川家文書」Q—一—一九。
(67) 「小川家文書」I—三—三六。

(68) 「小川家文書」Ⅰ―二―二九。
(69) 「小川家文書」Ⅰ―二―三〇。
(70) 注(10)前掲『新田村落』、二二四頁。
(71) 「小川家文書」Ⅰ―二―三一。
(72) 「当麻家文書」Ⅰ―三―六一、六二、七一。
(73) 「当麻家文書」Ⅰ―二―八。
(74) 「当麻家文書」Ⅰ―二―一一。
(75) 「当麻家文書」Ⅰ―二―一〇。
(76) 「当麻家文書」Ⅰ―二―一二。
(77) 同上史料。
(78) 運動の経過については、伊藤好一「江戸周辺農村における肥料値下げ運動」(『関東近世史研究』七、一九七五年)。
(79) 注(20)前掲書、四二七―四三八頁。
(80) 「小川家文書」H―一―四。
(81) 注(36)前掲史料。
(82) 注(20)前掲書、四五〇頁。
(83) 同上書、四一三―四二六頁。
(84) 同上書、四三八―四四二頁。
(85) 同上書、四五五頁。
(86) 同上書、四五〇頁。
(87) 「小川家文書」H―一―六。
(88) 「小川家文書」H―一―七。
(89) 「小川家文書」H―一―一二。
(90) 「小川家文書」H―一―一三。
(91) 「小川家文書」Ⅰ―二―五一。
(92) 下田富宅編『公用分例略記』(東京書房社、一九六六年)、二〇七頁。

(93) 同上書、二〇八頁。
(94) 同上書、二一八—二二〇頁。
(95) 同上書、二二八、三一八、三二八頁。
(96) 同上書、三四五—三五〇頁。
(97) 本章における罹災窮民救助政策は、具体的には、災害が発生した後に実施される救済措置＝救恤政策と、災害の発生に先立ち、それに備えるものとして行われる備荒貯蓄政策の二つを含んでいる。後者の備荒貯蓄政策は、貯蓄された金穀が災害発生後に支出される局面ではじめて罹災窮民救助の機能を発揮するものであり、前節で見た通り武蔵野新田地帯では近世を通じて貯穀や溜雑穀は実際に数度の取り崩しを経ている。しかし、維新期には、これは貯蓄されたのみで救助のため支出はされなかった。したがって直轄県期におけるその救助政策としての性格は潜在的なものである。
(98) 直轄府県は明治二年二月五日府県施政順序および明治二年七月二十七日の府県奉職規則によって、救恤・備荒儲蓄施策の実施を義務づけられている。
(99) 森安彦「明治初年の農民闘争」(『幕藩制国家の基礎構造』、吉川弘文館、一九八一年、所収)。
(100) 藤野敦「品川県社倉騒動の背景と影響」(『多摩のあゆみ』五八、一九九〇年)、同「明治初年、東京隣接直轄県政と惣代農民の経済的展開」(竹内誠編『近世都市江戸の構造』、三省堂、一九九七年、所収)。
(101) 「公文録　辛未一月~七月浦和県伺」(国立公文書館所蔵、二A—九—公五二七)。
(102) 同上史料。
(103) 「太政類典　第一編第八十四巻　保民・救済三」(国立公文書館所蔵、二A—九—太八四)。
(104) 「浦和県申牒布令類編」(「埼玉県史料」四三、国立公文書館所蔵)。『埼玉県史料叢書五　埼玉県史料五』(二〇〇一年)として翻刻がある。
(105) 千田、注(3)前掲論文。
(106) 「大熊(正)家文書」(埼玉県立文書館寄託)三九五四。
(107) 注(104)前掲史料および「浦和県賞典録」(「埼玉県史料」四三、国立公文書館所蔵)。
(108) 以下、新堀村および大熊家の概況については、埼玉県立文書館編『埼玉県立文書館収蔵文書目録第三三集　大熊(正)家文書目録』(一九九三年)解説による。
(109) 「大熊(正)家文書」二八二二。

(110)「大熊（正）家文書」九三一。
(111)「救助書上下書」（「小川家文書」Ⅰ―二―五二）。
(112)注(104)前掲史料。
(113)「大熊（正）家文書」二七四一。
(114)「大熊（正）家文書」一〇〇六。
(115)明治三年四月以降、組合村ごとに会所が設置されていた。『新編埼玉県史　資料編一九』（一九八三年）、七一一頁。
(116)「大熊（正）家文書」四一六。
(117)「大熊（正）家文書」一八三七。
(118)「県税・備荒儲蓄・町村費」（「埼玉県行政文書」、埼玉県立文書館所蔵、明一六〇）。
(119)同上史料。
(120)「御用留」（「森泉家文書」、埼玉県立文書館寄託、七七）。
(121)「大熊（正）家文書」三九五〇。
(122)注(118)前掲史料。
(123)同上史料。
(124)同上史料。
(125)同上史料。
(126)『大田区史　資料編　平川家文書二』（一九七五年）、八九八頁。
(127)「公文録　庚午一月～二月　弾正台伺」（二A―九―公三七七）。
(128)同上史料。
(129)注(126)前掲書、八九九頁。
(130)同上書、九〇八頁。
(131)同上書、九〇〇頁。
(132)同上書、九〇八頁。
(133)注(127)前掲史料。
(134)同上史料および「上」（「当麻家文書」Ⅰ―四―一二）による。

(135)「当麻家文書」I—四—二

(136) 注(134)前掲「上」。

(137) 同上史料。

(138)「公文録　明治十一年三月内務省伺四」(二A—一〇—公二二六八)。

(139)「御用留」(「当麻家文書」D—四—四五)。

(140)「原家文書」(調布市総務部総務課歴史資料係に複製所蔵)農産一。

(141) 同上史料。

(142)『調布市史研究資料Ⅷ　原豊穣日記』(一九八七年)、一三頁。

(143)「野口家所蔵原家文書」(調布市総務部総務課歴史資料係に複製所蔵)B五。

(144) 注(138)前掲史料。

(145) 同上史料。

(146) 社倉金返還問題の詳細な経緯については、藤野敦「旧品川県社倉金返還と地方制度の転換点」(松尾正人編『近代日本の形成と地域社会』、岩田書院、二〇〇六年、所収)。

(147)「社倉積立金御下ヶ願」(「堀江家文書」、首都大学東京所蔵、H六六)。

(148)「堀江家文書」H六八。

(149)「社倉穀代積金御下願書」(「堀江家文書」H七一)。

(150)「以書付奉願上候」(「堀江家文書」H七三)。

(151)「社倉穀代一件」(「東京府文書」六〇五.C五.七、東京都公文書館所蔵)。

(152)「公文録　明治十三年一月内務省二」(二A—一〇—公二八四八)。

(153)「富沢家文書」(調布市総務部総務課歴史資料係に複製所蔵)G五。

(154) 注(138)前掲史料。

(155) 同上史料。

(156) 注(118)前掲史料。

(157)「堀江家文書」H七四。

(158) 注(138)前掲史料。

(159)「会同書類」(「埼玉県行政文書」明九一六)。
(160) 東京大学史料編纂所所蔵。
(161)「埼玉県史料　二」(国立公文書館所蔵)。『埼玉県史料叢書一　埼玉県史料一』(一九九五年)として翻刻がある。
(162) 同上史料。
(163)「大熊(正)家文書」五四〇五。
(164) 国立国会図書館所蔵。

# 第三章　勧業資金と蚕糸業

## はじめに

前章において示した通り、富のゼロ・サム的再分配としての救恤・備荒貯蓄政策が行き詰まりに直面した際、権力が採った選択の一つが富の総体的増加をめざす政策体系としての勧業政策であった。本章では、このような視角から、明治初年の勧業政策を検討する。

明治初年のいわゆる「殖産興業政策」については膨大な研究蓄積があるが、本章では上述の課題に接近するため、明治五年の安石代廃止と、それによる増税の緩和措置として実施された勧業資金貸付に焦点を置く。これは後述する通り、近世期に貢租が相対的に低率であった地域の貢租額を他地域並みに引き上げると同時に、各府県ごとに増税額の二割（「増租間金」）を勧業資金として貸し付けることを認めたものであるが、従来この勧業資本金に注目したものとして、いずれも山梨県を素材とした有泉貞夫と斎藤修の研究がある。

有泉は、権令藤村紫朗が推進した一連の殖産興業政策を、貢租収奪の地域的平準化から生じた地方統治の困難（山梨県においては安石代廃止令が「大小切騒動」と呼ばれる一揆を引き起こした）を、地域生産力上昇の展望によって解消しようとしたものとして位置づける。しかし、三新法以前の独自財源を欠く県庁に対して政府が支給した官費の額は僅かであったため、上記の増租二割分の勧業資本によって建設された県営製糸場は営利企業化を強いられ、民間製糸場と競合して批判を浴びることとなった。かくして、「被治者自身に内在する欲求を統治の契機として利用できる条件」が全く欠けており、政府は「地方から地租を吸上げるだけでほとんど還流」できなかった時期として、当該期は特徴づけられることとなる(1)。

一方斎藤は、勧業政策をめぐる中央―地方関係の視角からこれを検討し、勧業政策における明治前期の特質を、財源において中央政府資金の比重が大きいのに比して、政策立案に対する地方の自由度が高い点に求めている(2)。そして、「地方政府が独自の勧業政策立案の権限をもっていた明治前期のパターンは、〈中央―地方〉の関係という点からみるかぎり――誤解をおそれずにいえば――徳川時代のそれからあまりかけ離れたものではなかった」のに対し、明治後期以降は政策立案における中央のコントロールが増大する一方で財政上の地方負担額は増大する趨勢が観察されるとしている。

これらに対し筆者が注目したいのは、政治権力の質の問題である。前二章で繰り返した通り、「大区小区制」期において身分制的権力編成は未だ揚棄されておらず、府県庁は、被統治者の集団である村々に対して外在的に存立するそれ自体特殊な集団という性格を保持していた。そのことを念頭に置くならば、斎藤のように単に数量的比較から〈中央―地方〉関係を論じることは不十分であると思われる。具体的には、斎藤の〈中央―地方〉比較は、官費と明治十二年地方税勧業費の比較であって、三新法以前の民費は計上されていないという問題があるが、このことは単に統計上の不備という点にとどまらず、三新法以前の官費―民費体系と三新法の国税―地方税体系が、質的に異なった権力構造を前提とするという点が捨象されていることに起因する。実際、量的には民費負担による勧業事業はネグリジブルであると考えられるが、勧業事業を担うことができないという民費の性格と、それが前提とする政治権力構造の性格こそが問題にされなければならないのである。さらに有泉の議論に立ち返るならば、「被治者自身に内在する欲求を統治の契機として利用できる条件」の欠落は単に支給される官費の寡少性によるものではなく、権力構造それ自体によってもたらされたものでもあるのではないか、という問いがここで提起されることになる。

本章では、まず幕末・維新期の川越藩（慶応二（一八六六）年、前橋に移城）の蚕糸業政策を通じて、政治権力の質と政策の構造の関連を考察する。続いて、熊谷県、埼玉県における上述の増租間金の勧業資金転用が、藩政期の政策構造に比していかなる性格を有していたのかを明らかにする。

## 一　幕末維新期川越・前橋藩の蚕糸業政策

### 1　幕末期川越・前橋藩の生糸流通統制

開港以後の生糸流通の活発化に対応して実施された川越・前橋藩の蚕糸業政策については、幕末の生糸会所設置、維新期の藩営製糸事業、藩営売込問屋開設などについて、比較的豊富な研究蓄積がある。ここでは主として貝塚和実の研究によりながらその推移を追ってゆくこととしたい。(3)

幕末期に関する限り、川越・前橋藩の蚕糸業政策はほぼ一貫して前橋糸商人集団を通じて行われた。しかし、前橋糸商人集団の藩による公認は、開港と横浜生糸出荷量の飛躍的増大という事件に先立ち、それとは無関係に行われていることに留意する必要がある。

前橋糸商人集団の公認の契機となったのは、前橋糸市で取引される生糸の巻紙が厚紙であることによって糸貫目が不正に水増しされているという、生糸購入者＝桐生・足利機業者からの抗議であった。(4)桐生・足利機屋は、文化九（一八一二）年、弘化二―三（一八四五―四六）年に、前橋糸商人および川越藩に対して、同問題についての抗議を

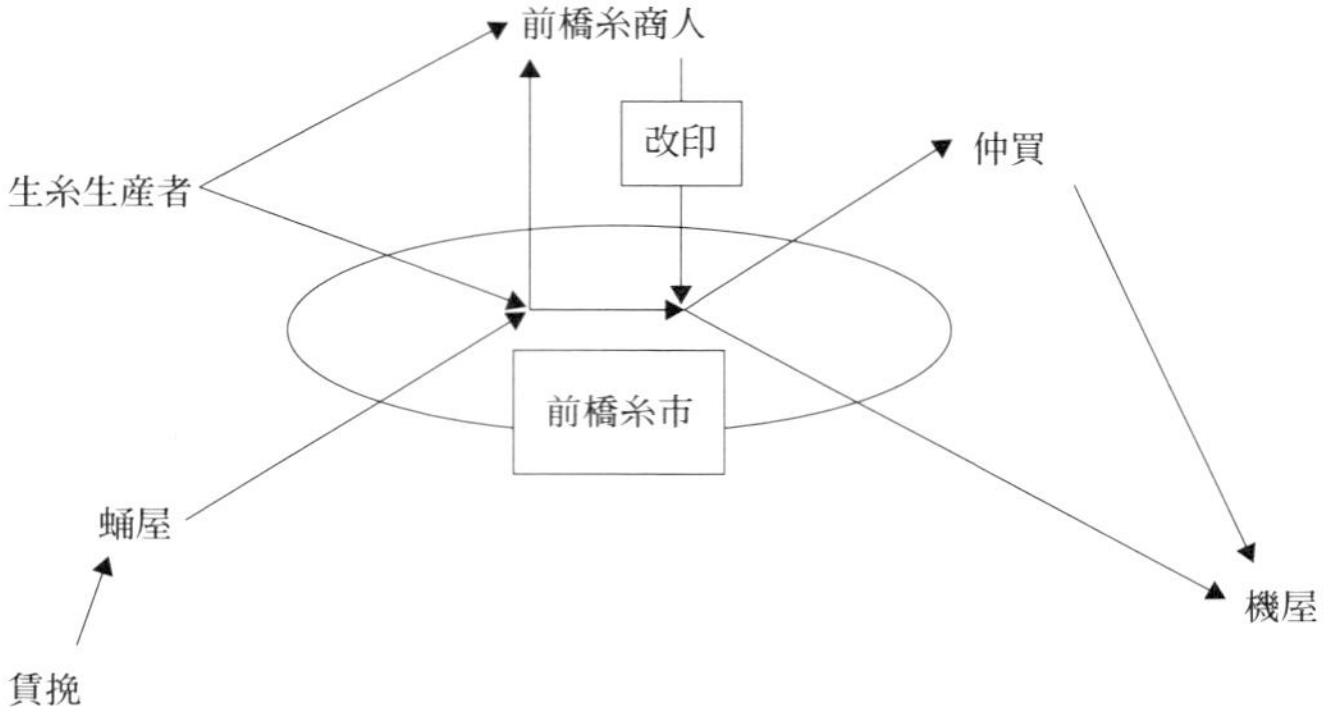


**図 3-1**　嘉永 6 年議定に基づく糸流通経路

行った[5]。両度ともに前橋糸商人は不正防止策を講じる姿勢を見せたものの、いずれも不徹底に終わったものと思われる。弘化三（一八四六）年の抗議をうけて、嘉永二（一八四九）年に改印実施と冥加金上納を内容とする議定が締結されているが、結局実施されるには至らず[6]、ようやく嘉永六（一八五三）年三月に、再度議定が締結され、糸商人による改印が実施されることとなった。その議定は[7]、①大行司・年行司を役員とする糸商人仲間を結成し、一人年金二分の冥加金を上納する、②糸商人は改印を与えられ、桐生・足利から来訪する仲買あるいは機屋に売る際、一提ごとに捺印する。厚紙は禁止する、③桐生・足利側の仲買は、生産者を廻って糸を買い集めることを禁止する。ただし、前橋市中において生産者から購入することは可能、④前橋糸商人は市中においても、生産者を廻って糸を買い集めることも自由であるが、厚紙巻の糸は購入しない。また、「在々之店」での購入あるいは「辻買」は禁止する、という内容のもので、改印によって薄巻紙を保証する代りに、桐生・足利側仲買の糸購入を前橋糸市に限定し、生糸集散地である前橋の市を糸商人集団のコントロールの下に置く性格のものであった（図3―1）。そして藩は、冥加金徴収を通じて糸商人集団を公認し、生糸改を担う政治社会内存在として位置づけたのである。

　そして、開港と、万延元（一八六〇）年三月の五品江戸廻送令に対する川越藩の対応は、この嘉永六年の体制を転用する形で行われた。万延元年十二月、前橋糸商人惣代松井文四郎らは、町方役所宛に、「爰元産物糸之義、御領中商人共横浜江差出、異人江売渡候もの共、利欲ニ迷ひ大蚕のし糸同様之品取交、其外不正之取計致候もの共有之趣、左候得は国産之御名目ニも拘候義」であり、「会所」を前橋本町に設置して生糸改を実施、冥加金は売買高金百両につき一両とし、藩から会所へ出役を請う旨の願書を提出した(8)。藩はこれを許可し、万延二（一八六一）年正月、横浜向け生糸に対する改印実施が触れられた(9)。

一方、五品廻送令については、周知の通り、江戸糸問屋と横浜売込商との対立を経て、万延元年十二月、江戸糸問屋と横浜商人の議定が成立(10)、事実上の廻送令の空洞化が進行する。これを受けて、文久元（一八六一）年二月から三月にかけて、川越藩と幕府道中奉行および江戸糸問屋との交渉が行われ、「御国産取扱方」が決定される。これによれば、前橋糸商人の荷物は藩の荷物として一括して深川蔵屋敷へ輸送し、深川蔵屋敷で江戸糸問屋に売却され、江戸糸問屋からただちに荷主＝前橋糸商人へ再売却されたのち、糸商人がそれぞれ横浜へ売り込むこととされた(11)。これは五品廻送令の空洞化に対応し、江戸糸問屋の排除を藩権力によって確実化ならしめる方策であり、藩はそれによって安定的な冥加金徴収を目論んだものと言えるであろう。

翌文久二（一八六二）年に入ると、藩はさらに一歩を進め、前橋糸商人からのみならず横浜売込商人からも冥加金徴収を行うようになる。文久二年五月三日、前橋糸商人の横浜における売込み先を、遠州屋茂助・野沢屋宗兵衛・吉村屋忠兵衛・大橋屋三次郎・永喜屋留之助の五軒に限定したのである(12)（文久三年七月、遠州屋にかえて松坂屋表右衛門を指定）(13)。これら前橋糸を独占した売込商からは、糸荷一駄につき銀五十匁の冥加が藩に上納された(14)。

ところが、以上の一連の前橋糸商人を基軸とする生糸統制政策は、慶応元（一八六五）年十二月、幕府の生糸・蚕種改印令によって後退を余儀なくされる。同令に基づき、前橋における改印は岩鼻駐在の関東郡代役人が担当し、改印手数料は幕府によって直接に徴収されることになったのである(15)。慶応二（一八六六）年五月、藩の諮問に対し、前橋糸商人は、従来の藩への冥加金は二重負担となるため、免除が相当と答申し[16]、五月八日、藩による冥加金徴収は廃止された[17]。

このような状況のもとで、磯田幸次郎と高橋俊助なる人物が、前橋からの生糸を独占的に扱う売込問屋を横浜に出店する計画を藩に出願する。慶応三（一八六七）年九月の両名見込[18]によれば、年間に出荷される領内糸五〇〇駄、前橋糸市で取引されて横浜に出荷される遠国糸を三〇〇駄、前橋から横浜に出荷される糸を合計年間八〇〇駄と見積り、一駄一二〇〇両として九十六万両、一分六厘の口銭を徴収すれば問屋の収入は一万五三六〇両となり、諸入用を引いて六三〇〇両が藩の収入となる。他の問屋へ売込を希望する場合も、一旦この問屋を経由することとする計画であった。

これは、前橋における冥加金徴収が不可能となった藩に対し、横浜での収入増加の可能性を提示するものであったと思われるが、前橋糸商人は、慶応二（一八六六）年五月の口上書において[19]、このような問屋の単一化に反対した。これまで五軒の問屋が競合していたことによって、それぞれが荷主に提供してきた便宜が失われる、問屋の持つ荷為替金融の機能が新問屋では不可能になる、外国商館と横浜売込商が有する諸種の関係や情報が利用できなくなる、などがその理由である。

藩は糸商人仲間の主張を優先して、磯田・高橋の出願を却下した。磯田・高橋はこれに対し、再度願書を提出し、松井喜兵衛ら糸行司が横浜売込商と馴れ合い、冥加金を掠め取っていると批判している[20]。

その後、経緯は不明であるが、慶応三（一八六七）年一一月、磯田・高橋と横浜売込商の協議が行われていることが史料上確認される[21]。この時は、売込商側が冥加金を増額することで複数問屋による引き受けを維持する提案をしているが、結果的に磯田・高橋の問屋出店計画は実現しなかった。

以上、幕末の川越・前橋藩の蚕糸業政策は、前橋糸商人を通じた流通統制を基本的性格とするものであった。糸商人集団の公認の契機が厚紙問題であり、横浜出荷糸の改印に際しても同様の問題が指摘されていることからも明らかな通り、このような統制は、「取締」をその論理とするものであり、一方その内実においては、生糸取引量の増大に寄生して、藩の個別利害＝冥加金徴収を目的とするものであって、生産量それ自体の増大を通じて、地域住民総体の利害を実現するための政策という位置づけを、政策の論理としても、現実の機能としても、与えられていない。その意味で、幕末期川越・前橋藩の蚕糸業政策は、勧業政策としての性格をいまだ有するに至っていない。

## 2　維新期前橋藩の蚕糸業政策

維新後の前橋藩は、藩営売込問屋「敷島屋」の横浜出店（明治二年）、日本最初の器械製糸場＝藩営前橋製糸場の設置（明治三年）など、積極的な施策を相次いで実施する。まず前者から検討してゆこう。

計画の全体像は、明治二年二月の日付を持つ「商法書」(22)に示されている。これによれば資本金は、藩主が出資する十万両、領内商民から募集する二十万両の正金合計三十万両に加え、事実上の藩札である「預り手形」四十五万両を発行して調達する。具体的な事業としては、自己資本による生糸集荷の他、社外の生糸商人（「客商」）に対する前貸も想定されており、この前貸は「預り手形」を貸し付けるものとされている（「預り手形」の兌換は保証）。

貝塚和実はこの藩営売込問屋計画について、藩貿易による収入確保を通じて「解体の危機に瀕している藩体制を建て直すための経済政策」であり、「維新政権の中央集権化政策とは矛盾するものでありながらも、個別藩利害の追求を至上課題として藩貿易が進められていった」と評価した上で、前項で見た慶応二年の磯田・高橋による出店構想が前橋糸商人（「特権的商人」）の反対によって挫折したことをふまえ、前橋糸商人に出資させることによって彼らを取り込むことをはかったものとしている。しかし、前橋商人の出資を求めることによって生じる慶応二年の出店計画と「敷島屋」構想との大きな相違は、むしろその政策の論理が、「取締」の論理の枠から踏み出して、富の総体的増大をめざす勧業政策の論理を持つに至った点にある。「商法書」は、計画の目的を次のように述べる。

皇国ニ而は古来商法未相開不申、商買僅ニ僥倖之小利ヲ謀り一己之私囊ヲ肥シ候為ニ隣里兄弟互ニ相欺キ候事此々皆是ニ御座候、是全商社之良法相開不申処ヨリ右様相成行候義と奉存候、商法之仕法も種々有之趣ニ候得共、大意は皆同理ニ而各々其身分ニ応シ出金致シ、是ヲ以本資と致シ規則相立候上、同心協力商事ニ勉励仕候義ニ御座候、右仕法并規則追々可申上候間、御一読之上御取捨可被下候

諸身分の「同心協力」による共同の利益の確保が、政策の目標として掲げられた点に、幕末期の流通統制との質の転換を見ることができる。

一方藩営製糸場の開設は、明治三年三月、藩命を受けた藩士速水堅曹が、横浜においてスイス商社シーベル・ブレンワルト商会（スイス領事を勤める）と接触し、スイス人技師ミューラーを雇い入れたことに始まる。製糸場は三年七月に開業、同年十月のミューラー解雇以後も速水を中心として経営が続けられた[23]。同製糸場の技術的性格に検討を加えた差波亜紀子が、「敷島屋の業務を通じて、一定の品質の生糸をなるべく多く揃えるという、後に改良座繰が目指した方向の必要性が、明治初年の段階で認識されるに至った」と述べているように、敷島屋との連携のもとに営業を行っていた。両者は一体のものとして、勧業政策の機関を構成していた。

このことは、製糸場・売込問屋経営と並行して領内村方で実施された培桑奨励政策を考慮に入れることによってより明確となる。明治三年から四年にかけて、前橋藩領川島組村々では藩による桑苗の貸付が行われたが、この事業の経緯について、郡中取締の比企郡宮前村鈴木久兵衛は次のような覚書を残している[24]。

当郡中之義は農業一派余業無之地、狭田方多ニ而、経営難渋之処、近年打続違作ニ而、実以活計ニ差支候処ヨリ、御支配　前橋藩ニおゐて、深く御煩慮被遊、有司之者ヨリ被申渡候は、当川嶋郡中之義は余業無之難渋之土地柄ニ付、何れと歟余業之工風可致旨厚御趣意有之候処より、鈴木久平心付を以荒川附字東野町江桑植付、

□《虫損》之一助ニも可相成と原組九ヶ村之役人江申談候処、一統為筋ニ可相成旨落合ニ相成候処、桑植附いたし度も一時桑苗ニ差支候趣一統申居候ニ付、鈴木久平松山陣営御支配江前段之始末申立候所、有司之方々御評議之上、心付之処至極宜敷義ニ可有之間、何様ニも尽力可致旨被命、仍而桑苗之義は御国表前橋より御取寄拝借ニ相成候趣、去巳年秋中御確定ニ相成、然処去臘中鈴木久平義開拓勧農山林掛被命、一層尽力可致之義ニ有之、猶又桑植付之義当郡は不馴之事故、前橋表ヨリ差配之者壱人出張有之候様仕度旨申上候処、御許容之上当二月廿日前橋表ヨリ漆原村百姓斎藤勘十郎と申者為差配出張、久平方ニ滞留、其内桑苗御国表ヨリ松山陣営江着、三月二日・三日両日ニ原組九ヶ村東野町江桑植付ニ相成候事

農間余業の欠如による再生産の不安定性を憂慮した藩当局の指示により、鈴木久兵衛が「荒川附東野町」への桑植付を提案し、「原組」九ヶ村の同意を経た上で、藩から桑苗の貸し付けと上州からの技術指導者の派遣を受けて培桑が開始された、というのである。

史料中の「荒川附東野町」とは三保谷宿村の荒川堤外に広がる三保谷・畑中・牛ヶ谷戸・山ヶ谷戸・表・新堀・吉原・紫竹・宮前九ヶ村の入会地を指し、この九ヶ村が「原組」九ヶ村を構成する。各村ごとの所持反別は定められており、また名寄帳も作成され各農民による個別所持も行われていたが、文政十二（一八二九）年の秣場刈荒一件に際して九ヶ村による番人の設置が行われていること[25]から明らかな通り、入会村々全体による管理の対象とされている耕地であった。このような堤外入会地への桑植付は入会村々による合意を前提として成り立つものであったと思われる[26]。

さて、以上の経緯によって明治三年三月、二万本の桑苗が前橋から借り入れられた。各村ごとの配布内訳は不明であるが、宮前村では一六七〇本を借り入れ、村内十三戸に分配している[27]。翌明治四年には八〇〇〇本が借り入れられ、表3―1の通り各村へ分配された。明治四年分の代金八貫五〇〇文の返済は八月・十二月の二回に渉って行

**表 3-1　明治 4 年の桑苗借入と分配**

| 村　名 | 本　数 | 備　考 |
|---|---|---|
| 三保谷村渡 | 4000 | 三保谷・畑中・牛ヶ谷戸・山ヶ谷戸四ヶ村分 |
| 表　村 | 800 | |
| 上新堀村 | 500 | |
| 吉原村 | 500 | |
| 紫竹村 | 500 | |
| 宮前村 | 1700 | 内 1000 本村方割渡 |
| 合　計 | 8000 | |

出典）「鈴木（庸）家文書」4873.

**表 3-2　明治 3 年宮前村階層構成と桑拝借**

| 所持反別 | 軒　数 | 桑拝借軒数 |
|---|---|---|
| 3 町以上 | 2 | 2 |
| 2 町以上 3 町未満 | 3 | 3 |
| 1 町以上 2 町未満 | 6 | 5 |
| 1 町未満 | 20 | 3 |
| 合　計 | 31 | 13 |

出典）「鈴木（庸）家文書」4828, 5154, 5153.

われている。(28)

宮前村における階層構成と桑苗借入の関係を示したものが表 3―2 である。一町以上十一名の内十名が桑苗を借り入れているのに対し、一町未満二十名に対して借入人は三名にすぎない。所持反別上層への集中が顕著である。

このような桑苗貸付の経緯からは、この貸付が基本的に村を単位として行われたことが看取される。勧業政策が村請制システムに依存しているのである。また、この桑苗貸付政策は、必ずしも順調に当該地域に定着を見たわけではないようである。松山陣屋詰役人は、明治四年一月九日鈴木久兵衛宛の書状で「兼而伝承致候桑苗植付之義見込相立申出候様過日孫一郎（猪鼻、肝煎役、引用者）江申送り候処、未タ何共不申出、最早時節ニ移候間、聢と見込相立結末早急可被申出者也」と桑苗引取の見込み中立を求めており、次いで一月二十五日付書状では「其郡中江桑苗植付之義ニ付先達而東京ニ有之候苗三千本引取候事ニ治定有之由、右苗木最早引取候哉、未タ其侭ニ相成居候哉、至急可被申出者也」と引取有無の確認を督促している。(29) 村請制システムによって村を単位に桑苗を貸し付けたとしても、それに反応しうるのは村内の富裕層にとどまり、地域住民総体の富の増大をもたらすことはできなかったのである。

以上、明治二―四年の前橋藩の蚕糸業政策は、幕末期のそれと政策の手法において連続しつつも、その意義づけにおいて大きく変化していることが明らかとなった。政策目標には、単なる流通の「取締」のみではなく、富の総体的増大を通じて被支配住民も含めた利益の実現がかかげられる。そして培桑奨励において見られる通り、それは富の総体的増大を目指す住民、とりわけ富のゼロ・サム的再分配を強制される位置にあった富裕者の志向と結合する契機を持つ。第一章でみたような、前橋藩と川島組惣代の協調的関係は、このような背景を持っていたのである。

しかし、このような前橋藩の勧業政策は、藩がそれ自身資本としての運動の主体となるか（藩営売込問屋・藩営製糸場）、被支配身分集団である村が主体となるか（培桑奨励）、という二元的構造をとるという特徴を持っている。すなわち、権力の身分制的編成の下における勧業政策は、市場によって実現される利得を前提としつつも、市場参加者が政治的集団として規定され、その政治的主体の行為として政策自体が位置づけられている。換言すれば、権力の身分制的編成＝政治社会と市民社会の未分離状況においては、政治的主体から分離された経済的主体それ自体の行動の場としての市場は、政治権力の政策対象として対自化されえない。前橋藩がその主観的政策意図において政策の意味づけを転換させたとしても、権力の身分制的編成が揚棄されない以上、統治者身分集団と被統治者身分集団のこのような分離は、勧業政策の構造を規定し続けるのである。

## 二　安石代廃止と勧業資金

### 1　廃藩置県と培桑強制構想

明治四年七月の廃藩置県と、明治四年十一月の府県統合の結果、旧前橋藩領の大部分は群馬県と入間県に分割された。

前橋藩営事業を引き継いだ群馬県は、一旦藩営諸事業を整理する方向へ向った。藩営製糸場は一時的に県の管理下に置かれた後、明治六年一月小野組へ払い下げられ[30]、敷島屋も明治六年前後に閉店したものと思われる[31]。これら諸事業で中心的役割を果たしていた前橋藩士速水堅曹は引続き群馬県に出仕していたが、明治六年一月、県令青山貞より福島県へ行くよう求められる。これは二本松製糸場の建設を計画していた福島県令安場保和の依頼を受けたものであったが、速水は後年「生糸ノ改良ヲ謀ル者ヲ前橋ヨリ福島ニ行ケトハ可驚ノ県令ナリ[32]」とこの福島行きが不本意であったことを記している。

新たな蚕糸業政策が開始される契機は、明治六年二月河瀬秀治が群馬県令兼入間県令に就任し、次いで五月、群馬・入間両県の合併により熊谷県が成立したことによってもたらされた。速水は「県令ハ青山氏ナリシカ、昨今代リ河瀬県令トナリ製糸改良ニ専有意[33]」と県令の交代が政策動向の転換につながったと述べている。その河瀬にとって、安石代廃止間金が格好の財源を提供したのである。

近世期に各地で慣習的に行われてきた市場価格より低い価格による貢租の貨幣納入＝安石代は、明治五年八月太政官第二二二号によって全面的に廃止されることとなった。関東地方では、いわゆる「関東畑永法[34]」により徴収されてきた畑方貢租が増徴となった[35]。この措置は全くの貢租増徴にほかならないから、納税者の反発は必至であった。そこで明治五年九月二十七日、大蔵大輔井上馨は正院に「従来安石代ノ甘ヲ以却テ惰農相成居改正ノ際或ハ怨嗟イタシ、自ラ営業ヲ失シ候者モ有之」から、府県ごとに増税額の二割を勧業資金として下付することを提案し、これは同年十月二日正院の裁可を得た[36]。

これに応えて明治六年三月、入間県令河瀬秀治・同権参事堀小四郎は、大蔵省租税頭陸奥宗光に「勧業授産之法見込書[37]」を提出し、勧業資金下付を願い出た。ここでの河瀬の構想は、管内畑反別六万五五六五五町余の半分、三万二八二七町五反余を桑・茶の植付対象地とし、今年度はその十分の一、三二八二町七反余に桑を植え付け、費用の三分の一、一万〇一四二円を官費＝増租間金から貸し付け、残る二万〇二八五円は民費から支出するというものであった。貸付金は二年間据え置き、三年目から三ヶ年賦で返済させ、返済次第に新規貸付を行って桑植付地の拡大を図る計画であった。河瀬の見込みによれば、現在の最高作徳一反あたり一年二円五十銭に対して、桑植付後の収入は二十円から三十円に上ると考えられ、税収もそれに応じて増大するとしている。

河瀬のこの壮大な計画は権力的強制を伴うものであった。

> 先ツ管内中荒川・利根川左右其他適宜之地を降手之始とし、郷中反別ニ応し分課せしめ、忽ニなすものは罰として右官民施行上ニ不関、凡十坪以上を惰ルものは費金之半を収入し、兼而村中戸副長等世話方之ものを置き、官員巡村して其勤惰を督責し、罰金之内半ハ世話方之もの江被下、半ハ資本江加へ

植付地は反別比例で強制的に割り当てられ、栽培を怠るものからは罰金を取り立てるというのである。

河瀬は後述の明治六年十月二十日の上申書において、この伺書を「既旧入間県ニ於テハ前官ニ於テ見込相立転住之際申送之趣ニ依リ一応相伺候様御指令ノ御旨趣モ有之、旁再考仕候エハ一般容易ニ難取行事情」と、前県令（沢簡徳）の立案にかかるものとしているが、河瀬自身もこのプランの方向自体に否定的でなかったことは、その後十一月二十一日に大区会議に提出した議案「用水路ノ費用ヲ省キ田ヲ変シテ畑ト為スヘキノ議」[38]（大区会議の議決を経て、十二月三日管下に布達）[39]から明らかである。これは「方今ノ形勢ニ至リ未タ其実遍ネカラスト雖モ、人身ノ健康ヲ保持スルニ於ケル、肉食ニ非レハ最上ノ食品トナスヘカラサルハ粗人民ノ覚知スル所」と、米穀から肉食への食物の転換を予測して、水田を培桑地に転換し、それによって用水路費用の節約を図るという計画であり、ここから河瀬が、権力的に田畑を培桑地に転換することは可能であり、また必要であるという政策志向を持ち続けていたことが知られるのである。

この強制的培桑計画は、住民を商品生産に従事させることによって富の総体的増大を追求するものであって、商

品流通を通じた社会的分業の結合が、地域住民の福祉に寄与しうるという認識が前提となっている。しかし、戸長の関与が言及されているように、その参加者は村請制村落を通じて創出される。いわば、村請制村落を通じた商品生産の強制である。(40)この点において河瀬の計画は、維新期前橋藩の培桑奨励と同様の性格を有しているが、前橋藩のそれが一部富裕層の反応を引き出したにとどまり、住民全体の共通した利益を設定できなかったという同じ問題に直面することになるだろう。そしてそれが膨大な民費負担を伴い、かつ強制力をもって実行されるとすれば、村請制村における戸長と村方小前の対立を深刻に激化させることになるであろうことは、容易に推測される。河瀬の伺に対する租税頭陸奥宗光の明治六年四月十九日の指令は、趣旨はもっともであるが、「人民心伏不致ニ強而承諾為致候様ニ而ハ不都合ニ付、篤ク奨励之道相尽し、人民於而も希望いたし且貢租額増減も無之上は実地施行之順序規則等詳細取調可申出」と、人民の反発に懸念を示し、また罰金の名称は不適当なので、「右之内世話方之もの共手当等之費用」という名目を付すよう指示している。

## 2　勧業資金貸与の論理

明治六年十月二十日の再上申「製糸器械新造ニ付勧業資本金拝借之儀伺書」(41)で河瀬が代案として示したのは、勧業資金の器械製糸場への貸与であった。佐位郡伊勢崎町小暮求三郎への六〇〇〇円貸与の上申は十一月二十日聞届となり、以下、表3—3の通り順次貸与が行われた。明治九年八月、熊谷県が廃止され、管下武蔵国は埼玉県へ移管となると、埼玉県においても引き続き勧業資金の貸与が実施された（明治九年八月以前の旧埼玉県においては貸付は実施されず）。後述の通りこの制度が廃止されるのは明治二十二年であるが、データが揃う明治十六年までの貸与をまとめたものが表3—4である。

表3—3中の星野長太郎＝水沼製糸場の場合について、その貸与の論理を検討してみよう。星野自身によれば、

**表 3-3　熊谷県における勧業資金貸与**

| 出願(指令)年月日 | 会社名・出願者名 | 所在地・居住地 | 業　種 | 貸与金額(円) | 備　　考 |
|---|---|---|---|---|---|
| (明治6年11月20日) | 小暮求三郎 | 佐位郡伊勢崎町 | 製　糸 | 3000 | 当初6000円予定. 3000円返上 |
| 明治6年11月23日 | 星野長太郎(水沼製糸場) | 勢多郡水沼村 | 製　糸 | 3000 | |
| (明治7年6月30日) | 深沢雄象・桑島新 | 前橋町 | 製　糸 | 10421 | 士　族 |
| (明治8年9月27日) | 狭山会社 | 入間郡黒須村 | 製　茶 | 3000 | 小暮返上の3000円 |

出典)「群馬県庁文書」94, 162.

**表 3-4　埼玉県における勧業資金出願・貸与**

| 出願(指令)年月日 | 会社名・出願者名 | 所在地・居住地 | 業　種 | 貸与金額(円) | 備　　考 |
|---|---|---|---|---|---|
| 明治9年7月 | 狭山会社 | 入間郡黒須村 | 製　茶 | 10000 | 熊谷県より引継 |
| 明治10年5月10日 | 上広瀬村製糸場(暢業社) | 高麗郡上広瀬村 | 製　糸 | 5000 | |
| 明治10年8月15日 | 薄村製糸場 | 秩父郡薄村 | 製　糸 | 1000 | |
| 明治10年12月 | 鈴木徳太郎 | 葛飾郡彦江村 | 製　糸 | 不許可 | |
| 明治11年2月6日 | 大河原会社 | 比企郡青山村 | 製　紙 | 5000 | |
| 明治11年4月13日 | 堀越義顕 | 幡羅郡妻沼村 | 製　糸 | 不許可 | |
| 明治11年11月29日 | 河野恵助 | 足立郡糠田村 | 製　糸 | 3000 | |
| 明治12年7月7日 | 松山製糸会社 | 比企郡松山町 | 製　糸 | 5000 | 士　族 |
| 明治12年10月 | 小沢茂兵衛 | 入間郡小室村 | 製　糸 | 500 | |
| 明治13年5月29日 | 児玉精糸会社 | 児玉郡児玉町 | 製　糸 | 1000 | |
| 明治13年7月4日 | 精糸川洲社 | 比企郡釘無村 | 製　糸 | 不許可 | |
| 明治13年9月25日 | 三芳野会社 | 入間郡川越町 | 製　糸 | 1000 | 士　族 |
| 明治13年11月16日 | 川島精糸会社 | 比企郡出丸中郷 | 製　糸 | 1000 | |
| (明治13年12月21日) | 七宝焼工場 | 北足立郡大宮宿 | 七宝焼 | 500 | |
| 明治14年1月21日 | 小谷製糸場 | 北足立郡小谷村 | 製　糸 | 500 | |
| 明治15年5月8日 | 埼玉精糸会社 | 北埼玉郡下手子林村 | 製　糸 | 1000 | |
| (明治15年6月17日) | 忍行社 | 北埼玉郡行田宿 | 足袋裏 | 1000 | 士　族 |
| 明治16年5月22日 | 三峰村・大滝村人民惣代 | 秩父郡三峰村・大滝村 | 引物細工 | 不許可 | |

出典)「埼玉県行政文書」明1504-1510, 明1529.

彼が製糸を志した理由は以下のようなものであったという。(42)

> 天明・天保ノ大凶歳ノ如キ祖父長兵衛・父弥平等ガ、家産ヲ傾ケ窮民ヲ賑恤セシコト数々ニシテ、其救護ノ道ニ苦ミタルノ談常ニ耳朶ニアルヲ以テ、長太郎ハ平時是ガ予防策ヲ確立センコトヲ欲シ、其方法ヲ考フルニ、耕耘ノ道未ダ尽サヾル所アリ、先ヅ農事改革ヲ行フニ如カズト、乃其如何ヲ実際ニ験セントテ、文久元年ノ頃ヨリ専ラ力ヲ農事ニ傾ケ、自汗シテ農夫ト共ニ励ミシガ、終歳労力ノ収益ハ使役ノ農夫ニ給スルニ足ラズ、出入相償ハズ、……（中略）……長太郎思ヒラク我地方ノ形勢タル赤城山麓ニ位シ、四面皆山ニテ囲ミ水田ニ乏シク多クハ磽确ノ粗畑ナリ、之ヲ以テ到底普通農作ノミニテハ経済ヲ営ム能ハズ、況ヤ凶荒ノ予備ヲヤ、而シテ蚕糸ノ事業ハ古来土地ノ物産ニシテ、疲瘠ノ畑地モ善ク桑樹ニ適シ、到ル所養蚕ヲナサヾル家ナシ、又渓水極メテ純良ニシテ能ク製糸ニ適シ、有名ノ精糸ヲ出セリ、此二業ヲ拡張セバ又大イニ経済ヲ補助シ、且剰余ノ利益ヲ収ムルヲ得ベシト、乃断然方向ヲ斯業ニ転ゼリ

天明・天保の飢饉に際して窮民救助への支出が星野家の経営を圧迫し、その「予防策」としてまず「農事改革」が、次いで蚕糸業への進出が図られたというのである。星野家の経営が各種の救済的な支出によって圧迫されていたことは、近世中後期の同家の経営を分析した丑木幸男によっても確認されており(43)、救恤の有産者への転嫁による富のゼロ・サム的再分配の隘路を打開するものとして蚕糸業導入がはかられたと言えよう。

星野は明治五年、旧藩営前橋製糸場で速水堅曹から製糸伝習を受け、明治六年に居村勢多郡水沼村に器械製糸場の建設に着手した。そして、明治六年十一月、開業に際して熊谷県に勧業資金三千円の下付を願い出たのである(44)。熊谷県は、明治六年十一月二十九日に内務省に伺(45)を提出して星野の願書を進達したが、その際熊谷県は「徒ニ一己之利益上ノミニ不拘、偏ニ近隣之耳目勧誘之一助御国益増加之基ト相成候様致度心掛之趣」、「同地方之儀は殆ト頑乎之人情、此際官府之御補助ヲ蒙リ官有之製糸場ト為相心得一同大切ニ勉励仕候得は、同人之素願は勿論、御国益

盛大之基勧業之御趣意モ共ニ貫徹可申奉存候」と官費支出を正当化している。社会の富の総体的増大という政策目標の手段として、個別資本である星野へ資金を貸与することは、星野が、「頑乎」な「近隣」の「耳目」を「勧誘」し、「国益」の増大に寄与するということによって正当化されているわけである。

村請制システムを通じた培桑強制が挫折したとき、個別資本への資金貸与が登場することは、維新期の前橋藩と同様に、勧業政策の二元的構造が廃棄されていないことを意味している。すなわち、被統治身分集団を主体とする勧業政策が不可能であるとすれば、勧業資本は、それ自体個別資本として活動させるほかないが、県営事業によって県がみずからそれを使用しない場合[46]、星野のような「先覚者」が統治者集団に代位することになる。そして、個別資本の運動が住民全体の富の増大に寄与しうる、という主張の根拠は、その資本が「先覚者」として住民全体の模範たりうる、という点に求められる。「先覚者」という主体位置が統治者集団の役割を擬似的に果たすことが期待されるのである[47]。

この点とかかわって特徴的なのは、とりわけ熊谷県廃県後の埼玉県において、繭を他県に移出することが繰り返し問題視されていることである。やや時期が下るが、たとえば明治十三年五月の精糸川洲社の貸与願書[48]は「未タ良繭ヲ収メテ而テ良糸ヲ製スルコトヲ知ラス、徒ニ廉価ヲ以テ他郷ニ輸タシ、他人致富ノ資本ト為スニ過キス、豈遺憾ナラサランヤ」、また明治十三年十一月の川島精糸会社願書[49]は「私共此良繭ヲ収メ空シク他県・他国ノ人ニ購求シ去ラル、ヲ屑トセズ」と述べ、当該地域において繭生産に対応する製糸業が発展していないことを問題視する。なお、両者はともに第一章で見た比企郡川島領村々の旧村役人・戸長らが中心となって設立した製糸会社である[50]。

しかし、蚕糸業の展開を通じたある地域の富の総体的な増大は、必ずしも繭・糸の一貫生産を行わなければ実現できないというわけではない。中林真幸が指摘した通り、「在来・養蚕製糸農家にとって、原料繭供給が在来糸生産よりも有利」であるならば、製糸家による繭の買い叩きといった事態を回避して原料繭供給に特化した成長を実現することは可能であり、実際明治二十年前後から、埼玉県においては典型的にそのような成長が見られたのである。中林はその際重要な条件となるのが、輸送基盤の整備による市場の統合であると指摘している[51]。

それではなぜ、この時点の勧業政策は、輸送基盤などの社会資本整備の方向には向かわずに、個別製糸資本への貸与という方向を採るのであろうか。それは、統治身分集団・被統治身分集団という二元的な権力の構成、それに基づく二元的な勧業政策の構造が、社会資本整備という課題を有効に処理することができないからである。

まず、問題を量的にとらえてみるならば、熊谷県全体で総額二万円余の増租間金が、鉄道・道路建設といった社会資本整備に有効に使用するには寡少であることは明らかであろう。この額は、後の埼玉県における地方税土木費・町村土木補助費の一年分にも満たない[52]。そして官費は全体として狭隘であり、諸先学が明らかにしてきた通り、中央政府は土木費補助金を絶えず縮小する志向を有していた[53]。そこでの資金投下は常に選択的なもので、たとえば当該地域でいえば起業公債による清水越道開鑿がこのケースにあたる。

そして地方税は未だ成立していない。利用可能な財源として残されるのは民費のみである。有泉貞夫が指摘した通り、地方税の成立以前において地方官が利用することのできる財源は狭隘であった。しかし、問題は単に量的なものにとどまっていないことに留意しなければならない。税源と事業の対応関係という点から言えば、当該期の民費と三新法期の地方税はほぼ同様の領域を覆っている[54]。にもかかわらず、民費と地方税とでは、それを支える政治権力の構造が異なっているのである。

実際に、民費負担による交通網整備の試みがなされなかったわけではない。すでに第一章で瞥見した熊谷県による道路修繕事業がそれである。明治六年十月二十一日、大区会議に提出された議案「道路ヲ開き農車ヲ発行スルノ議[55]」は、次のように述べている。

道路ハ人民依テ交通スル所、物産ノ随テ起ル所ニシテ経国之要務今更言ヲ待タス、然ルニ維新以前各藩各区々峙立相互ニ其境界ヲ守リ甚キハ関門ヲ鎖シ勉テ嶮難ノ地ニ道路を設テ術ノ得タルモノトスルモ亦兵馬ノ余習時勢ノ然ラシルモノナリ、(ママ)然リト雖モ之カ為ニ全国ノ経脈ヲ遮リ、人民ノ交際ヲ妨ケ、物産ノ輸出入ヲ支へ、随テ物価ノ平均ヲ失ヒ、自然一般ノ民情ニ於テモ孤独ニ安シ、管見ニ慣レ大ニ人生ノ本分ヲ誤リ国家富饒ノ基ヲ失ス、今や四海一家ノ世運ニ会シ豈鋭意勉励セサルヘケンヤ、抑人民ノ本然広ク各人ノ交際ヲ開キ信実ヲ以テ其主本トシ、農者ハ織者ニ通シテ衣ニ足リ、織者ハ農者ニ交テ食ニ飽キ、遠キも近ク接シ遅キモ速カニ応シテ百般ノ供用欠クコトナク、初メテ人民相互ニ公福ヲ得、其志ヲ遂クルコトヲ得ルト否ルトハ畢竟道路ノ難易ニ関ル、頗ル至大ノ要務ニ非ランヤ、既ニ壬申年公布ノ旨も有之、旧県ニおゐても専ラ注意着手セシ跡ヲ逐ヒ、益其業ヲ継キ其志ヲ伸へ本年収入聊農隙ノ際管下一般協力大ニ道路之修繕ヲ加へ、難ヲ変シテ易トナシ、狭ヲ換ヘテ広トナシ、曲ヲ正シテ直トナシ、各地ノ形勢ニ応シ適宜方法ヲ定メ往々人馬労疲ヲ省キ農車流行独リ運輸ノ便ノミナラス人々交際親密、家々産業盛大ノ基、国是ノ初歩ヲ斯ニ開業センコトヲ希望ス

交通網整備が、「物価ノ平均」に寄与し、勧業政策の一環たりうることはすでにこの時点で当局者によって自覚されている。しかし、第一章で見た通りこの議案の実行は最終的に村レベルでの意思決定にまで下降することとなり、実際には村々による個別の道路修繕が行われたのみであった。それも副区長たちが村々のサボタージュを危惧しなければならない状況下においてである。身分制的権力編成において、個々の身分集団である村をこえたレベルに、利害を共有するような政治システムが存在しない以上、市場システムの安定的機能に寄与するような社会資本整備は不可能なのである。

かくして、勧業資本は直接に個別資本として使用されるよりほかに選択肢はない。そして、結果的には、資金の貸与を受けた経営はほとんどが失敗し、貸付金の返済はしばしば滞り、経営行き詰まりを理由とする追加の資金貸与さえ行われた。星野長太郎は明治八年四月、資本金欠乏を理由として五〇〇〇円の追加貸渡を歎願(明治九年二月

聞届）しているが、[56]翌九年九月には工場閉鎖願いを出すに至っており（実際に閉鎖はせず）[57]、十一年四月にも一万円の追加貸下げを受けている。[58]入間郡上広瀬村清水宗徳の暢業社も、明治十一年七月に二十ヶ年賦返納を出願、同年十二月五ヶ年賦返納を許可されたものの、[59]十三年には十ヶ年賦へ返済期間延長を出願し、聞届けられた。[60]

結局明治二十二年に至り、会計法の施行と議会開設を前に政府は諸貸付金の全面的整理に着手し、壬申増租間金による勧業資金貸与（「府県委託金」）もこの整理の対象とされた。[61]明治二十二年三月十二日の大蔵大臣内訓によって、この時点での貸付残額は、「年賦一割利引一時返納法」（貸付総額を年賦返納に換算した上で、それを一時に返済したものとみなして複利計算で割り引く方法）により、八十ヶ年賦までの年賦一時返納として処理されることとなり、[62]実質的には相当部分が棄捐されることとなった（明治二十二年年七月時点で、埼玉県の貸付総額二万一四二八円七十七銭五厘、内返済一五三一円八十七銭五厘、一時返納金四四四八円十九銭一厘、利引金＝棄捐分一万五四四八円七十銭九厘）[63]。

明治十一年十一月、内務大書記官に転じていた河瀬秀治に対し、内務卿伊藤博文は、官費による勧業資金貸与に関する一定の基準を立案するよう命じた。しかし提出された河瀬の意見は、基準を設けることそれ自体に否定的なものであった。[64]河瀬は言う。

勧業ノ術タル製産ニ係ルト貿易ニ係ルトヲ論セズ、之ヲ実施スルトキハ或ハ東ニ厚クシテ而シテ西ニ薄ク或ハ彼レニ施サズシテ此ニ行フニ至ルハ蓋シ避ク可カラサルノ通患ニシテ、就中彼ノ貸資法ノ如キニ至テハ則其患最モ著明ニシテ人心ニ感シ易キ者トス、如何トナレハ其金額タル皆人民一般ノ租税ヨリ出ルモノニシテ、之ヲ貸与スルハ乃チ一人又ハ一社ノ望ヲ充タシムルノ状アルヲ以テナリ、是ヲ以テ仮令幾百条ノ規則ヲ制スルモ、到底貸与ノ施行ヲ廃止スルニアラサレハ、則金額ノ多少ヲ問ハス其方法ノ如何ニ拘ハラズ、決シテ偏厚偏薄ノ外観ヲ免ルベカラズ、故ニ若シ唯此患ヲ免ンコトヲ切望スルトキハ、則断然貸資ノ方策ヲ廃止スルノ一法アルノミ、復タ他ニ良策アルヲ知ラズ、然レドモ本邦ノ状況固ヨリ之ヲ廃止スルコト能ハサルハ閣下ノ素ヨリ深ク熟知セラル、所……（中略）……
故ニ貸資与奪ノ権ハ全ク閣下等ノ胸臆ニ存シ、他ノ人民ハ勿論官吏ト雖モ其如何ヲ量知シ得ザルモノトナシ、苟モ其事アルニ臨デハ決シテ之ヲ普通ノ常務ト混淆同視セス、閣下自ラ其得失ヲ審案シ、奏績ノ責ハ親シク負担セラルベキ程ノ精神ヲ以テ英決スベキノ外他ノ良策アルヲ見サルナリ

河瀬によれば、個別資本への貸与は客観的なルールによって律することは不可能であり、「英決」して「責ハ親シク負担」するよりほかない性格のものであった。勧業資本が個別資本として使用される以上、政策の成否は個別資本の成否に左右される。そして個別資本の成否は偶然であり、一定の基準による事前の審査を行ったとしても結果を保証することはできない。政策の成否は偶然に依拠する、一種の賭けと化してしまうのである。

## むすび

富の総体的増大をめざす政策としての勧業政策は、個別資本への貸与以外の選択肢を持たないことによって、失敗に帰した。「英決」する地方官と先覚者という組み合わせは、結局、その資本の個別性に由来する恣意性と、「偏厚偏薄ノ外観」を免れることができない。換言すれば、「英決」する地方官と先覚者という主体位置は、「従属諸集団に対して、他の従属諸集団の利害となることができるし、また必然的にそうなる、という意識」を獲得させることができないという意味で、住民に対するヘゲモニー関係を生成することができないのである。このことは「先覚者」に対応する従属的な主体位置が、「愚民」としてしか表現されなかったことに端的に示されている。

問題は、このような主体位置のあり方が、最終的には身分制的権力編成の構造そのものによって規定されていることであった。身分制的権力編成によって発生する、身分集団内のゼロ・サム的再分配を回避するための方策とし

ての勧業政策は、結局身分制的権力編成それ自体の限界に直面することになるのである。

こうして、もはや身分制的権力編成それ自体が、変革の対象とされなければならない。次章では、三新法による地方税と府県会の導入、それに続く町村制度の改編、そして「明治地方自治体制」の成立が、身分集団を単位とする権力編成を最終的に解体してゆく過程を検討する。そして、そのようにして成立した新たな権力編成の下でいかなる勧業政策が可能となったのかについては、改めて第六章で見ることとしたい。

(1) 有泉貞夫『明治政治史の基礎過程』(吉川弘文館、一九八〇年)。
(2) 斎藤修「地方レベルの殖産興業政策」(梅村又次・中村隆英編『松方財政と殖産興業政策』、国際連合大学、一九八三年、所収)。
(3) 貝塚和実「幕末維新期における前橋藩の生糸統制政策」(『地方史研究』一六五、一九八〇年)。
(4) 『前橋藩松平家記録　第二十六巻』(前橋市立図書館、二〇〇二年)、一一五頁。
(5) 『桐生織物史　中巻』(桐生織物同業組合、一九三八年)、一二六頁。
(6) 注(4)前掲史料、一一六頁。
(7) 注(5)前掲史料、一三六頁。
(8) 注(4)前掲史料、二七〇頁。
(9) 『前橋市史　第六巻』(一九八五年)、一〇三六頁。
(10) 『横浜市史　第二巻』(一九五九年)、三六七頁、『大日本古文書　幕末外国関係文書　巻之四十八』(東京大学史料編纂所、二〇〇一年)、四二五頁。
(11) 『前橋藩松平家記録　第二十七巻』(前橋市立図書館、二〇〇二年)、四〇頁。
(12) 注(9)前掲書、一〇三九頁。
(13) 同上書、一〇四一頁。
(14) 『群馬県史　資料編一四』(一九八六年)、五一〇頁。
(15) 『前橋藩松平家記録　第三十四巻』(前橋市立図書館、二〇〇五年)、二八〇頁。
(16) 『前橋市史　第三巻』(一九七五年)、五〇〇頁。

(17)『前橋藩松平家記録　第三十五巻』(前橋市立図書館、二〇〇五年)、二二一頁。
(18)注(14)前掲書、五一〇頁。
(19)同上書、五〇七頁。
(20)注(16)前掲書、五〇八頁。
(21)同上書、五一二頁。
(22)同上書、五一四頁。
(23)同製糸場については、『群馬県史　通史編八』(一九八九年)、および差波亜紀子「初期輸出向け生糸の品質管理問題」(『史学雑誌』一〇五―一〇、一九九六年)。
(24)「御用日記」(「鈴木(庸)家文書」、埼玉県立文書館寄託、一五)。
(25)「荒川附東野町茅秣刈荒シ一件」(「鈴木(庸)家文書」五三)。
(26)荒川周辺村々において、堤外地を培桑地に利用するのは、当該期に広く見られた現象であったようだ。蚕種大惣代を勤めた鯨井勘衛がその先駆者であったとされている(「農工商・会社・逓信・統計・気象」、「埼玉県行政文書」、埼玉県立文書館所蔵、明一五一三)。また、大里郡大麻生村においても同様に、割地の対象として村の強い規制の下にある堤外地が桑畑となっている(舟橋明宏「養蚕業の発達と村落共同体」、渡辺尚志編『近代移行期の名望家と地域・国家』、名著出版、二〇〇六年、所収)。
(27)「御拝借桑苗割渡帳」(「鈴木(庸)家文書」四八二八)。
(28)「桑苗代当金納割合帳」(「鈴木(庸)家文書」四八七二)。
(29)「御用日記」(「鈴木(庸)家文書」一六)。
(30)小野組前橋製糸場については、宮本又次『小野組の研究　第三巻』(大原新生社、一九七〇年)および差波、注(23)前掲論文。
(31)貝塚、注(3)前掲論文。
(32)「速水堅曹履歴抜粋」(「速水家文書」、群馬県立文書館所蔵、一)。
(33)同上史料。
(34)畑方年貢を石高ではなく永高により徴収する貢租法。永高が長期間にわたって据え置かれたため結果的に低額貢租となった。「関東畑永法」については、神立孝一『近世村落の経済構造』(吉川弘文館、二〇〇三年)第I部第二章「関東「畑方永納制」の成立と変遷」。
(35)入間・熊谷県管下畑方貢租は原則二倍の増徴であった(佐々木寛司「租税金納化の進展と壬申地券の交付」、『埼玉地方史』四、一九七七年)。後述する通り熊谷県に交付された増租二割の勧業資金の総額は一万九四二一円であったから、増租総額は九万七千円余に上ったものと推計される。

(36) 「公文録　壬申十月大蔵省伺一」(国立公文書館所蔵、二A—九—公六五四)。

(37) 「農商・逓信・統計」(「埼玉県行政文書」、埼玉県立文書館所蔵、明一五〇一)。

(38) 「明治六年十一月二十一日大区会議之節書類」(「鈴木(庸)家文書」五六七八)。

(39) 「管下布達留」(「埼玉県行政文書」明一〇一)。

(40) 村と商品流通の関係については、原直史『日本近世の地域と流通』(山川出版社、一九九六年)、渡辺尚志『近世村落の特質と展開』(校倉書房、一九九八年)などが、商品流通が直ちに村落共同体の解体を導くわけではないこと、むしろ村が農民的商品生産の展開を保護する役割を果たしたことに注目すべきであると主張している。正当な主張であると考えるが、明治初年の段階で問題になっているのは、もはや解体過程にある村に、商品生産の単位たることを求めるという事態であると筆者は考える。

(41) 「御指令本書」(「群馬県庁文書」、国文学研究資料館所蔵、九四)。

(42) 「星野長太郎事蹟」(『群馬県史　資料編二三』、一九八五年、三〇六頁)。

(43) 丑木幸男『地方名望家の成長』(柏書房、二〇〇〇年)。また、星野長太郎の履歴と長太郎の直輸出運動への関係については、富澤一弘『生糸直輸出奨励法の研究』(日本経済評論社、二〇〇二年)に詳しい。

(44) 「公文録　明治九年二月内務省伺三」(二A—九—公一八三〇)。

(45) 「官省御指令本書」(「群馬県庁文書」一六二)。

(46) もちろん県営事業を行うことも可能であった。有泉貞夫が取り上げた藤村紫朗山梨県令による県営製糸場がまさにそれである。ここでの選択は県令の個別の判断によることになるが、有泉が明らかにした通り、県営製糸場は、経営的に成功すれば民間と競合するという批判を招くことになる。有泉、注(1)前掲書参照。

(47) 熊谷県の勧業資金貸与と維新期前橋藩の蚕糸業政策は、人的・技術的にも連続性が強い。すでに見た通り星野長太郎が前橋製糸場で伝習を受けている他、関根製糸場の深沢雄象はかつて前橋藩大参事として蚕糸業政策の責任者だった人物であり、埼玉県の製糸場でも清水宗徳の創業した上広瀬村製糸場(暢業社)がその関根製糸場において女工の伝習を受けている(また清水は鈴木久兵衛とならんで前橋藩郡中取締役の一人であった)。

(48) 「農工商・会社・逓信・統計」(「埼玉県行政文書」明一五〇八)。

(49) 同上史料。

(50) 川島精糸会社の社長・今井半左衛門（出丸中郷）は副区長、取締役・谷島半平（出丸中郷）は旧川島分界頭取名主、精糸川洲社社長・田中次平（三保谷宿）は旧川島組大惣代、副社長・大沢庄平は旧川島分界頭取名主（「埼玉県行政文書」明一五〇八、「鈴木（庸）家文書」一五、『新編埼玉県史　資料編一九』、一六五頁）。
(51) 中林真幸『近代資本主義の組織』（東京大学出版会、二〇〇三年）、第三章。
(52) 第六章参照。
(53) 有泉、注(1)前掲書、御厨貴『明治国家形成と地方経営』（東京大学出版会、一九八〇年）、長妻廣至『補助金の社会史』（人文書院、二〇〇一年）。
(54) 久留島浩「「地方税」の歴史的前提」（『歴史学研究』六五二、一九九三年）。ただし、久留島はこの点をもって近世の組合村入用・「大区小区制」期の民費・三新法期の地方税の三者の連続性を主張している。筆者はむしろ、前二者と地方税の質の違いがここから導出できると考えている。
(55) 「明治六年十月二十一日大区会議之節」（「鈴木（庸）家文書」五六八二）。
(56) 注(44)前掲史料。
(57) 『群馬県史　資料編二三』（一九八五年）、三二〇頁。
(58) 同上書、三二六頁。
(59) 「農工商・農工商会・会社・逓信・牧畜・統計」（「埼玉県行政文書」明一五〇六）。
(60) 注(48)前掲史料。
(61) 「公文類聚　第十三編第二十八巻」（国立公文書館所蔵、二A—一一—類四一三）。
(62) 貸付金処分については、士族授産金を中心としたものであるが、吉川秀造『士族授産の研究』（有斐閣、一九三五年）に概要の説明がある。
(63) 「国庫雑部」（「埼玉県行政文書」明一六五〇）。
(64) 「大隈文書」（早稲田大学図書館所蔵）Ａ一二九一。ただし、ここで主として念頭におかれているのは、安石代増租間金＝「府県委託金」による貸付ではなく、国庫から直接に支出される個別資本への貸付（新燧社、広業商会、起立工商会社など）であるが、同様の論理は府県委託金にも当てはまる（責を負うべき主体が内務・大蔵両卿ではなく地方官であるという点が異なる）。

# 第II部　近代的地方制度の形成

# 第四章　連合戸長役場から「行政村」へ

## はじめに

本章では、明治十一年のいわゆる三新法（郡区町村編制法・地方税規則・府県会規則）の制定による府県会の設置と地方税の創出に始まり、明治十七年の改革による連合戸長役場制の全面的導入を経て、明治二十一年の市制・町村制の公布、それに続く町村合併に至る一連の制度的変容の過程を検討する。第一章に続き、狭義の制度史的方法によって、この制度変容を通じて変わったものは何か、という問いに答えることがここでの課題である。

すでにここまでの検討を通じて、この十年間の変化の起点として存在していた制度の性格について、われわれは一定の知見を持っている。それは、統治者集団が被統治者集団と分離し、それぞれが身分的性格を持つ社会集団として存在しているような社会の分節のあり方であり、本書でこれまで「身分制的権力編成」と呼んできたものである。それに即して、府県や大区・小区といったレベルに形成される機構は、統治者集団の一分枝であるか、被統治者集団の便宜的な連合組織であるかのいずれかであるほかなかった。

以上をふまえるとき、明治十一年の三新法が、府県会という府県レベルでの代議機構を創出したことが、このような制度的構造を大きく変容させたことは、容易に予測されるところである。そして、町村が身分団体として存立していたことを考えるならば、連合戸長役場制の導入や町村合併が、単なる「広域化」を意味するのではなく、新たな質を持った団体の創出であることも、また見やすいところであろう。したがって、本章における制度変容の追跡は、身分制的権力編成の解体過程として、提示されることになる。

なお、三新法制定から市制・町村制の制定、あるいは明治二十一年から二十二年にかけての町村合併については、それぞれに豊富な研究蓄積がある。これらを全体として論じた諸研究については序章で言及したので、本章では個別の研究についてはそれぞれの政策を論じる際に触れることとしたい。

## 一　転換点としての三新法

すでに序章で論じた通り、かつての通説において三新法は、府県会の設置と地方税の導入、町村の行政的位置の再認をその内容としており、「大区小区制」の強権的性格に対する修正であるとみなされていた。しかし、第一章で見たような「大区小区制」期研究の進展は、必然的に三新法期の位置づけについても再検討を要請するものであった。これを受けて、茂木陽一は明治十年一月の民費賦課制限（地租五分の一以内）による民費削減の必要性に[1]、奥村弘は、「大区小区制」期の区戸長の性格（一方で官吏としてふるまいながら、他方個別利害の追及者である）に起因する不正の発生を解決するための中間機構の官僚機構化に[2]、渡邉直子は、民費の中から「地方公費」にふさわしい費目を選び出し、府県レベルで一括して負担する体制の創出に[3]、それぞれ三新法へとつながる動因を見出した。

結論として言えば、筆者は渡邉の見解がおおむね妥当であると考えているが、本節では、いくつかの点で渡邉の議論を補足しつつ、先に行った「大区小区制」の構造分析をふまえて渡邉の指摘する三新法の画期性＝「地方の誕生」の歴史的位置をより明確にすることをめざす[4]。

## 1　明治八年の地方官会議と各区町村金穀公借共有物取扱土木起功規則

明治八年六月に開催された地方官会議が、地方民会のあり方をめぐる公選民会か区戸長民会かの論争の舞台となり、結果的に区戸長民会論が多数を占めたことは周知の通りである。しかし、この論争は必ずしも公選民会を設置することによる政治権力の質の変化をめぐって行われたものではなかった。たとえば、兵庫県令神田孝平は「夫レ民会ノ本色ヨリ考察スレハ、誰カ公選ヲ非トスル者アランヤ」と、公選民会を到達すべき当然の目標とした上で、公選民会か区戸長民会かの選択を、「道中ヲナス者ノ到着スル所ハ東京（公選民会）ト定マルモ、今姑ラク其中途ナル大坂ニ止マルヲ良トスヘキカ（区戸長会）否ヲ問フカ如シ」という問いに還元している(5)。そこには自明の到達目標としての「公選民会」、すなわち西欧モデルの共有があり、それが「尚早」か否かが争われた。これは、現存の制度が持つ性格への十分な反省を欠いた議論である。

そのことを典型的に示すのが、道路橋梁費問題について議長木戸孝允が「政府ノ費用ハ即チ民費ナリ、唯全国ノ公費ト一局部ノ民費ト異ナルノミ(6)」と発言していることである。「官費」「民費」という費用区分は、第一章で論じた通り、現存の制度＝身分制的権力編成に相応したものであり、両者をともに「公費」としてみるような視座は、身分制的権力編成が廃棄されてはじめて成り立つ。木戸はそのことに無自覚的である。

しかし、そのなかで山口県令中野梧一の次のような発言は、彼らが公選民会を採用しなかった理由の深層を突き止めている（中野自身は区戸長民会論者である(7)）。

此適度ハ人民ニ在ラスシテ政府ニ在ルヘシ、一例ヲ挙テ之ヲ証センニ、政府ハ已ニ士族ノ兵役ヲ解キナカラ、仍ヲ之ニ給スルニ禄ヲ以テシテ、人民ヨリハ文武ノ用ニ供スヘキ租税ヲ課シナカラ、仍ホ之ニ命スルニ徴兵ヲ以テス、若シ公選民会ヲ開キタル上ニテ、人民ヨリ此理ヲ政府ニ質問セハ、是レ決シテ理ナキノ問ニ非ス、而シテ政府ハ何ノ辞ヲ以テ之ニ答ヘンカ、既ニ人民ニ与フルニ議政ノ権ヲ以テスル以上ハ、政府モ亦コレヲ見ルニ議政官ヲ以テセサル可カラス

公選民会を開設すれば身分制的権力編成は解体され、統治者集団としての「官」が統治者としての地位を独占することはできなくなる。それでも公選民会を選択しなければならないという身分制的権力編成の隘路が十分に認識されない限り、公選民会が選択される必要はなかったのである。

また、この時期木戸孝允は、町村会の開設に強い関心を抱いていた。明治八年七月八日の地方官会議の席上、地方民会議案の討議開始に先立って議長木戸孝允は、同議案の対象とされるのが府県会・区会のみであって、「小区会（即チ町村会）」が含まれない点について、一町村の人口・戸数の寡少を理由とする弁明を行ったが、(8) この弁明は木戸がイニシアティヴをとって、太政大臣三条実美の承認の下に行われたものであった。七月六日、木戸は参議伊藤博文に書簡を送り、小区会・町村会について、議長として何らかの言及が必要であることを訴えた。(9) これを受けて伊藤は三条に書簡を出して指示を仰いでいるが、この中で伊藤は「内務省にては小区会議問も議案も是迄取調は無之に付、今更仮令一定の規則を設けるにも致せ間合は無之」と述べており、内務省ではそもそも小区会あるいは町村会についての検討がなされていないことが知られる。同日中に三条は伊藤に異議なき旨返書を送り、伊藤が木戸にこのことを伝達した結果、上記の木戸議長の弁明が行われたのである。(10)

以上から、この地方官会議に先立ち、内務省では小区会・町村会については準備をしていないこと、この問題を取り上げたのは木戸であることが知られる。七月八日の木戸の弁明は、木戸が小区会・町村会への強い関心を有していることの裏返しであり、いわば自己弁明であった。実際、七月十四日に伊藤に送った書簡の中で木戸は、地方官会議終了を受けて、地方の適宜により町村会を開設させる一定の措置が必要であることを主張しているのである。(11)

こうして出されたのが、七月十七日の地方官会議議長木戸孝允の各地方官宛達であり、(12) 同達によって、各府県で

開設される町村会の基準として、「町村会準則」が、近いうちに政府から地方官に示されることが予告されたのである。以後の「町村会準則」の立案の経緯は不明であるが、七月十八日に同準則は元老院に下付され[13]、元老院での審議も行われた模様であるが[14]、元老院は十一月二十五日に同議案を返上しており[15]、会議筆記も残っていないことから、「準則」の内容も不明である。

しかし、その後も木戸は「準則」制定を断念してはおらず、明治九年五月の意見書のなかで、八年七月十七日達に基づき町村会準則を早急に制定するよう重ねて主張している[16]。この意見書で、木戸は将来の国会開設を視野に入れつつ、「道路堤防橋梁等凡各県の以て其民に課すへき所のものは、町に在るは町に議し、村に在れは村に議し、衆心共同して而後之を出さしむ」ための機関である「町村会」こそが、「今日最民に益ある者」であり、「他年其整備に従ひ漸く進めて以て区会・県会に及ひ終に国会に至らしむ」ことが必要であると説いている。以上の経緯を総合すると、木戸は、まず町村に公選による町村会を導入し、順次区会・県会、そして国会へと公選議会を設置してゆくという構想を有していたため、その出発点となる町村会の早期開設に固執したものと考えられる[17]。

木戸構想と同様に、町村レベルへの代議制導入を意図したものが、明治九年十月十七日太政官布告第一三〇号、各区町村金穀公借共有物取扱土木起功規則であった。同規則は、各区における金穀公借等には正副区戸長および区内毎町村二名ずつの総代の連印、各町村における金穀公借等には不動産所有者六分以上の連印もしくは不動産所有者総代の連印が必要であることを定め、それを満たさない契約は「私借」「私ノ土木起功」とみなすものであるが、この規則は、明治八年十二月十一日、兵庫県令神田孝平が、兵庫県内で実施した同様の規則を内務卿に上申し、内務卿がこれを全国法令として布告するよう太政官に稟請したことによって成立したものであった[18]。

規則の成立経緯において注目されるのは、兵庫県布達やそれをもとにした内務省の原案に対して、法制局が、町村における公借等に、不動産所有者六割連印のほか、「不動産所有者ヨリ其総代ヲ撰ンテ之カ代理タラシムル」ことを可能にする但し書を付け加える修正を行ったことである（明治九年九月十一日内閣に提出）。この点について大島真理夫が、すでに町村会を開設している兵庫県ではこのような規定を設けることは不要であり、神田の意図は、むしろ町村会とは別に存続している従来の村寄合に公借等を取り扱わせることにあったとして、法制局修正は神田の意図に反するものであったと評価しているのに対し[19]、奥田晴樹は、「「規則」の兵庫県案は、県内の町村会未開設の町村はもとより、政府や他府県に町村会開設の必要を認識させるねらいをもっていたのではあるまいか」と、法制局修正以前においても以後においても、規則案の趣旨は町村会開設の促進にあったと位置づけている[20]。神田自身の意図についてこれを断ずるほどの材料を筆者は有していないが、ともかく元老院に提出された段階では同案は町村会設置の予備的措置という性格を帯びており、そのように議論されていたことは間違いない。例えば元老院の審議において、内閣委員静間健介は、「各地方ニ於テ区会町村会議院ノ設ケ未タ普及セサレハ、宜シク時勢ヲ折衷セサルヲ得ス[21]」と述べて、これが町村会の導入に代わる措置であることを認めている。

さて、同規則の制定趣旨について、元老院における内閣委員・古沢滋は次のように説明している[22]。

此議案ノ要旨ハ区町村内ノ公借トシテ金穀ヲ借入レ、動モスレハ区戸長擅私濫用シ、又タ土木ノ起功モ共有物ノ売買モ其区町村内ノ人民ニ協議セス区戸長ノ独決専断ニテ挙行スル等ノ弊アリ、是ニ由テ往々紛議ヲ起シ訟廷ヲ煩スニ至レリ、既ニ兵庫・滋賀ノ両県ニテモ其争論ヲ惹起セシト聞ケリ、而シテ其結局タルヤ人民ノ損害トナレリ、是ヲ以テ人民ノ幸福安寧ヲ保護センカ為メ之レヲ一般ノ法則トナシ、民権舒暢ノ効ヲ発生スルヲ企望ス

この説明は神田兵庫県令の上申書の説明とほぼ同様で、区戸長の専断による借り入れや土木工事が紛議の原因となることを回避するために、区戸長の行為を住民の制約の下に置こうというのがその趣旨である。その限りで、同規則は、区戸長のヘゲモニー危機への対応としての性格を持っている。しかし、その対応策として町村に代議制を

導入するというのは、やはり町村の団体としての性格に対する理解を欠いたものであった。元老院において廃案を唱えた数少ない議官である河野敏鎌は次のように主張している(23)。

凡ソ公供（ママ）ノ為ニ金穀ヲ公借スルニハ、昔日ハ幾人ノ連印ヲ要スルモ、自今ハ僅々両三人ヲ説諭スレハ足ル、然レハ昔時ハ数十人ノ協議モ今ハ変シテ両三名ヲ籠絡スレハ何事カ為シ得サランヤ

代議制の導入による意思決定は、その団体が身分的集団であることを否定する。したがって町村における代議制の導入は、町村を身分的集団として規定しているような社会の分節化のあり方総体にかかわってくるはずである。その点を捨象して町村に代議制を導入することは、河野が正しく指摘している通り、単に決定に参与する人間の数が減少することしか意味しない。町村の団体としての性格、つまり団体として果たす機能を転換させる（そしてそれは町村のみならずそれを含む関係総体を転換させなければ不可能である）ことなしに町村会を設置することは、区戸長のヘゲモニー危機を解消することにはならないのである（おそらく、区戸長＋総代人という拡大された村役人集団のヘゲモニー危機が発生するだけである）。

こうして木戸構想も「規則」も、実際の制度変容をもたらすことはできなかった。町村会は府県会開設後、明治十三年の区町村会法まで法制化されることはなく、また公布された各区町村金穀公借共有物取扱土木起功規則も、管見の限り、実際の町村の運営に大きな影響を与えた痕跡は見られない。

## ２　明治九年・十年の内務省と井上毅

以上の町村会をめぐる議論と並行して、内務省は区画制度の改正・統一化を立案していた。明治九年三月十九日、内務卿大久保利通が太政官に提出した「区画改正之義ニ付伺」(24)である。区画改正の理由は、従来の区が「専ラ戸籍調査ノ為メニ之ヲ設ケ、従来荘屋名主年寄等ノ旧弊ヲ一洗セントスルモノニシテ汎ク行政ノ便ヲ謀リタルモノニア

ラス」という点に求められ、それにかわる新区画として、府県―郡―郷（都市部では市―街）が置かれる。郡を区画として採用することは「抑モ固有ノ国郡ナルモノハ、山川ノ地形、聚落ノ接隔等自然ノ景状ニヨツテ其分界ヲナシ、且実地ヲ経歴シテ以テ幾年月ノ熟按ニ成リタルモノ」と説明されている。一方、町村は「今其一町村ヲ一小区域トナシ各職員ヲ置ントスルトキハ其煩冗論ヲ俟タサルヘシ」との理由から、行政区画としては用いず、「人民便宜組合ノ字ナ」とする。

この伺は法制局に回された段階で、同局の反対にあう。法制局の意見の眼目は「明治四年俄カニ旧制ヲ変シテ区ノ制ヲ設ケタルハ徒ラニ煩雑ヲ為シタルコト伺案ニ謂フ所ノ如シ、唯今日ニ至テ人民目慣レ耳熟シ、稍ヤ便習セントスルノ時ニ於テ又遽カニ一層ノ変改ヲ行フ、旧法僅カニ諳シ新法復タ出ツ、人民ノ惑、益々甚カラン」というもので、区画改正自体の意義に疑問を付している。結局法制局審査の通り廃案となった。

このプランの特徴として、まず区画として郡を採用していることが挙げられる。しかし、法制局（担当は井上毅である）によって鋭く指摘されている通り、「区」か「郡」か、という問題は歴史的経緯からみれば相対的な問題にすぎない。これまでとて郡が行政区画であったわけではないからである。これに対して、町村については行政単位から排除するという方針が明確である。郡が区と大同小異のものであるとすれば、結局このプランは、第一章で神奈川県の場合として見たような、町村を排除することによって行政の安定を確保するという方向で、制度の統一を図る性格のものであると言えるだろう。

したがって、このプランには身分制的権力編成それ自体を解体するという要素は含まれていない。添付された職制案の中で議会の設置に言及しながら、それについての具体的法令案を欠くことに表れている通り、このプランは議会の設置を必然とするような性格のものではない。それにもかかわらず議会の設置が規定されていることは、並行して行われていた木戸の町村会論や「規則」の審議と同様に、本案の立案者たちが、代議制を導入することによる制度の質的変化に無自覚であったことを示している。

以上のような明治八年―九年の政策論議を、三新法の方向へ向けて大きく転換させる契機となったのが、おそらく九年内務省案に触発された井上毅の意見書である。そしてこれは、以後長きにわたる、そして聊か屈折した形での、井上の地方制度改正への関与の始まりでもあった[25]。

明治九年後半から明治十年初にかけて井上が執筆したと思われる意見書は三通存在する。①「九年冬草」と欄外に書き込みのある意見書（「地方政治意見」[26]）。②「民費」[27]と表題の付いた意見書。意見書中で県庁修繕費が民費支弁とされていることから、同費を官費支弁とした明治十年一月二十九日太政官達第十六号以前のもの。③民費賦課法に関する意見書[28]。②と同様に県庁修繕費が民費支弁とされているので、明治十年一月二十九日以前に執筆されたもの[29]。

①は「大目」として「地方政事ノ要ハ県用ヲ節シテ県税民費ヲ省キ、区戸長ヲ精選スルニ在リ」と掲げ、「小目」として、大区長・学区取締の廃止、県税費目の整理と国税付加税化、戸長給を官給として、戸長を等内官に列する、などが列挙されている。井上の関心が、負担の削減と「官」「民」区分の明確化に向けられていることが看取される。

②と③はほぼ同一の主張を持った意見書である。そして、両者の最大の特徴は、民費問題を検討の主題に据えていることである。

②によれば、そもそも民費とは「民益ニ由リ民情ノ欲スル所ニ出テ一地方ノ公議ヲ経テ而シテ人民自ラ費用ヲ弁スルノ謂ナル」はずのものである。しかし現状は、「今ノ人民ハ未タ公議公益ノ何物タルヲ知ラズ、故ニ各県民費徴収ノ情況亦官吏ノ督責ニ由リ毫モ正税ト異ナルコトナシ、而シテ官ニ在テモ亦国費民費相混シテ明瞭ナル界限ナシ、区戸長ハ官選ニシテ官吏ノ類、而シテ其給料ハ民費ニ取ル、懲役囚獄ハ国法ノ罰スル所ナリ、而シテ懲役場囚

獄ノ建築亦民費ニ取ル、県庁ハ官舎ナリ、営繕亦民費ニ取ル、布告ハ官令ナリ、而シテ掲示ノ費亦民費ニ取ル、是レ民費ハ国費ノ不足ヲ補フニ過ギズシテ民費課金ハ明カニ国税ノ一部分ニ過ギザルノミ」。その解決策として「県庁営繕費、懲役場囚獄舎営繕諸費、布告布達費、区長給料并旅費、山林調費、里程調費、徴兵下調費等ハ民費ヲ止メテ官費トナスベキナリ」。以下、学区取締の廃止、学校・病院・土木・建築の「表飾華麗」の禁止などの七ヶ条が掲げられる。

③は②で主張された民費の費目整理を、明治七年全国民費表に基づいて具体的な数字とともに提示したもので、従来の民費には、甲＝国費に属すべき性質のもの、乙＝区費・村費・其地方限之入費、丙＝人民の情願に任すべきものにして官吏より賦課すべからざるもの、という三種類が混交しており、乙を民費とし、丙は人民の情好にまかせ、甲は国費に移すべきであると主張されている。②では官費に移すとされていた区長給料が、「区戸長給料」として乙＝民費に含まれている点が相違する。

これらの意見書が重要なのは、三新法における「地方税」の起点となる民費費目の確定、渡邉直子の表現にしたがえば「地方公費にふさわしい費目を選び出す」ことを主張した最初の意見書だからである。そして費目の確定の必要性は、「民益ニ由リ民情ノ欲スル所ニ出テ一地方ノ公議ヲ経テ而シテ人民自ラ費用ヲ弁スルノ謂」という民費の性格規定から導出されている。井上は、費用負担問題を提起することによって、代議制の導入が持つ権力の質的変化の問題をはじめて自覚的に取り上げた。そこに創出されるのは、住民一般の利害に立脚し、住民一般の負担によって支えられる政治権力である。三新法が地方税を創出すると同時に府県会を創出しなければならなかった論理は、この井上の意見に淵源を持っているのである。

しかし、井上自身の改革プランは、決してこの「公議」を創出する方向に向いてはいない。渡邉直子は、井上が一貫して、地方制度の改正そのものに反対であったことを指摘し、三新法の成立過程における井上の役割を小さく評価している。井上の主観的意図に即して言えば、これは正しい。翌十年の内務省案に対する井上の反応をあわせてみるとより明瞭になるのだが、井上はいわば背理法的な議論を展開しているのである。つまり、井上において、上述の民費の性格規定は「本来あるべき民費」ではあるのだが、当の地域住民が「未タ公議公益ノ何物タルヲ知ラ」ざるがゆえに、実際にそれを実現すること（＝公選民会の設置）は不可能である。よって、せめて官の側だけで、民費の費目から官費支出相当のものを取り除き、かつ民費を減省すること、それと同時に区戸長を完全に官吏化することで「官」「民」区分を明確にすること、言い換えれば現存秩序の論理を徹底することによって制度の整備をはかることを主張したのである。

しかし、以後内務省は、井上の提示した民費像と民費費目確定の論理を軸として、地方制度全体の改変に乗り出す。井上の背理法の前半だけが一人歩きを始めるのである。

明治十年一月から五月にかけて内務省が立案した二つの「民費賦課規則」案（一月案[30]と五月案[31]）には、井上の意見書②と③の影響が顕著に見られる。成案として参議たちの間で検討の対象となった五月案に即して、問題を整理してみよう。

五月案は、民費の現状を「抑モ従前ハ賦課ノ法ナキヲ以テ民力ヲ量ラスシテ濫リニ事業ヲ起シ随テ起シ随テ課シ、加之其土地一般其人民一般ノ公同義務ニ属スヘキ費用ト其一己一部ノ私義ニ属スヘキ費用トヲ混淆シ、又官費ニ属スヘキモノヲモ民費トナス等、実ニ無謂賦課ヲナセリ」と把握した上で、従来の民費を「甲　府県庁費、布告費、官舎建築修繕費、官幣社神職給料及ヒ旅費等」、「乙　其土地一般其人民一般ノ利害ニ関スル事項ヨリ生スル公同費用ニシテ、其土地其人民ハ之カ支出ノ義務ヲ負ハサルヲ得サルモノ」、「丙　其一己一部ノ私義ニ属シテ土地一般人民一般ノ義務ニアラサル事項ヨリ生スル費用」と三つに分け、甲は官費に、乙は民費に、丙は民費として賦課するを許さず、とする。また、「一府県下ノ人民一般ヲ一社会ト視做シテ、各区ノ休戚ハ各区公同ノ義務アルモノトシ、一大区限リニ属スル費用ト雖トモ全管内ニ賦課シ、一小区限リニ属スル費用ト雖トモ其大区内ニ賦課」すると、民費の賦課レベルを府県―大区の二つのレベルに整理する。

付随している区画構想は、一万戸を基準として大区、百戸（のち、東京近傍地方官に諮問の際に、「一百ヨリ一千ニ至ル」と修正）を基準として小区を置き、大区に区長（官選・公選地方適宜）、小区に戸長（公選）を設置し、「戸籍地籍租税及事物統計等凡行政上ノ事項ハ町村ヲ用ヒス皆ナ区ヲ以テ統轄ス」としている。

一見して明らかな通り、このプランは、一定の地理的空間を共有する住民にとっての共通の事務執行の費用としての民費という、明治九年中の井上毅による民費の性格規定をそのまま適用している。このプランは議会構想を含んでいない。しかし、議会構想を持つ九年案とは逆に、十年案は議会構想を必要とする構造をもっていた。現に同案の「民費賦課規則」第一条第八節には、「之（民費予算、引用者）ヲ議定スルハ人民ノ協議ヲ取テ府知事県令之ヲ裁制スヘシ」という規定がある。そしてこの点についての批判が、当の井上毅から寄せられることになる。

一方、同案は町村を行政単位から排除するという点で九年案からの連続性を示している。身分集団である町村を行政単位から排除し、それにかえて府県・大区に住民自身の合意によって支えられる権力を創出すること。明治十年内務省案ははじめて身分制的権力編成を解体する方針を打ち出したのである。

この案は五月二十八日に東京近傍の地方官を招集して意見を聴取、若干の修正を経た後、正式の太政官への上申に先立って各方面へ提示された。六月七日付伊藤博文（西南戦争中であり、大久保と伊藤は京都にいた）宛井上毅書簡(32)は「民費成案は明日寺島参議御持越に而於西京御決裁之筈之由、始て承知仕候間松田と往復いたし候」とあり、井上は七日の時点で内務省案に接している。この際に井上が松田に提示した一連の意見書(33)が、今日梧陰文庫に残されている。民費賦課に関する意見書、「地租ノ金額ト戸数トニ分課スル云々」、「戸数ニ賦課スルハ家計貧富ニ応スル事」、「管内割大区割」、「溜池用悪水路費用及ヒ猪鹿蝗螽防禦費用」、「民費予算ニ人民ノ叶議ヲ取ル事」、「学校」、「予課」、区画に関する意見、民費節減に関する論達案、であることが、松田道之宛井上毅書簡から判明する。(34) 最初の意見書が総論、続く八点が逐条的批判、最後が井上毅自身の代案である。

井上の批判は個々の条文の不備や不整合など多岐にわたるが（このプランが正式に提出された場合の法制局審査を念頭においている）(35)、結論として井上が主張していることは、地方制度の大規模な変更は避け、内務卿から地方官への論達の形で、民費費目や賦課方法のガイドラインを示すにとどめるべきだというものであった。その点で井上は九年時点の立場と変わっていないし、九年の意見書と重複する主張も多い。そして、ここでも井上の議論は背理法的である。「民費予算ニ人民ノ叶議ヲ取ル事」において、井上は次のように主張している。

民費予算ニ必ス人民ノ叶議ヲ取ルコトヲ政府ヨリ令スルトキハ、取リモ直サス府県会ヲ開クベキコトヲ政府ヨリ令スルナリ、従前各府県便宜ニ会ヲ開キ、区戸長ヲ以テ代人ニ擬スルアリ、投票公撰法ヲ用フルアリ、地方長官自ラ議長ヲ行フアリ、而シテ議事ノ権限未タ一定ノ公布アラズ、是レ今日政府ノ一大欠典ニシテ而シテ此事重大未タ一朝ニシテ挙行シ易カラズ、小官敢テ府県会ヲ非トスルニ非ス、唯タ政府未タ府県会ノ章程ヲ布カズシテ而シテ俄カニ民費予算ニ人民ノ叶議ヲ取ルノ令ヲ布クハ順序ヲ失フトス、地方官恐クハ方向ニ迷フノ辞アラン

地方制度を変えるならば府県会を開くべきであるが、府県会を開くことはできない、したがって地方制度を変えることはできない、という背理法である。

この案についてのもうひとつの有力な批判は、大蔵大輔松方正義から提起された。大久保利通宛松方書簡において表明されている松方の批判は(36)「従来の村町は総て行政上には用ひさるとの議案に付始めて愕然仕候。右様之儀は実に一大事業にして容易に着手致し難き筋に有之」「旧来慣用之郡村法は断然変更無之様仕度」と、町村を行政区画から排除する点にあった。

井上と松方の批判は必ずしも一致したものではなかった。六月二十二日付井上毅の松方宛書簡(37)で井上は、「拝別之際被仰聞候郡村論ニ付テハ、小生異見之廉略々書上いたし候通ニ候処、猶其後精々熟慮仕候ニ、如何ニ良法ニせよ今日ダシヌケの改革ハ万不可然と存候」として、郡を単位として用いることが現実的ではないことを詳論している。井上は「東京におゐて承り候高論之趣意ハ　第一改正セザルニ若カズ　第二　已ムコト無クンバ郡村ニ復スベシ　との旨に了解仕候得バ小生も敬服無他事存候」と述べてはいるが、詳細な郡制批判を改めて書き送っていることから考えて、当初松方は郡―町村の系列を区画として採用することを主張したのであろう。そのことは上述の大久保宛書簡からもうかがえる。それに対し井上はあくまで制度改正それ自体に反対なのである。

六月八日、内務少輔前島密・参議大隈重信は京都滞在の参議大久保利通、伊藤博文宛に「原案之通ヲ以テ政府へ伺候様致シ度、若シ大ニ御異論有之儀ニ候得ハ取調之主任者其地ニ差出シ篤ト御答弁可為致(38)」と書面を送っているが、大久保・伊藤はこのプランに懐疑的であったようであり、六月十三日東京へ主任者差出を要請している。(39)結局このプランは京都での大久保・伊藤の決定によって立ち消えになったものと思われる。

### 3　明治十一年の内務省と井上毅

井上・松方の反対にもかかわらず、内務省は制度改正を断念しなかった。その結果が明治十一年三月十一日付の、内務卿大久保利通から太政大臣三条実美宛上申書案(40)（「松田原案」と表紙がついている、従来「大久保上申書」と通称されてきたもの）である。これは、太政大臣三条実美宛内務卿大久保利通上申書、「地方ノ体制及ヒ地方官ノ職制ヲ改定シ地方会議ノ法ヲ設立スルノ主義」「地方公費賦課法ヲ設クルノ主義」の二つの意見書、府県官職制・郡市吏員職制布告案および付属する達案、地方官会議議按（「地方ノ体制」「地方会議法」「地方公費賦課法」）からなる。

「地方ノ体制及ヒ地方官ノ職制ヲ改定シ地方会議ノ法ヲ設立スルノ主義」は、「第一　地方ノ体制」「第二　地方官ノ職制」「第三　地方会議ノ法」の三部から構成され、「第一」では、区画としての郡の採用とともに、「行政ノ区画タルト住民社会独立ノ区画タルト二種ノ性質」、町村は「住民社会独立ノ区画タル一種ノ性質」を持つものと規定する。「第二」では、「既ニ地方ニ就テ行政ノ区画タルト住民社会独立ノ区画タルトノ性質ヲ区分セシ以上ハ其吏員ノ職掌ニ就キ相当ノ分権ヲナサヽル可ラス」として「分権」の必要性が、「第三」では「既ニ地方ヲ独立セシメ地方官吏ニ分権セシ以上ハ、独立ノ事即チ其住民共同ノ公事ヲ行フニ中央政権ヲ以テス可ラス、其独立ノ公権ヲ以テスヘシ、其公権ヲ以テスルハ則チ地方会議ノ法ヲ設立スルニアルナリ」と、地方議会設置の必要性が説かれている。

「地方公費賦課法ヲ設クルノ主義」では、明治十年内務省案と同様に民費から「地方公費」にふさわしい費目を選定することが主張されるが、十年案と異なっているのは、十年の甲、乙、丙三区分の、乙と丙の間に「府県一般ノ公同費用ナレ共、民力ノ保養ヲ謀リ国費ヲ以テ補助スルモノ」が加えられ、甲、乙、丙、丁四区分とされたこと、公費のレベルが府県・郡市・町村のそれぞれのレベルに設定されていることである。議会も府県・郡市・町村のすべてのレベルに設定される。

このプランは諸案の中で、町村を制度の中に位置づけようとしている点で特殊である。そのための手段が「行政ノ区画」と「住民社会独立ノ区画」の区別という、このプラン独自の概念の導入であった。十年案はむしろ両者を分離させないこと、すなわち行政が「住民社会」の同意によって支えられることをねらっていたのであって、町村は「住民社会独立ノ区画」としても認められていない。十一年案は、府県・郡市レベルにおいては十年案を踏襲しつつも、町村レベルで両者を分離し、「住民社会独立ノ区画」としての側面に限ってそれを制度内に位置づけているのである。それゆえ、財政的にも、「府県公費、郡市公費、町村公費」と、町村も公費の賦課レベルに位置づけられる。これは、成立した三新法において地方税と協議費が異なる質を持ったものとして位置づけられたのと相違する。三新法における協議費は、このプランでいえば「一己一部ノ私義ニ属」する費用に相当する。

十年案からのこのような方向転換は、十年案が町村を完全に排除してしまったことに対して政府内部から異論が提出されたため、前掲の松方宛井上毅書簡に言う「已ムコトナク無クンバ郡村ニ復スベシ」の線に沿って再検討がなされた結果と考えられる。このプランは、「住民共同ノ公事」、そのための「公費」にふさわしい費目の選定と、それを支える議会という、府県・郡市レベルの構想においては十年案とそれほど隔たっているわけではない。問題は町村レベルの位置づけにあったというべきであろう。

従来この上申書案は三新法原案と目されてきたものであるが、しかし、直接の三新法原案＝明治十一年四月の地方官会議原案とこの上申書案の間には大きな相違があり、この上申書案をもって直接に三新法原案とみなすのは適当ではない。これ以後、四月五日に直接の三新法原案である地方官会議議案が確定するまでの史料は全く存在しておらず、具体的に、誰がどのような検討を加えた結果地方官会議議案が作成されたのかを知ることはできない。

おそらくこの三月十一日付上申書案は、実際には太政官に提出されていない。なぜなら、各省から太政官へ提出される伺・上申を、受付順に番号を付して記録する「件名録」[41]に、三月十一日付でこのような上申が内務卿からなされたという記録がないからである。「件名録」によれば地方官会議原案が太政官に上申されるのは、三月二十八日「地方官会議ニ付セラレ度議目上奏」（局第三十六号）なる案件[42]が初出であるが、注目すべきはこの案件は内務卿から提出されたものではなく、法制局から提出されていることである。ところがこの案件には、受付の日付のみが記載され、通常の処理手続きが進んだ場合記入されるはずの閣議決済や記録の日付の記入がなく、現存する「公文録」の相当個所にも存在しない。案件としては未決の状態となっているのである。

そして四月五日、地方官会議議長伊藤博文名で、印刷済の地方官会議議案および府県官職制案が太政官に提出される[43]。これが大臣・参議の決済を受け、実際に地方官会議にかけられる議案となる。この四月五日付上申書は「過日制可ヲ得タル地方官職制及第一二三号議案、爾来聊カ字句上之修正ヲ加へ印刷出来候ニ付上呈仕候、猶重テ御上奏相成度」と述べており、ここで言う「過日制可ヲ得タル」議案とは、先述の三月二十八日法制局上申案件を指すと思われる。つまり、三月二十八日法制局上申は一旦閣議決済を経て上奏まで行われたものの、その後何らかの問題が生じて差し替えとなり（そのため「件名録」に処理経緯が記載されず、「公文録」にも残らなかった）、四月五日地方官会議議長の再上申が行われた、という経過をたどったことが推定されるのである。(44)

三月二十八日法制局上申と四月五日地方官会議議長上申の間に、それほど大きな差異があったとは想定しがたい。四月五日上申はすでに議案を印刷に付してから行われているからである。三月十一日内務卿上申書案と、実際に提出された地方官会議議案との差異は、三月十一日付内務卿上申書案と三月二十八日法制局上申の間で発生したと考えるのが妥当であろう。とすれば、ここでもやはり井上毅の関与があると見るべきなのではあるまいか。

先に述べた通り、「梧陰文庫」中の三月十一日内務卿上申書案には「松田原案」の書き込みがある。松田は明治十年「民費賦課規則」案の提出の際に井上に案を示して意見を聴取していることもすでに見た。十一年三月の場合も松田道之内務大書記官が井上に上申書案を提出前に内示した可能性は高い。なぜこの後法制局に主管が移ったのか、確言することはできないが、三月十一日内務卿上申書案に井上が何らかの異論を唱え、それに譲歩する形で大久保・松田が法制局に起案を任せたという推測は成り立つ。(45) 後年、大森鍾一・一木喜徳郎『市町村制史稿』が三新法を「松田内務大書記官（道之）ノ起稿ニ係リ井上法制官（毅）ノ修訂ヲ経テ成案ス」(46)と記しているのは、この事情を指すものと考えられるのである。

それでは、四月五日に確定した地方官会議議案には、その内容においても井上毅の関与の痕跡を見ることができるであろうか？　以下、地方官会議における内閣委員・松田道之の説明と、地方官たちの議論を参照しつつ、議案の内容を検討してみたい。

まず府県について。府県には府県会が設置され、かつ、民費については「従来府県税及民費ノ名ヲ以テ徴収セル府県区費ヲ改メ更ニ地方税トシ、府県限リ徴収スヘキ者トス」と、府県レベルでの一元的な徴収が定められた。これは、縷述した通り明治九年末の井上毅意見を受けて、明治十年以来内務省が追求してきた構想であり、当の井上毅が十年段階で反対していたものである。この点に関しては十年・十一年三月の内務省案が貫徹していると見てよい。

なお、第三章および後論との関係で注目すべきことは、地方官会議議案には、地方税から支出すべき費目として勧業費が含まれていなかったという点である。その理由を松田は、「勧業ノ事ハ全ク地方税ヲ以テ支給スル限ニ在ラストシテ之ヲ除キタルナリ、製茶ヲ勧奨スル為メニ要スル資金ハ其製茶人ノ為メノミニ属スルカ如ク、凡ソ勧業ノ資金ハ只其事業ノ為メノミニ関係シテ府県内一般ノ事ニ関係セス(47)」と述べている。個別資本の利害に関係するにすぎない勧業費は、一地域住民全体の利害にかかわるものとしての府県会―地方税体系から排除されたのである。これに対して多くの地方官から異論が提出され、従来の府県税に相当する新制度における営業税・雑種税を地方税から除外して府県会の審議対象からはずし、地方官の裁量で勧業費等に支出可能なものとする修正案が出された。この修正案に対する熊本県大書記官北垣国道の批判は次のような痛烈なものであった(48)。

地方長官ニ此ノ如キ巾着銭ノアル時ハ、勧業々々ト名ヲ付テハ学問モ無イ癖ニヤタラノ事ヲオツパジメテ、全局面ノ物産統計表ヲモ審査セスシテ、妄ニ織物ニ手ヲ出シ、或ハ茶碗焼ナドヲハジメ、到底類物ノ多キニヨリ一向ニ売レスシテ可哀ヤ共倒レトナルガ結局ニテ、二進モ三進モ追付ス目ニ遇フ事ハ現ニ諸県ノ仕事ニテ類例ヲ求メナハ数多アルヘシト考ヘラル

結局、地方官裁量の経費を設定する案は否決されたものの、地方税支出の一費目として勧業費を加える修正が行われた。

次に郡について言えば、府県の下の区画として郡を利用するというプランは、明治十年案の挫折の経緯から、十一年三月上申書案で浮上してきた構想であり、これについてもやはり、明治九年以来井上毅は反対してきたことはすでに見た通りである。ただし、三月上申書案と地方官会議議案の相違は、郡レベルに代議機構と独自の財政が設定されず、郡長が県庁機構内部の官員として位置づけられているという点である。民費賦課レベルの集中をねらっていた十年案でも、それは府県―大区の二元化であり、府県レベルへの一元的集中（それに対応しての議会の不設置）はこの段階ではじめて登場したものである。これについて元老院で松田道之は「抑郡ト謂ヘハ共有物モ之アリト雖社倉位ノモノニシテ、団結ノモノハ秣場ト雖モ総テ町村ニ係ル、然ラハ之ヲ纏メルヲ可トス」と説明をしている。[49]そうであるとすれば、すでに十年案の段階で府県レベルへの一元化は可能であった。つまり、地方官会議議案は、この点については、十年案を徹底化させたとでも言うべき内容を持っていた。そもそも、「大区小区制」が府県と町村との関係の束でしかなかった以上、町村を行政区画から排除し、府県に公選議会に支えられた行政機構を立ち上げてしまえば、郡に特別の機能を担わせる必要はなかったのである。[50]

このように、府県レベル・郡レベルの制度構想について、井上毅の積極的な関与の痕跡を見ることはできない。井上毅は一貫して制度の全面的な改正それ自体に批判的であったのに対し、地方官会議議案が、府県会の開設・地方税の創出・郡制の採用という全面的な制度改正に踏み切っている以上、それは当然とも言える。

問題となるのは町村の位置づけである。議案説明書によれば、「今府県郡ヲ以テ行政ノ区画トシ、其町村ハ視テ以テ自然ノ一部落トシ、戸長ハ民ニ属シテ官ニ属セス該町村ノ総代人トシ、而シテ町村引受ノ事ハ其総代タル戸長ノ担当スル所ニ委托シ、苛細ノ牽製ヲナサ、ラントス」とされており、[51]府県（およびその分肢としての郡）は「行政ノ区画」、町村は「自然ノ一部落」とされている。これは一見すると、三月上申書案における「行政ノ区画」と「住民社会独立ノ区画」の区別に類似している。しかし三月上申書案は、府県・郡・町村のすべてを「住民社会独立ノ区画」の性格を持つものとし、そのうち府県と郡は「行政ノ区画」の性格を併せ持つと規定していたのに対し、地方官会議議案は府県と郡をもっぱら「行政ノ区画」、町村をもっぱら「自然ノ一部落」と規定する。注意すべきは、単にこの二つの概念をレベルごとに振り分けたというに留まらず、三月上申書案における「行政ノ区画」「住民社会独立ノ区画」の対概念と、地方官会議議案における「行政ノ区画」「自然ノ一部落」の対概念が、異なった内容を持っていることである。

三月上申書案においては、「住民社会独立ノ区画」の概念は、府県・郡・町村の各レベルに代議機関を設置し、それぞれのレベルで「地方公費」を負担することを根拠づけるものであった。つまり、「行政ノ区画」とは中央政府の一機関としての性格を有することを意味し、「住民社会独立ノ区画」とは、一地域の住民全体の合意によって支えられる政治権力体であることを意味していた。したがって論理的には、国政レベルでの政治参加が実現されれば、国を含めたすべての区画が「住民社会独立ノ区画」の性格を持つことになる。

一方、地方官会議議案においては、もっぱら「行政ノ区画」である府県レベルにのみ代議機関と「地方公費」＝「地方税」が設置され、町村における代議機構と財政は法の規定の範囲外におかれる（「町村会ハ開クヘカラスト謂フニ非ス、本案ハ行政区画中ノ事ニ限レリ、故ニ行政区外ノ町村会ハ本条ノ論究スヘキモノニ非ス」）(52)。つまり、地方官会議原案における「行政ノ区画」とは、法が規制する範囲の内部であることを意味し、町村が「行政ノ区画」でないという意味は、町村が法的規定の範囲の外に置かれた、ということを意味する。後に述べる通り、このような町村の性格が、地方官会議においてはしばしば「自治」と呼ばれる。

三月上申書案と地方官会議議案が、町村の位置づけにおいてこのように異なっていることは、旧来の民費に比して新制度の地方税が五六七万四五九八円二十九銭九厘の減となるという松田道之の説明に、長崎県権令内海忠勝が「町村費モ除キタルヤ」と問うたのに対し、松田が「町村費ハ今度ノ自治トスル議案前ノ算ナルヲ以テ加ヘアルナリ」と答えていることから明瞭である。[53] この五六七万円余という額は三月上申書で算出されている数値と一致し、三月上申書が「自治トスル議案前」の案であることを示しているからである。

おそらく、この町村の法的規制の領域からの除外という一点こそ、井上毅が地方官会議議案にもたらした変更であったのではあるまいか。坂井雄吉が指摘する通り、井上毅は明治七年の官制改革意見以来、[54]「地方制度の上部構造には「行政」を、下部構造には「自治」を」という基本的な構想を、「ある種の時代錯誤をも顧みず、それなりに強固な一貫性の下に守り続け」た。[55]「一村小ナリト云ドモ亦丼スベカラズ分ツベカラザルノ形体ヲ具ヘ、固有ノ権利ヲ有シ、政府ト云ドモ滑テ曲クルコト能ハズ[56]」と考える井上にとって、町村を府県と同様の、私的利害と共通利害の分離を前提とする代議制導入の場として考え、法的規制の対象とすることは許されない事態であったと考えられる。三月上申書案と地方官会議議案との最大の相違が町村の位置づけの違いであることと、井上毅がこの間に関与したこととは、以上の通り整合的に理解可能である。

一方、町村を行政単位から排除することは、九年案以来の内務省の本来の方針であった。むしろ三月上申書案で町村を制度内に位置づけたこと自体が、十年案に対する松方の批判を意識した妥協であったと考えられる。その点に関する限り、内務省と井上の立場は表面上一致していたとも見える。ただし、両者の構想にはやはり大きな相違があったと見るべきで、結果として地方官会議原案は、以下に見る通り、十年案や三月上申書案に比して、多くの不整合を持つプランとなった。

すでに触れたように、地方官会議においては、内閣委員松田道之も、議官である地方官も、町村を法的な規制の領域から除外することを「自治」という単語で理解した。たとえば松田は「既ニ第一号ノ第六条ニ於テ政府ハ町村自治ニ立入ラスト定マリタルナリ、然ラハ此府県郡ハ兼テ自治ニ任セサル筈ニテ、即チ行政官吏ガ己レノ管轄内ノ仕事ヲ委任セラレテ行フ性質ナルモノナリ[57]」と述べている。一方で、少数ではあるが、府県会設置による政治参加の拡大を「自治」と呼ぶという用語法も散見される。宮城県大書記官成川尚義は、府県会に立法権を与えることを主張する中で、「番外一番ヨリ曽テ地方分権ヲ主トシ自治ノ精神ヲ主張スルノ弁明モアレハ、充分ニ人民ニ参政ノ権利ヲ与ヘ所謂ル立則権ヲモ幾分カ分与スヘキコトト思料セリ」(58)と述べ、「自治」の語をこのような政治参加の文脈で使用している。後者の「自治」概念は、三月上申書における「住民社会独立ノ区画」に相応する自治概念である。府県会設置を前提とする限り、地方官会議における「行政ノ区画」は、三月上申書における「行政ノ区画」と「住民社会独立ノ区画」の二重性を抱え込まざるをえなかったのである。

また、会議では繰り返し「官」「民」の境界を画定することが議案の目的であることが論じられたが、法的規制の外にある町村が「民」であることは疑いを容れないとしても、府県レベルについて、公選府県会と地方税の設置を前提として「官」「民」の境界を論じることには多大な無理がともなった(59)。府県会については、松田と北垣の間に、

○三十四番北垣国道曰　県会ノ性質ハ行政会ナルヤ民会ナルヤ

○番外一番松田道之曰　此議会ニ付スルニ行政会議ノ名ヲ以テシ難シ、何トナレハ其府県公同費用ノ事ヲ議スル議会ナレハナリ

○三十四番北垣国道曰　唯今ノ答弁ニテハ明了ナラス、民会トモセラレヌ訳カ

○番外一番松田道之曰　此会ハ人民自己ノ出ス費用ノ事ヲ会議スルモノナレハ真ノ民会ナリ

といった応答が行われているし(60)、地方税については、広島県少書記官平山靖彦の「地方税ハ官ニ属スルヤ民ニ属スルヤ、又ハ官民両属ノモノナルヤ」という質問に対して、松田は「均シク皆税ナリ、国税ハ政府ノ入費ヲ仕払ヒ、地方税ハ府県内ノ入費ヲ仕払フノ大小ノ区別アルノミ」という返答を為さざるをえなかった(61)。

さらに言えば、町村を法的規制の外に置くという点に関しても、地方官会議議案は徹底性を欠いていた。問題の

ひとつは、「毎町村ニ総代トシテ戸長一人ヲ置ク」と町村レベルの吏員が「戸長」とされていることである。これについて茨城県権令野村維章は「戸長ノ名称ハ官吏タルノ嫌アリ、且町村ヲ人民ノ自治ニ任セタル以上ハ戸長ノ字ヲ削ルヘシ」[62]と、修正案を提起し、また逆に宮城県大書記官成川尚義は「町村ヲ純然タル行政区トナシ総代ノ字ヲ削ルヘシ」[63]と提案している。戸長が町村に置かれるか否かは、それが行政単位たりうるかどうかの重要な指標であったから、町村に戸長をおき、同時に町村を行政区画から排除するのは矛盾していると受け止められたのである。

これは字句上の問題だけではない。町村に総代を置く、というのが何を意味しているのか、松田の説明は必ずしも明瞭ではない。「戸籍徴兵収税等ノ事ハ戸長ノ仕事ナリ、此性質ヲ論スレハ都テ人民自ラ為スベキノ義務ナリ、町村ハ政府ヨリ猶一家ノ如ク看做ス、故ニ之ヲ調フルニツキ戸長ハ一家長ノ心得ニテ調へ、其総代ヲ務ルナリ」という松田の説明について、福岡県令渡辺清が「然ラハ之ヲ要スルニ戸長ノ性質ハ一町村ノ権利義務ヲ一人ニテ負担スル者ナルカ」と質問したのに対して、松田は「然リ、衆人ニテ行フハ不便ナル故戸長ヲ立テ総代トナシタルナリ」[64]と答えているが、だからといって個々人が町村に属さない自由を持っているわけではない。あらゆる行政事務が戸長を経由しなくては実現しないことにかわりはない。この点について松田は次のように述べている。[65]

町村ハ固有ノ形体ニ任セ、政府ハ之ヲ行政区画トセス、然レトモ行政ノ仕事ハ町村ヨリ起ルナリ、例ヘバ戸籍法ノ如キハ町村ニ取纏メタル帳簿ハ固ヨリ公正ノ者ナレトモ、一郡ノ戸籍簿ニ載テ始テ行政ノ帳簿ト云フ

つまり、地方官会議議案では、「大区小区制」期に戸長を小区に置いた場合や、九年案・十年案で考えられていたような、小区＝町村をこえたレベルを行政事務の基点とするような体制が想定されているわけではないのである。この点もまた、内務省側と井上毅の立場の相違に由来するものと思われる。井上にとって町村とは、「国ヲ成スノ本」[66]であり、それを法的規制の外に置くということは、内務省が考えているように単純に行政単位から排除すればよいということを意味してはいない。あくまで町村は、「固有ノ権利」を有する単位として、国家の基礎に置か

れていなければならない。結局、このような井上の町村観は、「自然」的存在としての町村、換言すれば、社会集団としての村請制村落を、依然として行政体系の起点に定置しようとするような構想である。しかし、再び坂井雄吉の評価を引くならば、井上のこのような構想は「果して明治初年の当時において事実人民の生活の「自然」を保証する役割を果たし得たのか否か。井上の主張とは、あるがままの「自然」、あるがままの旧慣の尊重ではなく、あるべき「自然」、あるべき旧慣の押しつけを意味しなかったか否か」[67]。すでに村請制村落の機能不全を検討してきた我々にとって、その答えは明白であろう。

この条文は地方官会議は無修正で通過したものの、元老院で「毎町村ニ戸長一員ヲ置ク」と「総代」の文字が削除され[68]、さらに元老院における再議の際に内閣側から地方税規則に「戸長以下給料及戸長職務取扱諸費」を支出項目に付け加える修正が行われて、町村を法的規制外の存在として明文化することは見送られた。そして三新法施行順序（明治十一年七月二十二日太政官無号達）では「戸長ハ行政事務ニ従事スルト其町村ノ理事者タルトニ様ノ性質ノ者」であるという規定が与えられ、地方官会議議案における戸長＝「総代」規定は全く変質してしまった。

### 4　三新法――その画期性と不整合性

かくして、いわゆる三新法は成立した（明治十一年七月二十二日、太政官布告第十七号郡区町村編制法、太政官布告第十八号府県会規則、太政官布告第十九号地方税規則）。府県会を設置し、地方税を創出した三新法は、まぎれもなく制度上の大きな転機であった。府県レベルにおいて、府県住民全体の共通費用の徴収と支出が、府県住民全体の代表から成る代議機構によって決定されることとなったからである。第二章第三節での議論に照応させるならば、三新法は、少なくとも府県レベルにおいて、特殊利害の担い手としての人（homme）と、普遍的な公民（citoyen）とを区別し（「地方公費」にふさわしくない支出費目が排除されたことを想起せよ）、後者の代表としての公選議会を作り出した。その限りにおいて、統治者集団の外在的な存在という身分制的権力編成はついに廃棄された。つまり、三新法の画期性は、特殊利害の領域としての市民社会と、普遍的利害の領域としての政治社会という社会の分節化を導入した点にあったのである。

しかし、三新法をそれ自体としてみた場合、それは不整合を抱えた法として成立した。

第一に、少なくとも中央政府レベルにおいて政治参加が実現していない条件の下で、中央政府官僚＝県令以下の府県官吏の統治者集団としての外在性は現実に存在し続ける（したがって、三新法は官・民を区分するものだという言い方が地方官会議において成立したのである）。そして、地方官も内務省も、統治者という地位の独占を簡単に府県会に引き渡してしまうほど、楽観的な見通しを持っていたわけではない。府県会は両刃の剣である。府県会設置後の府知事・県令と府県官僚は、統治者の地位を独占的に確保することはできない。府県庁は府県管下人民一般の「あるべき府県庁」像の拘束を受けることになる。明治八年の地方官会議における中野梧一の発言を想起しよう。彼らが公選民会に対して抱いていた危惧は、この点に存在したのであった。

そして、地方制度成立史を論じるうえで、長く中心的な課題と考えられてきた自由民権運動の問題とは、この点にかかわる。現に、県会議員たちと県令たちとの「あるべき」県庁像の隔たりは小さくなかった。府県会という場においては、府県庁行政の受身の拒否による府県庁行政への対抗のあり方、「小前的対抗」にかわって、「あるべき」府県庁の姿をめぐる対抗のあり方、「民権派的対抗」が出現する。それが懸念されたがゆえに三新法において府県会の権限が制限されたこと、明治十年代の激しい府県会闘争に対して、政府が度重なる府県会規則の改正を以てそれを封じ込めようとしたこと、それらについてはすでに従来多くの研究が述べている通りであり[69]、ここで付け加えるべきことはない。しかし、強調しておかねばならないのは、それでも政府と地方官たちは公選府県会を開設することを選択した、ということである。区戸長民会と公選民会と、いずれが府県庁にとって、より厄介な障害物であったかは、従来の諸研究が考えていたほど単純ではないのである。

そして第二に、三新法は、町村レベルにおいて、その村請制的性格を完全に揚棄することはできなかった。三新法が政治社会と市民社会を分離させる構造を持っていたとすれば、町村レベルにおいてそれに整合的な制度とは、当初内務省が考えていたように、町村レベルを行政単位から完全に除外してしまうか（町村を特殊利害の領域＝市民社会に属するものとして扱うか）、あるいは十一年三月上申書段階で内務省が考えたように、町村もまた代議制によって支えられる機構であるとして位置づけてしまうか（町村もまた政治社会に属するものと扱うか）、のどちらかしかない。しかし、地方官会議議案はそのどちらでもなく、自然な社会集団としての町村を、行政事務を実質的に担う存在として位置づけた。そして結果的に三新法は、戸長の「二様ノ性格」によって、町村を政治社会内に位置づけざるをえなかった(70)。

このような町村の位置づけの不整合性の、最初の問い直しの場が、明治十三年の地方官会議であった。内閣はこの会議に二十四におよぶ議案（ほかに番外として備荒儲蓄法案）を提出したが、その中には地方税規則中の戸長給料職務取扱諸費についての改正案が含まれていた。内閣原案は給料を地方税支弁とし、職務取扱費を協議費支弁とする、というものであったが、これについて戸長は官か、民か、官民両属か、という激しい論戦が展開された(71)。これも地方官会議は原案通り通過したものの、元老院で再び双方地方税支弁とされ(72)、改正は実現しなかった。

十三年地方官会議におけるもう一つの重要な議論は、区町村会法案をめぐるものである。当初内閣の提出した案の第一条は、「区町村会ハ寄合相談ノ如キ従来ノ慣行ニ従フトモ又ハ新タニ其規則ヲ設クルトモ其区町村ノ便宜ニ任ス、其規則ヲ設クルモノハ府知事県令之ヲ裁定ス」というもので、三新法の町村の位置づけに照応して町村を自然的社会集団とする性格の強いものであった(73)。

ところが地方官たちはこの「慣行」規定に強い忌避感を示す。たとえば山口県令関口隆吉は「寄合ノ弊風甚キモノニシテ、之カ為メニ村内ノ弱者ハ往々強者ノ為メニ圧抑ヲ蒙レリ、例ヘハ村内少年ノ寄合ヲ以テ課セラルノ入費ハ心ニ之ヲ厭フモ強テ之ニ応セサルヲ得ス……（中略）……且其会タルヤ多ク飲食ヲ先キニシ遊戯ノ催シヲ相談スルコトモアリ」(74)と指摘し（ここで「強者」とは、村内の有産者や戸長のことではなく、「村内少年」＝若者組を指していることに注意せよ）、山形県令三島通庸も「本条ニ慣行ニ任ストアル以上ハ、町村ノ寄合相談ニ於テ仮令地蔵祭ヤ芝居ノ相談ヲスルモ可ナルモノ、如シ、然レトモ此ノ如キハ甚夕弊害アリ……（中略）……大山酒ノ四五升モ腰ニツケテ相談寄合ニ出懸ケタリ、無益ノ事ニ寄合ヲ為シテ飲食スルノ媒トナシ、其入費ヲ豪家ニ賦課シテ策ヲ得タリトスルノ弊アリ」(75)と述べ（ここでも寄合の被害者は「豪家」であることに注意せよ）、従来の寄合では、町村の費用として支出するにふさわしくない祭礼費用や芝居の費用が強制的に住民から徴収される結果を招くとして反対した。

結果、地方官会議では、同法案第一条は「区町村会ハ其区町村ノ公共ニ関スル事件及ヒ其経費ノ支出徴収方法ヲ議定ス」とされ、前述の第一条は第二条に置かれることになり、祭礼費用などは「公共ニ関スル事業」ではないものとして町村会での審議対象から除外された。さらに元老院ではこの第二条が「区町村会ノ規則ハ其区町村ノ便宜ニ従ヒ之ヲ取設ケ府知事県令ノ裁定ヲ受クヘシ」に改定されて「寄合相談」の存続という色彩はさらに薄められ、(76)これがそのまま布告された（明治十三年四月八日太政官布告第十八号）。

区町村会法が、「町村ノ公共ニ関スル事業」の概念を導入したことは、三新法における町村の位置づけの大きな変更であった。それは、もはや町村を、自然的に存在する社会集団として見るのではなく、その内部に特殊利害と普遍的利害との分裂を持つ住民の団体としてとらえ、その上で政治社会＝町村会と、市民社会＝祭礼・芝居などの特殊利害の領域とを分離しようとしたものだからである。(77)この延長線上に、次なる制度改正が行われることになる。節を改めて、再び地域社会における現実の諸関係に即して、この過程を追跡する。

## 二　明治十七年の改革

明治十七年五月七日、一連の法令によって、次のような制度改革が全国的に実施された。いわゆる「明治十七年の改革」である。

① 戸長の官選化（府知事県令が任命[78]）。
② 五〇〇戸に一戸長役場を基準とする連合戸長役場制の実施[79]。
③ 戸長以下職務取扱諸費を府県財政・町村財政の二重支弁から町村財政支弁に一元化[80]。
④ 区町村費費目の指定。区町村費滞納に対する強制徴集権を町村に付与[81]。
⑤ 区町村会の規則制定を府知事県令の権限とする、町村会の議案提出権を戸長に限定するなど、区町村会への統制強化[82]。

かつての通説は、大島美津子に代表されるように、十七年改革をもたらした要因を松方デフレとその影響による「農民民権」の激化に求め、改革を基本的に民権派対策としてとらえていた[83]。これに対して、八〇年代以降の研究の中で十七年改革を正面から取り上げて論じたものに奥村弘と首藤ゆきえの研究がある。奥村は社会的結合として共通の利害の一致を前提にしていた近世の町村が、地租改正による村請制の解体によって地域内諸個人集団の利害の不一致を前提とした地域団体へと変容し、新たな地域的公共性が形成されたこと、そのような町村が、事務専門職としての戸長を雇用する関係に立つことが、官僚にとってその支配の正当性を脅かすものであったことを指摘し、官僚がその正当性を守るため、生じつつある地域社会の公共的結合を国家機構の中に取り込むために採った措置が十七年改革であったと結論づけている[84]。一方、首藤は、租税負担者の権利意識の昂進が、町村内における議決機関

の地位上昇をもたらし、戸長の権限を強化することによってそれを抑制することが改革の目的であったとしている。(85)

奥村の議論は、町村それ自体の性格変化を問題にした点で新しい次元を切り開いたものであったが、十七年改革をもたらした地方制度の不安定性に関していえば、それは地域社会の実態と、官僚の地域社会把握との矛盾に求められるのであり、地域社会内部の不安定性ということは問題になっていない。むしろ、地域社会における公共性は大きな軋轢を引き起こすことなく非常にスムーズに形成されたと理解されている。基本的な構図の次元では、大島も奥村も、国家と地域社会との間の矛盾に改革の要因をみるという点で一致しているといえよう。一方、首藤の議論は町村内の関係に目を向けた点で重要であるが、改革の立案者たちが問題とした戸長と町村住民の関係が、首藤の述べるような性質のものであるかどうかは、後述の通り疑問である。

これらの議論は、松方デフレ期に頻発した困民党・借金党などのいわゆる負債農民騒擾との関係を評価するという点において難点を抱えているように思われる。この時期の地方制度の持つ矛盾を、国家と地域の間に限定することや、租税負担者の権利意識の向上に求める議論は、序章で述べたように、民衆運動史による問題提起に対応できないという結果を生じているのである。大島の場合は、これらの農民騒擾を当時の通説にしたがって「農民民権」と理解することで両者を関連づけたが、民権運動と負債農民騒擾を区別するという民衆運動史研究の成果をふまえると、再考の余地は大きい。

本節では農民騒擾を直接に扱うわけではないが、極端な場合には騒擾に至るような、地域社会内部の不安定性を念頭におきつつ、十七年改革の性格を検討してゆきたい。

## 1　三新法体制下の戸長役場

三新法体制下での戸長役場設置状況について荒木田岳は、大区小区制期の町村合併ですでに近世村が消滅している府県では一町村に一戸長役場が通常であるが、そうでない府県では戸長管区は町村連合で構成されたこと、つまりいずれの場合も戸長役場と近世村は一対一に対応しないという現象を指摘し、そこから内務省の意図は三新法下においても行政区域の拡大をはかる方向にあったと述べている(86)。確かに、内務省の本来の意向は戸長＝小区レベルへの行政の統合であり、まして戸長が「二様ノ性格」によって「官」の領域＝政治社会に位置づけられてしまった以上、郡区町村編制法第六条の「数町村ニ一員ヲ置クコトヲ得」という規定が可能な限り活用されたことは当然であろう。

荒木田が類似の例を指摘している通り、埼玉県でも三新法の施行に際しては、明治十二年四月十一日無号達(87)をもって、一〇〇戸以下の町村はなるべく近隣の町村と組合を組んで戸長役場を設置するように諭達している。しかし実際には、埼玉県における三新法施行後の戸長役場設置状況には大きなばらつきがあり、一戸長役場の管轄戸数は、最大が入間郡川越町の二四二九戸、ついで児玉郡本庄駅の一三六一戸、大里郡熊谷駅の一一七五戸である(88)。これらはいずれも町・駅という都市的地域だが、村だけの連合でも比企郡増尾村（五十戸）・上古寺村（六十五戸）・腰越村（二一三戸）・西大塚村（一五三戸）・青山村（一九二戸）・下古寺村（二十一戸）、合計六九三戸と比較的大きな村どうしが連合している例もある。一方最小は幡羅郡道ヶ谷村のわずか六戸で、男衾郡藤田村の七戸、横見郡蓮沼新田、入間郡柏原新田のともに八戸がそれに続く。全体としてみると、町村数一九一三に対して戸長は一四二八人であり、一戸長役場当りの平均町村数は約一・三となる(89)。県の拡大方針は必ずしも貫徹していないのである(90)。

そもそも、三新法施行時には、県自身が強制的な戸長役場の連合化を行う意図は持っていなかった。「組合相立候は其町村ノ協議ニ出ルモノニシテ敢テ命令スルニ非レハ、苦情ヲ発シ且治リ方ニ関係スル義ハ無之、忽チ合セ忽チ離ル、カ如キハ協議ヲ遂クルト云フヘカラス、始ヲ慎ミ終リヲ遂ル様ニ処分スルコト肝要ナリ」[91]というように、組合が成立するかどうかはあくまで最寄り町村の「協議」に任されている。いわば県は、住民の合意により、安定的な戸長役場連合が成立する条件が整った場合に限り、戸長役場を連合化したのである。

そしてこのような事態もまた、不整合性を抱えた三新法の一つの帰結であるということもすでに見やすいところであろう。三新法は、町村とその長である戸長を、自然的な社会集団として、私的利害の領域に位置づけるという側面を持っていたからである。町村の費用が「税」ではなく「協議費」と称されたことと、戸長役場連合化が「協議」の合意を条件としていることに、用語法上の対応関係があることは、このことを示している。

それでは、住民が自発的に連合を成立させる条件とは何であろうか。その際注目されるのが、三新法の施行が分村請願の契機、あるいは激化要因になっている事例が存在することである。これは、埼玉県の大区小区制のもとでは、一つの村に複数の戸長あるいは副戸長を設置できたのに対し、郡区町村編制法第六条は「各町村ニ戸長各一員ヲ置ク又数町村ニ一員ヲ置クコトヲ得」と規定しており、複数村に一戸長を置くことは認められても一村に複数戸長を置くことは認められない、という事情に由来する。

三新法が分村請願を激化させた例として幡羅郡葛和田村大野分の分離請願が挙げられる。この一件は、葛和田村のうち大野分という集落が本村からの分離を求めたもので、明治初年以来継続して問題になっていたものであるが、三新法の施行がいかなる問題を引き起こしたかに限っていえば、次のようなものである[92]。

明治十二年一村壱名ニ限リ戸長被置候事ニ改正相成、戸長撰挙ノ際大野分八拾戸ノ人民苦情ヲ唱、同所従来取扱事務諸書類引渡ヲ拒ミ、此時ニ当テ人民一同一村分離ヲ出願セシニ、本村人民熟議上分村出願スヘキ旨ニ付本村へ協議及候処、彼是苦情ヲ唱分離願書へ調印不行届、独リ大野分人民分離出願候モ、御説諭ノ上分離容易ニ許可不相成ニ付、昨十三年三月中内務省へ直訴セシニ、明治十四年六月ニ至リ願意御採用難相成旨御諭達ノ

上願書御却下相成候事

これは大野分の代表者が県庁に提出した「反別戸数人口其外取調書」と題する文書中の一節である。日付は不明であるが、ここで「沿革」が終わっていることと、文中に「昨十三年中」とあることから、明治十四年六月から十二月の間であると考えられる。戸長が一名になることから大野分の所持する書類を本村の戸長に引き渡す必要が生じ、それを大野分が拒否したため分離請願が再燃し、ついには内務省への直訴に発展したのである。大野分が中央省庁への直訴を行ったのは問題の発端となった明治二年、岩鼻県から葛和田村との合併を命ぜられた際、弾正台および民部省へ訴え出て以来のことであり、ここで再び内務省への直訴を行ったということは、大野分が分離以外に解決はありえないとして、問題を再び振り出しに戻したことを意味する。

新たに分村を引き起こした例としては、横見郡吉見村がある。以下に掲げるのは、明治十二年九月二十九日付比企・横見郡長鈴木庸行の県令宛伺である。

部内横見郡吉見村之義、明治七年中元流川村、柚沢村、根小屋村、土丸村之四ヶ村ヲ合併シ、更ニ南組（元流川村壱円）北組（元柚沢村土丸村根小屋村）ト組分ケ貢租割賦戸籍等総テ別途、戸長役場モ各組ニ設置シ事務取扱之義当時管庁旧熊ヶ谷県ニ於テ聞届相成居、地番丈量之義モ別途ニ仕出シ有之、一村ノ名義ニテ別村之取扱ニ相成居候より、今般郡制御施行、壱村エ戸長壱員ノ御成規ニテ組々江別途ニ撰挙之義は不相成筋ニ付、壱名撰挙候様相達候処、従前之通各組ニ撰挙シ事務別途ニ取扱度旨申出、説諭致候得共、小前末々ニ至候而は組分指令ヲ別村之モノニ心得居、此際合併ノ処分相成候様申伺分承服不致、追々取調不得止は何分ノ御指揮可相仰候得共、目下差支候条、当分両組ニ筆生ヲ撰挙シ各自ニ事務為取扱候様致度、此段相伺候、至急御指令相仰候也

吉見村はもともと流川村、柚沢村、根小屋村、土丸村の四ヶ村が、明治七年に合併してできた村であるが、旧流川村とそれ以外の三ヶ村がそれぞれの戸長役場を設置して事務を取り扱ってきたため、実際は「別村」の様相を呈

していた。ところが三新法の施行で一村に戸長一名を選挙しなくてはならなくなったが、住民は承服しかねている。そこで郡長は、とりあえずの処置として戸長空席のまま筆生を二名設置して事務をとらせようと伺っているのである。これに対して県は十二年十月二日「書面之趣無余儀事情ニ相聞候条、当分之内申出之通可取斗候事」と指令し、十月三日に郡役所から村にこの旨達せられた(93)。その後、鈴木郡長の日記には、十一月十二日の条に「吉見村之義は組分ケ不相成旨内務省御指令有之ニ付不日戸長選挙之義達し候手筈之由(94)」という記述があり、県は内務省に「組分ケ」の可否を伺い、却下されたものと思われる。そこで吉見村としては、複数戸長を維持するためには分村を願い出る外選択肢はないことになる。

吉見村が分村願を県に提出するのは明治十三年四月十二日のことである。その分村願は次のように言う。

> 右吉見村之義、去明治七年中根小屋村、土丸村、柚沢村、流川村之四ヶ村合村之義旧熊谷県へ出願御許可相成候処、元流川村ト根小屋村外弐ヶ村トハ利害倶ニ相成兼自然人情モ稍異リ、随テ民心和睦ノコトヲ顧慮シ、不得止南北ニ組分ケ（旧根小屋村外二ヶ村ヲ北組トシ流川村ヲ南組トシ）之義同県へ出願、戸長二名ヲ置キ事務分轄、名ハ壱村ニシテ其実弐村ニ村務取扱来リ候処、今般郡制御施行ニヨリ一村ニ戸長壱名ノ御成規ト相成始メテ真ニ壱村之事ニ立至リ何分民心和合不仕、此侭差置キ候テハ将来親睦ノ目途無之、苦心之余リ一同協議ヲ尽シ前件ノ如ク元流川村ヲ旧ニ復シ、更ニ南吉見村ト相称シ旧根小屋村、柚沢村、土丸村ヲ更ニ北吉見村ト称シ申度、何卒事情御洞察願意御聞届ケ被成下度、別紙図面相添一同連署ヲ以テ此段奉願上候、以上

これを受けて県は、六月十五日内務省に分村の許可を伺い、九月三十日内務省の指令を経て十月六日付で分村を布達した(95)。

以上のように三新法施行が分村を引き起こした事例から、住民にとって戸長・戸長役場の存在と、一村であるということはほとんど等値として受けとめられていたことがうかがえる。すなわち、「組分」（＝戸長役場の分離）であ

ることは「別村」であることと同様なのであり、戸長が一員になってしまえば「真ニ一村」になってしまうのである。そもそも、吉見村が組分けが不可能になってはじめて分村を願い出ているということは、必ずしも組分けが分村よりも不十分な分離を意味するのではないことを示している。逆にいえば、これらの事例の存在から、戸長・戸長役場を共有できる村々というのは、それら村々の関係が「一村同様」の状態にあったと考えることができよう（以下これを「一村状態」と表現する）。

では、「一村」であるというのはどのような状態を指すのであろうか。同様に郡区町村編制法の施行が分村を引き起こした北埼玉郡樋遣川村の分村願(96)は、次のように述べる。

抑一村ト称スルモノハ、土地ノ肥瘠高低ヲ同シ人情ヲ異ニセス利害得失ヲ平等均一ニシ一日モ離ルヘカラサル実アルニアラサルハナシ、而シテ当村ノ如キ闔域広闊ナリ従テ人情少差ナキ能ハス、土地ニ高低アリ従テ肥瘠アリ、此故ニ全村統一ノ治リ方不相立義ニ御座候、然ル処去ル明治十二年郡区編製《ママ》法御布告相成、本村ニ於テモ御改正ニ付戸長一員撰挙可致候処、前顕之次第ニテ何分戸長一員ノ撰挙会纏リ兼

すなわち、当時の意識において一村状態とは「土地ノ肥瘠高低ヲ同シ人情ヲ異ニセス利害得失ヲ平等均一ニシ一日モ離ルヘカラサル実アルニアラサルハナシ」という状態と考えられていたのであり、個別経営のレベルにおいて利害の均質性が存在していることがその条件なのである。裏を返せば、利害の均質性が及ぶ範囲が「一村状態」であり、一戸長役場によって管轄されうる範囲ということができるであろう。

このこともまた、三新法における町村の位置づけが、村請制村落の性格を完全に揚棄するには至らなかったという事態に対応している。村請制村落とは、身分制社会における百姓身分集団のことであり、百姓はその個別経営レベルにおける特殊利害の担い手として集団化され、その集団を媒介として政治社会に位置づけられる（第一章第三節）。一村状態＝個別経営レベルでの利害の均質性という観念はこのような村請制村落に相応するものであり、そ

れを積極的に主張しうる条件は、三新法がそのような集団の存在を依然として行政の担い手として位置づけ続けたことにあったのである。住民が一村状態―一戸長観念に基づいて戸長役場の設置状況を左右することに対して、県庁がそれに積極的に介入してゆく条件は、少なくとも三新法それ自体によっては与えられなかった。

しかし、すでに本書第一部で見てきた通り、三新法に帰結した明治初年の地域社会の不安定性とは、村請制村落の機能不全に由来するものであった。三新法が村請制村落を揚棄しなかったということは、村請制村落の機能不全が、三新法期においても依然として継続したであろうことを示唆する。実際、三新法期の埼玉県における戸長役場の運営は、多くの不安定性を抱えたものであった。以下、戸長の租税立替と戸長による公証奥印拒否の問題を取り上げて、「一村状態」の条件としての利害の均質性、「一村状態」と一戸長役場の対応という住民の観念と、戸長役場運営のあり方との関係を考えてみたい。

三新法期の戸長が租税を立て替えていることを示す史料として、比企郡宮前村戸長鈴木庸徳が作成した「明治十七年一月以来地租金及諸費金立替出納帳」と題する帳面が残っている。[97] この帳面は、①明治十七年三月十七日第四期地租金取立時の立替、②十七年八月段階での残額調べと清算の記録、③十七年一月十八日の地方税納入時の立替、④日付不明の諸手数料立替記録、⑤十七年七月十三日の地方税納入時の立替、以上五つの不連続な出納簿から構成されている。十七年改革によって鈴木が戸長を退くのが十七年七月末であるから、その最終期の帳面である。なお、他年についてはこのような帳面は現存しない。ここから村内者と村外者の双方について、立替の全体像が知りうる①と、最終的な清算状況が判明する②とを検討する。

まず①について。表4―1が村内者の、表4―2が他村居住者について立替額を表にしたものである。表4―1をみると、[98] ここで租税の立替を受けているのは十三名、宮前村の地租納入者は、明治十五年時点で村内居住者が三十二名であるから、半数近くが立替を受けていることになる。そのうち四月二十日までに返済したものは五名にす

表 4-1　明治 17 年 3 月 17 日，地租金その他諸金立替（宮前村内者）

（単位：円）

| 氏　名 | 判 | 立　替　額 | 返済金額（4月20日まで） | 返　済　日 | 残　額 |
|---|---|---|---|---|---|
| 大沢喜八 | | 0.422 | | | 0.422 |
| 三沢留平 | 取 | 2.839 | 2.839 | 3月23日，24日，4月10日 | 0 |
| 前田九平 | | 0.203 | | | 0.203 |
| 飯野清次郎 | 済 | 0.432 | 0.432 | 3月18日 | 0 |
| 前田和作 | | 1.097 | 1.000 | 3月17日 | 0.097 |
| 鈴木近太郎 | | 0.261 | | | 0.261 |
| 飯野善太郎 | 取 | 0.127 | 0.127 | 3月19日 | 0 |
| 飯野左平 | | 1.461 | | | 1.461 |
| 三沢豊吉 | | 4.000 | 4.000 | 4月4日 | 0 |
| 鈴木治郎吉 | | 2.698 | 2.498 | 3月23日，4月21日 | 0.200 |
| 大野藤造 | 済 | 1.609 | 1.609 | 3月18日 | 0 |
| 飯野宇平 | | 1.672 | | | 1.672 |
| 長谷市太郎 | | 2.436 | 2.000 | 3月18日 | 0.436 |
| 合　計 | | 19.257 | 14.505 | | 4.752 |

出典）「鈴木（庸）家文書」7981.

ぎない。

表4―2に目を転じてみると、宮前村にはやはり明治十五年で四十五人[99]の村外居住者が土地を所有しているが[100]、そのうち十一名が立替を受けている。村内居住者と比べて一見して明らかな点は、返済を示すと思われる「取」の判を押されているものがはるかに多いということである。判が押された最終的な日付が不明であり、かつ村外居住者に関しては村内者の場合と異なり返済日の記録がないのであるが、表4―1での判の押され方から推測して、村外居住者は村内者より返済が速やかであったことがうかがえる[101]。

この点は②、十七年八月時点での清算状況をみるときより明瞭である（表4―3）。村内者七名のうち六名に対しては八月八日に「調」ているだけなのに対して、村外者四名中三名は「取立」ているのであり、この三人には返済を示す○印がつけられている。（志村定吉の立替金の処理の仕方は不詳である。飯野宇平と志村の間になんらかの関係があったのであろうか）。しかも村内者のうち前田和作と飯野宇平に対しては残額があるにもかかわ

**表 4-2　明治 17 年 3 月 17 日，地租金その他諸金立替(宮前村外者)**

（単位：円）

| 村　名 | 氏　名 | 印 | 金　額 |
|---|---|---|---|
| 出丸中郷 | 井上忠太郎 | | 0.215 |
| 〃 | 吉田善次郎 | 取 | 1.236 |
| 〃 | 鈴木紋造 | 取 | 0.415 |
| 〃 | 中里仙造 | 取 | 0.995 |
| 〃 | 中里勘次郎 | 取 | 0.898 |
| 〃 | 稲毛茂吉 | 取 | 0.247 |
| 〃 | 吉田市五郎 | 取 | 0.129 |
| 下大屋敷 | 片岡勇三郎 | 取 | 0.264 |
| 上大屋敷 | 遠藤吉十郎 | 取 | 0.288 |
| 下大屋敷 | 鈴木源次郎 | 取 | 0.122 |
| 山ヶ谷戸村 | 鈴木市五郎 | | 0.006 |
| 合　計 | | | 4.815 |

出典）「鈴木（庸）家文書」7981.

**表 4-3　明治 17 年 8 月残額調べ**

（単位：円）

| 年　月　日 | 村　名 | 印 | 氏　名 | 残　額 | 処　理 |
|---|---|---|---|---|---|
| 17年 8 月 8 日調 | 宮前村 | | 前田和作 | 2.121 | 八月八日受取書ヲ和作へ渡ス |
| 〃 | 〃 | | 飯野左平 | 1.550 | |
| 〃 | 〃 | ○ | 前田九平 | 0.492 | |
| 〃 | 〃 | | 大沢喜八 | 1.166 | |
| 〃 | 〃 | | 鈴木仁平 | 0.433 | |
| 〃 | 〃 | | 飯野宇平 | 1.515 | 右ハ金員不受取候得共八月八日宇平へ請取証書相渡し置候也 |
| 17年 8 月11日 | 〃 | | 大沢喜平 | 0.871 | |
| 17年 8 月11日取立 | 上狢村 | ○ | 松本栄五郎 | 0.210 | |
| 〃 | 〃 | ○ | 山崎米吉 | 0.279 | |
| 〃 | 紫竹村 | ○ | 小高善三郎 | 0.931 | 八月十四日受取 |
| | 小沼村 | | 志村定吉 | 0.792 | 右受取証ハ飯野宇平へ相渡ス |

出典）「鈴木（庸）家文書」7981.

らず受取証を渡している。前田和作は地価額にして畑三十円二銭一厘、田五十九円二銭七厘を所持する零細な農民である。飯野宇平は大区小区期には副戸長をつとめた村内の有力者で、明治十五年に地価八六七円四十三銭二厘の土地を所有していたが、明治十七年には一九一円八十銭九厘にまで急速に所有地を減らしている(102)。両者ともに、松方デフレ下の明治十七年にはきびしい経営状態にあったことが推測される。鈴木戸長の措置はこのような両者に対する配慮であろう。

以上の通り、戸長の租税立替は主として自村民に対して行われるものであった。このことは、戸長の租税立替が、さきに明らかにしたような、一村状態すなわち利害の均質性と、一戸長役場管轄範囲との対応関係に支えられて成立するものであったことを意味している。つまり、このような関係のもとにおいては、戸長役場の事務は均質である個別利害と密着したものとしてとらえられるのであり、戸長は構成員の個別利害防衛のために行動することを要請されるのである。

他村が自村と利害を共有しないとしたら、他村の戸長が自村内の個別利害の防衛のために行動する根拠がない。明治十二年の三新法施行にあたって、比企郡古凍村旧戸長松崎蔵之助が提出した伺(103)は、他村の戸長が自村を管轄することに対する不安をよく表現している。

以書付奉伺候

古凍村
旧戸長　松崎蔵之助

右私奉伺候義、今般第七号ノ御達ニ基キ最寄位置ノ村方申合、組合相立度候間、左ノ件ニ付奉伺候

第一条

道路橋梁堤防川除普請ノ義、該村請持之分是迄之通ニ候哉

第二条

水腐ニテ田畑違作之節は該村限リ上納御聞済相成候哉

第三条

以後該村エ置キ候役人ニ於テ、地所質入書入売買、戸籍加除、新規営業願、荷車御捺印願等取斗相成候哉

第四条

租税地方税并雑税共、以後該村エ置キ候役人ニ於テ取立相成候哉

つまり、自己と利害を共有しない可能性のある他村の戸長が、租税を取り立てることに対する不安である。これに対する県の回答は、第一条・第二条は「伺之通」、第三条・第四条は「戸長ニヲイテ取扱候義ト可心得事」であり、郡役所宛の「第一条ヨリ第四条迄此伺ノ精神ヲ考フルニ、組合ヲ立ルハ町村ヲ合併スルコトト思惟スヘキニ似タリ、然(ママ)スレハ如此疑問ノ出ル筈ナシ、其点ハ郡役所ニ於テ篤ト了解セシムル様ニ処分アリタシ」という指示が添えられている。このような県の配慮にもかかわらず、結果として古凍村は単独で戸長役場を設置した[104]。

しかし、ここで注意しておく必要があるのは、明治十年代においてこのような観念はフィクショナルなものでしかありえないということである。つまり、地租改正が村請制を最終的に解体した以上、租税未納がそれ以外の構成員の利害にかかわる必然性は消滅したのであって、村内における利害の均質性という観念には、もはや実体的な根拠がない。ところが住民は自己の経営が危機にさらされるとき、旧来の町村観・村吏観に頼って戸長に救済を求めることになる。

三新法施行時に、比企郡宮前村は周辺の数ヶ村との間で連合の交渉を行っているが、いずれも不成立におわり、単独で戸長役場を設置した[105]。そのうち紫竹村との交渉について、明治十二年六月一日、紫竹村の小高宗之助から鈴木庸徳宛の書簡は「村落組合ノ義ニツキ深ク足下ノ敏慮ヲ煩セシ廉ヲ以テ、懇々小前ニ説諭候得共、憐然ナルカナ

末タ疇昔頑固ノ風ヲ脱セズシテ何分其情ニ陥ル、顔色ヲ表セズ只々一村独立ノ旨ヲ喋々スル而已、是レ恨ラクモ一村独立ト誓約ス」と述べており、小高と鈴木という村落代表者の間ではまとまりかけていた交渉が、小前の反対によって挫折したことが知られる。利害の均質性という観念がフィクションにすぎないのにもかかわらず、それが根強く残存し、分村請願や戸長役場分離請願を引き起こすのは、住民の生活防衛を求める運動にその原因が存在したのである。

このような事態は、すでに縷述してきた村請制村におけるゼロ・サム的再分配の進行の、最終的な局面である。村請制村はそれ自体としては地租改正によって解体され、また府県レベルにおいては府県を直接に全体として代表する代議機構が創設された。身分制社会は解体されたのである。このような条件の下で戸長という地位のみが村請制的性格を持ち続けるならば（換言すれば、村請制村が戸長という地位との関係によってのみ存在しているならば）、村請制的な経営の保護を期待する住民の運動は、戸長と彼らとの関係に集中してしまう。たとえば、戸長はもはや、そのような住民の動向を背景にして、外在的な統治者集団に「御救」を請うような運動の主体たりえないのである。

以上のことは町村運営に著しい不安定をもたらす。もはや村内における利害の均質性が存在していない状況のもとで、個別利害が戸長役場による保護を期待することは、必然的に戸長役場をめぐる個別利害の衝突を生じる。その表現がこの時期頻発する行政訴訟である。「公文録」に記録されているところによると、三新法の施行から十七年改革の実施までの間に、埼玉県では戸長に対して五十件の行政訴訟が起きている。訴訟理由についてみると、戸長の土地売買・名義変更公証拒否（十六件）と請願奥印拒否（四件）の数の多さが注目される。戸長が奥印・公証を拒否するのは、多くの場合第三者から故障が申し立てられるためである。住民から個別利害の保護者として期待されている戸長は、この際どちらか一方の個別利害を優先してしまうため、もう一方から訴えられることになるのである。

これらの続発に対して、政府は明治十五年に至って対策を講じている。まず奥印拒否に関しては司法卿田中不二麿が明治十三年十月二十三日付で、「従来人民ヨリ諸官庁へ進達スル願伺書等ハ区戸長ニ於テ奥書奥印スルノ成規ニシテ、其奥書奥印スルハ其町村人民ノ願伺タル事ヲ証シ、又ハ事実ノ保証ニ係ルモノモ有之候得共、到底其事ノ当否ヲ決スルノ職務ニ無之ト存候、然ルヲ事柄ニヨリテハ区戸長ノ意見ヲ以テ奥書奥印ヲ差拒ムヨリ自然人民ノ願伺ヲ壅蔽シ、夫レカ為メ訟廷ヲ煩ハス事多々有之不都合ノ至ニ候」として、「人民ヨリ諸官庁へ進達スル願伺書等区戸長ノ奥書奥印ヲ要スヘキモノハ区戸長ニ於テ其趣意ノ如何ニ拘ハラス奥書奥印スヘシ、若其願伺書等ニ就キ区戸長ニ於テ意見有之トキハ其旨添申可為致」という達を府県に出すよう太政官に稟請している。これに対して参事院は内務省から府県へその旨訓示させるのが適当で、達にする必要はないと審査した(106)。実際に埼玉県はこの後達案に相当する内容の布達を出している(107)。

政府のこの処置は戸長の機械的な事務処理を徹底させることを求めたものである。すでに村内で利害が分化している以上、戸長は機械的な処理に徹すること、言いかえれば個別利害から分離された共通利害の立場に立つことによってしか、安定した町村運営をなしえないからである。

一方、公証拒否に関しては、政府は逆に拒否に一定の根拠を与える方向で対応策を打ち出した。明治十五年九月十六日付の太政大臣宛参事院議長上申(108)は、戸長の公証に関して第三者が故障を申し立てる具体的なケースとして、次のような場合を挙げる。

戸主タル養子放蕩ニシテ一家ノ浮沈ニ関スルヲ以テ、養父ヨリ離縁起訴中養子其地所ヲ売却シテ養家ヲ害セントシ、或ハ村民一同ノ者既ニ契約アル土地ニ関シ起訴中義務者其土地ヲ窃ニ売却シテ其約ヲ空フセント図ル者アリ、養父村民ヨリ公証中止ノ儀ヲ請求スル等是ナリ

現行の土地売買譲渡規則では、このような場合でも戸長が公証を拒否する根拠は与えられておらず、判決では戸

長が公証をなすべきものとされるため、「啻ニ直者ノ目的ヲ達セシメサル而已ナラス、彼ノ放蕩者ヲシテ益其慾ヲ逞フシ、詐欺者ヲシテ愈其利ヲ恣ニセシムルニ至ル」というのである。これに基き、政府は十五年十二月二十一日太政官布告第六十号をもって、法廷で係争中の不動産に関しては申し出があった場合戸長が公証を拒否するものとした。

しかし、これで公証拒否問題が解決するわけではない。なぜならば、戸長に故障を申し立てるのは、政府が考えるところの「直者」ばかりではないからである。[109]明治十六年に大里郡熊谷駅寄留の大島久次郎が、北埼玉郡上川村戸長八木原愛輔を相手どって起こした訴訟の判決は次のように述べる。

被告ハ乙号証ヲ提供シテ原告ノ請求セル公証ヲ拒ムト雖モ、右乙号証ハ八木原三郎右衛門外一名ガ曽テ原告ノ財産管理中立替へ置キタル地租民費ノ返償ヲ受ケサル旨ヲ以テ公証ヲ故障スルノ請願ニ過キス、果シテ然ラハ縦令故障アリトモ未タ其地所ニ付出訴ヲナセシモノニアラサレハ、被告ハ之カ公証ヲ差拒ムヘキ筋ナキモノトス

これは十五年第六十号布告の公布後の訴訟であるが、故障を申し立てた側はその土地について出訴していなかったにもかかわらず、戸長はその要求をいれて公証を拒否したのである。戸長が個別利害の保護者であろうとすれば、個別諸利害が戸長役場をめぐって係争することは避けられない。

こうして、町村住民が町村内利害の均質性という観念に固執している限り、町村運営は安定しえない。住民の個別利害を防衛しなければならない戸長職はきわめて負担の大きい職務となる。そして、その矛盾は松方デフレ期に多くの農民の経営が危機にさらされることによって増幅される。

## 2　十七年改革の立案過程

明治十五年・十六年、地方巡察使として全国に派遣された元老院・参事院の議官のうち、埼玉県を視察した渡辺清は、県内の戸長役場の状況について、次のように記している[110]。

公選戸長其人ヲ得サルハ一般ノ弊ニシテ亦怪シムニ足ラス。蓋シ人民ノ情タル適当ノ人才ヲ撰挙スルトキハ自己ノ怠慢ヲ督責スルカ故ニ、寧ロ柔順ナル者ヲ撰挙シテ納租ノ立替ヲナサシメ、或ハ規則ノ施行ニ付キ其督責ヲ免レンコトヲ希フ、是レ公撰ノ事タル其名ハ善美ナルモ未タ以テ我カ現時ノ民度ニ適セスシテ却テ其弊ヲ生スル所以ナリ

住民に対して法令の施行を徹底できなかったり、住民から納税の立替を強いられたりするという戸長の立場の弱さが指摘されている。巡察に際して北埼玉郡長諸井興久が渡辺に提出した「北埼玉郡内概況[111]」には「旧幕府ノ頃庄屋名主等一時繰換ヘ上納シタル慣習ニ依リ、戸長公撰法施行以来多クハ富農等ヲ撰挙シ猶之ニ従前ノ如ク立換ヘシテ、而シテ其返還ヲ督促スルニ至レハ忽チ改撰ヲ企図シ、無智ノ人物ニモ拘ハラス啻ニ温厚篤実ノ者ヲ撰ミ、或ハ旧定使ノ如キ上納者ヲ督促シ得ザル者ヲ撰ム」とあり、渡辺の記述はこれを参考にしているものと考えられる。

このような指摘は渡辺一人にとどまるものではなかった。計十一名の巡察使のうち、町村制度について何らかの問題点を指摘したのは明治十五年の安場保和、河瀬真孝、十六年の田中不二麿、関口隆吉、渡辺清、槙村正直の六名であるが、たとえば、安場保和が巡察を終えた十五年九月に提出した「町村戸長ノ義ニ付意見書[112]」とは次のように述べている。

各地方町村戸長現時ノ有様ヲ通観スルニ、其戸長タル者ハ概ネ其職ニ従事スルヲ厭ヒ、町村公衆ノ信認ヲ得選挙セラル、モノト雖トモ之ヲ固辞スル者多ク、偶々当選ヲ辞セサルモノト雖トモ不得止シテ一時其職ニ居ル者十中ノ八九ニ居リ、其他ハ戸長ノ職ヲ執ルニ不適当ノ人物ニアラサレハ町村ノ為ノ徳義上ヨリ特ニ該職務ヲ執ルノ形況ニシテ、自ラ進テ戸長ノ職務ヲ執リ官民ノ中間ニ立チ能ク其事務ヲ弁理セント欲スルモノハ実ニ稀ニ

> 見ル処ナリ、抑モ一般町村ノ人民戸長ノ職務ニ就クヲ厭フ所以ノモノハ其原因二三ニ止マラサルヘシト雖モ、察スルニ官民ノ間ニ立直接事ヲ執ルノ至難ナルト、其職権ハ軽クシテ、其取扱フ処ノ事務ハ地方官郡区長ノ下ニ立チ行政事務ヲ弁理シ、一方ニ向テハ町村ノ総代人タルカ故ニ、自然其職権ニ乏シク、充分事理者ノ目的ヲ達スル能ハサルノ事情アリ、之皆戸長ノ職ヲ執ルヲ厭フ所以タリ。……（中略）……之ヲ根治スルノ法ハ、便宜ニ依リ数町村連合シテ戸長ヲ置クヲ法トシ、広ク適当ノ人物ヲ選マシメ、其職ハ純然タル行政官吏トナシ、給料ヲ増加シ待遇ヲ厚シ而シテ戸長役場費及戸長以下ノ給料ハ悉ク地方税ヲ以テ之ヲ支弁セシムルノ成規トナサハ、漸次戸長其人ヲ得、町村ノ事務渋滞ヲ免レ始メテ官民ノ便益ヲ開興シ、大ニ前日ノ弊根ヲ治スヘキヲ信セリ

すなわち、三新法体制における戸長の「総代人」としての性格によって、戸長の住民に対する立場が弱いものになっており、行政事務の遂行において困難を生じている。したがって戸長のなり手が不足し、戸長役場の事務が渋滞する。そのような事態を打開するためには、第一に戸長役場管轄区域を拡大して戸長の数を減らし、戸長の待遇を改善する、第二に戸長を官選にすることによって、有能な人物を戸長に採用する、以上の改革が必要である、というのである。

この地方巡察使らによる復命書こそ、明治十七年に行われた制度改正の最も早い時期の構想である。確認するならば、明治十七年の改革とは、①戸長の官選化、②五〇〇戸に一戸長役場を基準とする連合戸長役場制の実施、③戸長以下職務取扱諸費を府県財政・町村財政の二重支弁から町村財政支弁に一元化、④区町村費費目の指定と区町村費滞納に対する強制徴集権を町村に付与、⑤区町村会の規則制定を府知事県令の権限とする、町村会の議案提出権を戸長に限定するなど、区町村会への統制強化、の五点から構成されるが、この安場の意見書には、①から③までがすでに出そろっている。

なお、先行研究との関連で注意すべきは、この論理連関には民権派が登場しないということである。他の巡察使の復命書もほぼ同様であり[113]、全体としてみた場合、巡察使復命書において各地の民権運動の動向は重要な記載事項の一つであるが、それにもかかわらず民権派への言及がないということはこの問題に関しては民権運動が直接的な関係を持たないということを示している。問題になっているのはむしろ、戸長の住民に対する立場の弱さ、それに起因する職務の困難さである。

もう一つ、十七年改革につながる動きとして明治十五年の戸長官等改正をめぐる地方官から内務省への上申書提出が挙げられる。明治十五年十一月、内務卿山田顕義はこれまで准等外であった戸長の官等を十等官相当に引き上げるという達案を太政官に稟請したが[114]、その際、この達案と、同様に当時内務省から太政官に提出されていた地方税規則および府県会規則の改正案を各地方官に送付し、その意見を諮問した[115]。これに基づいて内務卿宛に地方官から意見が上申された。管見の限りでは、①福島県令三島通庸意見書[116]（十一月二十五日付）、②地方官三十四名の評議結果上申書[117]（十二月二日付）、③埼玉県令吉田清英意見書[118]（十二月六日付）の三通である。②では、三十一名が原則官選化（得票上位数名の内より府知事県令が任命するという案を含む）を主張しており[119]、三島、吉田両県令も官選論であって、地方官の大勢が戸長の官等引き上げを容認しており、同時に戸長の官選化を求めていることが知られる。官選化が必要な理由として、三島は「戸長公撰ニ方リ種々弊害相生シ、間々不都合ノ所行モ相聞候ニ付、土地ノ景況ニ因リ官撰公撰之内臨機所分ニ相成候ハヽ、適当ノ人物ヲ得弊害モ脱シ種々町村ノ為筋ニモ可相成」と述べている。当時まさに民権派と正面から対峙していた三島でさえもが、特に民権派を問題にしているわけではない。

結局この件は参事院が「聊カ穏当ナラサルモノニ似タリ」として、「准十等ヨリ准十七等ニ至ル」と修正し[120]、そのまま十二月二十八日に公布された（明治十五年太政官達第七十一号）。当然戸長官選化の措置は採られていないが、これらの意見書も十七年の改革につながるものと評価できよう。なお、三島、吉田の両県令は、この達を受けてそれぞれ独自に戸長制度改革に着手する[121]。

以上巡察使復命書と地方官の上申書から、明治十五年から十六年にかけて、戸長役場組織の改正が課題として認識されていたことをみた。しかし、これらの意見はいずれも戸長役場の問題を単独に提起しており、⑤として挙げた、町村会への統制強化の条項は含まれていない。このことは、実際の改革ではセットになっている戸長役場制度改革と町村会改革が、もともとは別個の問題であったことを示唆している。

では町村会改革はいかなる要因を背景としていたのか？　今日、「大森鍾一文書」には、大森鍾一自身によるものと思われる「区町村会規則制定ニ関スル意見[122]」と題する意見書の草案が残されている。この意見書は、現行区町村会法について、「其主旨タル大綱数条ヲ挙テ之ヲ国法トシ、節目ノ細ニ至テハ各地方自ラ便トスル所ニ任スルニ在リ」したがって、「其余撰挙ノ方法、議事ノ開閉等ノ諸則ニ至テハ挙テ之ヲ町村会ノ便宜評決スルニ委シ、唯府知事県令ノ之ヲ裁定スルアルノミ」であるとしたうえで、数度の府県会規則の改正を引き合いに出しつつ、「今日ノ状況ニ応シテ其会則ヲ制定シ、以テ其弊ヲ防カントスルハ亦已ヲ得サル者」と述べているもので、十七年改革につながる区町村会統制強化のプランが提起されている。日付を欠くが、十五年十二月の府県会規則改正に言及していることから十六年中のものであると思われる。宛所も不明であるが、参事院罫紙に書かれているので参事院議長山県有朋宛か、あるいは参事院から太政官宛上申の原案（実際にこのような上申は行われていない）である可能性が高い。

大森がこのような意見書を書いた背景は二つ考えられる。一つは明治十六年、地方巡察使田中不二麿に随行して東北地方を巡察した際、前年の福島事件における若松地方六郡総町村連合会の状況についての情報を得たことである。田中の復命書には「若松地方新道開鑿事業並喜多方暴動ノ件」という項目があり、事件中の連合町村会の動向が報告されている[123]。さらに田中は福島県下の町村会に関して次のように述べている[124]。

今日ノ勢自ラ検束ノ例ヲ設クルヲ好マス、県庁ニ於テ裁定ヲ与フルノ際ニ方テ、多少ノ増刪ヲ加ヘサルヲ得ス、其不便少カラス、客冬府県会規則ノ改正ヲ以テ大ニ県会ノ議場ヲ整理スルニ足ルト雖トモ、町村会ハ規則周密ナラサルカ為メニ議事錯濫シ前日ノ県会ト一般ノ情況アルカ如シ、県会町村会規則ノ改正ヲ求ムルコト甚切ナリ

もう一つは、明治十六年六月以降の、徳島県と県下の改進党員との、町村会をめぐる紛争である。この事件のきっかけは十六年六月十一日付の徳島県乙第一一〇号達にある。この達は、町村会について、議案の提出権を郡長・戸長に限定すること、会の開閉も郡長・戸長が決定すること、議員選挙権・被選挙権を府県会規則に準拠させること、会期を通常会十日、臨時会五日以内と定めること等を、それぞれの町村会規則に明記することを要求し、従来の規則にこのような記載のないものはただちに規則を改正することを命じたものである。従来区町村会法第二条によって町村が適宜設けることになっていた町村会規則に、県レベルで一定の規制をかけようというものであり、十七年改革の先駆をなす内容である。

ところが、この達は、県内の改進党勢力の強い反対にあい、那賀郡、名東郡、勝浦郡の各全郡町村連合会では、郡長が発議した規則改正案が改進党議員によって廃案にされてしまう。それに対して郡長は県令の指揮を仰いで原案を執行、改進党側は議員の辞職でこれに対抗する。この経緯は大森文書の十七年改革関係の書類(125)につづり込まれている徳島県大書記官大越貢の「本県町村会ノ景況」と題する報告書によっているが、後の元老院での審議に際しての内閣委員の発言(126)からも、この事件が区町村会法改正の背景をなしていることは明らかである。

以上から明治十七年改革のうち、区町村会への統制強化に関しては、福島、徳島の事例を背景にした大森鍾一の意見書がその起源をなすと考えられよう。ここから明らかになることは、戸長役場の問題には民権派は無関係であるのに対して、町村会の問題に関しては民権運動対策という性格が明瞭に認められるということである。しかし同時に、福島の場合も徳島の場合も、町村会といっても個別町村の町村会が問題になっているのではなく、連合町村

会、それも全郡連合町村会や六郡連合町村会といった大規模な連合町村会への対策が問題になっているという点に留意が必要であろう。

飯塚一幸は、三新法下において全郡連合町村会が全国的に存在し、事実上の郡会として機能していたことを指摘している。飯塚は徳島の全郡連合町村会の紛糾が十七年改革の背景になったことを取り上げ、「一八八四年の区町村会法改正は、村治のみでなく、全郡連合町村会が設けられ、しかもそれが民権派の影響力行使の場ともなっているという、郡治の如何も契機となっている点に注目しておきたい」と述べている。[127] この指摘は正当であるが、逆にいえば、この改正は、郡治の契機となっている限りにおいて民権派にかかわるのであり、村治に関する限り民権派とはかかわりを持たないのである。

このようにさまざまなルートから提起された改革案は、明治十六年十一月十九日の地方官諮問会によって総括され、十二月十二日の山田内務卿の太政官への稟請によって正式な立法ルートに乗る。[128] 以後内務省、参事院での起案と修正を経て、十七年二月十三日付で内閣案が確定し、[129] そのうち、三つの太政官布告案が元老院の審議に付された。ところがここで改革案は議官たちの激しい批判にさらされることになる。

政府案反対派の論理は旧慣維持論である。たとえば渡辺洪基は「従来ノ戸長ヲ変シテ小郡長タラシムル無キハ本官ノ深ク望ム所ナリ」[130] と戸長の官僚化に危惧を表明し、楠本正隆は「抑モ本案ハ一町村ニ向テ其一町村税ヲ課スル精神ニシテ、斯ノ如キハ急激ノ大変革ト謂フ可シ、且ヤ或ル議官ノ論セシ如ク法律ヲ以テ徴収スル者ト定ムレハ、従来一町村ノ富豪者ニ出金ヲ乞ヒ、又ハ徳義者ノ自ラ進ミテ同町村住民ノ為メニ多額ノ出金ヲ為シ、以テ協議費ヲ補助セル美風ハ此ヨリ蹟ヲ絶ントス」[131] と、改革によって町村の「美風」が失われる点を批判した。これは井上毅の町村観とも共通する性格のものであり、[132] 三新法の町村の位置づけに対応している。

それに対して、内閣委員の白根専一は、「論者曰ク、従来一町村内相ヒ親睦シ、富者ハ貧者ノ為メニ協議費ヲ負担セル等ノ慣習ヲ存セシモ、本案ヲ発スレハ、以テ此美風ヲ破ル可シト、然ルニ従前ト雖モ富者自ラ進ミテ貧者ノ為メニ協議費ヲ負担セルニ非ス、況シテ今日ノ時勢人情ニ於テヲヤ(133)」と、旧慣維持論者がいうような旧慣はすでに存在していないという既成事実の論理をもって反論した。これはすでに論じたような、町村における利害の均質性がすでにこの時点ではフィクショナルなものにすぎず、実態的な根拠を持たないことに対応している。それでもなお戸長が租税を立て替えているとすれば、安場保和復命書が指摘していたように、それは「徳義上」にすぎないであろう。

しかし議官たちはこれを聞き入れず、四月五日、提出された三議案をすべて否決して第三読会を終了した。この結果を受けた山県内務卿はただちに内閣に対して、「区町村会法ノ改正並ニ戸長選任ノ件ニ事ニ至テハ最今日ノ急務ナリ」として「元老院ノ議ハ固ヨリ重スヘキト雖モ今更万已ミ難キ者ナレハ、他ノ節目ハ姑ク措キ、右二事ノ要点ニ於テハ同院議決ノ旨ニ拘ラズ断然施行セラレンコトヲ冀望ス(134)」と建議した。これに基づいて修正案が作成され、四月十二日再び元老院に下付された。

元老院の再議では、前回に比べて反対意見は大幅に減少した。一つには内閣案が修正されていたためでもあるが、たとえここで否決したとしても内閣側は便宜布告で押し切るという観測が議官の間に広まっていたためでもあろう(135)。四月二十三日、元老院は内閣案を一部修正の上可決、五月七日に公布された(136)。

### 3　改革の実施と改革後の戸長役場

中央法令による十七年の改革に先立って、埼玉県は独自の戸長役場連合化を二度にわたって計画している。十七年改革の実施過程を見る前に、この経緯を瞥見しておこう。

明治十二年の三新法の施行時、埼玉県が原則的には戸長の設置区域を各村の協議に任せたことはすでに見た。しかし県は、早くも翌十三年には戸長役場連合化を検討している。明治十三年通常県会に提出された予算案中戸長以下給料及職務取扱諸費は、反別二〇〇町、戸数二〇〇戸に一戸長を基準として一一万五六五六円と算出されており、これについて村田三等属は「二百町二百戸ノ組合ヲ実施スルコトハ未タ決定セサレトモ本案ハ其積リニテ立テシモノナリ」と説明している。しかし県会議員は概ねこの連合化計画に批判的で、この予算は七万九二二三円二十銭四厘に削減され、連合化は実施されなかった(137)。

また、前項で見た通り、明治十五年十一月に戸長官等改正をめぐって埼玉県令吉田清英は戸長官選案を内務卿に上申しており、明治十五年十二月に戸長の官等改正が実行された。これを受けて、明治十六年一月、県は郡長を招集して戸長役場組織改革についての意見を諮問し(138)、同年三月の通常県会に、戸長役場の連合化を前提とする予算案を提出した(139)。それは「凡ソ四五百戸ニ戸長一人ヲ置キ、七十一号ノ達ニ拠リテ十七等ヨリ十一等迄ノ準官等ヲ附シ、月給金弐拾弐円以下ヲ給スルノ見込ヲ以テ」、戸長以下給料旅費及職務取扱諸費を十三万四三三三円（そのうち戸長俸給は六万円。なお、前年度は七万五三五四円で、そのうち戸長俸給二万五〇五一円五十銭）に増額するというものである。

ところが、戸長役場の連合という案にまたしても県会議員たちは強く反発した。

「戸長役場ヲ合併シテ町村ノ旧慣ヲ破リ苦情ヲ惹キ起サンヨリハ合併セサルノ優レルニ如カス」（稲村貫一郎）

「合併ノ不可ナルハ数百千年前ヨリ独立セシ村々ヲ今合併スルハ甚人民ノ好マサル所ニシテ、且各村慣習利害ヲ異ニスレハ到底同一ナラシムルヲ得ス、其民間ニ不利ナルコト実ニ明カナリ」（関口弥五）

県側（二等属村田譲吉、四等属加藤炳）はこれに対して、現状の戸長給与額の不適を強調する。

「原案者カ差支アリト認メタルハ千五百余ノ戸長中是迄任期ヲ全フセサルモノ殆ト三分ノ一アリ、是レ主トシテ給料ノ薄キニ原因セルヲ知レハナリ」（加藤）

しかし県会議員は、むしろ戸長職務が「徳義」に基づくことを主張し、これに反論する。

「事務ヲ勤務スルト否トハ決シテ給料ノ厚薄ニ依ルモノニアラス、戸長其人ノ徳義ノ厚薄ニ因ルモノナレハナリ」（高橋荘右衛門）

結果として原案を支持するものは一人もなく、満場一致で前年度額への削減が決議された。

この県会審議においては、県会議員が一致して旧慣維持の立場に立っている。この時期の埼玉県会は改進党が主導権を握っており、上記の関口弥五、高橋荘右衛門も改進党員である(140)。こうした民権派県会議員の旧慣維持的姿勢は、明治十二年の戸長以下給料及職務取扱費に関する建議(141)においてもみることができる。この建議は「戸長以下給料及ヒ職務取扱費ハ明治十三年度ヨリ地方税ヲ脱シ悉皆協議費ニ仕度奉存候」というものであるが、その理由は「今日ノ町村戸長ハ昔日ノ所謂名主庄屋ノ類ニシテ其撰挙多クハ町村人民ノ協議公選ニ出テ、常ニ町村ノ事務ヲ処理シテ其性質ハ純然タル人民ノ総代人ノ如ク、給料諸費モ亦町村ノ協議費ヲ以テ之ヲ支弁セリ……（中略）……然ルニ今ヤ戸長以下給料及ヒ諸費ニ至ルマテ、悉ク地方税ヲ以テ支弁スルノ制タルカ故ニ、人民ハ自ラ戸長ヲ官吏視シテ、嘗テ之ヲ矜式シ之ヲ敬愛セシ情誼ハ次第ニ減殺スルノ状勢アルヲ免レス」とされている。つまり、この建議は租税協議権の上に立つ要求として提出されているのではなく、あくまで「昔日ノ所謂名主庄屋」との連続性を根拠として提出されているのである。

民権派の地方自治論の「古さ」については、かつて羽鳥卓也が「民権論者が藩閥政府に向って要求した地方自治の意味する内容は、近代的地方自治とは全く異なって、いわば「人類の歴史とともに古く」存在しているような、旧来の地方分権にほかならなかったのである(142)」と指摘したところである。しかし、事態はそれほど単純ではない。たしかに彼らは町村レベルの自治においては旧慣維持の論理によってそれを語ったが、郡以上のレベルについてはそうではないからである。たとえば明治十五年、埼玉県会の「郡長公選に関する建議(143)」は、「若シ夫レ其事務ニシテ政府ニ属シ、其費用国庫ノ支弁ニ係ラハ、政府今日ノ組織ニ於テハ郡長ヲ官撰スルハ勢已ムヲ得スト雖トモ、事務人民ニ属スルノ事多キニ居リ、費用地方税ノ支弁ニ係ラハ郡長ヲ公選ニ委スルハ理ノ当然ナリ……（中略）……抑モ人民ヲシテ自治ノ精神ヲ煥発セシムルハ人文ヲ開達スルニ在リト雖トモ、政府ノ干渉ノ区域ヲ狭メテ人民ヲシテ自ラ実際ニ地方ノ事務ニ当ラシムルヨリ善キハナシ」と、戸長給与の協議費支弁建議とは対照的に、租税協議権と進歩の論理によってその郡長公選論を根拠づけた。ここに民権派の地方自治論における二面性を見出すことができるが、この二面性が村の内と外とに対応していることに注目しておきたい。これは三新法のもつ「自治」の意味の二面性（政治参加という側面と、町村を法的規制の外に置くという側面）に対応しており、民権派や県会議員もこのような「自治」観を共有していたということを意味する。

さて、改革案を否決されてしまった県は、ひとまず戸長役場の連合化は棚上げにして、戸長給与だけを増額するという方針を採った。同年四月十日、県令は府県会規則第五条に基づき、内務卿に戸長俸給六万円の予算額原案執行の指揮を仰いだ。内務卿は「可成減額」を指示、県令の再上申を経て結局五月十六日、四万八八五二円とすることで内務卿の認可を得ている(144)。埼玉県はこのような状況のもとで十七年改革を迎えるのである。

埼玉県が改革へむけた準備作業を開始するのは中央で改革諸法令が公布される五月七日よりも早く、明治十七年一月の郡長会議で、各郡長に町村組合方と戸長適任者見込を書き上げるよう指示したことに始まる(145)。五月七日中央法令が公布されると、五月二十四日に町村組み合わせ方(146)、六月二十四日に戸長人選(147)の上申をそれぞれ郡長に指示、これらの準備のうえ、六月二十八日の町村会規則を皮切りに、七月十二日戸長撰挙規則廃止、十四日戸長役場位置及び所轄改定など、八月四日までに十二の布達・達が出され、改革が実行に移される。新任戸長への職務引継は、おおむね七月末から八月にかけて行われたようである(148)。

改革の実施の過程で、村々の組み合わせをめぐっていくつかの異議申立てがあったが、県庁は一切これを認めなかった。たとえば、入間郡松郷の川越町連合戸長役場からの分離願は「本願ノ主意タルヤ、松郷人民ハ川越町人民ト其民心ヲ異ニシ、為メニ諸事不都合ノミナラス、遠隔等ノ不便ニ依リ分離致度趣ニ候得共、戸長役場区域ハ行政便否利害ノ関係ヨリ査定セラレタルモノニシテ民情ノ異ナルト否トニ依リ変更スヘキモノニ非ス」(149)として却下されている。戸長役場組合の設置あるいは分離を、出願次第原則的に認めてきた改革以前の方針からの転換は明瞭である。

改革の結果、埼玉県下に千五百余りあった戸長役場は三二九に減少した。一戸長役場あたり、平均五・八町村、戸数五二八戸を管轄する計算になる(150)。

新たに連合戸長に就任した人々について、データがまとまっている大里・幡羅・榛沢・男衾郡役所管内の連合戸長の前職を一覧にしたものが表4—4である(151)。まず改革以前から戸長をつとめていたものがもっとも多い。つづいて学務委員、連合会議員（学区連合会）と続く。前職が戸長でないものでも、大区小区制期も含めて戸長を経験したものは合計二十八人にのぼる。県会議員から連合戸長に就任したものがいることも注目されよう。埼玉県会では改革の実施に伴って十人の県会議員が戸長就任のため議員を辞職している(152)。基本的には従来の戸長層を中心としつつも、それよりも一ランク上の有力者も含めた層が戸長職を担ったと考えてよいであろう。

**表 4-4　大里・幡羅・榛沢・男衾郡役所管内連合戸長の前職**

| 職　名 | 人　数 |
|---|---|
| 戸長 | 16 |
| 学務委員 | 9 |
| 連合会議員 | 3 |
| 県会議員 | 2 |
| 郡役所吏員 | 2 |
| 農区委員 | 1 |
| 小学校校務掛 | 1 |
| 医師 | 1 |
| 不明 | 1 |
| なし | 2 |
| 合　計 | 38 |

出典）「埼玉県行政文書」明 546.

さて、改革後の結果について、明治十七年十月、東京に参集した地方官は、内務卿の諮問に答えて「所轄区域広リタルカ為メ戸長ノ数ヲ減スルコト最モ多キハ五分ノ一ニ及ヒタルモノアリ、随テ之ニ関スル一切ノ費用ヲ省キタルカ為メ、新任者ニ向テハ支給額ヲ進ムルコトヲ得テ一体ニ戸長ノ職分ヲ重カラシメ、従前戸長ヲ卑ミ甚シキハ之ヲ傭者視スルモノアルヲ以テ少シク資産アリ気概アルモノハ概ネ之ヲ厭忌シタルノ風此ニ一掃シ、名望アリ資産アルモノ職ニ就クヲ辞セサルニ至レリ、故ニ町村人民中稍々耳目アリ志意アルモノハ皆此改正ノ利アルヲ称賛セリ」[153]と述べており、おおむね肯定的にとらえている。

戸長に対する行政訴訟も減少した。埼玉県下だけで明治十六年に十一件、十七年に十件起きていた訴訟は、明治十八年に四件、十九年に二件、二十年一件と、減少著しい[154]。もっとも、この減少に関しては、明治十九年八月に公布、二十年二月から施行された登記法の影響も考慮に入れなくてはならない。これにより不動産登記事務がそもそも戸長の職務ではなくなり、新設の登記所に移されたからである。

それでは実際の連合戸長役場の運営はどのようなものであったのだろうか。まず指摘されるのは、多くの戸長役場において、各村ごとに惣代人、用掛、筆生などなんらかのかたちで吏員を配置していることである。その極端な例として南埼玉郡伊勢野村連合戸長役場管内の七ヶ村が取り交わした「内契約」[155]が挙げられる。

内契約

今般伊勢野村他六ヶ村連合被仰付候ニ付テハ、公用事務取扱方并勤務方法、左ニ取極候事

一戸長役場位置ハ南川崎村ノ内ト相定候事

一筆生ハ左ノ名前ノ者ヲ以テ上申可致事

二丁目村　田中三郎左衛門　木曾根村　大山弥平

南川崎村　台平三郎　伊勢野村　柳田慶三郎

大瀬村　高橋儀助　古新田　初山仙蔵

桁村　池田銀蔵

（中略）

一事務受渡、公用書類ハ御規則之通リ新任戸長へ引継キ、新任戸長ハ公用書類ヲ更ニ各村ノ筆生へ預ケ置キ、

筆生ハ右書類ノ目録并入用ノ節ハ、時日ヲ不問可相渡旨ノ預書ヲ戸長へ相渡シ置キ可申事

但従前ノ地所建物質入書入売買台帳及ヒ戸籍帳ハ戸長役場へ可備置事

ここではできるかぎり改革の影響を緩和することが図られている。しかし、それでもなお地所建物質入書入売買台帳と戸籍帳は連合戸長役場に置かれることになっていることが重要である。この両者は戸長役場の中核的な業務にかかわるものであり、かつ、先に検討したように、個別諸利害が戸長役場をめぐって係争し行政訴訟が発生するとき、その多くはこれらの簿冊にかかわっていたからである。いまやそれは個別利害の拘束を離れ、連合戸長の手元へと移されたのである。

そして戸長は、村を離れることによって租税滞納に対しても強硬な措置に出ることが可能になる。

該御村方本年度第二期地租割及戸数割税不納人名前記之通有之、是迄数回督促スルモ完納不能、最早納期今明両日迫リ候間、両日間完納無之ニ於テハ不得止本郡衙エ不届届ハ勿論警察署エ説諭方出願トハ相決し候得共、可成官ノ手数ヲ省キ完納候様致度、尚本日不納者エ為念督促及候間、毎期御依頼ニハ候得共、直ニ完納候様御懇諭相成度、此段御依頼候也

廿年十月二十九日

比企郡下野本村連合

戸長役場（印）

下野本村　太田栄吉殿(156)

この史料における太田栄吉の役割が物語るように、村という単位や村内有力者への依存（住民にとっても、戸長役場にとっても）は続いてゆく(157)。しかし、戸長自身はもはや戸長であることそれ自体によって住民の個別利害保護要求の対象となることはないのであって、住民が戸長役場に個別利害の保護を期待する余地は消滅した。つまり、この

ような依存関係は政治社会から切り離され、市民社会の領域に置かれたのである。

最後に、民権派の動向をみておこう。埼玉では明治十六年の県の改革計画には強く反発した民権派であったが、改革後はどうであろうか。明治二十一年一月二十八日、北足立郡蕨宿兼白幡村連合戸長岡田正康(158)は、内大臣三条実美宛に建白書を提出する(159)。彼は冒頭で三大事件建白運動への共感を表明したのち、諸税軽減のための四つの施策を提案する。そこで「国費ヲ節約シテ地租ヲ軽減スル事」「地方制度ヲ改革シ地方税ヲ減スル事」「町村ノ経済ハ一切其町村会議ニ委ヌ可キ事」とならんで主張されたのが、「戸長役場区域ヲ拡メ地方税并町村費ヲ減スル事」であった。

去ル明治十七年町村制度ヲ改革セラレシヤ我埼玉県ノ如キモ、従来各々一村独立ナリシヲ数ヶ村連合シ凡五百戸ヲ目的トシ一区域トセラレタリ、而シテ当時合同ノ気風ナキガタメ地方ニ因リテハ不便ヲ訴フルモノ無キニ非ス、然レトモ方今ニ至リテハ既ニ合同ノ風気相生セリ、此レニ因テ今之レヲ拡メ一千戸ヲ以テ一区域トナシ、従来ノ二戸長役場ヲ合一ニナシ、其費用ノ如キハ地方税并ニ町村費共一個半ヲ費サバ十分ニシテ、反テ事務ノ整理スルヤ必然ナリ

民権派は（おそらく改革以降の経験の中で）十七年改革を受け入れ、さらなる戸長役場管轄区域の拡大をみずから提案するに至ったのである。ここに、村の内に対しては旧慣維持、村の外に対しては進歩という民権派の二面的姿勢もまた消滅したというべきであろう。

以上の検討をふまえるならば、明治十七年の改革の画期性は、戸長と、個別利害によって編成される集団である町村とを切り離したことに求められるであろう。戸長は個別利害から切り離されて政治社会に定置される。区町村会法改正によって、町村会もまた、連合戸長によって管理され、その議題は、費目の指定によって共通利害とみなされたものに限定される。これによって、政治社会を構成する戸長と町村会は、個別利害の領域＝市民社会から切

り離され、三新法による府県レベルの市民社会からの切り離しと相俟って、政治社会全体の市民社会からの分離が完成するのである。

かくして、個別利害が集団を媒介として直接に政治社会に位置づけられるような、「古い市民社会」は最終的に解体される。

## 三　町村制の地平

### 1　内務省系諸案と井上毅

明治二十一年四月一日、法律第一号「市制町村制」が公布された。そのうち「町村制」は全一三九条。二年以上町村の住民であり、該町村の負担を分任し、地租あるいは直接国税二円以上を納める二十五歳以上の男子に「町村公民」として参政権を与え、町村会は町村税納入額に応じて二級の等級選挙により選出されること、町村長は町村会により選出される無給の名誉職吏員であることなどが定められた。同法は一年後の翌二十二年四月一日より北海道・沖縄・島嶼を除く全国で施行され、それに先立って大規模な町村合併が実施された。維新以来変転を続けてきた地方制度は、ここに漸く一定の安定を見せるに至ったのである。

同法の立案過程については、戦前の『自治五十年史　制度編』以来の亀卦川浩による一連の著作[160]によって、その経過は相当程度明らかにされており、付け加えるべきことは少ない。今ここにその概要を記せば、立案過程は明治十七年五月に内務省大書記官村田保によって作成された「町村法草案」（いわゆる村田案）に始まること、明治十七年十二月に町村法調査委員（白根専一、清浦奎吾、山崎直胤、大森鍾一、久保田貫一）が任命され、三次に渉る「町村法」（第二次案で「町村制」となる）の立案が行われたこと、明治十九年七月に御雇外国人アルベルト・モッセの意見書が提出され、それに基づく立案の全面的見直しのために明治二十年一月二十四日に地方制度編纂委員（青木周蔵、芳川顕正、野村靖、モッセ）が任命されたこと、同委員会は明治二十年二月二十四日、「地方制度編纂綱領」を策定し、これに基づいた「市制町村制法案」を明治二十年九月十七日に内閣に提出したこと、内閣・法制局での修正、元老院での審議をへて二十一年四月一日の法律公布に至ること、などである。また、とりわけモッセ意見の提出以後、地方自治制の問題は立憲制導入の前提という意味づけを与えられ、憲法制定に先立つ同法の制定が急がれた点についても、研究者の意見は一致している。

筆者がここであらためて町村制の立案過程を問題にするのは、次のような限定された問題視角に基づく。すなわち、十七年改革における連合戸長役場制の導入は、巨視的に見れば町村範囲の拡大という点で町村制施行に伴う町村合併の実施へと連続するものであると言えるとしても、一面で両者の間には看過しえぬ差違が存在する。第一に十七年改革は、戸長の人材確保を目的として、戸長の官選と準官吏化を行ったが、町村制はこれと全く反対に、町村長を無給名誉職として非官吏化し、同時に町村会によって選出されるものとした。第二に、十七年改革が旧来の町村をそのままにした上で、連合戸長役場の設置によって問題を処理したのに対して、町村制の施行は大規模な町村合併を前提として行われた。

とりわけ、どのように町村合併の問題が浮上したか、という問題については、長い研究史において意外にも盲点となっており[161]、この点を正面から取扱ったものとしてはわずかに坂井雄吉の研究が存在するにすぎない[162]。坂井はモッセ以前の諸草案がいずれも連合戸長役場方式をとっていること、これに対して町村合併の必要性を主張したのがモッセであったこと、しかしモッセは一方で旧町村の一体性に関して慎重な配慮を示しており、モッセ案の段階では旧町村を単位とする選挙区制や行政区の規定などが置かれていたのに対して、地方制度編纂委員案ではこれが除かれ、もっぱら町村規模の拡大のみが引き継がれることを指摘している。坂井はさらにモッセと日本側委員との町村観の相違に説き及び、モッセにおいて町村とは「なお政治と経済、権力と所有の未分離を前提とした一つの「政治社会」」であり、ここにはモッセの「アリストクラシー的ないし身分制的な政治観」が反映しているのに対し、日本側委員にはこのような観点は共有されておらず、「日本はすでに早くデモクラシーの国であったともいえよう」と述べている。この結論自体は興味深いものであって示唆に富むが、問題を立法過程に限定すれば、まず町村規模拡大の主張がモッセにより持ち込まれたものとしている点については、坂井も記している通り、十九年十二月の井上毅との対話において、モッセが明確に町村合併に反対している点から考えて再検討が必要であり、また坂井は分析の主眼を各種法案中の町村合併規定に置いているが、実際の町村合併は町村制中の合併規定によって実施されるのではなく、その実施に先立ち、郡区町村編制法の合併規定によって実施されるのであって、必ずしも直接に草案立案者の町村合併に対する態度が法案に反映されるわけではない（端的な例を挙げれば、町村制第三条には「凡町村ハ従来ノ区域ヲ存シテ之ヲ変更セス」とあるが、町村制施行の時点では「従来ノ区域」とは、すでに合併を経た町村の区域を指している）。以上を念頭に置きつつ、町村制の制定過程を追跡してみることとしたい。

モッセが関与する以前の村田案・町村法調査委員案がいずれも連合戸長役場制をとっている点に付いては坂井の指摘する通りである。まず村田案から確認しておこう。[163]村田案第一条は「凡ソ町村ハ現今ノ区域名称ニ依リ行政区画ヲ為スモノトス」と町村の区域を指定しているが、すでに述べた通り条文上は成立した町村制もこれとほとんど変わらない。しかし村田案には各条ごとに「参考」（各国地方制度中の対応する条文および日本の史書からとられた対応する先例）と「説明」が付されており、第一条の説明には「我国ニ於テ現今町ト称スルモノ一万千八百七十、村ト称スルモノ五万八千二百六十アリ、其区域名称多クハ古ニ成立シ、人民ノ耳目ニ慣レ其便宜ニ適スルヲ以テ万已ム得サルノ外容易ニ之カ変更ヲ為スヘキモノニ非ス」とあって、この規定が文字通り町村合併を前提としない規定であることが知られる。連合に関する規定は第八条（「町村ハ其便宜ニ依リ一郡内ニ於テ組合町村ヲ為スコトヲ得」）にあり、説明には「凡ヘテ我国町村ノ如キ、多クハ細少ニシテ、邑治ノ本旨ヲ達シ得サルヲ以テ、成ル可ク此組合ヲ為サンコトヲ希図セリ」とあって、連合町村制を採ることが予定されている。戸長は各町村あるいは各組合町村を単位に置かれるものとされ（第十九条）、町村会で二―三名を選挙した内から府知事・県令が任命する（第三十二条）。第十九条説明には次のような記述がある。

本条ハ汎ク戸長ノ職務ヲ掲ケ、併セテ毎町村ニ一員又組合町村ニ一員ヲ置クヘキコトヲ示セリ、元来戸長ハ政府ノ行政官ト町村ノ代理者タル二種ノ性質ヲ有シ、以テ町村ヲ総轄シ、常ニ人民ニ直接ス、其職最モ枢要タリ、其人固ヨリ材能・名望ヲ併セ有スル者ナラサル可ラス、然ルニ我国ノ如キハ古来ノ習風ニ於テ戸長ノ職ヲ賎シクシ、又其給料モ多クセサルカ為メ少シク志有ルモノハ此職ニ就クコトヲ屑トセス、実ニ現今三万人ヲ過ル人員中其材識アリト称スヘキ者幾何ソ、将タ其人ヲ得サルノミナラス、甚シキニ至リテハ公金ヲ窃取詐欺取或ハ収賄欺隠等ノ弊害アルコト亦尠カラス、依テ此草按ニ於テハ地位ヲ高クシ、権力ヲ重クシ、且恩給等ヲ設ケ其人材ヲ出サシメンコトヲ希図スルナリ

これは十七年改革の実施理由とほぼ同様の論理であり、戸長の選出法も十七年改革で導入された官選戸長制と類似している。村田案の成立自体が十七年改革の実施とほぼ同時なのであるから当然と言えば当然であるが、従来の諸研究が述べてきた十七年改革の「緊急措置性」「応急処置的色彩」[164]は、内務卿訓示による郡区町村編制法の運用の改定という法形式上の不安定性はともかくとして、内容においては必ずしも妥当せず、包括的な調査を経て、体系的な制度策定を目指した村田案においても基本的には十七年改革的な連合戸長役場体制が最良の選択肢とされていたことは銘記される必要がある。

村田の転出後、町村制度改革の作業を担った町村法調査委員は、村田案を基にしてこれに修正を加える形で法案作成を行った。十八年から十九年に三次に渉って作成された「町村法」ないし「町村制」案も上記の点に関しては

村田案を踏襲している。ここでは法案に説明が添付されている第二次案を素材[165]にしてこの点を見ると、第一条に「町村ハ現今ノ区域・名称ニ依リ行政区画ト為ス」、第七条に「町村ノ小ナルモノハ一郡内ニ於テ便宜組合ヲ為スコトヲ得」、第一条の説明には「町村ハ勿論郡区ノ区画ト雖モ旧慣ノ重ス可クシテ、而シテ其民俗ノ便トスル所タルハ十一年ノ編制法ニ於テ已ニ明ナリトス、今此編制法ノ定ムル所、即現ニ行ハル、所ノ区域ト名称トニ依テ之ヲ行政区画ト為シ、敢テ更革スル所ナキナリ」、第七条の説明には「町村ノ区域ハ旧ニ依テ改メサルヲ原則トス、故ニ其地形狭少ニ人口稀踈ニシテ、独立シテ一戸長ヲ置クニ堪ヘサルモノト雖モ、事実已ムヲ得サルノ事由アルニ非サレハ之ヲ合村セス、故ニ合併町村ノ外別ニ町村ノ組合ヲ認メテ其組合ニ戸長一人ヲ置キ組合内各町村ヲ併管セシムルノ便ヲ与ヘサルヘカラス……（中略）……現今設置スル所ノ戸長役場ノ区域ハ概ね此例ニ依テ組合ヲ為セリ」とあって、現存町村の維持と連合町村制がこの段階でも採用されている。戸長が連合町村単位であること（第十六条）、戸長は直接選挙によって三名を公選し、府知事・県令がこれを任命すること（第三十七条）、戸長は判任官に准じ、三等―六等相当の官等を付すこと（第四十条）など、いずれも十七年改革の体制の体系化という域を出るものではない。このことは、十七年改革による連合戸長役場体制が、それ自体としては安定的に機能していたことを示している。

しかし十七年改革は、三新法における「官」「民」「行政」「自治」といったカテゴリーを全体として廃棄したわけではなかった。

三新法において「自治」なる概念は、町村という団体を法的規制の外に置くことと、府県レベルにおいて政治参加を実現すること、という二つの意味を孕みつつ、主として前者の意味において使用されるものであった（以下「三新法的自治」と呼ぶ）。三新法においては、町村のみがこのような「自治」的性格を有し、府県と郡は「行政ノ区画」の領域とされた。地方官会議原案の段階では、両者は「官」と「民」という区分と一致しており、府県と郡は

「官」かつ「行政」の領域、町村は「民」かつ「自治」の領域とされたのであったが、町村は行政事務の実質的担い手であって（分析概念として「政治社会」「市民社会」の区分を導入するならば、町村は「民」かつ「自治」であっても政治社会内存在であるような存在である）、そのことが元老院修正を経て実際に施行された三新法では、戸長を「官民両属」として位置づけるというあり方を生んだのである（ここで「官」「民」・「行政」「自治」というカテゴリーは、分析概念としての「政治社会」「市民社会」と一致しており、戸長が「官民両属」であるとは、戸長と町村とが政治社会・市民社会未分離の「古い市民社会」のままで政治社会に定置されたことを示している）。そして、その「両属」性が多くの問題を引き起こしたというのが十七年改革以前の町村と戸長のあり方であった。

これに対して十七年改革は、まず戸長という職を「自治」の領域、「民」の領域から切り離し、政治社会内存在として定置した。このことは、戸長が「行政」の領域、「官」の領域に純化されたことを意味する。一方、これと対応して、連合戸長制の下では依然として存在する個々の町村という団体は、「自治」の領域、「民」の領域に存在することになる。

つまり「官」「民」・「行政」「自治」という区分そのものは固定したまま、戸長を「官」＝「行政」の領域へと移動させることによって、戸長の政治社会内化を図ったのが十七年改革であったということになる。戸長が官選であること、その管轄区域が県庁によって恣意的に決定しうることは、戸長が「官」であることによって可能になっているわけである。

この点は村田案以下の内務省系諸案においても同様であった。上に見た村田案十九条の説明に見るように、戸長は依然として「二面の性格」を持つものと規定されていた。また同案第二条は、「町村ハ法律上ニ於テ人ト看倣スヘキノ権利ヲ有シ、政府ノ監督ヲ受ケ其事務ヲ自治スルモノトス」と「自治」の導入を掲げ、次のような説明がそれに加えられている。

町村ヲ一個人ノ権利アルモノトシ、自治ヲ為スヘキコトヲ掲ケタルハ特リ欧州諸国ノ制度ヲ参酌シタルノミナラス、我国ノ旧時ニ於ケルモ名主・庄屋ハ其町村ノ総代トナリ、町村費ヲ徴収シテ一切ノ費用ヲ支弁シ、公私ノ事務ヲ評議スル為メ寄合ヒタル如キハ殆ント法律上人ト看做スヘキ権利ヲ有シ、自治ノ性質ヲ帯ヒタルナリ、因テ茲ニ町村ノ権利ト自治ヲ為スヘキコトヲ掲ケ、政府ノ監督ヲ受ケシムルモノハ町村ノ任意ニ為スヲ得サラシムル為メナリ

ここで表明される「自治」は、維新以前の旧慣に根拠を持つ「自治」であり、町村を「官」の行う「行政」の範囲の外に置く三新法的「自治」の枠組みは村田案においても放棄されていないことを示している。

しかし、町村が「自治」の領域であると規定されたとしても、すでに行政事務の執行者である戸長のポストが連合町村レベルに引き上げられている以上、「自治」の領域に残されている業務は、地方税規則や十七年改革時の区町村費費目指定によって、特殊利害の領域へと分離された、私的費用によって賄われる私的事項に限定される。

この「自治」概念の空洞化を示すのが、井上毅の地方制度改正意見である。三新法的「自治」の枠組みの立案者であった井上は、この時期に至ってなお、三新法的「自治」の枠組みをあくまで徹底することによって制度改革をはかろうとする。年不詳であるが明治十八年・十九年に属する井上の意見書「地方自治制ノ意見」(166)は次のように述べている。

地方自治ノ説ハ明治十一年地方官会議ノ際ニ行ハレタリシカ、其後十五年ニ戸長ヲ有等官吏トシ、十六年《(ママ)》ニ戸長管轄区域ヲ以テ地方官ノ定ムル所トシタルヨリ漸クニ其跡ヲ絶チタリシニ、近時地方改良ノ議アルニ因リ議者更ニ自治ノ美ヲ説クニ至レリ……（中略）……此ノ問題ヲ決スルニハ、我国地方区画ノ最下級タル町村ト其第二級タル郡以上トヲ区別シテ之ヲ論セザルベカラス、先町村ニ就テ此問題ニ答フル為ニ従来ノ慣習ヲ尋ヌヘシ、旧時町村ノ制ハ概ね町村自ラ生活シ、町村自ラ処分シ、政府（藩政府）ハ其干渉ヲ避ケタル事多シ

町村ノ首領ヲ年寄・庄屋トス、年寄・庄屋ノ民ニ属シテ官ニ属セサルノ証ヲ左ニ条列セン

以下、井上は維新以前の慣習から村役人が「民」であった証拠を列挙してゆくのであるが、ここで確認しておくべきは、井上にとって「自治」の有無とは「官」と「民」との区別に対応していること、そして三新法によって導入された「自治」が十七年改革によって廃棄されたと井上は認識していることである。井上は依然として戸長を「民」の領域に置くことが「自治」であると考えているといってよいであろう。

この枠組みのもと井上は如何に「自治」を実現しようとするのか、これも年未詳であるが、十八年から十九年（「県令」とあるので十九年七月の地方官官制以前）に属すると考えられる意見書「地方事宜」[167]は次のようなプランを提案している。

一現今ノ連合戸長役場ニハ専徴兵及間税ノ徴収・衛生・戸籍・教育・警察・選挙ノ事ヲ掌ラシム
一一村ニ一ノ村長ヲ置キ一村自治ノ事務及直税徴収ノ事ヲ理メシム
一従来ノ一村人戸稀少ニシテ自治ノ区画ヲ為スノ力ニ堪ヘザル者ハ県令ヨリ県常置委員ノ意見ヲ取リタル上ニテ内務大臣ノ認可ヲ請ヒ二村又ハ三村ヲ合スルコトヲ得、但一村三百戸ニ満ル者ハ村民ノ請願ニ非サレハ合村スルコトヲ得ズ

連合戸長役場を「官」の領域に存置したうえで、村には新たに村長を置き、ここに「自治」の領域を確保しようというのである。しかし、これは部分的には十七年改革からの単純な逆行（徴税事務の町村レベルへの移管）であり、一方教育や衛生をも含めた事務の大部分は連合戸長役場で処理される。結局井上案は三新法体制と十七年改革体制の折衷案にすぎず、「自治」は空洞化を免れない。井上毅が「地方制度の上部構造には「行政」を、下部構造には「自治」を」という地方制度論を維持し続け、そしてその「時代錯誤」性によって次第に譲歩を強いられてゆくという坂井雄吉の指摘はやはりここでも妥当する。[168]井上も十七年改革を必要とした現実を無視しえない以上、改革以

前への単純な復帰は主張できなかったのである。限定的ながらも町村合併の規定を置いたこともまた井上の「譲歩」の現われであろう。

## 2　「自治」と「合併」の交錯

よく知られている通り、地方制度体系化の作業は十九年七月のモッセ意見書提出によって全面的に見直しとなり、モッセ意見に基づく新たな構想が、市制・町村制へ（そして郡制・府県制へ）と結実する。

繰り返して言えば、十七年改革体制はそれ自体としては一定の安定度を有していた。問題となっているのは、単に、「官」「民」「行政」「自治」という、多分に身分制的権力編成の要素を持った三新法的カテゴリーと、その現実とが齟齬を来たしているということである。以下に見る通りモッセは確かに三新法的「自治」の枠組みとは異なる新たな「自治」概念を持ち込んだ。しかし、それは単に十七年改革体制に照応した概念であったのではなく、逆にその概念に合わせて地方制度が改編されなければならないような性格の、新たな概念であった。つまり、町村制によって実現した新たな制度的関係は、十七年改革体制において内在的に発生した問題を解決するために要請されたのではなく、むしろ制度立案者の側の観念的要請によって導入された、その意味では外在的な制度変容であったのである。

まず、モッセによる「自治」概念の転換の内容を確認しておこう。モッセにとって中央―地方の関係は、井上のごとく「行政」と「自治」の領域、「官」と「民」の領域のごとく裁断されるものではなかった。明治十九年十月十三日、モッセが山県内務大臣に提出した「立憲政体設立ニ関スル意見書」(169)は次のように述べている。

凡ソ大国ト云ヘルモノハ小区画ニ分タサルハ無シ、但其区画タルヤ官ノ行政ヲ施スカ為メニスルニ止マレハ敢テ法律ヲ要セス、勅令ニ任スルモ可ナリ、然レトモ地方ノ区画ハ通例自己ノ公共事件ヲ施行スルカ為メノ経済上ノ団体ヲ兼ヌルモノナリ（即チ共同自治区）、其区画ハ国家全体ニ取テ鴻益アルモノナレハ、国家ハ其自ラ営為スル所ニ放任スルヲ得ス、必スヤ其組織ヲ整頓シ其自治ニ干渉スルノ方法ヲ立テサル可カラス

「小区画」は「官ノ行政」の区画であると同時に、「共同自治区」でもある。ここまでは三新法的「二面の性格」論と同じである。問題は、その区画が「国家全体」の利益と関係するものであって、したがって国家はそれに「干渉」する必要があると述べられていることである。モッセにとってこの両者の区画の関係は、三新法的「二面の性格」論のような偶発的一致をこえて積極的意味を持つことは、十九年十二月に井上毅・伊東巳代治らと行われた対話(170)によって明らかになる。

十二月十四日、まずモッセから「自治論」の「演述」が行われる。モッセによれば国家は、「機械的ノ国家」と「国家ト人民ノ間ニ一箇ノ権利ヲ有シテ存スル所ノ機関」の二種類に分かたれる。「機械的ノ国家」は一方に「国権」（Staatsgewalt）、一方に「人民」（Volks）が存在するだけの国家であり、国家の行政権力が直接に人民と対峙するような国家である。これは君主政体であるか（フリードリヒ大王統治下のプロイセン）、民主政体であるか（フランス共和国）であるかを問わない。このような政体においてはその機械の運転者が巧みであれば問題はないが、「一朝其運転ヲ誤ルトキハ其秩序モ亦紊ル、」という結果を招く。

一方「国家ト人民ノ間ニ一箇ノ権利ヲ有シテ存スル所ノ機関」を置く国家はこれと反対に、「仮令中央政府ノ秩序偶々整ハサルコトアルモ猶機械ハ運行シテ更ニ禍乱ヲ招クノ虞ナカル可シ、如何トナレハ其間別ニ一箇ノ機関ノ存スレハナリ」。つまり自治体は国家全体の秩序の維持のための緩衝機能を担うものとして位置づけられる。

ここで留意すべきは、モッセの立論においては、まず国家全体の行政機能が一体のものとしてあり、然る後にその機能の効果的な作用のために中央政府と自治体の分離が提唱される点である。中央政府と自治体の分化は相対的なものであり、井上の場合のように絶対的な官・民、行政・自治の分離があるわけではない。したがって両者で分

担される行政の内容は、「国家ノ自ラ担任ス可キ事務及自治体ニ分割ス可キ事務ノ境界ハ画一ニ之ヲ限定スルコト能ハス」とされる。

自治体が国家の行政機能を分担することによって政治的安定が達成される理由を、モッセは次のように説明する。「近世ノ国家」においては事務量が増大し、中央政府みずからが担任していては政府が「其本分ヲ失フ」ことになる。官吏を増やしても最終的にその責任は大臣が負わねばならず、責任が過大である。これに対して、

若シ其小事ハ之ヲ自治体ニ分任スルトキハ、大臣ハ啻ニ其責任ヲ免ル、ノミナラス、其小事ニ就テハ自治体ノ能ク措弁シ得ル所ノモノナルヲ以テ、人民ニ取リテモ亦裨益スル所少カラス、蓋シ自治体ニシテ能ク其事務ヲ措弁シ得ル所以ノモノハ、自治体ハ其地ノ事情ニ通暁シ、人民ノ需要ヲ知悉シ、且又之ヲ施行スルノ費用ヲ支出スルニ便ナレハナリ、如何トナレハ凡ソ人間ノ常トシテ其一身ノ事ニ関スルトキニハ深思熟慮孜々トシテ其利益ヲ謀ルト雖モ、事苟モ他人ニ関スルニ至テハ恬トシテ之ヲ緩慢ニ付スルヲ顧ミサルモノナリ、今自治体トハ直接ニ自己ノ利害ニ関スル事ヲ行フモノナレハ、其意ヲ用フル事一層深密ナル亦知ル可キノミ

すなわち、自治体への行政事務の分任は、それらの事項を住民がより切実に受け止めることを可能にすることによって、すべてを中央政府が処理する国家にくらべて政治的安定度を増すことができる、というのである。

このモッセの講義の後、井上毅は四つの質問を提起し、翌週十二月二十一日からモッセは四つの質問に順次回答してゆく。その井上の第一問が、問題の核心ともいうべき連合戸長役場制の可否にかかわるものであった。井上は維新以前の村役人の状況を例示しつつ、維新以前の日本に「地方自治ノ萌芽」が存在していたことを述べる。しかし、「明治四年以来数度ノ変革ヲ経テ遂ニ従来ノ自然ノ自治体ヲ多少行政上ノ区画ニ変形セシメタリ、四年ニハ荘屋ヲ改メテ戸長トナシ、今ヨリ三年前十七年ニハ戸長ヲ以テ官吏トナシ、又連合数個村ノ共同支配《コムモンアドミニストヲトール》人タラシメタリ」、結果として「自治ノ精神ハ全ク地ヲ払ヒタルコトヲ発見ス可シ」。そこで井上は次の甲乙二案をモッセに提

示し、モッセの意見を問うたのである。

甲　今ノ連合戸長役場ヲ廃シテ昔ノ各村ノ村長ヲ復ス（戸長又ハ荘屋又ハ村長ト称フル何等ノ名義ニ拘ラス）

乙　各村ノ村長ヲ復シ、同時ニ於テ併セテ現今ノ戸長ヲモ存シ、各村ノ村長ハ専自治体ノ代表人タラシメ、自治ノ事務ヲ担当セシメ、現在ノ戸長ハ数村連合ノ行政官吏タラシメ、行政事務ノミヲ担当ス（此制ニ依ルトキハ今ノ戸長ノ区域ヲ広クシ、現在ノ半数又ハ三分一ニ減シ以テ費用ヲ省クヲ要ス）

併せて井上は甲・乙両案の短所も自ら指摘している。甲案には「維新後税法・徴兵法及百般ノ新政ヲ断行スルニ当テ、官吏ノ性質ヲ帯ヒス及相当ノ給料ヲ受ケサル村長ハ多クハ便活ナル処分ヲナシテ以テ法律ノ施行ヲ疎通スルノ能力ニ堪ヘサルハ前日ノ経験スル所」、すなわち実際に各村戸長制が破綻したという経験があること、また頻繁な改正による政府の信用の失墜を招くことという短所があり、乙案には郡の下に戸長区を置くのは重複であるという短所がある。もちろん井上の理想は甲案であったであろうが、現実の政策論として乙案を提唱していたことはすでに見た通りである。

モッセの回答は至って単純なものであった。「日本ニ早ク町村自治ノ萌芽アリシコトハ此問題ニ示サル、所ノ事実アルヲ以テ知ル可シ、故ニ余ハ保守主義ヲ取リテ千八百七十年ノ法律発布前ニ存シタル自治ノ有様ニ準拠シ漸ク之ヲ改良スルヲ便宜ナリト信ス（此法律ハ即チ荘屋ノ名ヲ廃シ、改メテ戸長トシタルモノヲ指ス）」。各村へ村役人を置く制度を復活すればよいというのである。井上の乙案は「分権ニモアラス、又自治ニモアラス、而シテ両者ノ性質ヲ欠ク所ノモノトナル可シ、夫レ分権自治ノ本義ハ国家事務ノ一部分ヲ自治体ニ委任スルニ在リ」と明確に否定される。それでは井上の示した一村一戸長制への不安にモッセはどのように答えるのか。

此問題ハ下文ノ如クセハ明瞭ナル可シ、曰ク荘屋ハ無給官吏トスルトキハ自己ノ職業ヲ営ムノ傍ラ能ク荘屋ノ職務ヲ執リ、自治並ニ国家事項ノ全部ヲ管理スルヲ得ルヤ否ト云フニ在リ、蓋シ無給ノ荘屋ヲシテ国家ノ事項ヲ執ラシムルノ利益ハ既ニ前回ニ於テ之ヲ述ヘタリ、若シ之ヲシテ其職務ヲ執ラシメサルニ於テハ即チ政治上ノ利益ヲ失フモノト云フ可シ

十七年改革以前の、具体的な戸長の問題を念頭に置く井上の質問に対して、モッセはそれを名誉職制一般に対する不安へと還元してしまっている。モッセは、この第一問に答える際に「貴問ヲ得テ初メテ日本ノ沿革ト確実ナル統計ヲ得タルハ余ノ為メニ貴重ノ材料ヲ与ヘラレタル」と述べているように、この時点まで日本の町村制度について十分な知識を持っていない。そこで井上の説明を受けたモッセが、維新以前の日本の村落を理想化する傾向のある井上に、井上の意図をこえて誘導された可能性は大きい。しかし十七年改革以前への逆行は、もはや井上を含めて現実的選択肢ではない。

同時に、モッセ的「自治」が連合戸長役場制によっては実現不可能であることもまた明らかである。第一にモッセ的「自治」の単位は「自治体」でなければならず、第二にその担い手が、自治体が分有する国家の行政事務を、自治体住民が自らの問題として（したがって無給名誉職吏員として）執行する点に眼目があるのであって、便宜的な「連合」という単位において、官等を有する有給官吏が行ったのでは「自治」にならないからである。これも坂井が指摘する通り、モッセの「自治体」は「なお政治と経済、権力と所有の未分離を前提とした一つの「政治社会」であり、であればこそモッセはその「自治体」の日本における対応物を近世村に求めようとしたわけであるが、近世村が国家の行政事務の分有の単位として不適当であることは日本の当局者にとってはもはや明瞭である。そこでモッセの「自治体」を設置しようとすれば、たとえモッセの想定する「自治体」より仮構度の高いものであったとしても、町村合併によって「自治体」を創出するよりほかない[171]。

なぜ、山県有朋内務大臣は、内務官僚たちによる従来の立案作業を白紙にもどし、「自治体」を擬制的に創出してそれを導入するほどに、モッセの自治論に共感したのであろうか？　山県自身が同時代的にこの点を語った史料

は存在しないが、後に府県制・郡制案の審議が元老院において紛糾した際に、山県自身が元老院において行った有名な演説（明治二十一年十一月二十日）の次の一節は、山県がモッセ的「自治」に期待するものの一端を示すものだろう。[172]

自ラ責任ヲ負フテ現ニ地方共同政務ニ当ルトキハ自ラ実際ノ事務ニ練熟シ、政治ノ経験ニ富ミ来ルカ故ニ、他日帝国議会設立ノ時ニ至リ其代議士タル者ハ勢ヒ斯人ニ在リトセサルヲ得ス、之ヲ今日民間ニ政論家ト自称シ行ハレサルノ空論ヲ唱ヘ、纔ニ一身ノ不平ヲ漏シ、動モスレハ社会ノ秩序ヲ紊乱セント企ツル蠢愚ノ徒ニ比セハ霄壌モ啻ナラサル可シ、果シテ此ノ如キ老政着実ノ人士ガ帝国議会ヲ組織スルニ至ラハ、其議事ハ円滑ニ運ヒ政府ト議会トノ軋轢ヲ見ル無ク、随テ国権ヲ危フスルノ処ナク、上下共同シテ国富ヲ増進シ帝国ノ安寧ヲ永遠ニ保維シ、以テ神武天皇以来未曽有ノ鴻業タル立憲政体興立ノ美果ヲ国会開設ノ上ニ見ンコトハ期シテ待ツ可キナリ

山県の期待は、国家の事務の名誉職的分担という自治制の回路を通じて、来るべき帝国議会レベルにおける政治的対立を緩和する点にあった。ここで問題となっているのは「民権派的対抗」への対応としての自治制の導入である。同じ町村レベルの制度改変であっても、十七年改革が、「小前的対抗」への対応を主眼としていたのに比して、町村制が持つ固有の性格はこの点にある。

序章で見たような、大島太郎・大島美津子・石田雄らによって代表される、通説的な明治地方自治体制の評価、すなわち共同体を媒介にすることによる天皇制国家の安定装置という理解は、モッセ自治論の山県による受容の内在的理解という一点に関しては、まったく正当なものであった。

まさに大島太郎が述べたように、合併町村によるモッセ的「自治」の実現とは、「本来、擬制《フイクシヨン》である制度を現実と対置させるのではなく、現実を一定の擬制《フイクシヨン》として設定した上に、制度を設定」したものであり、もし合併町

村がモッセ的「自治」機能を十全に果たしうると山県自身が主観的に考えていたのであれば、「自ら作った制度＝「擬制《フィクション》」の「擬制《フィクション》」さに酔ったといわなくてはならない」[173]。そして、実際に町村制にこのような期待を置くことには多大な無理があった。明治地方自治体制は、帝国議会における政治的対立緩和には何の役にも立たなかったし、石川一三夫が詳細に明らかにした通り、名誉職制の空洞化も避け難く進行した[174]。

しかし、町村制は、山県の頭の中にだけ存在したわけではない。それは明治二十一年四月一日法律第一号として公布され、明治四十四年の全文改正を含む幾多の改正を蒙りながら、昭和二十二年の地方自治法公布によって廃止されるまで曲がりなりにも現実の法として機能し続けた。町村制の現実的機能という事実を念頭に置くならば、大石嘉一郎の、大島や石田らに対する「明治官僚の理念を、そのまま無批判的に理論化したもの[175]」という批判もまた、妥当であるというべきであろう。

さて、政府が町村合併の方針を明らかにしたのは、現在遡りうる限りでは明治二十年三月の地方長官会議の席上であったと考えられる。

この地方長官会議では、モッセも参加している地方制度編纂委員が作成し、閣議の決定を経た「地方制度編纂綱領」を地方長官に提示し、その意見を聴取した。「編纂綱領」には「現今ノ町村ハ其侭存立スルヲ以テ主義トス、但自治ノ目的ヲ達ス可キ十分ノ資力ヲ存セサル町村ニシテ地形上合併シ能フモノハ合併ス可シ[176]」という条項が含まれていた。在京府県知事総代東京府知事高崎五六が内務大臣山県有朋に提出した意見書によれば、地方官たちはこの条項を「町村ニ至テハ連合ヲ止メ古来ノ町村ヲ独立セシメントスルヲ以テ正則ト為ス、其独立ノ数多ナルニ随テ戸長以下ノ吏員ヲ増置シ、幾分ノ費用ヲ増加セサルヲ得サルヘシ」と解釈した。つまり現行町村レベルが復活するものと理解したのである。これに対して地方官たちは次のような要求を列挙する。

一新町村制ヲ行フノ難易得失ハ主トシテ町村分合ノ多少ト強迫シテ分合スルト否サルトニ関ス、町村ノ大ハ固ヨリ是レ好スヘシ、其貧小ナルモノハ成ルヘク其合併ヲ誘導スヘキモ、単ニ地形ニ就テノ合併ハ望ムヘクモ行ハレ難シ、民情習慣及ヒ利害ヲ異ニシ、町村ノ名ヲ惜ムノ所ニ於テハ強テ之ヲ分合セシムルモ、終ニ復タ離合セサルヲ得サルノ情勢ナキヲ保セス、故ニ仮令ヒ標準ヲ示スモ概略ニ過キサルモノト為ス事

一前項ニ陳フルカ如クニ付、強迫合併スルヲ正則トセス、合併シ難キモノハ組合町村ノ変通法ヲ設ケ、之ヲ合併村ト同視シ、共同事務ニ於テ成ルヘク合併町村ノ事実ヲ挙クヘキ事

一町村長公選ノ事ニ付、官政事務ヨリ観察スルトキハ公選ノ得失ハ改正ノ町村制ニ於テ現今戸長ノ処理スル官政事務ノ繁多ナルモノヲ分テ郡長ノ処理ニ移スノ多少ニ関ス、税務・徴兵・学務其他中央諸官衙ノ命令ニ係ル諸取調等、今日ノ状況ヲ以テ推ストキハ支吾渋滞ヲ極メ、十七年ニ於テ戸長選任法改正以前ノ実況ニ却退センコトノ恐レアルヲ以テ、凡ソ官政事務ノ重要ナルモノヲ挙テ郡長ノ職務ニ帰シ、以テ公選ノ正則ヲ取リ、土地ノ状況ニ因リ官選ヲ以テ公選ニ優ルモノト為スモノハ官選ノ変則ヲ設クル事

十七年改革以前への逆行を地方官たちが警戒していたことが看取される。一方で町村合併を行うことへの忌避感も強く、やはり行政実務上において連合戸長役場体制が一定の安定度を持っていたことがうかがわれる。

この時政府は初めて「町村合併標準[177]」を地方長官に提示した。それによれば原則三〇〇戸をもって一町村とするよう合併を行うものとされ、ただし三〇〇戸以下であっても富裕の町村で町村の治務を十分に挙行しうるもの、町村の地形上他町村と合併しえないもの、そして「旧穢多村」であって他町村と「平和ノ合併」ができないものは特別に独立としうることが示された。十七年改革時の一戸長役場五〇〇戸標準に比べれば小規模であるが、全国統一基準による合併の方針が提示されたのである。地方官意見書においては「合併標準」の存在自体は言及されているが、現行町村の独立が前提視されているから、この「標準」と意見書は行き違いの関係であった可能性もある。

地方官に指摘されるまでもなく、近世村レベルを独立自治体と為すことが不可能であることは内務省の当局者に

は理解されていたはずである。であればこそ「綱領」提示と同時に「標準」を提示したのである。おそらく地方制度編纂委員の席上、日本側委員の説明によってモッセもこのことをある程度理解したのではあるまいか。しかしなおモッセの「自治体」が「古い市民社会」的なものである以上、モッセは可能な限り旧村と合併町村の関係づけをはかろうとしたのであり、それが坂井の指摘するモッセと日本側委員との合併をめぐる態度差となって現れた可能性は高い。

ともあれこの段階から町村制の立案作業は、合併町村を前提に進められることになったのである。

## 3　埼玉県における町村合併

それでは実際の町村合併はどのように行われたのか？　再び埼玉県の場合に即して検討してみよう。

埼玉県における町村合併については、佐藤政憲と内田満の研究がある。佐藤は県下全体の合併の状況を検討し、合併に際しては組み合わせについて相当の異議申し立てが行われたこと、県庁はかなりの程度それを採用したことを明らかにし、それを自由民権運動を背景に持つ住民の「自治」意識に対する県の妥協と位置づけた[178]。しかし、すでに述べた通り、自由民権運動が県庁と対抗的な「自治」観念を持っていたとは考え難く、異議申し立てとその県庁による採用をこのように考えることには疑問が残る。

一方内田は、大里郡石原村をめぐる紛争と、横見郡北下砂村をめぐる紛争を素材として、近世以来の「村落慣行」「地域秩序」に依拠する住民と、それを否定する県という対抗軸を打ち出した[179]。内田は民権運動との対抗において町村合併を考えることに否定的であるが、内田の説明では、町村合併そのものが「村落慣行」「地域秩序」の否定であるということならばともかく、合併を前提とした上で、それらの組み合わせについて、あえて摩擦を引き起こす必要が県庁の側にあるのか、できる限り摩擦の少ない組み合わせを選択したいと考えるのが県庁にとって自然ではないか、という疑問が生じる。とすれば合併をめぐる紛争の発生については、県庁と住民の対立以外の要因、具体的には組み合わされる各村の関係に注目する必要があろう。

さて、先述の通り内務省は、明治二十年三月の地方長官会議において町村合併標準を提示した。これを受けて埼玉県は、明治二十年六月十日の各郡長宛内達で、「標準」に基づく町村合併案の提出を求めた(180)。その内容は、①一町村三〇〇戸を標準とする、②富裕の町村、地形その他合併困難の事情があるもの、旧穢多村は三〇〇戸以下も可とする、③合併は連合戸長役場管轄区域とできる限り一致させる、というもので、内務省の「標準」に沿った内容のものである。また「本件ハ機密ヲ要スル儀ニ付、郡長限リ取調之儀ト心得ヘシ」と、慎重な取り扱いが求められている。これに基づいて各郡での合併案調査が行われたが、たとえば比企・横見郡ではおおよそ従来の連合戸長役場管轄区域を二分割するプランを立案している。連合戸長役場が五〇〇戸を基準に設けられていたことを考えれば、ほぼ二分割が妥当な区分となるということであろう。

明治二十一年四月一日、法律第一号「市制町村制」が公布、翌二十二年四月一日に施行されることが決定した。それに続いて明治二十一年六月十三日、内務大臣訓令第三五二号によって町村合併の基準が正式に通達される。それは「大凡三百戸乃至五百戸ヲ以テ標準ト為シ、猶従来ノ習慣ニ随ヒ、町村ノ情願ヲ酌量シ、民情ニ背カサルヲ要ス、且現今ノ戸長所轄区域ニシテ地形民情ニ於テ故障ナキモノハ其区域ノ侭合併ヲ為スコトヲ得(181)」というもので、戸数基準は二十年三月「標準」よりやや拡大して三〇〇戸―五〇〇戸となった。連合戸長役場管轄区域をそのまま合併町村とすることが念頭に置かれているものと思われる。

明治二十一年七月五日、県は郡長を県庁に招集し、内務大臣訓令に基づく県知事訓令案と第一部長の諮問条項を提示して郡長の意見を求めた(182)。この第一部長の諮問条項の中で、合併実施の手順に関しては「実施ノ順序ハ戸長ヲ召集シテ此訓令ノ趣旨ヲ演達シ、実地取調ヘシメ、然ル後郡書記ヲ派出シ実際調査セシムヘキカ」「此取調ヲナスニハ新町村ノ組合ヲ定メテ後ニ町村吏以下ニ諮詢スルコトニシタシ」とされていた。これに対する郡長の意見は、「五六連合ヨリ各一人ノ割合ヲ以テ老練ナル戸長ヲ召集シ、之レニ顧問シ、訓令第一条・第二条ニ依リ、郡長ノ意見ヲ以テ新町村ノ区域ヲ立テ編成表ヲ調製スヘシ」「編成表成レハ総戸長ヲ召集シ、之ヲ諮問」「前項ノ手続ヲ了シタル上、各戸長ハ之ヲ関係町村ノ議員及総代人等ニ協議シ、其結果ヲ開申セシムヘシ」というものであった。県側プランでは、戸長の調査→郡吏・郡長による合併案の決定→町村吏以下に諮問となっていたのであるが、郡長らは、「老練」戸長と郡長による合併案の決定→戸長へ諮問→町村の議員・惣代人に諮問というより慎重な手続きを採ることを求めたのである。

結果として訓令案も郡長意見に基づいて修正され、次のようなものとなった。

第一条　独立自治ニ耐フル有力ノ町村ヲ造成スルニハ、従来連合ノ習慣ニ随ヒ、地形民情ニ於テ故障ナクハ成ヘク現今戸長役場所轄区域ノ侭合併スルヲ要ス

（中略）

第四条　町村ノ合併ヲ為スニハ深ク将来ノ利害得失ニ注意スヘキモノナルヲ以テ、町村吏及議員惣代人等ニ就キ之ヲ諮詢シ、民情ノ帰スル所ヲ察スルヲ要ス

この訓令は明治二十一年七月十日、訓令第三四六号として各郡長宛に発令され、九月三十日が町村合併についての郡長意見具申の期限と定められた。

郡長たちは直ちに新町村編成作業に着手した。ところが、この作業は難航する。八月三十一日付比企・横見郡長鈴木庸行から県庁第一部長笹田黙介宛の照会[183]は次のような場合についての指示を求めている。

爰ニ現今ノ連合村甲乙丙丁戊己ノ六ヶ村ヲ合セ一村ト為サントスルノ見込ヲ以テ、其村々惣代人・議員等へ諮詢スルニ、甲ハ此ノ連合外ノ村へ組入ルコトヲ欲シ、乙丙丁戊ハ己ヲ除キ残四ヶ村ヲ以テ一村ト成ランコトヲ

欲シ、已ハ諮問ノ如ク六ヶ村ヲ以テ一村ト成ランコトヲ欲シ、各答申アルニ因リ猶熟考スルトキハ、曩ノ見込ヲ変更セサレハ地理人情等ニ於テ将来人民ノ不便ナルコトヲ覚知ス、如斯場合ニ至リ候得共、其区域ヲ改メサルヲ得ス、之レヲ改ムル節ハ其旨ヲ諮詢セシモノニ示サス、郡長ハ其区域ヲ断定シ具申スルモ差支無之哉又ハ曩ニ諮詢セシ区域ヲ変更スルトキハ其旨趣ヲ惣代人・議員等へ一応相示シ承諾スルトセサルニ不拘其区域ヲ断定シ具申スルモノナルヤ

つまり、郡長諮問案に対する各村の回答が分岐した場合はどのように処置するのか、ということである。これに対する九月三日付第一部長回答は、「郡長ニ於テ区域ヲ指定シ町村合併之諮詢ヲナシタル時、一二ノ町村ハ之ニ服セスシテ他ニ合セントシ、或ハ合併ヲ拒ミ、到底協議整ハサル場合ニ於テ更ニ其区域ヲ変更セントスルトキハ、再応之諮詢ヲナシ、尚ホ熟議ニ至ラサルカ如キハ御見込之断案ヲ以テ御上申可然候」というもので、再諮詢の上郡長案を「断案」として上申せよというものであった。

これとかかわって注目されるのが、八月三十日に県が各町村議員・惣代人の答申書は知事宛とするよう指示していることである。[184]町村合併の区域は最終的には県知事が決定するという方針の明確化である。

最終的に合併町村区域が確定するのは、明治二十二年二月の郡長会議においてであった。この会議で県知事は次のように演達している。[185]

新町村編成ニ付テハ客歳七月訓令第三四六号ヲ以テ委任セシニ、各位非常ノ励精ヲ以テ概ネ三閲月乃至四閲月ヲ出スシテ其成蹟ヲ具申セラレ、就中合併ニ対シ故障アル町村ニハ特ニ意見ヲ添付シ、以テ事情ノ存スル所ヲ詳ラカニス、其心労ノ大ナル深ク慰謝スル所ナリ、爾来本庁ニ於テハ各位ノ具申ニ就キ委員ヲシテ篤ト調査セシメ、更ニ異議町村ノ地形ヲ踏査セシメシニ、町村ノ情願ニシテ或ハ採ルヘキアリ、或ハ採ルヘカラサルモノアリテ、大ニ之レカ取捨ニ苦メリト雖トモ、私利公益ノ因テ分ル、所ヲ察シ、可成民心ノ反動ナキヲ期シ、斟

酌折衷シテ聊カ各位ノ具申セル区域ヲ変更シ、又ハ組合トナセシモノアリ、是レ民情ノ帰スル所ヲ察スルノ止ムヲ得サルニ出ルモノニシテ、兼テ行政上治安ヲ保ツノ必要アレハナリ、即チ今日各位ノ出県ヲ煩ハセシハ、以上本官ニ於テ審議査定セル要旨ヲ告ケ、併セテ将来実施上ノ便宜ヲ得ントスルニ在リ、各位請フ之ヲ諒セヨ

郡長意見を県庁で取捨選択し、二十二年二月に至りその結果を郡長に通知したのである。こうして明治二十二年三月二十三日　県令甲第七号をもって合併町村名が公布され、予定通り明治二十二年四月一日、町村制が施行された。

以上の経緯からは、県と郡長が、新町村の編成にあたって、戸長・議員・総代人を介在させ、郡長諮問に対する答申を提出させる慎重な合併手続きを採っていたことが看取される。しかし一方で、その答申の結果が分裂した場合、郡長による再諮問、郡長による意見具申を経た上で、最終的には県庁が超越的にこれを決定したこともまた明らかである。

合併の結果、埼玉県全体では一九〇八町村・三二七戸長役場が、三三五町村に編成された。このうち連合戸長役場管轄区域と一致するもの一〇一町村、一致しないものが二三四町村であり、(186) 結果的に連合戸長役場管轄区域と新町村との間には大きな相違が発生した。

このプロセスを、比企・横見郡の場合について見てみよう。同郡では合併前の一八六町村・二十三戸長役場が、二十九町村に編成された。新町村と連合戸長役場の関係を分類すると、次のようになる。

①　連合戸長役場区域と新町村が一致するもの　七連合（下野本連合、玉川郷連合、上横田村連合、越畑村連合、菅谷村連合、中尾村連合、福田村連合）

②　連合戸長役場区域を分割して新町村を形成したもの　二連合（出丸中郷連合、大橋村連合、ただし今宿村には入間郡小用村を合併）

③　連合戸長役場区域と一ヶ村の増加・減少で新町村を形成したもの　八連合（高坂村連合、腰越村連合、小川村連合、下唐子村連合、大和田村連合、久保田村連合、御所村連合、地頭方村連合）

④　連合戸長役場区域と新町村が大きく異なるもの　六連合（宮前村連合、谷中村連合、中山村連合、桃ノ木村連合、大谷村連合、松山町）

しかし、当初郡長が提示した諮問案においては、二十三連合中二十連合がそのまま合併して新町村となる案が示されていた。(187)これが右のような結果となるのは、諮問案に対する答申がそれと異なる合併案を回答したからである。諮問案に対する答申のパターンは、次の三つに分けられる。(188)

A　各村から郡長諮問通り答申が提出されるもの

B　郡長諮問と異なる答申が提出されるが、当事者の間に対立がないもの

C　郡長諮問と異なる答申が提出され、かつ当事者の間で答申が異なるため、紛糾するもの

これを、先に見た連合戸長役場管轄区域と新町村との関係①〜④と対応させると、次のような結果を得る。

①の場合……すべてA

②の場合……B＝一連合、C＝一連合

③の場合……A＝一連合、B＝三連合、C＝四連合

④の場合……B＝四連合、C＝二連合

連合戸長役場における組み合わせと新町村の区域が相違したのは、BやCの回答を示した町村が多数存在したからなのである。

しかし、Aの場合はもちろん、Bの場合でも答申は採用されている。問題となるのはC、郡長諮問と異なる答申が提出され、かつ当事者の間で答申が異なるため、紛糾する場合である。このような例として、宮前村連合・谷中

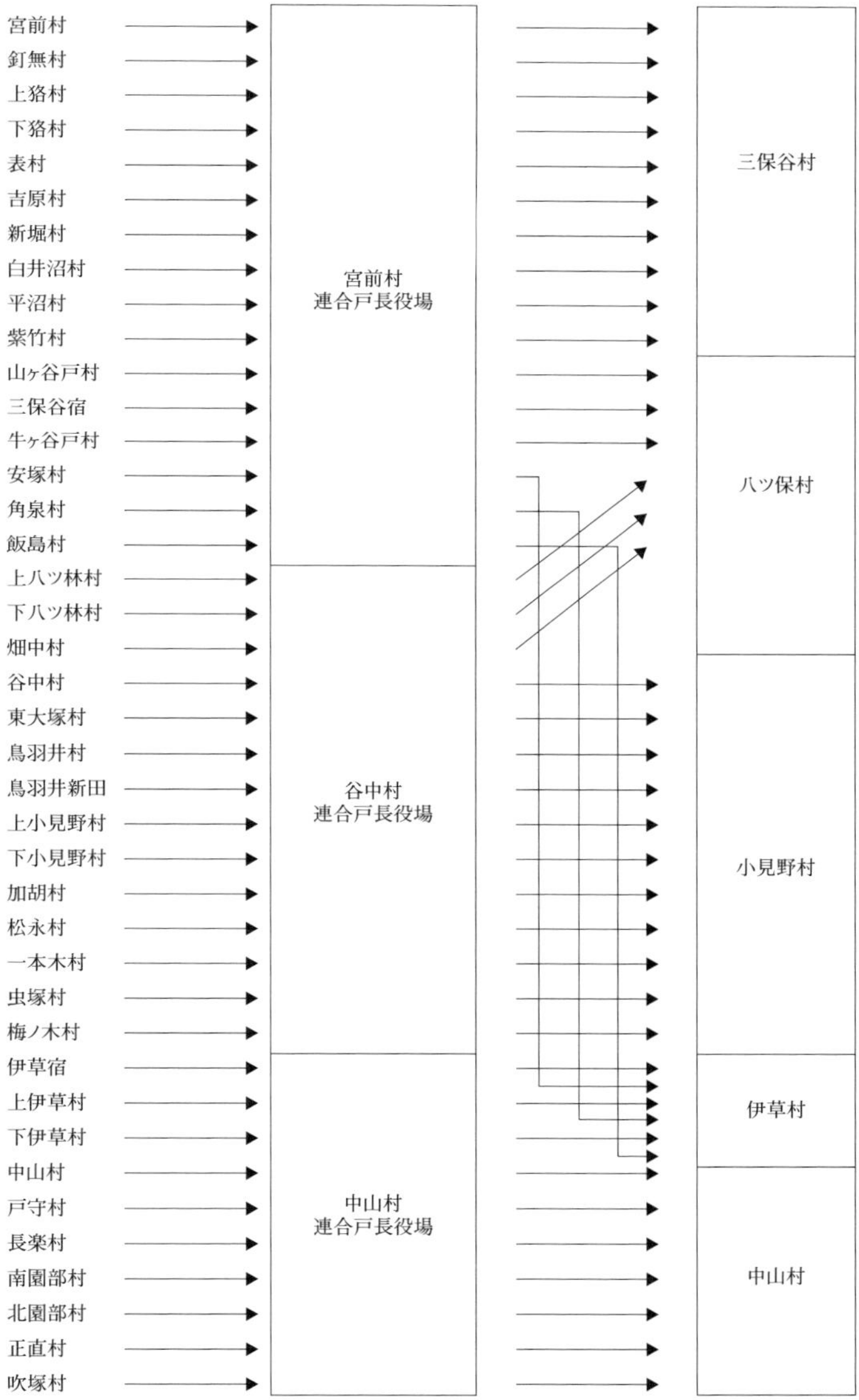


図 4-1　行政村三保谷村・八ツ保村・小見野村・伊草村・中山村の形成

村連合から三保谷村・八ツ保村・小見野村が編成された場合を見てみよう[189]。図4―1に、関係する町村の連合・合併関係を図示した。

宮前村連合・谷中村連合の場合も、郡長諮問案はそれぞれをそのまま合併して新町村を作るという内容であった。かつ、八月六日に各戸長が招集された際、両連合戸長ともに一旦はこれに同意し、各連合のまま合併する答申を行っている。ところが八月十三日から十四日にかけて、郡長が出張して、町村会議員・各村総代人の意見を聴取したところ、谷中村連合は現連合のまま合併と答申したものの、宮前村連合の議員・総代人は、飯島・安塚・角泉三ヶ村は中山村連合内の上伊草・下伊草・伊草宿と合併し、残る宮前村連合十三ヶ村で合併と答申した。この三ヶ村の中山村連合加入については、中山村連合が十六日に同意を表明し、これが行政村伊草村となる。

しかし残る宮前村連合十三ヶ村の合併が紛糾する。九月十四日、宮前村連合山ヶ谷戸・牛ヶ谷戸・三保谷宿・表の四ヶ村は、谷中村連合中の上八ツ林・下八ツ林、畑中の三ヶ村と合わせ計七ヶ村で合併の希望を上申した。谷中村連合側に異議はなかったが（この三ヶ村を除いた十一ヶ村で行政村小見野村を形成）、宮前村連合残り九ヶ村はあくまで宮前村連合中十三ヶ村の合併を主張して不同意を表明する。さらに九月三十日に表村が意見を変更し、宮前村連合残り九ヶ村の側に加入願を提出する。整理すると、この時点で山ヶ谷戸・牛ヶ谷戸・三保谷宿・上八ツ林・下八ツ林、畑中の六ヶ村は、この六ヶ村に表村を加えた七ヶ村での合併を主張したのに対し、宮前・釘無・上狢・下狢・表・吉原・新堀・白井沼・平沼・紫竹の十ヶ村は、これに山ヶ谷戸・牛ヶ谷戸・三保谷宿を加えた十三ヶ村での合併を主張したのである。

九月三十一日に出された郡長再諮問案は、表村を含む宮前村連合内十ヶ村を新町村三保谷村、宮前村連合山ヶ谷戸・牛ヶ谷戸・三保谷宿と谷中村連合上八ツ林・下八ツ林、畑中六ヶ村で新町村八ツ保村とする、というものであった。これについて十ヶ村＝行政村三保谷村は同意を表明したが、六ヶ村＝行政村八ツ保村側はあくまで表村の加入を求めた。そして、表村総代人も八ツ保村への加入を求める上申書に署名（十月四日、九日、十一月九日）し、表村総代人単独でも十一月九日に八ツ保村加入を求める上申書を提出した。表村が再び態度を翻してしまったのである。十一月二十九日、比企・横見郡長鈴木庸行は県知事宛に最終的な上申を行い、再諮問案通りの合併を求めた。県庁の指示通り、再諮問案を「断案」として上申したのである。そして二月に発表された県庁決定は再諮問案通りであり、十ヶ村合併で行政村三保谷村、六ヶ村合併で行政村八ツ保村が編成された。

表村の加入を求めた山ヶ谷戸・牛ヶ谷戸・三保谷宿は、この四ヶ村がいずれも同一の用水組合（長楽用水）に属することをその理由として挙げている。また表村が態度を二転させた点については、表村内での意見が分裂していたことが、同村の八ツ保村加入派総代人の主張から看取される。すなわち、八月二十四日に村民一同で集会を開いた際には、「何分一方へ究リ難ク旨主張スルモノ」が多く、投票の結果七ヶ村合併論が多数となった。ところが九月二十九日に表村広徳寺の住職が、新堀村某の煽動により檀家を集め、宮前村連合内合併を説き、その結果三十日、村内多数の調印を以て宮前村連合への合併を上申したというのである。

このような意見の分裂状況について、十一月二十九日の郡長上申書は、次のように述べている。

> 右三連合村々ノ如キハ地形民情ニ大差アルニアラス、用悪水関係又交互セリ（三連合ノ内長楽用水ニ属スルモノ二十二ヶ村中《(ママ)》中山用水ニ隷スル分二十八ヶ村アリ）彼レニ利アレハ是レニ弊アルハ事物ノ免レサル処ニシテ、其中正ヲ求ムル殆ント難シ、況ンヤ民意ノ常態自説ヲ無上ノ卓見ヲ信シ、反対ノ説アレハ益自論ヲ固執シ、累層敵意ヲ深カラシムルノ傾キナキニアラサルニ於ルヲヤ

また同上申書は、用水に関しても表村などは長楽用水の末流なので、中山用水側から取水することもあるとも指摘している。つまり、当事者たちの希望が分裂している状況において、すべての当事者が満足する町村合併案を提示することは不可能なのである。

以上、埼玉県における町村合併の過程を見る限り、町村合併に臨む県庁の態度は慎重であり、連合戸長役場管轄区域での合併を基本としつつ、戸長、各町村の議員・総代人を介在させた合併案の作成を意図していたこと、実際の合併案の作成過程においても、関係各町村の合意が成立した場合は、それが当初諮問案と異なっていても受け入れられたことが明らかとなった。「自治」の主体を創出するための町村合併には、住民の意思は最大限反映されたのである。

しかし、このような手続き的慎重さは、関係各村相互の意見の相違が発生することまで防ぐことはできない。そのような場合には郡長が、そして最終的には県知事が、合併区域を超越的に決定した。

合併の基準には、「地形民情」が配慮すべき項目として掲げられていたが、関係各村で意見が対立した場合、双方がそれぞれの「地形民情」を主張することになる。表村の動揺する村民の場合の如く、それは「一方」に決定できる性格のものではない。「地形民情」とは、結局のところ相対的な性格を免れない（「地形民情ニ大差アルニアラス」「其中正ヲ求ムル殆ント難シ」）。逆に言えば、合意が形成された場合においても、その組み合わせもまた相対的性格のものでしかない。

近世期の村々の関係が課題ごとに異なっていた（用水、治水、助郷、対領主等々）ことを想起するならば、村々の組み合わせが絶対的な結果に収斂することはありえないのは当然である。結局、行政村は、恣意的に切り取られた一定の地理的空間、その内部に多様な社会的利害を抱えた政治権力体として成立するよりほかない。この点において、十七年改革において恣意的に決定された連合戸長役場と、それ自体としてみれば質的に同様のものとして、行政村は形成されたのである。

# むすび

以上の通り、三新法から明治地方自治体制へ至る制度変容の基本的な論理は、政治社会と市民社会の分離、それに伴う身分制的権力編成の解体として把握することができる。まず三新法が、地方税の創出と府県会の導入によって、府県レベルで政治社会と市民社会の分離を実現する。三新法体制下においては、町村と戸長の位置づけは依然として不安定であったが、明治十七年の改革が、連合戸長制と町村費費目指定とによって、戸長ポストを町村住民の個別利害の領域から隔離し、政治社会内に定置する。つまり、普遍的な利害の領域としての政治社会と、個別利害の領域としての市民社会という新たな社会の分節化が行われ、連合戸長という主体位置は、従来の戸長が持っていた「古い市民社会」の代表者という主体位置とはまったく異なるものとなる。新たな主体位置を与えられることによって、戸長職は、町村住民の個別利害保護という役割から解放される。

このような十七年改革体制＝連合戸長役場体制は、それ自体としてみれば一定の安定性を持っていた。町村合併と名誉職自治の導入によって特徴づけられる町村制は、したがって、現実の諸関係から見れば飛躍を伴うものとして施行されたものである。その飛躍をもたらしたものはモッセによる新たな「自治」概念の提案であり、山県によるその採用であった。

しかし、ここで創出された「自治体」は、結局のところ、便宜的結合としての連合戸長役場と同様に、空間の恣意的な分割の結果にほかならない。そのような団体が「自治体」たりうることは可能なのであろうか？　あるいは、現実の地方行政の到達点は連合戸長役場体制であり、モッセ的「自治」の枠組み、それに由来して生まれた町村制は現実の地方行政のあり方から遊離したもの、所詮はプロイセン地方制度の輸入・模倣にすぎない、ということになるのであろうか？

筆者はそのようには考えない。町村合併を伴う明治二十二年の町村制施行は、明治前半期の繰り返された制度変容に終止符を打ち、曲がりなりにも制度的安定を達成したからである。モッセ―山県の構想とは異なった形にせよ、国家の行政の「自治体」による分掌という論理が現実に機能したからこそ、こうした安定が達成されたと考えるべきではないか？

この問いに答えるためには、政治社会と市民社会の分離なる事象が、より具体的に地域社会をどのように分節化した結果なのか、政治社会として切り取られた要素が具体的には何であり、それが、市民社会内の要素とされたものに対してどのような機能を持っているのか、という点を検討する必要がある。

（1）茂木陽一「三新法成立過程に関する一考察」（『一橋研究』六―四、一九八二年）。
（2）奥村弘「三新法体制の歴史的位置」（『日本史研究』二九〇、一九八六年）。
（3）渡邉直子「「地方税」の創出」（高村直助編『道と川の近代』、山川出版社、一九九六年、所収）。
（4）なお、地方官の実践の中から三新法立案へ向けた論点が提示されてくる具体的な経過を、千葉県令柴原和について論じたものとして、神崎勝一郎「内務省設置前後の地方官（Ⅰ）（Ⅱ）」（『政治経済史学』四六二、四六三、二〇〇五年）がある。
（5）我部政男・広瀬順晧・西川誠編『明治前期地方官会議史料集成　第一期第五巻』（柏書房、一九九六年）、八六頁。
（6）我部政男・広瀬順晧・西川誠編『明治前期地方官会議史料集成　第一期第四巻』（柏書房、一九九六年）、二七六―二七七頁。
（7）注（5）前掲書、一二九頁。
（8）同上書、七六―七七頁。
（9）伊藤博文関係文書研究会編『伊藤博文関係文書　四』（塙書房、一九七六年）、二六四頁。なお、本書簡は日付を欠き、地方民会議案の討議が実際に始まるのは八日であることから、同史料集はこれを七月七日付と推定しているが、前後の関係から考えて七月六日の書簡と思われる。
（10）木戸孝允関係文書研究会編『木戸孝允関係文書　第一巻』（東京大学出版会、二〇〇五年）、二八一―二八三頁。

(11) 注(9)前掲書、二六五頁。
(12) 「公文録　明治八年七月課局」(国立公文書館所蔵、二A—九—公一三七七)。
(13) 大日方純夫・我部政男編『元老院日誌　第一巻』(三一書房、一九八一年)、二〇九頁。
(14) 『木戸孝允文書　第六巻』(木戸公伝記編纂所、一九三〇年)、二〇一頁。
(15) 注(13)前掲書、二八五頁。
(16) 『木戸孝允文書　第八巻』(木戸公伝記編纂所、一九三一年)、一七四頁。
(17) 木戸の地方制度論に関しては、長井純市「木戸孝允覚書」(『法政史学』五〇、一九九八年)。なお、木戸の構想は、ドイツ留学中の青木周蔵の影響を受けている可能性もある。この点については西川誠「明治初年の青木周蔵」(犬塚孝明編『明治国家の政策と思想』、吉川弘文館、二〇〇五年、所収)。
(18) 「公文録　明治九年十月内務省伺二」(二A—九—公一八七二)。
(19) 大島真理夫『近世農民支配と家族・共同体　増補版』(御茶の水書房、一九九二年)、第三部第一章。
(20) 奥田晴樹『地租改正と地方制度』(山川出版社、一九九三年)、二四九頁。
(21) 『元老院会議筆記　前期第二巻』(元老院会議筆記刊行会、一九六六年)、三六九頁。
(22) 同上書、三六六頁。
(23) 同上書、三七三頁。
(24) 「公文録　明治九年五月内務省伺一」(二A—九—公一八四七)。
(25) 井上の地方制度論については、坂井雄吉『井上毅と明治国家』(東京大学出版会、一九八三年)。
(26) 「梧陰文庫」(國學院大学図書館所蔵)Ｂ一二八三。
(27) 「梧陰文庫」Ｂ一四三二。
(28) 「梧陰文庫」Ｂ一二八六。
(29) 本意見書は『井上毅伝　史料篇第一』(國學院大学図書館、一九六六年)等では明治九年と推定されてきたものであるが、渡邉直子は民費賦課制限が正租五分の一となっているので、明治十年一月四日の太政官布告第二号以降、明治十年一月二十九日以前と推定した(注(3)前掲論文)。
(30) 「梧陰文庫」Ｂ一四一一。
(31) 「梧陰文庫」Ｂ一四一二。

(32) 伊藤博文関係文書研究会編『伊藤博文関係文書　一』(塙書房、一九七三年)、三〇七頁。
(33) 「梧陰文庫」B一四一三―一四二一。
(34) 「梧陰文庫」B一二九四。
(35) 注(32)前掲史料で井上は、「若し例に因り法制局之手に御任せに相成候はゞ、痛く削省を加へ文字も可成簡潔にしたし」と述べている。
(36) 伊藤博文関係文書研究会編『伊藤博文関係文書　七』(塙書房、一九七九年)、八一頁。
(37) 「梧陰文庫」B一二八七。これも『井上毅伝　史料篇』において明治九年と推定されているものであるが、内容から十年のものと推定される。
(38) 「大隈文書」(早稲田大学所蔵) A二五三三。
(39) 「大隈文書」B八二一。
(40) 「梧陰文庫」B一一二三、一一二四。
(41) 「請旨　件名録　乾」(国立公文書館所蔵、二A―三二―九―件A二二)。
(42) 同上史料。
(43) 「公文録　明治十一年四月局伺」(二A―一〇―公二二四一)。
(44) 以上の経緯については、川越美穂氏の教示を得た。記して感謝したい。
(45) 内務卿大久保利通は三月二十二日に熱海へ湯治に向かい、四月七日まで東京を不在にしている。熱海滞在中の三月三十一日、伊藤博文(法制局長官兼地方官会議議長)宛書簡において大久保は自らの帰京を待たず閣議決済を行うよう促している(伊藤博文関係文書研究会編『伊藤博文関係文書　三』、一九七五年、二八〇頁)。内務卿としては原案作成は法制局に委ねたという姿勢をとっているのである。
(46) 大森鍾一・一木喜徳郎『市町村制史稿』(元元堂書房、一九〇七年)、八頁。
(47) 我部政男・広瀬順晧・西川誠編『明治前期地方官会議史料集成　第二期第四巻』(柏書房、一九九七年)、一九四頁。
(48) 同上書、二四八頁。
(49) 『元老院会議筆記　前期第五巻』(元老院会議筆記刊行会、一九六九年)、一八九頁。
(50) ただし、これはあくまで置かなくても良い、ということであって、郡会の設置そのものを妨げるものではない。問題は、町村をこえた範囲における一般的な代議制の確立にあるのであって、その上でそれが単層であるか複層であるかは、技術的に選択可能な問題である。三新法は郡会を設置しなかったが、実際には府県レベル＝地方税財源の狭隘化もあって、郡レベルでの費用負担が必要とされ、そのための事実上の郡会としての全郡連合町村会あるいは戸長会議が必要とされたことは、飯塚一幸「連合町村会の展開と郡制の成立」（『日本史研究』三二六、一九八九年）、および神山知徳「地方三新法期の郡政運営」（『千葉史学』三〇、一九九七年）、「三新法期における郡政運営について」（『ぐんま史料研究』一五、二〇〇〇年）の指摘する通りである。ここで問題になるのはそのようにして成立する郡レベルの代議機構の制度的構造であるが、飯塚がそれを個別町村をこえて「郡一般の利益」を実現するための構造をもつとしたのに対して、神山は「結局各町村の了承を個別に取り付ける」ための組織であると論じている。地域性の問題もあるのでいずれが妥当とは断じ難いが、神山の指摘するようなケースの場合は、「大区小区制」期の区戸長民会と同様の組織原理を持つ代議機構が郡レベルにおいては生き延びたものと評価することができよう。ただし、公選府県会の存在によって郡レベルで扱いうる事業の内容が限定されていること、また、神山の指摘する通り、そのような場合でも方向性としては「個別町村の利害に左右されない郡内名望家による合議の場」へと変化する方向にあったことから、その役割は限定的なものであったということはできるだろう。

そして谷口裕信「郡をめぐる地方制度改革構想」（『史学雑誌』一一〇―六、二〇〇一年）が明らかにしている通り、三新法体制下の郡役所は多くの行政課題を担う独自の機関となり、法運用の改変を経ながら、二十三年郡制へと帰結してゆくことになる。

(51)　注(47)前掲書、一四頁。
(52)　同上書、七八頁。
(53)　同上書、二二四頁。
(54)　「梧陰文庫」A三九四。
(55)　坂井、注(25)前掲書、一一七頁。
(56)　注(54)前掲史料。
(57)　注(47)前掲書、一五七頁。
(58)　同上書、一四一頁。
(59)　三月上申書でも「官」「民」の区別は強調されていたが、この場合「官」が「行政ノ区画」に、「民」が「住民社会独立ノ区画」に対応している。地方官会議議案ではこれに対し、「民」の意味が、「自治」の二重性と同様に、①町村の法的規制からの排除、②府県における政治参加の実現、の二重の意味を持つ。
(60)　注(47)前掲書、八八頁。

(61) 同上書、一八四頁。
(62) 同上書、五八頁。
(63) 同上書、五七頁。
(64) 同上書、二六頁。
(65) 同上書、一五頁。
(66) 注(54)前掲史料。
(67) 坂井、注(25)前掲書、一一八頁。
(68) 元老院におけるこの修正は、修正委員によって行われ、本会議では議論になっていないため、どのような議論が行われたのかは不明である。
(69) 原田久美子「民権運動期の地方議会」(『日本史研究』三八、一九五八年)、同「明治十四年の地方議会と人民の動向」(『日本史研究』五七、一九六一年)、大江志乃夫『明治国家の成立』(ミネルヴァ書房、一九五九年)、原口清『明治前期地方政治史研究　下』(一九七四年、塙書房)など。
(70) 奥田晴樹は、「税法規範としての村請制が地租改正によって制度的には揚棄」されながら、「地勢や産業・習俗などに規定された地域的紐帯に立脚する地域住民相互間の自発的結束、即ち地域自治の実存」に依拠している三新法期の町村を、村請制村とも町村制下の町村とも異なる「三新法町村」として把握すべきであると主張する(注(20)前掲書、二八二―二八四頁)。三新法期の町村が、村請制村とも行政村とも異なる制度的性格を有しているという点に関しては、奥田の指摘は正当であるが、その「地域自治の実存」の内実が、不安定で緊張関係を孕んだものであったことを、筆者は重視する。本章第二節参照。
(71) 我部政男・広瀬順晧・西川誠編『明治前期地方官会議史料集成　第二期第五巻』(柏書房、一九九七年)、一二九―一三五頁。
(72) 『元老院会議筆記　前期第八巻』(元老院会議筆記刊行会、一九六四年)、一七二頁。この修正も修正委員によるもので、議論の詳細は不明である。後述する区町村会法第二条の修正も同様。
(73) なお、梧陰文庫には、明治十一年の三新法公布後に作成されたと推定される町村会に関する太政官内達案が残されている(B一二一九)。これは町村会の性格を「従前慣行シ来リシ所ノ村寄合ノ類ヲ存シ稍ヤ其取締ヲ行フ等適宜斟酌」と規定しており、一見して十三年の区町村会法案内閣原案に類似している。当該内達案を井上毅の作成になるものと推定するならば、十三年内閣原案も井上の関与の下で作成された可能性は高いと考えられる。
(74) 注(71)前掲書、九〇頁。

(75)　同上書、一〇一頁。
(76)　注(72)前掲書、二〇五頁。
(77)　この点でむしろ十一年三月上申書案に接近している。
(78)　明治十七年五月七日太政官達第四十一号。
(79)　「戸長官選に付内務卿心得訓示」(「大森鍾一文書」一七、東京市政調査会原蔵、国立国会図書館憲政資料室所蔵マイクロフィルム)。
(80)　明治十七年五月七日太政官布告第十三号、地方税規則第三条第十五項改正。この改正の目的はこれによって浮いた財源で戸長給与の増額と全面地方税支弁化をはかるという点にある(『元老院会議筆記　後期第二十巻』、元老院会議筆記刊行会、一九七六年、二八四頁)。
(81)　「区町村会法及び区町村費滞納処分の儀に付内務卿心得訓示」(「大森鍾一文書」一七)および明治十七年五月七日太政官第十五号布告。
(82)　明治十七年五月七日太政官布告第十四号、区町村会法改正。
(83)　大島美津子『明治国家と地域社会』(岩波書店、一九九四年)。
(84)　奥村弘「近代日本形成期の地域構造」(『日本史研究』二九五、一九八七年)。
(85)　首藤ゆきえ「町村行政機構の成立と明治一七年改正の意義」(『新しい歴史学のために』二〇九、一九九三年)。
(86)　荒木田岳「「大区小区制」下の町村合併と郡区町村編制法」(『史学雑誌』一〇八―八、一九九九年)。
(87)　「管下達」(「埼玉県行政文書」、埼玉県立文書館所蔵、明三一八)。
(88)　「町村戸数・役場位置・戸長姓名任免月日」(「埼玉県行政文書」明九二四)。
(89)　『第一回日本帝国統計年鑑』(統計院、一八八二年)。町村数は明治十二年十二月時点の調査、戸長人数は明治十三年度予算による。
(90)　荒木田は『第一回日本帝国統計年鑑』に記載の数値、町村数六万九九九四に対して戸長数三万二九八四から、「戸長数は町村数の半数以下」(実際には約二・一二倍となる)としているが、この「町村数」には、たとえば東京府が町村数一七四六に対して戸長一四八名と極端な数字を示すことからわかるように、都市部(区部)の個別町が含まれている。区部では区長が戸長職を兼ねることが認められていたし、また都市の個別町の編成の問題と農村部の町村の編成の問題は明らかに異質な問題であるから、これを同時に計算することは問題がある。仮に区の存在しない二十一府県について計算してみると、一戸長役場当り一・六六町村となり、数値は減少する。

(91) 比企郡下野本村旧戸長杉浦清助の「各村々共組合相結候上、万一村々共苦情ヲ発シ組合治リ方差閊候節、従前之通リ尚又瓦解等自由ヲ得可申哉」という伺についての、明治十二年五月二十七日付、県庶務課から比企・横見郡役所宛指示（「明治十二年三月以降指令留」、「鈴木（庸）家文書」、埼玉県立文書館寄託、二六三六）。

(92) 「町村制」（「埼玉県行政文書」明四七九）。

(93) 以上の経緯は注(91)前掲史料による。

(94) 「鈴木（庸）家文書」三一九一。

(95) 「町村制」（「埼玉県行政文書」明三六八一）。

(96) 「町村制」（「埼玉県行政文書」明九八）。

(97) 「鈴木（庸）家文書」七九八一。

(98) 「明治十五年第二月比企郡宮前村地価小拾帳」（「鈴木（庸）家文書」三八〇四）。

(99) 同上史料。

(100) これらの多くは、出丸中郷地先の堤外飛地である字観音に土地を所有している者と推定される。

(101) 表4—1の「取」と「済」の判の違いは不明である。判を押された四名がいずれも皆済していることから、両者ともなんらかの形での返済を表すものと推定した（ただし、表4—1中もう一人の皆済者である三沢豊吉には判がない。この点に関しても不明のままである）。あるいは「取」は「取立」、「済」は「皆済」の意味である可能性もある。

(102) 注(98)前掲史料。

(103) 注(91)前掲史料、

(104) 注(88)前掲史料。

(105) 「鈴木（庸）家文書」七八八五。なお、宮前村は戸数二十九戸、紫竹村はわずかに十五戸の小村である（注(88)前掲史料）。

(106) 「公文録　明治十五年司法省四月第一」（二A—一〇—公三三三二）。

(107) 明治十五年乙第三十九号達（「管下令達乙号」、「埼玉県行政文書」明四二七）。

(108) 「公文録　明治十五年太政官十二月第一」（二A—一〇—公三三二九）。

(109) 「公文録　明治十六年司法省四月第一」（二A—一〇—公三五九二）。

(110) 我部政男編『明治十五年明治十六年地方巡察使復命書　上巻』（三一書房、一九八〇年）、五八二頁。

(111)「諸井家文書」四九〇（埼玉県立文書館蔵）。
(112)注(110)前掲書、一六五頁。
(113)関口隆吉の復命書には「軽躁詭激ノ徒ヲ挙ゲ政党ノ組織ヲ助クルヲ企ツルアリ」という一節があるが、「枚挙」にいとまなき弊害の一つとして列挙されているにすぎない。注(110)前掲書、四五一頁。
(114)「公文録　明治十五年内務省十二月第一」（二A—一〇—公三二六八）。
(115)「上京中枢要書類」（「埼玉県行政文書」明九三七）。
(116)「三島通庸関係文書」四八八—三（国立国会図書館憲政資料室所蔵）。
(117)注(115)前掲史料。
(118)同上史料。
(119)公選維持は岐阜、広島、千葉の三県令、官等も変更しないというのは広島県令だけである。
(120)注(114)前掲史料。
(121)福島では明治十六年三月に戸長役場の連合化と戸長官選を実施する（「三島通庸関係文書」四八八—九）。
(122)「大森鍾一文書」九六。
(123)注(110)前掲書、六四〇—六四二頁。
(124)同上書、六三九頁。
(125)「大森鍾一文書」一七。
(126)「徳島県名東郡ノ町村連合会ノ如キ県令ノ初メ本会ニ裁定ヲ与ヘシ事項ニ関シ後チ改更ヲ要スル有リテ其会議ニ付セシニ本会ハ其改正案ヲ町村ノ便宜ニ非スト云ヒ以テ之ヲ拒絶セリ……（中略）……是レ此第二条（区町村会法第二条、引用者）ノ放任ニ失シ今日ノ時勢ニ適合セサルニ由ル」（注(80)前掲『元老院会議筆記』、二八六頁）。
(127)飯塚、注(50)前掲論文、二二頁。
(128)「公文録　明治十七年内務省五月第二」（二A—一〇—公三六九六）。
(129)この間に作成された諸案の逐条的な異同については、小林孝雄『大森鍾一と山県有朋』（出版文化社、一九八九年）。
(130)注(80)前掲『元老院会議筆記』、二七八頁。
(131)同上書、二七八頁。
(132)実際、井上は一月の参事院における審議の段階で、改革に対する全面的な反対論を述べている（注(32)前掲書、三四二—三四四頁）。
(133) 注(80)前掲『元老院会議筆記』、二八七頁。
(134) 注(128)前掲史料。
(135) 『元老院会議筆記　後期第二十一巻』（元老院会議筆記刊行会、一九七七年）、六八七頁。
(136) 当初参事院で準備された戸長以下吏員選任に関する達案は、達であるため元老院に付議されていないが、井上毅は、この達案および同時に準備されていた地方官宛訓示案についても、三月二十五日付で山県に意見を送付している（「大森鍾一関係文書」、東京大学法学部近代日本法政史料センター原資料部所蔵）。井上の主張は達案に含まれている町村用掛設置規定に反対し、「其用掛ヲ置クト置カザルハ総テ其地方ノ便宜ニ任セ」るべきであるとするものであった。結果として達として出されたのが戸長選任方（太政官達四十一号）のみとなったのは、井上意見の影響もあったと思われる。
(137) 「埼玉県会傍聴録」（「埼玉県行政文書」明一〇二二）。
(138) 「鈴木（庸）家文書」二五三六。
(139) 以下、県会の議事は「通常県会議事筆記」（「埼玉県行政文書」明四七三）。
(140) 『新編埼玉県史　通史編五』（一九八八年）、三一二頁。
(141) 『新編埼玉県史　資料編一九』（一九八三年）、三二六頁。
(142) 羽鳥卓也「民権運動家の「精神」」（『商学論集』二〇―三、一九五一年）、二八〇頁。
(143) 注(141)前掲書、三二八頁。
(144) 「地方費不認可書類」（「埼玉県行政文書」明三六九〇）。
(145) 「鈴木（庸）家文書」二五三一―一、二五三〇。
(146) 「鈴木（庸）家文書」二五二四―一。
(147) 「町村編成書類」（「埼玉県行政文書」明五一一）。
(148) 比企郡宮前村では七月二十六日付で事務受渡し済証が作成されている（「鈴木（庸）家文書」六二八二）。
(149) 注(147)前掲史料。
(150) 『地方行政区画便覧』（内務省地理局、一八八七年）。
(151) この表は明治十八年時点での連合戸長についてのものである。このうち三十五人が、十七年改革の実施時（十七年七月）に連合戸長に就任した者である。

(152)『埼玉県議会史　第一巻』(一九五六年)、五七一頁。
(153)「公文録　明治十八年内務省二月第二」(国立公文書館所蔵)(二A―一〇―公三九一〇)。
(154)十九年以降は「公文雑纂」(国立公文書館所蔵)による。
(155)「庶務部往復報告」(「八潮市行政文書」、八潮市立資料館所蔵、五五九五)。
(156)『東松山市史　史料編第四巻』(一九八四年)、二九頁。
(157)太田栄吉は松方デフレ期に急速に土地集積を行った手作地主で、明治十七年以降村会議員を務めている(『市史編さん調査報告第十八集　東松山市域における手作地主経営の展開――下野本　太田家の場合』、東松山市、一九七九年)。
(158)岡田は明治十二年に蕨で演説会を主催し、尾崎行雄、加藤政之助などを招聘している(『新修蕨市史　資料編三』、一九九三年、八七頁)。
(159)注(141)前掲書、三四五頁。
(160)東京市政調査会編『自治五十年史　制度篇』(良書普及会、一九四〇年)、亀卦川浩『明治地方自治制度の成立過程』(東京市政調査会、一九五五年)、同『明治地方制度成立史』(柏書房、一九六七年)。
(161)亀卦川は「法律そのものが元来町村合併を前提として作られた」(注(160)前掲『明治地方制度成立史』、二九〇頁)と述べているが、どの時点から「前提」であったのかについては触れていない。
(162)坂井雄吉「明治二十二年の町村合併とモッセ」(『大東法学』一九、一九九二年)。
(163)「中山寛六郎文書」七七(東京市政調査会所蔵、国立国会図書館憲政資料室所蔵マイクロフィルム)。
(164)大島美津子、注(83)前掲書、一八四頁。
(165)「中山寛六郎文書」六七。第一次案から第三次案までの各案(活版)は「中山寛六郎文書」八五にも収められている。ここで引用する六七号史料には朱筆修正があり、修正後の条文が八五号史料中の第三次案と一致する。なお、第二次案は「府知事県令」と記すのに対し、第三次案は「府県知事」となっていることから、第二次案は十九年七月の地方官官制制定以前のものであり、第三次案はそれ以後のものであると推定される。
(166)「梧陰文庫」B一二九五。
(167)「梧陰文庫」B一三三二。
(168)坂井、注(25)前掲書および「明治地方制度とフランス」(『年報政治学一九八四　近代日本政治における中央と地方』、岩波書店、一九八四年)。

(169)「大森鍾一文書」五〇。

(170)「モッセ氏自治論」(「梧陰文庫」C一三二)。

(171) モッセの自治論については、坂井、注(162)前掲論文および居石正和「明治地方制度の成立とその特徴(二)」(『島大法学』三八―四、一九九五年)。モッセはグナイストの弟子であるが、グナイストの自治論は一八七二年のプロイセン地方制度改革の思想的根拠となった(赤木須留喜『行政責任の研究』、岩波書店、一九七八年、北住炯一『近代ドイツ官僚国家と自治』、成文堂、一九九〇年)。明治地方自治体制がプロイセン地方制度の輸入的性格を持つとされる所以である。しかしそのグナイストは、プロイセン地方制度改革に当たって、町村＝ゲマインデ Gemeinde は、面積、人口、租税負担の点から自治の単位たりえず、郡＝クライス Kreis こそが自治制の焦点となると考えていた(赤木前掲書、三六三頁、北住前掲書、七五頁)。この点に関しては、「プロイセンにあってはクライスを核点として町村ゲマインデの統合がはかられるのにたいして、わが国にあっては町村ゲマインデを核点として郡への統合がはかられる」という山田公平の指摘(『近代日本の国民国家と地方自治』、名古屋大学出版会、一九九一年、四六三頁)が注目される。また山田は、町村合併による行政村の創出というモッセ―山県の構想がプロイセン東部におけるクライス方式を範としているのに対し、井上毅の連合戸長役場論は、ロエスレルの影響を受け、プロイセン西部における町村連合方式(Samtgemeinde)を範としているとも指摘しているが、すでに見た十九年十二月のモッセの見解が、近世村の範囲をそのまま自治体として用いることであったことを想起するとき、モッセと山県の見解をともにクライス方式に一括できるかどうかは疑問である。むしろ、ゲマインデの自治単位としての狭小性という問題を母国プロイセンにおいて認識していたはずのモッセが、なぜ日本においてゲマインデが自治単位たりうると考えたのか(モッセによる町村制草案は、「自治部落制」Gemeindeverfassung と題されている)が問われねばなるまい。

(172)『元老院会議筆記　後期第三十三巻』(元老院会議筆記刊行会、一九八八年)、一九六頁。

(173) 大島太郎『日本地方行財政史序説』(未来社、一九六八年)、三〇〇―三〇一頁。

(174) 石川一三夫『近代日本の名望家と自治』(木鐸社、一九八七年)。

(175) 大石嘉一郎・西田美昭編『近代日本の行政村』(日本経済評論社、一九九一年)、八頁。

(176)「公文類聚　第十二編巻一　政体門一」(国立公文書館所蔵、二A―一一―類三三六)。

(177)「町村制」(「埼玉県行政文書」明五八八)、「大森鍾一文書」一五。

(178) 佐藤政憲「明治地方自治と「村」」(鹿野政直・由井正臣編『近代日本の統合と抵抗1』、日本評論社、一九八二年)。

(179) 内田満「埼玉県における町村合併反対運動」(『地方史研究』二四三、一九九三年)、「埼玉県における町村合併反対運動(2)」

（『埼玉地方史』三五、一九九六年）。
(180)「町村制」（「埼玉県行政文書」明五八八）。
(181)「町村制関係叢書」（「鈴木（庸）家文書」一三二五）。
(182)「町村制関係書類」（「埼玉県行政文書」明六一一）。
(183)注(181)前掲史料。
(184)同上史料。
(185)注(182)前掲史料。
(186)『埼玉県市町村合併史　上巻』（一九六〇年）。
(187)「町村分合答申書」（「埼玉県行政文書」明六〇九）。
(188)同上史料。
(189)以下、本問題の経緯はすべて、同上史料および「上八ツ林外五ヶ村合併一新村造成之再諮問ヲ為セシ義ニ付意見上申」（「鈴木（庸）家文書」、八〇〇二）による。

# 第五章　備荒貯蓄と府県会

## はじめに

前章でわれわれは、明治十一年の三新法から明治二十一年の町村制にかけての制度変容の論理が、政治社会と市民社会の分離として理解可能であることをみた。本章ではそれを受け、また第二章での検討に引き続いて、明治十年代から二十年代初頭にかけての、備荒貯蓄政策のあり方を対象に据える。

身分集団としての村請制村内部においてゼロ・サム的再分配が進行し、その結果村役人や村内の相対的な富裕者は、何らかの新しい質の政策と新しい質の秩序を希求するに至ること、それが第二章で見出された現象である。それに対して、政治社会と市民社会の分離を通じて出現した制度とは、空間を恣意的に分割して構成される住民の集団が、一般行政区画として垂直的に重層するような体制であった。果たしてこのような制度において、村請制村ではもはや限界に到達した再分配政策は遂行しうるのであろうか？　以上が本章の課題である。

その際、焦点となるのは明治十三年六月十五日太政官布告第三十一号として公布された備荒儲蓄法である。議論の前提として成立した同法の内容を確認しておこう。①罹災窮民に食料・小屋掛料・農具料・種穀料を給与、罹災による地租不納者に租額を補助・貸与する。②政府はその原資として年間一二〇万円を支出し、三十万円は中央儲蓄金として大蔵省が管理、九十万円は地租額に応じ各府県へ配布する。③各府県は配布額を下回らない範囲で土地所有者から公儲金を徴収し、配布金と合せ府県儲蓄金として管理する。公儲金賦課の基準は地租納入額とする。④府県儲蓄金の管理は府県会の定めるところによる。ただし、各府県儲蓄金の半額以上は公債証書に交換し、また米穀による貯蓄は総額の半額以下とする。

同法の成立過程についてはすでに①笛木俊一「備荒儲蓄法の成立過程」[1]、②長妻廣至「備荒儲蓄法における自作農の問題」[2]、③冨坂賢「備荒儲蓄法の特質と地域の救済」[3]といった諸研究の蓄積がある。①は現在までのところ備荒儲蓄法の成立過程についての最も詳細な研究であり、基礎的な事実はほぼ明らかにされていると言ってよい。その上で同法の性格を、(一)収奪的側面（地租収入確保のための公儲金の賦課）、(二)保護的側面（農業保険制度としての性格と、救貧制度としての性格）、(三)府県の固有事務であった凶荒予防対策の中央集権化、という三つの側面を持つものと把握している。②はそのうちマイエット草案に示される同法の農民保護的＝自作農維持的側面に着目し、実際に備荒儲蓄法が自作農維持政策として一定の機能を持ったと評価する一方で、地租収入確保を目標とするという側面がそれを制約したという理解を提示している。それに対し③は、同法が「そもそも救済をその中心的課題とはしない」として、備荒儲蓄法の公債消化機能を強調している。

以上の従来の諸研究は、力点の置き方に相違はあるものの、備荒儲蓄法を、農民保護機能と、財政上の目的追求との対抗・制約関係のもとに理解する点で共通している。しかし、このような二項対立的理解は、備荒儲蓄法において、地租の確保が、農民保護的政策の一部として、統一的に提示されえたことを説明できない。また、いずれの研究も明治五年十月二十五日の大蔵省第一五八号（「各所積穀ノ内市村へ貸附有之内官民二途ニ引分ケ、官物ハ借主共ヨリノ証文取纏申出、現在貯蓄ノ分ハ早々上納可取計、民有ハ聚散トモ下民ノ適宜ニ任セ可申」）の位置づけを欠いている。第二章の末尾で見た通り、この法令は、従来の備荒貯蓄政策を白紙に戻し、それまでに蓄積された金穀の官民区分を命じたものであるが、この法令によって一度放棄された備荒貯蓄政策が、十三年の備荒儲蓄法として再浮上してくる過程は、政治権力の質の変化の問題として無視できない。

一方、各府県における備荒儲蓄法の施行過程については、従来は、民権運動史の文脈で、府県会闘争の一題材として扱われることが多かった(4)。また、実際の救助の場面において備荒儲蓄法がどのような機能を果たすのかについては、先に触れた冨坂賢の研究がその実効性を否定しているのに対し(5)、北原糸子は明治二十一年の磐梯山噴火時のケースから、罹災者救助に一定の役割を果たしたとしている(6)。

以下、第一節では備荒儲蓄法の制定過程を、第二節では埼玉県における備荒儲蓄法の実際の適用状況を分析し、上述の課題に答えることとしたい。

## 一　備荒儲蓄法の制定過程

### 1　備荒貯蓄政策の放棄と窮民一時救助規則

明治五年大蔵省第一五八号の発布に至る直接の契機を示す史料は残されていない。そこで本章では、同令の前後における備荒貯蓄政策の動向を見ることによって、その背景を検討する。

まず、備荒貯蓄政策に対する政府の関与の消極化を示す二つの事例を取り上げてみよう。第一は、明治四年十二月の浜田県伺と、それに対する大蔵省の指令である(7)。この伺書において浜田県は、同県の自然環境から備荒貯蓄政策の実施が不可避であることを説き、有志出金による義倉の設置と、政府の補助を請求した。これに対し、翌明治五年八月十四日大蔵省は、「義倉取建之義差許候条、弊害不生様取締相立可申、尤人民施設共救之趣意ニ付、公米金ヲ加入又ハ米金相預利金等下渡候義ハ難聞届」と指令し、有志出金による義倉の設置は認めたものの、官費による補助は許可されなかった。

第二の事例は埼玉県における「賑育金」政策をめぐる経緯である(8)。区戸長民会である「協議場」での議論を経て、明治七年二月に埼玉県令白根多助から内務卿木戸孝允宛に提出された伺によれば、この「賑育金」は小学校学資金と備荒貯蓄との二つの目的を持つもので、田畑平均高一石につき一升五合、分頭出金一日金一毛の率で十年間の積み立てが行われることになっていた。

ところがこれに対し内務卿は、「有志之者出金之儀聞届不苦、管下一般賦課施行之儀は難聞届」と、やはり管内への強制的な賦課は認めなかった。四月二十八日、埼玉県は協議場での審議を経た計画であり、県下の合意に基づくことを強調して再伺を提出したが、八月二十三日の内務卿指令は「分頭并石高之名義ハ不都合ニ候条改正之上更ニ可伺出候事」というものであり、これを受けて埼玉県は、九月二十二日有志出金であることを明記した修正案を提出、ようやく十一月十日の内務卿指令をもって、「之ガ為メ人民苦情ヲ生シ候儀有之候而は不相済儀ニ付、其辺篤ク注意いたし、民情斟酌施行可致候事」という条件つきで聞届となった。

以上の経過から看取されるのは、大蔵省・内務省が、備荒貯蓄的施策それ自体の価値は承認しつつも、その政策的強制に慎重な態度をとっており、国庫支出はもちろん、県庁によるその推進にも否定的な見解を示しているという点である。この時期備荒貯蓄は、あくまで「有志出金」へと限定されるべきものであった。

このような政策動向が直轄県期の備荒貯蓄政策の失敗を背景にしていることは容易に想定されるところであろう。第二章で縷述した通り、直轄県による備荒貯蓄政策への関与の強化は、その貯蓄主体の不分明化を招き、運用等が失敗した場合の官費による補塡へと結果した。こうした備荒貯蓄政策の行き詰まりから、当該期の再分配政策に対する政府の消極的姿勢がとられたものと推測されるのである。

当該時期の罹災者救助政策の基本法令となったものは、県治条例附録窮民一時救助規則（明治四年十一月二十七日。

明治八年七月十二日、太政官達一二二号として改正され、県治条例から分離）であった。同規則は、①水災・火災（八年規則では、「水火風震」）による罹災者に対し、食料十五日分の救助、小屋掛料五円の貸与を行う、②類焼による罹災者に対し、農具料等の貸与を行う。③「連村連市一時ニ暴災」の場合は十日間以内で焚出米を給与、小屋掛の実施等を適宜行う（八年規則のみ）、④「水旱非常ノ天災」（八年「天災地変」）の場合は、夫食・種籾を貸与する、というものであった。

ところで、上の④の規定によれば、火災の場合は夫食・種籾貸渡を受けられない。この点について内務卿大久保利通は明治七年七月二十二日付で太政大臣に伺を提出し[9]、火災の場合でも実際に生活困窮に陥ったものが存在すれば救助対象とするのが妥当であるとして、同規則の改正を求めた。この伺について、勘査部局である左院は大蔵省に照会し、大蔵大丞は、火災の場合は近隣からの救助が期待できるとして改正の不要を回答している。結局十一月十日、大蔵省回答の線に沿って太政大臣の指令が出された。

この結果が示すところは、同規則が、村内有産者による救済を前提とした政府支出を基本的性格としているということであり、夫食・種貸という項目から考えても、近世領主の「御救」を制度化したものにすぎないということである。しかし、このような政策動向は、有産者救済への依存の増大、すなわち再分配の強化か、政府支出の増大かのいずれかを招来するよりほかない。そして、すでに述べた通り再分配の強化は直轄県期に限界に達していたと思われ、当該期にこの体制が破綻しなかったのは、後に備荒儲蓄法の立案に際して「我邦連年豊熟ニシテ非常ノ凶荒ナシ」[10]と回顧されるように、大規模災害が発生しなかったという外在的要因によるものと言わざるをえない。

## 2　備荒儲蓄法の三つの起源

### (1)　明治九年の内務卿内達

このように一度放棄された備荒儲蓄政策が、再度中央政府レベルでの政策課題として浮上するのは、次の明治九年十一月十八日付内務卿大久保利通の地方官宛内達によってである。(11)

地租改正調査追々相運定税ヲ賦スルニ方テハ、務メテ従来ノ弊風ヲ除キ、専ラ営生ノ道ヲ奨励シ、貯蓄ノ方法ヲ設ケ荒政ニ備ルハ今日治民上ノ急務ニ有之、一体旧税法存在中ハ年ノ豊歉ニ因リ租額ヲ上下セシモ、今ヤ地租改正五ヶ年間価額据置ノ法ナルヲ以テ凶年飢変ニ遭モ其額ヲ減スルヲ得サレハ、此際ニ於テ一層人民ヲ誘導シ本分ノ自業ヲ尽サシメ、後来独立保続ノ主法相立候様、篤ト実況ヲ視察シ凶荒予備ノ方法適宜相立見込可申出候、此旨内達候事

再浮上の契機が地租改正に伴う租税の定額化にあったことは明らかである。諸先行研究が指摘したように、備荒儲蓄法はその起源において、地租収入確保という動機を有していたことは否定しがたい。しかし仮に備荒儲蓄法の主目的が単に地租収入の確保のみにあるとすれば、ここから直ちに備荒儲蓄法立案への動きが開始されるはずであるが、この時点で中央政府レベルでの制度化へは進まない。かわって立案されるのが凶歳租税延納規則（明治十年九月一日太政官布告第六十二号）である。

同規則の立案は大蔵省で行われている。(12) 明治十年七月七日付で太政官に提出された大蔵卿大隈重信の上申は、(13)「改正ノ租額ハ前々収穫ノ多寡ヲ平均シ確定シタルモノニ付、仮令ヒ豊饒ノ秋ニ逢フトモ素ヨリ増税ヲ徴スルコト無ク、亦タ凶災ノ年ニ於テモ断シテ減租ヲ許スノ理アラス」と改租後の収税の原則を確認する。この点は内務卿内達と同じである。しかし続けて上申は、「去リ迚其凶災ヲ論セス概シテ一般ノ成規ニ照シ之ヲ徴収スルトキハ、其民悯々トシテ贖フニ已レノ身代ヲ以テスルノ外ナカル可シ」と、罹災窮民に対する何らかの措置が必要であること

を説き、その上で備荒貯蓄政策への否定的見解を提示する。「或ハ社倉・義倉ノ如キ之ヲ多キニ貯ヘテ之ヲ乏シキニ供スルモ法ハ善良ナラサルニ非スト雖モ、大抵施スニ適好ノ地ナク、任スルニ其人ヲ得サルヨリ、空シク奸黠ノ媒トナリテ到底徒法ニ属スルコト洵トニ古今ノ通患タリ」。具体的に提案される規則の内容とは、一村の田方損毛五分以上の場合、損毛率によって地租の年賦延納を認めるというものである。

「古今の通患」としつつも、念頭におかれているのは直轄県政期の備荒貯蓄政策の失敗と見てよいであろう。大蔵省には備荒貯蓄的施策への強い不信感が存在しており、自ら放棄した政策を再度採用することには慎重であった。内務卿内達の如く、この段階で単純に備荒貯蓄策を復活させることによって租税収入の確保を狙うことは、「施スニ適好ノ地ナク、任スルニ其人ヲ得サル」という直轄県政下での備荒貯蓄政策の隘路を克服することができないのである。

しかし大蔵省の延納規則もまた矛盾した性格を持つものであった。凶歳租税延納願取扱順序（明治十年大蔵省達乙三十号）が「損毛歩合検査法ハ総テ従前破免検見ノ取扱振ニ則リ」とする通り、同規則は、基本的に旧来の破免検見慣習の法制化にすぎない。したがって検査の対象は一村の損毛率であり、これは地租改正による村請制の解体と抵触する。大蔵省案を勘査した太政官の調査局は、「譬ハ一村ヲ百町歩トシ、其四拾町歩ハ皆損トナリテ六拾町歩ハ此災ニ罹ラス、然ルトキハ平均ノ損毛四歩ナル故ニ其内皆損ノ者アルモ延納ヲ許サス、若シ極貧ノ村方ニシテ此ノ如キアラハ如何シテ貢租ヲ納ムヘキヤ」、「一村ノ平均ヲ得ル後一人別ノ歩合ヲ定ムルトキハ、一人ニシテ数村ニ越石ヲ所有スルモノ、如キハ、一村ノ越石水旱損ヲ被ルモ他ノ所有地ハ豊熟ニシテ、且余業等アリテ租税上納差支ナキモ貧民ト倶ニ延納ヲ被許ルニ至ルヘシ」とこの点を指摘し、廃案を主張する。しかしこの調査局上申は大臣・参議レベルの容れるところとならず、勘査やり直しの末、八月二十八日大蔵省伺の通りと決定された。

以上の経緯から、明治九年・十年の段階では、地租改正の完了に伴う租税の定額化の下での凶荒対策について、二つの対応策が提示されていたことになる。一つは内務省・大久保の備荒貯蓄制度であり、もう一つが大蔵省・大隈の延納規則であった。結果的に採用されたのは後者であったが、両者は共に自らを正当化する論理を有してはいなかった。

結局内務卿大久保利通は、明治十一年五月四日、地方官会議に参集した地方官に向かって再度備荒貯蓄策の導入を促す口達を行う以上の方策を示すことができなかったが、(14)十一年口達に対応していくつかの府県では独自の備荒貯蓄政策が導入される。(15)

(2)『郵便報知新聞』における矢野文雄

明治十三年に備荒儲蓄法が地方官会議および元老院で審議された際、内閣委員をつとめたのは大蔵省少書記官の矢野文雄と山崎直胤であったが、矢野は、明治十一年七月の大蔵省入省に先立つ『郵便報知新聞』の記者時代に、救貧問題あるいは備荒貯蓄政策に関する論説を発表しており、従来の諸研究でも備荒儲蓄法の直接の立案者と推定されている。これらの論説から明治九年・十年の矢野文雄における救貧問題の構造を検討してみたい。

矢野が救貧問題を論じた最初の論説は、明治九年三月十二日―十四日の「政略篇第三　貧富等均ヲ論ス」である。矢野は「一国ノ自立」の条件が、「人民各個ノ含有スル自治自立ノ精神」であることを指摘することから議論を始める。それでは「自治自立ノ精神」の源泉は何か？　それは、「人々一夫ノ思想（ソート、オブ、インデビジアリテー）」、すなわち「「自己ハ一人ノ好男子ニシテ自他ニ頼ルコトヲ須ヒス」ト平居思想スルノ意」であると矢野は言う。さらに矢野は「一夫ノ思想」の起源を次のように説く。

一夫ノ思想ハ貧富平等ノ形状（カンジーション、ヲフ、ユクオリテー）ヨリ発生スルモノナリ、貧富平等ノ形状トハ仏国騒乱ノ時ニ於ルガ如ク暴力ヲ以テ人民ノ貧富ヲ精密ニ等均スルノ謂ニハアラス、唯成ル可ク丈ケ自

然ニ富ヲ均フシテ富者甚富ミ貧者甚タ貧シキノ弊ナキ義ナリ

こうして、貧富の平均が「一夫ノ思想」を生み、「一夫ノ思想」が「自治ノ精神」を生み、「自治ノ精神」が一国の自立を保障する、という構造によって、貧富差の解消が国家的効用を持つものとして説明される。ただし、この論説で矢野が示す具体的政策は会社の設立と財産の分割相続であり、何らかの再分配的政策が提示されるわけではない。

続く明治九年六月八日の「貧民救助法ヲ論ス」では、矢野は一歩進んで、「賑救扶助ノ方法其宜キヲ得サレハ徒ニ貧民ヲ増加シテ巨害ヲ醸成シ異日竟ニ救医ス可ラサル者有ラン、故ニ貧民僅少ナルノ今日ハ是レ正ニ余輩救貧方法ヲ極論シテ巨害ヲ未然ニ予防ス可キノ好時節ナリ」と救貧法の必要を説く。その際反面教師として、貧民に直接補助を与えることによって人民の貯蓄意欲を減退させ、却って貧民を増加させたものとしての英国の救貧法が言及され、「支体壮健」でありながら、自助努力の不足によって貧困に陥った「惰民」に関しては「惰民ノ懲戒法」としての機能を持つ「工場救助法」を、「不慮ノ疾病、災害、水損、賊難等ニ罹リシ良民」の救済のためには「口入所（マーケット、オフ、レーボア）」、すなわち職業安定所的施設の設置が提案されている。

そして、同年八月九日の「救貧金ハ国税県税ヲ偏用ス可ラサルヲ論ス」(16)において、矢野は救貧政策の実施に必要な財源をめぐる再分配の論理を定式化する。この論説における矢野の設問は、救貧の財源を、県税すなわち「一地方ノ貧民ヲ救助スルニ一地方限リ徴収セシ税金ヲ以テスル」か、国税すなわち「全国一般ニ賦課セシ税金ヲ以テ各地ノ貧民ヲ扶助スル」か、というものである。矢野によればそれはいずれも「玼瑕」を免れないという。

まず「貧民救助ノ資金ヲ徴収スルニ一県若シクハ一郡ヲ以テ限界」とする場合、「一地方ノ貧民非常ニ衆多ナルモ独リ此地ノ富民ノミ之ヲ扶助セサルヲ得ス、又他ノ地方ニ於テハ貧民非常ニ僅少ナルモ此地ノ富民ハ別ニ他県ノ貧民ヲ扶助スルニ及ハサルヘシ」、ゆえに「是レ富実ノ地方ヲシテ益富実ナラシメ貧苦ノ地方ヲシテ愈貧苦ナラシムルナリ」という地域間格差が発生する。しかしこの点はあくまで「利害ノ点ヨリ立論」したものであり、再分配の正当性にかかわる問題ではない。むしろ重要なのは、それが「正理ニ於テ当ラサル所」を持つ、という点である。矢野は言う。

夫レ一国人民ノ黙許ニ因テ政治ヲ主掌スル政府ノ失措ヨリ無益ノ交戦ヲ公布シ、余毒ノ及フ所発現シテ地方人民ノ貧困トナルコトアリ、或ハ税法ヲ過リ或ハ行法ノ不行届ヨリ各地ニ貧民ヲ増加スルコトアリ、此等ノ貧民ハ則本政府（一般人民）ノ生セシ者ナレハ一般人民ヨリ徴収セシ本政府ノ国税ヲ以テ救助スヘキハ当然ノ事理ナリ

中央政府（そしてそれを構成するか、あるいは中央政府の行動を「黙許」した一般人民＝全国民）の責任にかかわる貧困は中央政府が負担して救済すべきである、というのである。

一方、救貧金を国税に限定した場合の問題性は、第一には、「各地ノ人民ハ此金員ヲ以テ直ニ天外ヨリ堕落セシ者ノ如ク思想シ、浪費ヲ慎ムノ情念自ラ切ナルコト能ハスシテ、漸次救貧金ヲ増加スルノ患アラン」という点にあり、第二には、先の県税に限定しえぬ理由の二点目の裏返しであるが、「各地ニ貧民アルハ悉皆本政府ノ失措ノミニ因ラス、隣保郷里ニ懶惰逸楽ノ弊風有ルカ為メ多少貧民ヲ増殖スルコトアリ、斯ノ如キハ是レ地方人民ノ自ラ作為セシ貧困ニシテ本政府ノ干与スル所ニアラス」という点にある。したがって、「国県両税ヲ併用スル者独リ最良ノ法」という結論が導出される。具体的には、救貧金の三分の二を国税、三分の一を県税とすることを提案している。

中央備荒儲蓄金／府県儲蓄金からなる備荒儲蓄法との類似は明瞭であるが、ここで注目すべきは矢野が救貧金の中央・地方区分を論ずる際の前提である。矢野の立論は、第一に、ある政治的単位全体にとって効用をもたらすところの「救貧金」は、その政治的単位の構成員が自己負担すべきであるという要請を前提としている（その効用の内

容は三月十二日―十四日論説によって与えられていると考えられる）。第二に、その際政治権力は人民に所属することが前提とされている。だからこそ「一国人民ノ黙許ニ因テ政治ヲ主掌スル政府」、あるいは「本政府（一般人民）」という表現が使用されるわけである。この二つの前提を導入することによって、ある政治権力単位における再分配が、その「一般人民」の自己救済として論じられることが可能になる。これら一連の論説はあくまで一般的な救貧法を念頭においたものであり、罹災者救済を主眼とする備荒貯蓄政策ではなく、またその具体的方法も「工場救助法」や「口入所」といった失業対策的性格のものであるが、一般論のレベルで再分配＝自己救済とする視点を提示したことが重要であろう。

備荒貯蓄政策それ自体に関しては、同年十二月二十三日（「凶荒予防ノ策」）、翌十年十月十七日の二回にわたって『郵便報知新聞』紙上に無署名の論説が発表されており、いずれも矢野の執筆と推定されている(17)。

十二月二十三日論説は、次の二つの条件を満たす場合、備荒貯蓄政策は不必要であると述べる。それは第一に、「文運日ニ開ケ人智月ニ進ミ、脅迫指令ヲ待タスシテ人民各自ニ後年永遠ヲ慮ルノ心」が存在している場合、すなわち人民に貯蓄志向が十分浸透している場合か、第二に「物産殖生商業繁盛殆ント比類無シテ其国富商豪戸多キ者ハ、仮令ヒ非常ノ凶荒ニ遇フモ富商豪戸ノ之ヲ賑恤シテ巨額ノ財銭ヲ投シ以テ窮民ヲ死亡ニ救済スル」ことが可能である場合、すなわち貧民を救済する主体としての富豪が存在しているかのどちらかである(18)。しかし日本の現状はいずれにも当てはまらず、したがって何らかの備荒貯蓄策がとられる必要がある。具体的には儲金と積穀の二種の方法があり、いずれも長短があるが、積穀がより望ましい（明治十年十月十七日の論説では明確に積穀の利が強調される）。その実施主体については、「余輩ハ応ニ先ス民間ノ私社ニ求メ其実施ヲ請フヘシ、若シ遂ニ私社ガ功効ヲ奏シ得サルニ至ラハ其勢之ヲ官府ニ求メサルヲ得ス」と、民間団体による備荒貯蓄を期待し、それが不可能である場合に政治権力による政策的導入が要請されている。

以上から、明治九年に『郵便報知』紙上に展開された矢野構想の構造は、政治権力による「救貧金」（租税による救済）を、ある政治権力に所属する人民の自己救済として理解し、それとは別に、民間団体による備荒貯蓄への期待を示すものであったと言えるだろう。実際には後者が前者に包摂される形で備荒儲蓄法が現実化してゆくことになる。

（3）　マイエット「地租軽減ノ説」

これとは別に独自の備荒貯蓄政策を提案していたのが御雇外国人のパウル・マイエットであった。マイエットのプランは、明治二十三年に刊行された『農業保険論』の附録、「地租軽減ノ説」に示されているが、これはマイエットによれば明治十一年に成立したものであり、「元ト余ノ私著ニ係リ、ドクトル平田東助氏之ヲ反訳シテ大蔵省ニ提出セル者」であるという(19)。

マイエットは内務卿内達と同様、地租改正後の租税の定額化に伴う凶年時の農民の納租の困難から出発する。そしてそれを救済するため、「孛国ノライン地方」に範をとって「地租補充資金儲蓄法」を制定する必要を主張する。それは、地租の二・五五％を、中央地租儲蓄金（〇・二五％）、府県地租儲蓄金（〇・八％）、各郡地租補充儲蓄金（一・五％）に分割して貯蓄するというもので、支出は府県会、郡会の議決（マイエットはこの時点で日本に郡会が制度化されていると誤認していた）によって行われる。各郡地租補充儲蓄金は地租補助にのみ使用され、府県・中央儲蓄金はそれに加えて「産業ヲ維持スルニ必要ナル賑給」を行うためにも使用される。各儲蓄金は公債証書に交換して増殖を図る。また「農業進興ニ関シ如何ニ此資金ヲ運用セハ最モ利益アルヘキヤ、並ニ日本政府ハ農業進興ノタメ将来如何ナル銀行ヲ設クヘキヤ等ノ事ニ就キテハ他日将ニ鄙見ヲ草シテ之ヲ開説スル所アラン」と、公債証書以外の運用方法も想定（後年発表されたマイエットのプランに照らして、おそらく「土地抵当銀行」と「農業保険」へ出資する）されている。

マイエットのプランは、地租確保と救助とをともに農民保護の観点から位置づけるものである。長妻廣至は、マイエットにとっての理想的社会が、「中級農民」によって構成される社会であったことを指摘しているが、そうであるとすれば、マイエットのプランは「貧富平均」を目標とする矢野構想と類似した構造を持つことになるだろう。こうしてマイエットは大蔵省において備荒儲蓄法の原案作成者の役割を与えられることになる。

### 3　大隈「財政四件」と内閣案の成立

以上の諸案を背景として、備荒貯蓄政策を体系化し、現実の政策過程に乗せたものが、明治十二年六月二十七日の太政大臣三条実美宛大蔵卿大隈重信上申、「財政四件ヲ挙行センコトヲ請フノ議」の「其二　儲蓄備荒ノ事」[20]であった。すでに見た通り、明治九年の段階で大蔵省は備荒貯蓄政策の再導入に批判的であったが、大蔵省主導でそれが行われる以上、九年段階での備荒貯蓄政策の問題性がここでは克服されていなければならない。以下大隈上申に即して論じてみよう。

大隈上申もまた出発点は地租改正である。「改租ノ新法ニ依レバ既ニ重収ノ歳ナク又軽減ノ時ナシ、随テ人民豊歳ノ羨余ヲ儲蔵シ以テ不時ノ凶歉納租ニ予備セザルヲ得ザルノ要用タルニ至ル」。次いで大隈は延納規則の持つ問題点を次のように指摘する。「延納ノ法タル本ト寛仮ニ出ツト雖トモ、其一時ニ免除セラル丶ノ租額ハ又之ヲ後年ニ連納セザルヲ得ス、夫レ儲積ヲ勉メザルノ人民既ニ恒規ノ納租ニ勝ヘザル者又重ネテ租額ヲ後年ニ添加スルアラバ其疲困窮迫ニ至ルハ固ヨリ必然ノ勢ナルノミナラス、延納ニ因リ田土ノ債租ヲ負フコト愈々大ナレバ鬻売ノ際田価ノ賎低亦愈々大ナラザルヲ得ス」。

このような問題が生じる理由は、①「予シメ水旱ニ備ヘシメス水旱ニ後レテ畳納セシムル」、②「衆人儲峙ノ力ヲ通同セスシテ各自災害ニ当ラシムル」、③「私積シテ公儲セシメザル」という三点に求められる。裏返せば、災害に先立って、「衆人」の力を「通同」し（再分配性）、「公儲」（強制性）であるような、凶荒対策がとられねばならないというのである。こうして、人民による「公儲」と、「中心政府」の援助奨励、地租額百分の三の蓄積、現穀と公債証書の購入、という備荒貯蓄政策が提案される。

一方、大隈上申書は公儲金徴収手続きに府県会を関与させることを主張する。

人民猶オ多クハ曩時ノ弊政ニ懲リルノ時ニ当リ今日復タ公儲ノ令アルヲ見バ、焉ゾ知ラン政府ガ名ヲ仮リ事ニ托シテ賦斂ヲ重ヌルノ手段ト誤認妄疑スルモノアランヲ、果シテ然ラバ恵済ノ良法モ遂ニ阻格ヲ被リテ止ムニ至ルベシ、豈ニ事ノ憾ムベキニ非スヤ、故ニ公儲備荒ノ金穀ハ悉皆之ヲ各府県ノ議会ニ附託シテ之ガ取扱ヲ為サシメ、政府ハ唯之ヲ監視スルニ止ムルヲ可トスベシ

こうして大隈上申は、政治参加を媒介させることにより、備荒貯蓄制を人民の自己救済として位置づける。九年時点で大蔵省が備荒貯蓄政策に慎重姿勢を示した理由が「曩時ノ弊政」の再現への危惧にあった以上、この発見こそが大蔵省をして積極姿勢へ転じさせた要因であったことは明らかである。もちろん、三新法による府県会の開設がその条件となっている。そしてこのような大隈上申の論理は、かつて坂野潤治が、十四年政変前夜の大隈にあって、立憲制の導入が増税を可能にするものとしてとらえられていたと指摘した点と符合する[21]。とすれば地租収入の確保も、罹災者の救済も、ともに政治参加する人民の、自己救済行為として位置づけうることになり、備荒貯蓄制の隘路は解消する。

大隈上申は同年十二月閣議において合意を得、具体案の調査が指令される。これをうけて大蔵省はマイエットに法案を起草させる[22]。

「救荒予備金法案」と題されたマイエット案[23]は全十六条からなり、かつ各条が複数の項目を含むもので、実現した備荒儲蓄法に比べ著しく詳細な規定を持つ。備荒儲蓄法の条文とも一対一の対応はない。

同案は、滞納者を含む地租未納者と罹災者を救済対象者として掲げ、その財源として中央救荒予備金・府県救荒予備金・区郡救荒予備金の三者を設置する。前二者は政府支出、後者は政府補助と人民公儲をもって成立し、区郡救荒予備金の設置は任意（府県会あるいは連合町村会の議決による）である。中央救荒予備金は府県救荒予備金不足時の補助に、府県救荒予備金は地租補充と区郡救荒予備金不足時の補助に、区郡救荒予備金は地租補充と罹災者への無利子貸付に使用される。

一方、「大隈文書」中には、大蔵省罫紙に記された全九条からなる備荒儲蓄法案が残されている。[24] 太政官提出の大蔵省案とは差異があるので、大蔵省内の草案と考えられるが、作成時期は不明である。マイエットは後に、自らの備荒貯蓄法案は、手続きを簡略にしたこと、従来の賑救法を斟酌したこと、郡儲蓄金を削除したことの三点において修正を受けたと述べているが、この草案はマイエット草案に比べて簡潔であり、郡区レベルでの儲蓄金の規定を持たない。加えて各条が実現した備荒儲蓄法の条文の文言に直接対応していることから、マイエット案の後に位置づけられるものと推定される。また、マイエット案において救済対象とされる地租滞納者は対象とされない。

以上の諸案を経て、明治十三年二月九日、大蔵卿大隈重信は全十一条からなる備荒儲蓄法案を太政官に提出する。[25] 大蔵省内草案との差異は、検査・報告に関する規定を付加したこと、人民公儲の率を、地租百分の三から、政府支出額を下回らない範囲で府県会の決議に委ねたこと、政府支出額を地租百分の三から、毎年一二〇万円に固定したこと、の三点である。そしてこの上申は、そのまま内閣案として地方官会議に提出される。

### 4　地方官会議における審議

明治十三年二月二十三日から二十六日にかけて行われた地方官会議における審議の結果、内閣案は以下の修正を受けた。①施行期限を延期（明治十三年七月一日を十四年一月一日に）、②布告文に「東京市街ノ如キ郡村ト其趣ヲ殊ニスルモノハ府県会ノ決議ヲ経テ政府ノ許可ヲ得別段ノ方法ヲ設クルモ不苦候事」と但書を付加、③租税補助に地方税を含ませる、④食料・小屋掛料の支給上限の引上げ（五円から十円へ）。いずれも法の骨格を変えるものではないが、二点目の市街地特例を認める但書の付加をめぐる議論から、備荒儲蓄法を取り巻く環境について見てみよう。

この修正の提案者は東京府知事松田道之であった。松田はその理由を、都市部においては郡部と異なり土地所有者はわずかであるのに対し貧民は多数であり、地租を基準とする公儲金の徴収では一部の富裕者が重い負担を負い、しかも「地主ハ唯之ヲ出スノミニシテ之ヲ受ルノ望ナシ」という結果を招く点に求めている(26)。ここで問題にされているのは、修正を一見したときに予想されるような地域間不公平の問題ではなく、むしろ階層間不公平であり、東京をはじめとする都市部においては、備荒儲蓄法によって強いられる階層間再分配が許容しがたい程度に至ることが、松田修正案の背景にあることがわかる。

これに対する内閣委員矢野文雄の反論は三重である(27)。第一に、備荒儲蓄法においては、「地主農夫」は小屋掛・種穀・地租補助の三つの救助をすべて受け、「地主ニアラザル農夫」は小屋掛・種穀の二種を受け、それ以外の人民は小屋掛料のみを受ける。「而シテ地主ニ厚キモ亦此ノ如クナルトキハ之ヲ儲蓄スルニ方リテモ亦地主ニ課セザル可ラザルナリ」。第二に、それは、土地を有しない人民から全く徴収しないという理由にはならない、という反論も予想されるが、「是ノ説モ亦皮相ノ観ニ過ズ」。「抑此儲蓄金穀タルヤ其出所二アリテ其中央政府ヨリ出スモノハ即チ一般人民ヨリ納メタル国税ナリ、然ラバ則チ此儲蓄金穀ノ幾分ハ一般人民ニ課シタルモノニシテ毫モ之ヲ出サヾルニハアラズ」、すなわち国税支出をもって成立する中央備荒儲蓄金は、非土地所有者を含む一般人民の課出分である。そして第三に、「納受ノ割合ヲ均クスル能ハザルハ政事上免レザル所ニシテ実ニ已ヲ得ザルナリ、夫ノ危険受合会社ノ如キハ多ク納ムル者ハ多ク其利ヲ受ケ少ク納ムル者ハ少ク其利ヲ受ク、其割合精密ナルヲ目的トシ又精密ニスルヲ得ルト雖モ、政事ノ保護ニ至テハ貧富ニ因テ厚薄ヲ為ス能ハズ、見ヨ租税ハ富者之ヲ多ク納メテ政府ハ一般ノ保護ニ之ヲ供用スルニアラズヤ、此間幾分慈恵ノ性質ヲ帯ブ」、政治は本来不可避的に再分配的性格を帯びている、というのである。

ここで矢野は第三の主張から出発していない。できる限り再分配の幅を小さくすることは矢野にとっても抗い難い妥当性を有する主張であり、再分配をもって自己救済とする論理は、この要請によって制約を受けることを、松田と矢野のやりとりは示している。そもそも在野時代の矢野の論説も、安易な再分配政策が「惰民」の増加をもたらすことに対し批判的であった。再分配＝自己救済という論理が政策として現実化しうる範囲は、再分配の幅において決して広いものではなかったのである。

## 5　元老院における審議

地方官会議で修正を受けた備荒儲蓄法案は次いで三月八日元老院に下付され、元老院は三月十六日から四月十七日にわたって審議を行った結果、同案を廃案と決した。

元老院の議官が備荒儲蓄法に反感を示す理由は、やはり第一に同法の持つ再分配的性格であった。「之ヲ断言スレハ則チ富ヲ分チテ貧ニ与フルト云ンノミ、本官ノ熟心嫌フ所ノモノ是ナリ、蓋シ道徳上ヨリスルハ可ナリ、已ニ一家アリ施スニ仁慈ヲ以テスルハ甚タ善良ナルコトニアラスヤ、然レトモ之ヲ法律ヲ以テ強ルトキハ太ニ財産所有権ヲ害スルニ至ル」（細川潤次郎）(28)、「抑備荒儲蓄法ノ如キハ固是情誼ニ出ツルモノニシテ肯テ法律ヲ以テスヘキモノニアラス」（楠本正隆）(29)。再分配は国家が法律をもって実施するものではなく、あくまで「道徳」「情誼」の領域に限定されねばならぬという主張である。

ところが、彼らが批判的であったのは備荒儲蓄法による公儲金の徴収に対してであって、国税一二〇万円の支出に対してではない。「儲蓄ヲ為スニ政府ヨリ多金ヲ出スハ先ツ可ナリトスルモ」(30)「凶荒罹災ノ為ニハ已ニ地租延納規則及ヒ一時救助法等アリテ若シ自立スルコト能ハサルモノアレハ乃チ之ヲ救フヲ得ヘシ、而シテ其之ヲ救フハ皆其国税ヨリ支出スルモノナリ、各法已ニ備ハレリ」（細川潤次郎）[31]、「今政府ヨリ百二十万円ヲ出シテ将来ノ救助ニ備ヘントスルハ稍々美ナルカ如シト雖トモ其金額タル蓋シ歳出剰余ノモノト謂ハサルヲ得ス」（大給恒）[32]。

政府支出自体が再分配性を持つことは議官たちによっては考慮されない。矢野にとってそのことが松田による再分配性批判への反論たりえていたことと対照的である。元老院の議官にとって政府権力は人民に対し外在的な存在と了解されているがゆえに、政府の支出は「富ヲ分チテ貧ニ与フル」ことにはならない。これは一種の御救待望論である。そこで矢野は政治参加を正面に持ち出さざるをえないことになる。「夫レ自治心ヲ救フハ他ニ名法アリ、即チ参政権ヲ与フル是ナリ」[33]。

しかし、矢野の議論はここで、実際には中央政府レベルでの参政権が確保されていないという問題に直面する。この点を鋭く指摘したのが神田孝平であった[34]。神田は矢野に反論し、現実には参政権は与えられておらず、「其何ニ由テ此租額ヲ要スルヤ否ハ人民ニ於テ一切明知」していない、そうである以上、人民が「之ニ堪サルトキハ軽免ノ儀ヲ歎願スルモ不可ナキノ道理」があると言う。神田の批判は、実際には参政権が与えられていない状況下での、自己救済＝再分配という論理の強制は、常に御救待望論的批判を招いてしまうという指摘である。これに対する矢野の反論は「万国公法ヲ以テセハ政府ヲ指シテ一人ト見ルナリ、故ニ人民ノ黙許セシコトハ乃チ人民ノ為シタルモノナリ、此ノ如ク論及セハ其自由儲蓄ト強迫儲蓄トノ違ヒアルノミ」[35]と、「黙許」をもって参政権に代用するほかない。参政権なき官・民区分下で何らかの再分配的施策を構想することは、外在的権力による御救として観念されるか、外在的権力による被支配層間再分配の強制として観念されるかのいずれかであり、後者の道がすでにコンセンサスを有していない以上、参政権なき備荒儲蓄法は正当性を持たないものとなる。

結局、元老院での廃案を受け、五月二十八日会計部主管参議大隈重信は太政官に備荒儲蓄法を便宜布告によって施行することを要求し、かつ地方官会議における修正のうち、補助対象に地方税を含める点などを再度原案に戻すことを要求した。閣議はこれを了承し、明治十三年六月十五日、備荒儲蓄法は太政官布告第三十一号として公布された。[36]

## 6　新聞論調

同法をめぐる新聞論調を瞥見しておこう。総じて各紙は、『郵便報知新聞』を除いて備荒儲蓄法が地方官会議に提出された段階でこれに批判的であり、その後も元老院での否決、便宜布告、十三年後半からの各府県会での施行規則審議開始などの折に触れて同法に対する批判を展開した。これらの批判は、「徳義」「道徳」「慈善」の領域に属すべき再分配の問題に、「法律」によって強制を加えることへの批判という共通のパターンを示しており、この点は元老院議官たちと同様であった。しかし、仔細に検討を加えると、そこには二つの異なる論理構造が存在している。

まず唯一同法擁護にまわった『郵便報知』の論説を見よう。[37] 予想される批判を四点掲げ、それに対する反論という形式をとっている。たとえば、「今般新設ノ備荒貯蓄法ト旧来ノ窮民一時救助規則及ヒ凶歳租税延納規則ト孰レカ大蔵省ニ便利ナリヤ」という批判に対しては、「全ク六十五万円ノ全額（窮民一時救助規則施行中の一年間平均救助金額、引用者）ヲ下与スルコトトナリ、加フルニ一省ノ定額ニモ充ツベキ五十五万円ノ巨額ヲモ更ニ支出セザルヲ得サルニ至リタルカ故ニ、実ニ旧法ハ国庫ニ便ニシテ新法ハ甚タ便ナラザルコト論ヲ竢タザルナリ」と答え、「備荒法ハ法律義務上ノ賦金ヲ以テ道徳上慈恵上ノ事ヲ行ハシムル者ナリヤ」という批判に対しては、「各地ノ儲蓄金ヲ以テ救助ニ充テシムルノ明文アルガ為メニ、等閑ニ看過スレバ義務上ノ課賦金ヲ以テ直チニ慈恵ノ性質アル救助ヲ行ハシムルノ嫌アリト雖モ、其実ハ此事務ト共ニ此事務ヲ行フノ資金ハ別ニ政府ヨリ年々配付スルモノト云ハザルヲ得ズ」と答えるといった具合である。これらに示されている通り、『郵便報知』の立場は「御救待望論」からの批判を念頭におきつつ、これに対して政府支出一二〇万円が多額であることを根拠として、「備荒儲蓄法＝御救」論を対置する構造にあると言える。

これと対応する位置にあるのが、『東京横浜毎日新聞』の論説「駁報知新聞」である[38]。タイトルから明らかな通り『報知』論説の逐条的批判であり、報知の、備荒儲蓄法は大蔵省に不便なりとする議論に対し、「旧法ハ大蔵省ニ不便ニシテ新法ハ人民ニ不便ナリ……（中略）……何トナレバ此儲蓄法ノ大蔵省支出金ハ魚ノ餌ノ如キ者ニテ、百二十万ノ中九十万円ハ全国人民九十万円ノ課出金ヲ釣ルノ餌トナリ、大蔵省ヨリ配付スル所ノ金額即チ九十万円ヨリ少カラザル金額ヲ全国人民ガ租税外ニ出サヽル可カラザル法ナレバナリ」と反論を加え、また儲蓄金中政府支出一二〇万円が貧民救助に充当されるゆえ、道徳上の救助を法律によって強制しているわけではないという議論に対しては、「我大蔵省ハ此三倍ノ金額ヲ年々儲蓄金ノ中ニ支出スルコトヲ得ルトセバ、大蔵省ハ何故ニ法律上ノ事務ト道徳上ノ事務トノ区別ヲ立テ、一百二十万円ハ之ヲ貧民救助ニ充テ、其罹災ノ重軽ヲ量ツテ、或ハ給与或ハ貸与シ、身自ラ納租ノ義務ヲ欠ク者ニ納租ノ義務ヲ尽スノ道ヲ与ヘ、而シテ備荒ヲ為スト為サヾルトハ一ニ地方人民ノ自治ニ任セ、地方人民共有ノ備蓄ヲ為シ、凶年貧民ヲ救フト救ハザルハ地方人民ノ徳義ニ任セザルヤ、何故ニ法律ヲ設ケ富民ノ肉ヲ割テ貧人ニ食マシムル如キ法ヲ設ケントスルヤ」と反論を加えている[39]。

これは元老院議官たちと同様の「御救待望論」であり、政府支出による救済の実施が、再分配を「徳義」の領域に限定することを保障する構造である。『東京日日新聞』の立場も、「地租保険ノ実ナリト察スレバ政府ガ自ラ法ヲ立テ、保険料ヲ出スヲ惜マザルハ自ラ利益スル所ノ多ケレバナリ、政府ニ利益スル所ノ多ケレバ即チ人民ニ損害スル所多キハ勿論ノコトナリ[40]」と、ほぼ同様である。

一方、これらと異なる論理構造を示すのが『朝野新聞』の論説である。『朝野』もまた、「窮民ヲ救助スルハ仁人君子ノ私ニ為ス可キ事業ナリ、政府ノ之レニ干渉ス可キ所ノ者ナランヤ」[41]と、備荒儲蓄法が「法律」と「慈善」の領域を混同していることを批判する。しかし、『朝野』はその先に「御救待望論」を主張しない。その点が明瞭に現れるのが、窮民一時救助規則の廃止に対する評価である。『朝野』は次のように述べる。[42]

抑モ政府ノ都合ニ因リ窮民一時ノ救助ヲ止メ、凶歳租税ノ延納ヲ廃シ、是レ迄年々ニ支出セル百二十万円ヲ目安トスル金高ノ外ハ如何ナル水旱凶荒アリト雖トモ決シテ国庫ヨリ之ヲ救助シ又ハ延納ヲ許可セズト言ハシムレバ、地方人民ハ之ニ対シテ不平ヲ訴ヘ、苦情ヲ鳴ラスノ道無ク、各地方各郡村ノ適宜ニ因テ之ガ貯蓄法ヲ設ケ、以テ凶荒ヲ予防スルニ至ル可シ

すなわち、再分配を「徳義」の領域に限定することを主張しつつも、政府支出の増加を期待しないのである。むしろ、政府支出の後退後にそれをカバーするものとして「徳義」の領域が期待されているのであり、「御救」を含め政府が再分配政策にコミットすること自体への批判的立場がそこにはあらわれている。

これをよりラディカルに表明したものが『東京経済雑誌』の「備荒儲蓄法の十害」であった。[43]同論説の批判は多岐にわたるが、『東京経済雑誌』によれば、そもそも貯蓄によって福祉を目指す政策のねらいそのものが誤ったものであった。

此儲蓄金を使用せバ弊害必す起り、使用せざれバ有利の貨幣を無利にて儲蔵するものなり……（中略）……今此貴重なる貨幣を累積して以て無利のものとなすハ決して人民の幸福を崇むるものにあらざるなり、論者云く、之を自由に任せバ人民皆な之を浪費し、凶年饑歳にハ死亡を免れ難しと、是れ決して憂ふべきにあらざるなり、夫れ金衣玉食の人と雖も凶年饑歳の為に備ふるもの能く幾人かある、菜食の徒偶々豊年に逢ふて天鵞絨の帯を買ひ、盲目縞の腹掛を償ひ、酣歌蹈舞するも決して咎むべからざるなり、是れ実に人民生計の度を進むるものにして、之を制するハ開化を奨むるの法にあらざるなり

同誌によれば、救荒のために重要なのは貯蓄ではなく、「運輸の便」を開くことである。

運輸の便を開かずして貨幣百分の三余を与へたれハとて、米穀の来らざるに人民争てか饑餓を免かれんや……（中略）……救荒の為に貨幣を積むと云はゞ巨額を積むにあらざれバ其功を見る能はざるなり、而して貨幣を積むの功ハ道路を開き運輸を便にするの功に如かざるなり

これは、政府支出を含むすべての再分配政策に対する全面的否定・放任論であり、消費・投資拡大による「開化」こそ「救荒」にとって重要との認識が、そこから看取しうるであろう。

## 7　再分配政策をめぐる対抗関係

以上の検討から、備荒儲蓄法の成立過程は、次の三者による対抗関係のなかにあったことが明らかになったと思われる。①立案担当者たる矢野および大隈。彼らにとって備荒儲蓄法は再分配政策であるが、再分配政策は人民の自己救済として理解される。②元老院議官、『毎日』、『日々』。彼らにとって新たに公儲金を徴収して行われる備荒儲蓄法は、本来「道徳」「慈善」「徳義」の領域に属すべき再分配の、権力による強制であり、罹災者救助は「法律」に関する限り政府支出によって行われるべきであると主張される。(44) ③『朝野』『東京経済雑誌』。彼らにとって備荒儲蓄法は②の立場と同様に再分配の強制であるが、そもそも「法律」による罹災者救助へのコミット自体に彼らは批判的であり、備荒貯蓄政策の放棄と「徳義」の領域への限定が主張される。

①と③は、政府支出が再分配性を有するということの認識は共有しつつ、備荒儲蓄法に対する態度は分岐する。一方、②と③は備荒儲蓄法への反対を共有しつつも、政府支出の再分配性の認識において、具体的には窮民一時救助規則に対する態度において分岐する。両者の背景には、参政権を前提として政治権力を人民に対して内在的なものと理解するか、官―民区分を前提として、外在的なものとして理解するかの相違がある。

矢野・大隈の①のような立場は、三新法が府県会を創出し、府県レベルにおける政治権力が、府県住民一般の利害にかかわる権力として創出された点を前提にしている。直轄県期に失敗した再分配の広域化は、このようなあらたな条件の下において実現できるというのが矢野・大隈の判断であった。一方、②の「御救」+「慈悲」という立場は、井上毅の「自治」論や十七年改革前後の旧慣維持論と対応する。「官」による救助が、「民」の再分配と相補的に並存するというのが彼らの主張である。一方、③の立場は、再分配政策を政治社会の領域から排除し、市民社会内部における自発的行為に限定しようとする。

坂野潤治は、大隈の政治参加を前提とした負担増路線について、十四年政変で彼らが勝利したとしても、そのような構想が実現できたかどうかは疑わしいと述べている。参加する政治主体が、本当に増税を承認するかどうかは、大隈にはコントロールできない。備荒儲蓄法もまた、中央からの配布額を下回らない範囲で、府県会の議決権を認めるという一方的なものであり、中央レベルでの参政権が与えられていない（政治権力の外在的性格の実在）状況下で、「御救待望論」が提起されるのは不可避である。その隘路を便宜布告で強行突破した備荒儲蓄法が、現実の政治参加の場である府県会に提出されたとき、その機能はどのように再定義されることになるのであろうか？

## 二　再分配政策の挫折

本節では、埼玉県における備荒儲蓄法の施行状況を検討する。上述の通り備荒儲蓄法においては、府県会がその徴収・管守・支給についての一定の権限を有していたが、埼玉県会において同法がどのように論じられたかを追跡することが、第一の課題である。次いで、比較的小規模な災害救助の事例として明治十五年の比企郡雹災を、そして埼玉県下において備荒儲蓄法施行以来最大規模の災害となり、初めて中央儲蓄金の支出を受けた明治二十三年の大水害を取り上げ、実際に備荒儲蓄法が適用される様相を見る。

## 1　県会における施行順序および予算の審議

すでに前節において見たところであるが、備荒儲蓄法において府県会に与えられた権限を確認しておこう。第一に、地租に対する公儲金の徴収率を定めることである。ただし年間徴収総額が、その年度の中央からの配布金を下回ることは許されない。第二に徴収・管守・集儲・分儲・米穀購入の方法を定めることである。ただし、貯蓄総額の半額以上は公債証書を購入すること、米穀を購入することは貯蓄総額の半額以下であること、という制限がある。第三に、罹災者への支給の方法を定めること。これも、法に定められた制限日数・金額の以内においてという制限つきである。これらの諸権限は、具体的には、各年度の予算の審議と、備荒儲蓄法施行順序の審議を通じて行使されることとなる。

その県会審議の結果である毎年度の儲蓄金の残額を表5―1に示した。後述する明治二十三年の大水害によって使用されるまで、儲蓄金総額は増加し続けた。法によれば、一定の規制の範囲内で、府県会には公債証書・米穀・現金という三種類の保管の選択肢が存在する。表5―1からは、埼玉県会は、当初定期預金と公債証書の二種類による保管を選択し、明治十六・十七年の両年に米穀の購入も行ったが、次第に公債証書による保管へと一元化していったことが読み取れる。定期預金の預金先には、埼玉銀行、川越銀行、第八十五国立銀行といった金融機関だけではなく、川島製糸会社、村岡製糸会社、忍行社といった製造業も含まれており、勧業資金としての性格が強い。[45]

このような結果をもたらした議論の構造はいかなるものであったか。[46]まず、米穀購入論と公債証書・定期預金論の対立軸を見よう。米穀購入論の根拠は、たとえば「備荒儲蓄法ニシテ儲穀スルコトノ明文ナキハ不完全ナルヲ以テ之ヲ完全セシメント欲スル迄ニテ、其実儲穀スルコトハ十年ニ一回アルカ二十年ニ一回アルカハ知レヌコトナ

**表 5-1　埼玉県備荒儲蓄金各年度末残高**

（単位：円，石）

| 年　度 | 現　金 | 定期預金 | 公債証書（額面） | 米穀金額（石高） | 合計金額 |
|---|---|---|---|---|---|
| 明治14年 | 7, 335. 464 | 18, 200. 000 | 64, 969. 940（ 91, 655. 000） | | 90, 505. 404 |
| 明治15年 | 8, 883. 590 | 26, 300. 000 | 126, 334. 730（172, 915. 000） | | 161, 518. 320 |
| 明治16年 | 2, 352. 330 | 23, 300. 000 | 162, 776. 260（199, 505. 000） | 59, 998. 120（10, 179. 464） | 248, 426. 710 |
| 明治17年 | 26, 016. 223 | | 218, 262. 425（258, 075. 000） | 74, 708. 150（18, 322. 693） | 318, 986. 798 |
| 明治18年 | 6, 923. 479 | 3, 000. 000 | 266, 085. 375（301, 385. 000） | 74, 708. 150（18, 322. 693） | 350, 717. 004 |
| 明治19年 | 28, 523. 646 | 1, 000. 000 | 334, 929. 597（363, 865. 000） | 74, 708. 150（18, 322. 693） | 439, 161. 393 |
| 明治20年 | 14, 068. 926 | | 496, 791. 092（509, 020. 000） | 5, 442. 315（ 1, 252. 211） | 516, 302. 333 |
| 明治21年 | 16, 915. 961 | | 605, 841. 446（614, 540. 000） | | 622, 757. 407 |
| 明治22年 | 1, 199. 711 | | 729, 878. 583（733, 940. 000） | | 731, 078. 294 |
| 明治23年 | 20, 904. 888 | 5, 000. 000 | 477, 009. 600（477, 000. 000） | | 502, 914. 488 |

出典）「埼玉県行政文書」明 3686, 3688, 3691, 3692, 3693, 3694, 2315.
注）米穀金額は購入時の価格.

リ」（十四年、飯塚徽）といった規定の幅を広げておくという消極的理由によるものであった。これに対して米穀購入反対論は、「本県下ハ甲地不作ナレハ乙地ニ出来キ、丙地ニ米ナクハ丁地ニ麦アリ、互ニ豊凶相救ハ、飲料ニ不足等ハ決シテ之レナカルベシ、万一之アラバ朝鮮ヨリ輸入スルモ支那ヨリスルモ可ナリ、又両国饑歳ナレバ南北亜米利加ヨリ買入ル、モ可ナリ」（十四年、内山温載）と、すべての穀物生産地が同時に凶作に見舞われることはありえず、貨幣さえ貯蓄しておけば購入はいつでも可能であるとする立場によるもので、その現実性如何はともかく、実際に米穀購入がなされなかったことからして県会議員の間で後者が説得力を有していたことは明らかである。例外的な明治十六年の米穀購入は、デフレによる米価下落を背景として、政府から米穀購入を促す訓令[47]があったことによっている[48]。

一方、米穀購入論が後退した後、定期預金か公債証書購入かという点が主たる対立軸を形成した。定期預金派の根拠は、「今現金ヲ以テ会社ヘ預ケ会社ヨリ所々ヘ貸出セハ一般商法ノ資本ニナリ管下ノ工業振起シテ以テ間接ニ益アルナリ」（十四年、内山）と、預金することを通じて備荒儲蓄金を勧業資金として機能させることができるという点にあった。これに対して公債証書派は、第一に管下のものに貸し付ければ災害時に預金引上げが困難であり、公債証書の方が安全性が高いこと（十四年、稲村貫一郎）、第二に、「松山川越等ノ一地方ノミヲ益スルハ宜シカラサレハナリ」（十五年、湯本義憲）、「定期預ハ只銀行会社ヲ利益スルノミニテ管内一般ノ為メニハ間接ニモ利益ヲ与フルコトナシ、公債証書ヲ買ヒ置クコソ利子多キ故管内一般ノ利益ヲナスヘシ」（十六年、高橋荘右衛門）と、管下一般の利益というよりむしろ特定の銀行・地域の利益にすぎないということによって儲蓄金の勧業資金化を批判する。

一方、公債証書派の積極的根拠は、安全性に加えて、公債証書は額面より安価に購入可能であるため、定期預金より実質高利率となるという点にあった（十四年、関口弥五）が、定期預金派は、「利益上ヨリ論スルモ銀行或ハ会社へ預クル方利益ナリト思フ、如何トナレハ、昨年来県下金融蔽塞ノ啻ナラサルノ今日ニ当リ、悉皆公債証書ヲ買入ル、コトニセハ其金ハ或ハ東京株式取引所等へ集マラン、然ルヲ銀行会社等へ預ケ置カハ県内融通ノ一助トモナラン」（十五年、内山）と、県内での資金活用を重視する立場からこれに反対する。公債証書派はこれに対し「東京株式取引所へ集マラントハ何ソヤ、銀行会社へ預ケ置クモ遣ヒ方ニ依リ矢張東京へ行クヘキハ行カン、故ニ公債証書ヲ買入置カハ何時ニテモ金ニナリ又利潤モ多ケレハ」（十五年、高橋）として、県内に資金を留めておくことが無意味であり、不可能であることを説く。

以上の議論から見えてくることは、定期預金派が埼玉県管下という単位での勧業資金機能に期待するのに対し、公債証書派は、政治的単位とは別個の経済活動の領域を考え、その過程からの利子収入にのみ政治的単位が経済活動領域から受け取るメリットを限定しようとする志向を有していることである。

結果的には、当初は公債証書購入と定期預金が並行して行われたが、明治十七年以降、デフレーションの進行によって預金先会社の経営が悪化したことによって定期預金への危惧が高まり(49)、公債証書による儲蓄金保管の一元化がもたらされる。定期預金派の論理は、第三章で見た個別資本への勧業資金貸付と同様の性格のものである。そしてそのような構想が、個別資本が現実に破綻するという事態によって挫折することもまた、勧業資金貸付と同様の経過である。それに対して市場と政治的単位を区別して理解する公債証書派の論理は、三新法後の政治社会と市民社会の分離という状況により適合的なものであったと考えることができる（三新法原案において勧業費は当初除外されていたことを想起せよ）。

そしてこれらの立場は、いずれも議論の焦点を運用のあり方に置いていた。これは、救助の実施方法については、備荒儲蓄法が救助の金額・日数に上限を設けており、府県会の独自の権限に乏しいという法の構造に起因する部分もあるが、県会議員の関心がもっぱら運用に向けられていたことは確かである。実際の救助のあり方は、県会議員たちの主たる関心とはなっていないのである。

## 2　救助の実際(1)——明治十五年比企郡雹災

次に、実際に災害が発生した場合の対応について、明治十五年五月に発生した雹災を事例として、比企・横見郡長鈴木庸行の日記[50]に依りながら、以下検討することとしたい。

明治十五年五月十一日、午後二時から三時にかけて、比企・入間・秩父郡等にかけて降雹があった。比企郡内では八十ヶ村余りが被害を受け、桑・麦・苗代に被害が発生した[51]。

同日午後四時頃から、被害村々から郡役所への雹災届の提出が始まる。郡長鈴木庸行は郡書記・郡雇を招集して、対応策について協議を行った。この時点での鈴木の見通しは、救助の実施は種穀料のみというものであったが、郡吏が視察に派出される。

翌五月十二日午前九時、入間・高麗郡役所書記山川岩雄が比企・横見郡役所を訪問する。その用向きは「雹災ニ付籾種ニ差支候ニ付、当部内ニ而何程歟融通方取斗之依頼」と、籾種の融通を求めるものであったが、これに対し鈴木は、「部内ニ而数十ヶ村雹災ニ罹リ候ニ付、取調之上融通相成候ハヽ、御廻し候様可致旨、就而は籾種之有無明後十四日朝迄ニは確答可致旨申置、其引取方は有所者之方請求人ヲシテ郡役所ヨリ申遣し代価は直払ニ可致事」と答えている。鈴木の回答から、ここで融通の対象となっているのは商品としての種穀であり、郡役所がその斡旋を実施することが初動の対応であったことが知られる。

同日、郡書記松崎又十郎が県庁に派遣され、食料・種穀料の可否についての伺が提出される(52)。一方、県庁から松山の比企・横見郡役所へ中野六等属が、また川越の入間・高麗郡役所へは諸井五等属が派遣され、それぞれ郡長と協議を行っている。中野は入間と比企で不均衡が生じないよう注意を促し、鈴木は現在の対応としては籾種斡旋を実施していること、窮民にのみ種穀料給与の予定であること、食料給与は予定していないことを中野に伝えている。

五月十五日、鈴木は入間・高麗郡役所へ赴き、同郡長鈴木敏行と打合せを行った。その結果、①食料給与は目下決し難い、県庁へは追って上申する。②種穀料は戸長より具申の上、窮民と認定されたものには給与する。③損害を受けた青麦を刈り取ることは許可するが、それが地租貸与願等に関連するものではないことを説諭する。④地租貸与願が提出された場合、貸与は困難と説諭する。⑤種穀料下付については十―二十ヶ村ごとに戸長を召集して、郡吏が出張して具申書を取りまとめる、という方針が決定された。総じて支給に対し制限的な方針であるが、川越からの帰途、鈴木は降雹後初めて被害を実見し、「実ニ近古未曽有之事ニ而農人悲嘆見ニ忍ス」と被害の深刻さを認識している。

さらに五月十六日から十八日にかけて、鈴木は自ら被害村々の視察を行った。とりわけ須江・竹本・玉川郷・五明・日影の五ヶ村の被害が甚大であった。鈴木は、「いつれも三月火災続ニ而雹災ニ罹り、畑作・苗代等皆損、養蚕モ捨、且平日抄紙ヲ業トシ候処器械焼失シ恒産ニ就ス能ハス、不幸中之不幸ニシテ老若之悲歎声野ニ溢レ実ニ不忍見次第、何レカ之ヲ救ハサランヤ、其抄紙ニ於ケル一戸一日ニ付凡壱円ノ紙ヲ製造し候業ヲ捨テ国産ヲ減シ候而已ナラス、如何共不能成ナリ」と、火災と雹災による製紙業・養蚕業への打撃が、「国産ヲ減シ」ることになるとして歎いている。

以上の手続きを経て、五月二十日、各地に郡吏が派遣されて各村戸長から種穀料願書の取りまとめが行われた。これに先立って示された「種穀料給与之者取調方心得」(53)は、種穀料の支給は、被害者の内「最モ貧困ニシテ実際種穀料ニ差支ル者」のみを支給の対象とすること、農区委員が戸長と会同し、困窮者の具状について不平均が生じないよう調整を行うことを求めている。また、郡役所内で資産状況勘案の基準として立案されたものと思われる「十五年五月十一日降雹罹災ノ窮民へ種穀料給与取扱方庁員申合概略」(54)は、被害者の所有地を田一反につき五点、畑一反につき三・五点、山林原野一反につき一・五点、宅地一反につき五点と換算し、総点数三十五点以上（すなわち、すべて田であれば七反以上、すべて畑であれば一町以上）のものには種穀料を給与しない、三十五点未満であっても、親類朋友に有力者があり、その補助を得るものには種穀料を給与しない、種穀の蒔時について農区委員・老農・村吏の意見を聞く、具申書取りまとめのための各村戸長集会の席にも農区委員を出席させるなどと規定している。土地所有規模を基準として給与を制限する方針であったことがわかる。

各村戸長から集約された種穀料願書は、五月二十三日各地から帰庁した郡吏によって郡役所へもたらされた。二十四日、郡備渡辺義昌が県庁へ派遣され、郡役所常備金では支出に不足するため、三〇〇〇円の下付を県庁に要求した。これに対し二十六日、県庁はまず一五〇〇円の支出を承認している。結果的にこの雹災に対して比企・入間両郡で支給された種穀料総額は四四三二円三十五銭八厘（一五九ヶ村・一七一二人）、秩父郡が五十五円九十二銭（三ヶ村・八十一人）であった(55)。

一方、食料支給については、鈴木は当初から慎重な姿勢を示しており、五月十五日の入間・高麗郡役所との協議でも食料支給は判断保留となっていた。ところが五月二十日の入間・高麗郡長との協議において、入間側はすでに食料支給の調査に着手していると述べたため、鈴木は「先般之事とは違約哉と一応申談候得共、無詮ニ付手続迄承ル」として比企でも調査に着手することとした。同日付で鈴木は浦和滞在中の郡書記松崎又十郎に書簡を発し、「素ヨリ此一点（食料給与の可否、引用者）ニ困苦致シ候処ダシヌカレ之姿ニ相当り、当方之配慮水之沫と相成候而は遺憾之次第ニ付、続而食料給与方取調ニ着手致し度存候間、其御含ニ而掛り之者エ御移シ置被下度」と方針の変更を伝えている。入間の方針転換が伝えられるまで、被害の深刻さと既定の方針との間で鈴木が苦慮していたことがうかがえる。

こうして五月二十五日、被害者のうち、「極貧ニシテ救助ヲ仰カサレハ飢餓ニ迫ル者」について具申書を提出すること、ただし給与の有無は未決定である旨、各村戸長への口達が行われる[56]。この際、具申書に被害者当人の村の戸長のみならず、隣村の戸長の連印が必要とされている点は注目を要する。十七年改革以前のこの時期の戸長が、住民の個別利害の保護者としてふるまい、要求が膨れ上がることを警戒しているものと思われる。

次いで六月四日から九日にかけて、鈴木は食料給与の基準について入間・高麗郡書記と協議を行った。七月十五日に食料給与出願者・地租納入額の調査として郡吏を派出、その結果を受けて七月三十日には再度入間・高麗郡書記と協議を行っている。入間側の調査結果によれば、出願者の地租納入額は最大で十七円であり、同郡役所は五円以上は給与しないとの方針を鈴木に伝えたが、鈴木は比企では出願者はすべて五円以下であったが、すでに県庁に調査結果を上申したところ、県庁会計課長からは三円以上は不都合という照会があった旨を回答している。この後の経過は詳らかでないが、県庁との往復の結果、おそらく地租額三円未満に給与と決定したものと思われる。結果として実施された食料給与総額は三四七五円二十六銭九厘である[57]。

また、備荒儲蓄法とは直接関係がないが、この雹災をめぐる対応として興味深いのが、先述の須江村ほか五ヶ村への資金貸与である。これらは製紙業の盛んな村々であったが、前年の火災による製紙器具の焼失に加えてこの雹災による被害を受け、苦境に陥っていた。六月十二日、鈴木と秩父郡長伊藤栄は県庁に出頭し、県令からこれらの村々に対して「起業ノ為勧業費之内以テ五千円貸与」することを伝えられ、貸与見込を上申するよう求められた。鈴木と伊藤は協議の上翌日上申書を提出し、罹災者一戸につき金十円として、比企郡五ヶ村へ二六六〇円、秩父郡六ヶ村へ二五一〇円を貸与し、十六年度から五ヶ年賦で返納させる見込を上申するが、県令は「今般貸与金は起業一途ニ有之間、其趣意ヲ不違様可致旨被申聞」、すなわち罹災者一戸あたりの支給では勧業資金ではなく罹災者救助にあたるとの理由からこれを却下し、製紙業の者へは「三構以上器械再調整之者」、養蚕業の者へは「桑畑三反歩以上再植スル者」など、生産規模に応じて貸与を限定するよう求めた。両郡長は退出後、このような但書に相当する者は存在しないため、「三構以上」を「紙干板四十枚以上」、「桑畑三反歩以上」を「原紙三枚以上」と変更の見込みで上申書を再調製したが、結局うまくゆかず山中福永勧業課長へ相談した。山中が県令へその旨報告したところ、県令は「相当セサル時ハ特別ニ業々宛可調との趣ハ昨日両郡長江も申置候との義ニ有之」と述べたため、これは「伊藤と拙ガ聞違ひとの事」で決着した。八月二十六日に貸与が実施されている(58)。

これまでの検討から、明治十五年の雹災における備荒儲蓄法の適用の特徴は、次のように考えることができるであろう。第一に、郡長レベルの対応として、救助の実施についての制限的方針がとられていることである。被害の深刻さについての認識にもかかわらずこれは一貫した方針であった。そして第二に、商品流通を媒介とした住民の再生産維持が、第一次的な重要性を持っていたことが看取されることである。このことは、郡役所の初動の対応がまず商品としての種穀の融通であったこと、被害の深刻な地域に対して、罹災窮民救助としてではなく、あくまで勧業資金として資金を貸与することに現れる。これは、県庁・郡役所にとって、被害への対応は、商品流通の場としての市場の機能を回復・円滑化させることによってある程度まで対処可能であると認識されていたことを意味しよう。そして第一の制限的方針は、第二の再生産維持における市場的要素の重視を前提として成り立っていたと考えることができる。

### 3　救助の実際(2)——明治二十三年大水害

明治二十三年八月二十二日、荒川の氾濫を始めとして埼玉県下を襲った大水害は、備荒儲蓄法施行以来最大規模の災害となり、初めて中央備荒貯蓄金の支出を仰ぐ事態となった。この二十三年水害は、罹災地域が十四郡と広範囲にわたり、かつ被害の程度も激しかった（被害家屋二万三七三一軒、被害耕地面積約四万一六四三町）(59)。被害が限定的で、ある程度通常の再生産維持機能に依存できた十五年雹災とはその質を異にしているのである。このような大規模災害の場合の備荒儲蓄法の適用の様相を検討することが以下の課題である。

二十三年大水害では、備荒儲蓄法（二十三年改正法）に定められた全ての救助費目が支出されているが、ここでは食料給与と地租補助・貸与について支給の過程を見ておこう。

二十三年五月に制定された埼玉県備荒儲蓄法施行規則および同取扱順序は食料給与と地租補助・貸与について、次のように定めていた。「非常ノ凶荒ニ罹リ親戚隣保ノ救助スル者ナクシテ自ラ生存スルコト能ハサル者」には食料三十日以内、「不慮ノ災害ニ罹リ親戚隣保ノ救助スル者ナクシテ自ラ生存スルコト能ハサル者」には食料十五日以内、「罹災ノ為メ土地家屋ヲ売却スルニ非サレハ地租ヲ納ムルコト能ハサル者」へは地租の補助・貸与を行う。救助は町村長の具申に基づき、郡長が知事の指揮を請うのが原則である。ただし食料に関しては五日分までは郡長が専決で支給できる(60)。

これに基づいて、各郡長はまず五日分の食料給与に着手するが、八月二十九日からそれぞれ五日をこえる分について県庁に上申、順次許可を得ている(61)。一方、県庁は被害状況から中央儲蓄金の支出が必要と判断し、九月二十九日、十一月十九日に大蔵省に上申、十二月一日、閣議において九万六〇〇〇円の下付が決定された(62)。これに先立って、内務・大蔵両省から官吏が派遣されることとなり、県は各郡長にその準備として地租・補助貸与額の見込みを含む被害状況報告を訓令（十月一日）、各郡長から十月上旬から十一月初にかけて救助見込が提出される。後述する地租補助・貸与の基準が確定した後、翌二十四年の三月に入ってから各郡長から地租補助・貸与請求の上申が提出され、四月から五月にかけて順次許可、その後も九月まで調洩などにかかわる追加補助・貸与あるいは補助・貸与指令の更正が行われている。[63]

食料支給について、その支給基準を検討してみよう。八月二十九日、北埼玉郡長は県知事に対し、同郡須加村などへ食料給与を求める上申を行い、これは翌八月三十日に聞届となっているが、その際に「調査標準」として添付されているものによれば、居宅を有し家族一人以上のものへは三日間、同五人以上のものへは四日間、居宅を有せず家族一人以上の者へは五日間、同五人以上の者へは七日間、同八人以上のものへは八日間を支給し、商業を兼ねるものは上記より一日減、神官・僧侶へは給与せず、「赤貧」と認められた被害者および被害状況によっては標準外で酌量することがあること、支給の対象となる被害は「水量未夕床上ヲ越スモノ」であること、地租を納入しているものについてはより厳しい基準を適用し、納租額によって等差を設けて支給すること、などが規定されている。[64]基本的には耕地・居宅有無・家族人数を基本とし、兼業の有無を勘案して支給するものである。

この標準が北埼玉郡役所によって作成されたものか、県庁が作成したものかは史料上明確ではないが、いずれにせよこの標準が他の郡にも適用されていたわけではない。十二月二十二日、県書記官は各郡長へ、食料給与要否の判断はいかなる手続きによっているかを照会している。[65]すでに食料給与の実行が進んでいる段階でこのような照会が発せられているということは、県庁は各郡がどのような基準によって食料給与を上申しているかについて十分な検討を行うことなく認めていたことを示している。

これに対して各郡の回答はまちまちであった。一定の財産基準を設ける場合（北・中葛飾は地租三円未満、大里・幡羅・榛沢・男衾と南埼玉は反別一反以下）と、特に基準を設けず、町村長の具申と郡吏の実地調査のみによって決定している場合（北足立、入間・高麗、比企・横見）があるが、財産基準がある郡においても、町村長の具申により勘案される場合があるとされている[66]。

救助の基準については、前年の明治二十二年通常県会において議員から質問が出ており、これに対して番外加藤炳が、「町村長ナル者モ強チ富者ヲ貧者ナリトシテ申出ツルコトモナカルヘク、勿論実地ヲ審査シタル上ニ施行スルモノナレハ其等ノ点ニ関シテハ決シテ不都合ヲ見ルコトナカラント信スルナリ」と答弁している[67]。町村長の具申は信頼性の高いものであると認識されており、十五年雹災における戸長具申に対する信頼度の低さとは対照的である。三新法期の戸長と、町村制下の町村長との差異がここに現れているといえよう。

地租の補助・貸与に関する基準を見よう[68]。当初、二十三年十月に各郡長に救助見込調査を命じた際の基準は、田畑損害八分以上の者を対象とし、地租納額五円未満の者に対しては田方は地租の全額、畑方は第二期の全額を補助、五円以上二十円未満の者に対しては、田方は地租の全額、畑方は第二期の全額を貸与、二十円以上三十円未満の者に対しては、田方は地租の半額、畑方は四分の一を貸与する、というものであった。ところが二十四年二月七日、調査概例は再立案される。これは十月調査例の二十円未満という基準は維持しつつ、三十円未満という制限は解除し、郡長具申書を一人ごとに県庁で再検査し、不足の場合は大蔵省に請求するという内容であった。この案は参事官まで決裁されているが、内務部長・県知事の決裁印がなく、廃案となっている。

次いで二十四年二月二十日、地租補助貸与調査概例の第二次案が立案される。これは、上記の十月調査基準から、二十円以上の制限をはずして五円以上を一律貸与とする一方、地租補助・貸与の合計金額が概算額を超過するときは、最多額の納税者より順次補助・貸与対象から削除する、というものであった。このように基準が改定された理由を、起案者は次のように説明している。

客年八月ノ水害ニ罹リタル窮民へ地租金ノ補助貸与ヲ要シ候ニ付、水災ノ当時各郡ヲシテ一定着実ノ調査ヲナサシメンカ為メ、別紙地租金補助貸与調査例ヲ設ケ出張県官ヨリ郡長ニ協議シタリシカ、曩ニ大蔵省へ差出タル概算調額ハ該標準ニ依ラスシテ成レリ、然ルニ今ヤ補助貸与セントスル所ノ金額ハ右概算額ヲ標的トナサヽルヘカラサルヲ以テ勢厳正ノ調査ヲ要セリ、而シテ其条項ノ依ル所ヲ略叙スレハ第一ハ施行規則第九条地租金ノ補助ハ五円未満ニ限ルヲ以ナリ、且田方ヲ全額トシ畑方ヲ第二期全額トシタルハ田方ハ未タ納租前ニシテ畑方ハ第一期分納租後ナルヲ以ナリ、第二ハ儲蓄法第六条第二ニ拠リ地租ノ補助貸与ヲナスハ納租額ニ制限ナキヲ以ナリ、第三ハ限リアル概算額ナルノミナラス土地ヲ所有シテ多額ノ納租ヲナスモノハ仮令今時ノ災厄ニ遭遇スルモ土地家屋ヲ売却スルニアラサレハ納租スル能ハサルカ如キ事ハ事実上アルヘカラサルヲ以テ之ヲ削除セントスルニアリ

すなわち、郡長見込調査の基準と、中央儲蓄金請求のため大蔵省へ提出した概算額の間にズレがあること、後者を目標として補助・貸与額を決定する必要があるため、基準の再調整が必要となったこと、一方で納租額によって補助・貸与を制限することは規定上困難であること、以上から上記のような基準が立案されたわけである。しかし、このプランも、第一課長まで決裁印があるものの、採用されなかった。

地租補助貸与調査概例の最終案が成立するのは、ようやく二十四年三月十七日になってからであり、これは常置委員会に諮問されて承認、実際の地租補助・貸与の基準として適用される。その内容は、地租納額五円未満は全額補助、五円以上三十円未満は全額貸与、三十円以上一〇〇円未満は四分の三を貸与、一〇〇円以上の地租納入者には貸与しない、というものであった。結局上限を一〇〇円まで引き上げて、貸与に制限を付すことになったわけである。

以上の経緯は、大蔵省へ概算請求額の枠内での補助・貸与総額を目標とした基準の調整の過程であると言えよう。実際、この基準に基づく郡長の具申が提出され、四月・五月に補助・貸与額が決定される際に、県庁は各郡で「大

**表5-2　菖蒲町大字新堀救助支給状況**

（単位：人）

| 町村税 納額 | 町村税 総数 | 食料給与 11月 | 食料給与 12月 | 食料給与 2月 | 食料給与 計 | 地租補助 | 地租貸与30円未満 | 地租貸与100円未満 | 地租納額100円以上 |
|---|---|---|---|---|---|---|---|---|---|
| 10円以上 | 3 | 0 | 0 | 0 | 0 | 0 | 0 | 2 | 1 |
| 9円～ | 2 | 0 | 0 | 0 | 0 | 0 | 0 | 2 | 0 |
| 8円～ | 4 | 0 | 0 | 0 | 0 | 0 | 0 | 4 | 0 |
| 7円～ | 3 | 0 | 0 | 0 | 0 | 0 | 0 | 1 | 0 |
| 6円～ | 3 | 0 | 0 | 0 | 0 | 0 | 0 | 2 | 0 |
| 5円～ | 11 | 0 | 0 | 0 | 0 | 1 | 7 | 3 | 0 |
| 4円～ | 5 | 0 | 0 | 0 | 0 | 0 | 4 | 0 | 0 |
| 3円～ | 13 | 0 | 0 | 0 | 0 | 0 | 12 | 0 | 0 |
| 2円～ | 17 | 1 | 1 | 2 | 3 | 0 | 16 | 0 | 0 |
| 1円～ | 31 | 0 | 11 | 14 | 25 | 11 | 19 | 0 | 0 |
| 1円以下 | 83 | 44 | 60 | 6 | 66 | 37 | 0 | 0 | 0 |
| 名前なし | | 25 | 44 | 15 | 59 | 39 | 19 | 6 | 0 |

出典）「大熊（正）家文書」1671,「埼玉県行政文書」明691, 明738, 明744.

蔵省へ差出シタル請求額ニ比シ」どれだけの差が生じているかを計算している[69]。大蔵省への請求概算額がいかなる基準によって算出されたのかという点について史料を欠くため、その意味について十分に議論することはできないが、それが郡長具申に依ったものでない以上、被害状況から算出されたのではなく、何らかの外在的な要因によるものであることは間違いない。

次に、行政村レベルでの救助実施状況を見るため、南埼玉郡菖蒲町大字新堀の状況を検討してみよう。

当該期の大字新堀について、直接に所有財産規模あるいは地租納入額を示す史料は残されていないため、近似的にこれを知りうるものとして明治二十二年の直接町村税納額と救助の受給の関係を示したものが表5―2である。まず町村税納額と地租補助・貸与の関係を見よう。年度の相違に加えて、町村税は地租割と戸数割からなるため、両者の納税額は厳密には対応しないが、戸数割の等差設定自体が所有地面積によって勘案されることが一般的であるから、両者の間には一定の相関が発生することが予測される。このことを前提にして地租補助・貸与対象者の分布を検討すると、町村税納額一円三十銭前後を境として、地租の貸与と補助が区分されることから、おおよそ地租納額五円＝所有地価額二〇〇円がこのラインに相当するものと思われる。同様に、町村税五円七十銭前後がほぼ地租納額三十円＝一二〇〇円に相当する。地租一〇〇円以上の一名は菖蒲町長大熊条作である。この二つのようにはっきりした境界ではないものの、町村税納額三十銭以下においては地租補助対象者が減少する（一円三十銭未満三十銭以上においては、総数六十二名に対し補助対象者三十八名、三十銭未満においては総数三十三名に対して補助対象者八名）。このことから、少なくとも町村税納額三十銭未満層には、一定の非土地所有者が存在したと考えるのが妥当である（町村税調に名前のない者については後述）。

食料の支給についてはどうだろうか。食料支給は災害発生当初の五日分に加え、南埼玉郡長によって十一月十一日に十日分の支給が請求され、県庁において聞き届けられている。この十日分の支給を受けた者はすべてすでに五日分の支給を受けたものである。一人を除きすべて町村税納額五十銭以下に属するが、この時点では支給は選択的であり、同じ財産規模のものが一律支給を受けたわけではない。次いで十二月三日、郡長は食料支給の追加給与を請求、この時はすでに十五日分の支給を受けた者全員に対して追加十五日分、加えて新規の者に二十八日分の支給を求め、認められた。支給対象者はやや上方に拡大している。ついで二十四年二月、「被害之度、貧困ノ程度両ナカラ往キニ救助ヲ受ケシモノト全ク其情況ヲ同シク」するにもかかわらず「調洩」のものがあったとして、そのような者に新規に二十日分の支給を請求、許可された。三度の支給の結果、表に見る通り町村税納額一円以下層では八割程度が食料支給の対象となり、逆に二円以上層はほぼ支給対象となっていない。当初被害状況によって選択的に行われていたと考えられる食料支給は、最終的には、所有財産のみを基準とする支給となったことが知られるのである。

また、表5―2には、町村税納入者の名簿に名前が見えないもので地租の補助・貸与を受けているものが多数存在する。これは、両年度間の出入籍等を別にすれば、二つの場合が考えられる。第一に戸主ではない土地所有者で、町村税調が戸主名義で作成されていると考えられるため、名前を見出しえないもの。確実にこれに相当すると思われるのは、上記大熊条作の父大熊所右衛門が、三十円未満の地租納入者として、十三円七十一銭四厘の地租貸与を受けているケースのみであるが、上述の通り食料の支給は一定財産規模以下の層に広範に実施されたと思われるので、地租の補助・貸与を受け、かつ食料給与を受けていない者四十五名がこれに相当すると考えてよいであろう。第二に、土地を所有していないか零細土地所有者である、あるいは貧困であるため、町村税を免除されているもの。上と同じ理由により、食料給与を受けているもの五十九名がこれに相当する。このうち十九名が地租の補助を受けている。

しかし、このような救助の実施は必ずしも順調に実施されたわけではなかった。二十三年水害後の救助実施過程においては、その適用範囲の拡大を求めるいくつかの運動が存在していたことが知られる。

最初の反応は、十月の郡長見込調に際して、三十円以上には地租を貸与せずとの調査標準が伝えられた時点で発生した。北埼玉郡常光村以下九ヶ村の各大字人民惣代と村長・助役は、十月十四日付で県知事宛に「非常ノ水害ニ付地租補助貸与種穀料給与并ニ凶荒ニ際シ貧民給助ノ義ニ付哀願」(70)を提出し、地租納額五円未満の者全員への地租補助、地租五円以上の者全員への地租貸与、すべての被害地に対する種穀料給与、食料の上限（三十日）までの支給、水害被害を受けた道路・橋梁・樋管復旧工事の全面地方税支弁、地租補助・貸与を受けたものへの地方税免除などを要求した。これに対して県庁は、「備荒貯蓄金之救助補助貸与等ハ何レモ一般ノ成規ニ依リ夫々詮議相成義ニ候得ハ、其順序ヲ経テ出頭スヘキ筈ニ有之候、地方税免除ノ事ハ本年臨時県会決議ノ通リ、又道路、橋梁、樋管等地方税支弁又ハ補助スベキ箇所ノ儀モ同県会決議ノ通リニ付、悉皆地方税支弁ノ義ハ不相叶」としてこれを却下した（十二月四日付で郡役所から各村長へ通知）(71)。地租貸与基準の貸与上限を納租額三十円から一〇〇円に引き上げたことの背景にはこのような運動があったのである。しかし、翌年三月に一〇〇円以上へは貸与せずとする基準が決定した際にも、北埼玉郡笠原村では、一〇〇円以上納租者が「仮令少額ノ者ト雖モ平素生計ノ程度私共ヨリ一属上流ニアル者往々有之、然ルニ此等ハ悉皆貸与セラレ、而シテ私共ヘハ別ニ段楷ヲ付シ厳酷ノ御検議相成リタル上ハ、如何ニモ事実ニ於テ不公平」として地租の全額貸与を出願している(72)。同様の一〇〇円以上納租者の地租貸与要求は入間郡でも出されており、その一人南畑村の大沢キミは、「抑モ公儲金ハ一般地価割ヲ以テ支出シ、凶荒不慮ノ万一ニ備フルモノナルハ茲ニ多弁ヲ待タス、然ルニ唯ニ納租ノ多寡ニ拠リ地租金百円以上ナリト云フヲ以テ前陳困難ノ事情ナルニ関ラス公儲金貸与ノ恩命ニ浴セサルハ何等ノ不幸ゾ」とその根拠を主張している。これらもすべて却下されているが、入間・高麗郡長伊藤栄によれば、その理由は「彼レ出願者ノ如キ地方ノ資産家ニシテ多少儲蓄モアリ、金融ノ途亦タナキニ非ラス、左レハ仮令納租之困難ナルヘキモ之レカ為メ土地家屋ヲ売却スルニ非サレハ上納シ能ハサルモノトハ不被認」というものであった(73)。

これら一連の運動の中で、埼玉県政史上著名な事件として南埼玉郡の村役場同盟罷務事件がある。二十四年一月の『埼玉平民雑誌』が伝えるところによれば、経緯は次の通りである(74)。

南埼玉郡に於ける村役場同盟罷務の顚末

北埼玉郡ハ所有地八反歩以下のもの、比企、横見、入間、北足立郡ハ地租納額五円以下のものを窮民と見做し、救助することとなしたるに、独り南埼玉郡ハ、所有地一反歩以下のものにあらざれハ、救助することを得さるとの事か、遂に同郡被害地一同の民心を激せしめ、総代を選出して郡長、県知事等に請願せしめ、請願愈急にして論告となり、詰責となり、紛々、囂々遂に十五ヶ村一同同時に村役場の標札を撤し去りたるに至りしなりと、然るに折下同郡書記の転任と共に、亦村役場の戸も以前の通り開くことになりしを見れハ、一寸外面より解しかぬることとなるか、此件に付てハ、同郡撰出の県会議員大島寛爾氏か、知事と総代との間に奔走して遂に隣郡同様とか、救助漏れとかすること、なり荒々目出度可食南埼玉郡が食料支給において他郡に比し不均衡であったことを契機として、総代選出による支給拡大運動、村役場を巻き込んでの村政罷務運動が展開され、県会議員大島寛爾の仲介によって「救助漏れ」の名目での追加給与が実現して決着した、というものである。

この事件は、埼玉県会において、多数を占める改進党に主導された民党連合路線と、県知事との対立が深まりつつある時期に発生した(75)。事件を伝える『埼玉平民雑誌』は民党連合派の機関紙と目される雑誌であるが、同誌のこの問題への関心の背景には、南埼玉郡長白根勝次郎が内務次官白根専一の弟であり、県知事小松原英太郎が内務次官の要請によって同人を郡長に任命したとして、これを攻撃材料にするという意図がある。また、この時の大島寛爾の活動は後に南埼玉郡における自由党勢力伸張の契機となったと回想される(76)。この事件については上記『埼玉平民雑誌』の記事以外に直接これを伝える史料がなく、以上のような運動の党派性から同誌の記事に誇張がある可能性は否定できないが、先に見たように、南埼玉郡において二十三年十二月に「調漏」の者に対する大規模な食料の追加支給が実施されていることから、おおよそこのような運動が展開したものと思われる(77)。

このような一連の運動は、整理すれば、二つの側面を含むものである。第一は、同一財産規模の者へは一律に救助が行われるべきであるとする救助均霑要求である。十月の北埼玉郡の要求のうち、納租額五円以下補助にかかわる要求、南埼玉郡の食料追加支給の要求がこれに相当する。そして、この側面の要求は結果的に貫徹し、同一財産規模の者へは一律に近い形での補助が実現していることは先に見た通りである。一方、二つ目の側面は、所有財産が基準を上回っていることによって救助を受けられなかったものが、救助の実施を求める運動である。十月時点での納租額三十円以上、三月時点での一〇〇円以上の者による、地租貸与要求がこれに相当する。彼らの主張の根拠は公儲金負担者はすべて救助を受ける権利を有する、というものであるが、しかし備荒儲蓄法は元来、全社会的規模における一定の所得再分配を前提としているのであって、このような批判はむしろ備荒儲蓄法の論理が社会的に浸透していないことを物語る。しかも、第一の側面、同一財産規模のものへの救助の均霑が実現している以上、第二の主張は、あくまで富める者の部分利害の主張にすぎない。改めて表5―2に戻るならば、地租納額一〇〇円以上の基準によって地租貸与を受けられない者は、大字新堀においては大熊条作ただ一人なのである。

備荒儲蓄法施行以来の大規模災害である明治二十三年大水害では、中央儲蓄金の支出分を合せても、救助に使用可能な儲蓄金の総額には制限があった。この限界内に救助の総額を抑えるため、県庁は、所有財産規模に応じて累進的な救済内容の序列化を行った。そのことは、備荒儲蓄法の性格を考えれば妥当性を持つものであったが、しかしこのような政策に対し、救済の対象とならない富める者が公然と反発し、それは藩閥・民党対立と結合しながら、県政における不安定要因となったのである。

## むすび

備荒儲蓄法は、府県会を媒介させることによって直轄県期の備荒貯蓄政策の隘路を乗りこえるものとして構想された。それは、一定の範囲での再分配による所有規模の平準化が、社会総体の福祉となるという理念によって支えられた法であった。確かに、備荒儲蓄法は地租保険としての性格を有している。しかし、同一のリスクを有するものに同一の負担が求められるという原則（いわゆる給付・反対給付均等の原則）が妥当するような保険として構想されたわけではない。むしろ給付・反対給付を通じて一定の再分配が遂行されるような、一種の社会保険としてそれは構想されているのである。

ところが、このような備荒儲蓄法の理念は、実際の救助の局面において、受容されていないことが明らかとなる。備荒儲蓄法による救助の対象外となった富裕者は、一定の負担を根拠として、救助を受ける資格を持つと主張した。

つまり地租保険としての備荒儲蓄法は、あくまで「給付・反対給付均等の原則」に基づく、厳密な意味での保険以上のものとしては受容されていないのである。

富裕者の主張は彼らの個別利害に基づく主張である。そして、それが公然と主張しえたという点に注目しなくてはならない。個別利害が個別利害として直接に自己主張してしまい、それを有効に押さえ込むことができないということは、政治権力は再分配主体としてはヘゲモニー関係を生成させることができなかったということを意味する。三新法と町村制によって創出された新たな政治社会は、再分配主体としてヘゲモニーを生成させるのではない。

むしろ、備荒儲蓄法の現実の機能の追跡の中から浮かび上がってくるものは、この時期に、住民の総体的な福祉を実現するものとして重視されていたのは政治権力による再分配ではなく、安定的な商品流通の実現なのではないかということである。明治十五年雹災のような小規模災害において、商品流通への一定の依存が問題を表面化させないのであるとすれば、政策課題となるのは、災害規模に対する、商品流通の場としての市場の、相対的強度の実現である。次章では、市場と政治権力の関係に焦点を置き、新たな質の政治権力がヘゲモニー的権力として成立する過程を見る。

（1）　福島正夫編『家族　政策と法6　近代日本の家族政策と法』（東京大学出版会、一九八四年）所収。

（2）　椎名重明編『ファミリー・ファームの比較史的研究』（御茶の水書房、一九八七年）所収。のちに長妻廣至『補助金の社会史』（人文書院、二〇〇一年）に収録。

（3）　津田秀夫先生古稀記念会編『封建社会と近代』（同朋舎出版、一九八九年）所収。

（4）　大江志乃夫『明治国家の成立』（ミネルヴァ書房、一九五九年）、原口清『明治前期地方政治史研究　下』（塙書房、一九七四年）。青柳直良「備荒儲蓄法と自由民権運動」（『信濃』二二―一一、一九七〇年）は、同様な問題関心から、長野県会が備荒儲蓄法に反発を示さなかった理由を、議員たちが同法を「農民一揆の対応策」ととらえたことに求めている。

（5）冨坂、注（3）前掲論文。
（6）北原糸子『磐梯山噴火』（吉川弘文館、一九九八年）、一八八頁。
（7）「公文録　明治七年十一月内務省伺二」（国立公文書館所蔵、二A—九—公一〇九六）。
（8）「県税・備荒儲蓄・町村費」（「埼玉県行政文書」、埼玉県立文書館所蔵、明一六〇）。
（9）「公文録　明治七年十一月内務省伺三」（二—九—公一〇九七）。
（10）備荒儲蓄法制定を求める大蔵卿上申。「公文録　明治十三年六月大蔵省」（二A—一〇—公二六三四）。
（11）注（8）前掲史料。
（12）「梧陰文庫」（國學院大学図書館所蔵）B三四六七。
（13）「公文録　大蔵省明治十年九月」（二A—一〇—公二〇八三）。同規則の立案過程に関する経過は以下これによる。
（14）「救恤・救護・褒賞・その他」（「埼玉県行政文書」明五七〇）。
（15）明治十二年に、埼玉県、群馬県では、それぞれ独自の「社倉条例」を制定している。「県税・備荒儲蓄・雑款」（「埼玉県行政文書」明二九四）、「社倉基礎」（「群馬県行政文書」、群馬県立文書館所蔵、議一七五）。
（16）無署名であるが、六月八日の「貧民救助法ヲ論ス」を自著とする言及があり、矢野の筆になることが明らかである。
（17）大分県立先哲史料館編『大分県先哲叢書　矢野龍渓資料集　第五巻』（大分県教育委員会、一九九七年）は、矢野執筆と推定される『郵便報知』掲載論説記事を、A、B、Cの三種に分類しており、同書によればこの二論説は「B　署名はしていないが、他の文章で自分の執筆であると言明しているか、他の人が龍渓文であることを証言しているか、またはその文章の中に龍渓文であることを示す記述があるもの」とされているが、当該論説の場合その根拠は「後年の備荒儲蓄法の構想である」（一一五頁）というものであり、他のB分類論説に比べやや弱い（ただし、両者が同一の筆者に属することは十年十月十七日論説中に、九年十二月二十三日論説への言及があることから明らかである）。同書の基準によれば、Cの「もっぱら修辞・用語などの形式的・客観的な特徴によって龍渓文と推定できるもの」に属せしめるべきものかと思われる。
（18）後者の場合、三月十二日論説の趣旨に照らせば、矢野にとっては望ましい社会のあり方ではないことになる。一部の富豪が人民を救済しつづけるような社会において「一夫ノ思想」は成長し難いはずだからである。
（19）マイエット（斎藤鉄太郎訳）『農業保険論』（日本書籍、一八九〇年）。
（20）「公文録　明治十二年十二月大蔵省二」（二A—一〇—公二五二二）。
（21）坂野潤治「「富国」論の政治史的考察」（梅村又次・中村隆英編『松方財政と殖産興業政策』、国際連合大学、一九八三年、所収)。
(22) 注(19)前掲書。
(23) 「梧陰文庫」B三四七一。本文書は作成主体、時期の記載を欠くが、注(19)前掲書、三三六頁にマイエット自身が示すマイエット案の概要と一致することから、同案と推定される。
(24) 「大隈文書」A一二四五。
(25) 注(10)前掲史料。
(26) 「明治十三年地方官会議会議筆記」(我部政男・広瀬順晧・西川誠編『明治前期地方官会議史料集成　第二期・第五巻』、柏書房、一九九七年)、一七二頁。
(27) 同上書、一七二—一七三頁。
(28) 『元老院会議筆記前期第八巻』(元老院会議筆記刊行会、一九六四年)、二二四頁。
(29) 同上書、二二二頁。
(30) 同上書、二二四頁。
(31) 同上書、二二五頁。
(32) 同上書、二四五頁。
(33) 同上書、二四七頁。なお、ここでの「自治」の用法は、明治十一年地方官会議において少数ながら見られる、政治参加を「自治」と表現する用法に対応している。
(34) 同上書、二三〇頁。
(35) 同上書、二三二頁。
(36) 注(10)前掲史料。
(37) 『郵便報知新聞』明治十三年三月十三日、「備荒儲蓄法ヲ論ス」。
(38) 『東京横浜毎日新聞』明治十三年三月十九日—二十一日。
(39) ここでの「自治」の用法は三新法的な、法の規制の範囲外に置くという用法に対応している。
(40) 『東京日日新聞』明治十三年十二月十三日、「備荒儲蓄法施行ノ期」。
(41) 『朝野新聞』明治十三年三月七日、「備荒儲蓄法ヲ論ズ」。
(42) 『朝野新聞』明治十三年十一月二十七日、「地方備荒儲蓄法ノ紛議」。

(43)『東京経済雑誌』明治十三年三月十五日。
(44) 実際には、備荒儲蓄法を導入するか、国税で被災者救済を行うかの違いは、新たに付加税を創設するか、現状の財政規模において被災者救済を行うかの相違であるが、議官たちが、負担の増減の問題としてではなく、「法律」「道徳」区別の問題としてこれを提起していることに同法の成立過程をめぐる対抗関係の特徴がある。
(45) 川島製糸（精糸）会社については第三章を参照。忍行社は旧忍藩士族の授産結社である。
(46) 以下、県会の議事は以下による。十四年＝「埼玉県通常会傍聴録」（埼玉県議会図書室所蔵）、十五年＝「埼玉県通常会傍聴録」（埼玉県議会図書室所蔵）、十六年＝「通常県会議事筆記」（「埼玉県行政文書」、埼玉県立文書館所蔵、明四七三）。
(47) 十五年十二月十六日付で大蔵卿・内務卿から出された訓令を指すものと思われる（「県税・財産・備荒儲蓄・雑款」、「埼玉県行政文書」明三三二一）。
(48)「埼玉県臨時会議事筆記」（「埼玉県行政文書」明四七四）。
(49) たとえば、十七年県会の定期預金預先案に含まれていた川越糸繭会社と川島製糸会社については、「川越糸繭会社・川島製糸会社ノ如キハ理財甚タ危険ナリト仄ニ聞キタルモアレハ如何ニ公債証書カ沢山アレハトテ之レ等ノ会社ニ預クルハ不得策」（福島耕助）という議論がなされている（「埼玉県行政文書」明一〇五三）。
(50)「勉強録」（「鈴木（庸）家文書」、埼玉県立文書館寄託、三一九七）。以後この項は注記しない限り当史料による。
(51) 十五年六月二十六日、比企・横見郡長鈴木庸行の県令宛上申書、「鈴木（庸）家文書」一七四〇。
(52)「鈴木（庸）家文書」一七五五。
(53)「鈴木（庸）家文書」一七五四。
(54)「鈴木（庸）家文書」一七五二。
(55)「出納」（「埼玉県行政文書」明一八二八）。
(56)「鈴木（庸）家文書」一七五六。
(57) 注(55)前掲史料。
(58)「会社　農工商　牧畜　統計　農工商会　通信　雑款」（「埼玉県行政文書」明一五一〇）。
(59)「水災関係書類」（「埼玉県行政文書」明七〇七）。
(60)「埼玉県報」明治二十三年五月九日（埼玉県立文書館所蔵）。
(61)「備荒儲蓄」（「埼玉県行政文書」明六八四、六八八、六八九、六九一）。

(62)「出納」(「埼玉県行政文書」明一八三八)。
(63)「水災関係経伺綴」(「埼玉県行政文書」明六八二)。
(64)「備荒儲蓄」(「埼玉県行政文書」明六八八)。
(65) 注(59)前掲史料。
(66) 同上史料。
(67)「埼玉県会通常会議事録」(埼玉県議会図書室所蔵)。
(68) 注(63)前掲史料。
(69)「備荒儲蓄」(「埼玉県行政文書」明七四四)。
(70)『鴻巣市史　資料編五』(一九九二年)、六六五頁。
(71) 同上書、六七〇頁。
(72) 同上書、六七二頁。
(73)「備荒儲蓄」(「埼玉県行政文書」明七三七)。
(74)『埼玉平民雑誌』第二号、明治二十四年一月二十一日(東京大学法学部明治新聞雑誌文庫所蔵)。
(75) 当該期の埼玉県の政治状況については、角田広高「初期議会期における埼玉県の政治状況」(『埼玉地方史』三八、一九九七年)。
(76) 青木平八『埼玉県政と政党史』(埼玉県政と政党史出版後援会、一九三一年)、八一頁。
(77) 二十三年十二月の時点で、南埼玉郡菖蒲町長他が、納租額にかかわりなく一律の地租貸与を要求していることは確認される。注(63)前掲史料。

# 第六章　地方税と道路

## はじめに

恣意的に分割された空間としての府県―行政村（＝連合戸長役場）は、どのような機能を持つことによって、住民に対してヘゲモニー的関係に立つことができるのであろうか？

一つの手がかりとなるのが、いわゆる「地方利益論」と呼ばれる研究動向であろう。序章でも論じた通り、有泉貞夫は、山梨県の政治史の詳細な分析によって、治水・道路・鉄道・教育機関といった「地方利益欲求」のコントロールを通じた、県庁・政党による統合が、明治中期に達成されることを見出した(1)。これは、それ自体としては完結した歴史記述であり、概ね妥当なものとして受け入れるより他ないように筆者には思われる。

しかし、治水・鉄道・道路・学校などの諸「地方利益欲求」は、いずれも、個々の経営（あるいは個々人）にとって、無媒介的に「欲求」たりうるものではない。換言すれば、ある特定の「地方利益」（ある道路、ある鉄道、ある学校）を、ある地理的空間の住民全員が望むということはありえない。

これに関する有泉自身による説明は次のようなものである。明治前期の山林伐採・開墾の進行は、近世に比して水害規模を拡大させた。このことが河川沿岸地域にとって治水事業の重要性を増大させ、治水利害を形成する。一方、産業発展とその条件（主として交通手段）の地域格差が拡大するという不安は、交通手段が未発達な地域にとって道路・鉄道建設への欲求をもたらし、道路・鉄道利害が形成される。そして、両者の間の、あるいはそれぞれの治水・交通利害の間での「利益交換」「総花政略」を通じて、県庁と、県会議員＝政党は諸利害をコントロールし、政治的統合を達成する。この説明は、山岳―「道路派」、平野―「治水派」といった、地方政界についての広く流布するイメージに相応している(2)。

しかし、交換の対象となるそれぞれの利害がやはり直接に個別の欲求から導出しえないことにかわりはない。実際、本章第四節で詳述するように、一つの道路、一つの堤防には、微細なレベルでの利害対立が存在する。このように考えると、「地方利益論」は、一見生々しい「利益」一元論に見えながら、その内に予想外に観念的・抑圧的次元を含むのではないか？

もし、個別利害レベルでの対立を本来的には含んでいるにもかかわらず、道路・治水・学校といった諸施設が「利益」とみなされる状況が存在するとするならば、そしてその「利益」をコントロールすることによって政治統合が実現されているとするならば、その統合主体は、ヘゲモニー的権力の主体となっていると言うことができるであろう。ヘゲモニー的権力とは「同業組合的利害」（つまり、個別利害）を超越した利害の担い手のことだからである。

この問題とパラレルなのが、有泉における制度要因の軽視である。有泉は明治地方自治体制の統合機能についての「作成者」の「期待」を「余りにも虫のよすぎる期待」として、「二〇年代以降の政治過程の理解に明治地方自治制の統合機能を前提として論を進めることは保留しなければならない」とする。これに対しては、有泉の著書に対して奥村弘が次のように述べている点が重要である(3)。「資本主義生産の発展のもとでの地域利益実現過程は、一地域全体にとって利益と考えうるものであっても、個別の部落・個人にとっては、宮谷村のように基本的な生活や生活《ママ》の破壊と伴って進行する」「もし著者が「地方自治制」の機能を否定されるのならば、地方利益誘導を支え、それが生起させる矛盾を押え込み、地域を構造的に安定させるしくみをはっきり提示する必要がある」。地方利益による政治統合は明治地方自治体制と密接不可分のものであったのではないか、という予測がここで成り立つ。

有泉以降、地方政治における道路問題の検討は、主として経済史の研究者によって、地域経済の深化と鉄道建設が、明治中・後期の県道・里道の新設・修繕の積極化を生み出すという経過が明らかにされてきている(4)。ただし、これらは政治プロセスの理解としては有泉の議論の枠内といってよい。こうした動向の中では、長妻廣至が道路に対する補助金（国庫補助金、地方税町村土木費補助）について、その「論理」を検討し、不足補助の論理（下位のレベルでの財政支出が不足した場合に、上位の財政から補助金が支出される）から分担補助の論理へ（当初から一定の割合で、上位の財政と下位の財政が支出を分担する）という転換が見られること、その背景に、軍事・行政・外国貿易中心の国道整備から、地域経済への寄与を重視する道路政策（県道・里道への支出の増大）へという変化があることを指摘している(5)。「論理」の変化への注目は重要であるが、しかし、地域経済の変容と「論理」の変化を媒介するものは、単に地域経済の量的発展だけでは説明できず、やはり政治権力の質＝制度的要素を考える必要があると思われる。本章では、明治十年代・二十年代初頭の埼玉県における道路問題の推移を追うことで、この課題に接近してみたい。

当該期の埼玉県の道路政策については、老川慶喜の研究がある。老川は、三新法施行当初の地方税による道路修繕が、国道は地方税支弁、県道は地方税補助という区分によって行われていたこと、日本鉄道の開通が県内の道路事情を大きく変え、道路政策が積極化することを指摘している(6)。老川の議論は、右に見た地域経済の発展と道路建設の積極化を関連づける一連の研究動向に属するものであり、以下確認する通りこれらの指摘は概ね正当であるが、本章では鉄道開通による輸送事情の変化だけではなく、それが契機となって引き起こされた政治権力観の変容の問題に焦点が置かれることになるだろう。

なお、道路建設・修繕の財政的枠組みについて、最初にその概要を記しておこう。維新後の土木費の最初の枠組みは、明治六年八月二日大蔵省番外達「河港道路修築規則」であり、これによって各県ごとの土木費定額が毎年国庫から各府県に支出されることとなった（支出されない部分は民費負担となる）。次いで明治八年地方官会議を経て出された明治九年六月八日太政官達第六十号では、国道・県道・里道の等級区分が決定されたが、それぞれに対応する費用負担の区分については何ら決定を見なかった（したがって、国道であるからといって国費支弁になるわけではない）。次いで明治十一年の三新法によって地方税が創出され、「地方税規則」第三条に、地方税をもって支弁すべき費目として「河港道路堤防橋梁建築修繕費」が掲げられた。この時点では官費定額金は据え置きとなっている。しかし明治十三年十一月五日の太政官布告第四十八号によって官費定額金は廃止され、以後原則的に府県における土木事業は地方税と町村協議費によって担われることとなった。明治十四年二月五日太政官布告第五号の地方税規則改正によって、「河港道路堤防橋梁建築修繕費」は、府県土木費と町村土木補助費を含む「土木費」に改称された。

また、当該期の埼玉県における道路関係支出の動向は表6―1に掲げた通りである。

## 一　国道修繕費国庫補助問題

三新法体制下における最初の埼玉県会は、明治十二年六月二十三日、浦和宿の県立小学師範学校を仮議場として開会した(7)。この県会に付された議案のうち、土木関係のものとしては、「土木費規則」案と、地方税支出予算中の「河港道路堤防修築修繕費」の二つがある。

前者は地方税による土木費支出の原則を規定するものであるが、道路に関してはその第五条に「道路ヲ修築スルハ国道・県道ノ二道トス」、第六条に「橋梁ヲ修繕スルハ国道・県道ニ架設スル橋梁トス」と定められた。すなわ

表 6-1　埼玉県地方税予算中道路関係費支出動向

（単位：円）

| 年度 | | 国道費 | 国道橋梁費 | 小　計 | 県道修繕費 | 県道橋梁修繕費 | 小　計 | 合　計 |
|---|---|---|---|---|---|---|---|---|
| 明治12年度 | 原　案 | 25, 357. 000 | 2, 212. 120 | 27, 569. 120 | 0. 000 | 0. 000 | 0. 000 | 27, 569. 120 |
| | 議　決 | 17, 050. 800 | 1, 769. 680 | 18, 820. 480 | 8, 306. 200 | 442. 440 | 8, 748. 640 | 27, 569. 120 |
| | (原案比) | (67. 2%) | (80. 0%) | (68. 3%) | — | — | — | (100. 0%) |
| | | 国道費 | 国道橋梁費 | 小　計 | 県道補助費 | 県道橋梁補助費 | 小　計 | 合　計 |
| 明治13年度 | 原　案 | 6, 401. 333 | 3, 287. 500 | 9, 688. 833 | 10, 000. 000 | 1, 000. 000 | 11, 000. 000 | 20, 688. 833 |
| | 議　決 | 6, 401. 333 | 3, 287. 500 | 9, 688. 833 | 5, 000. 000 | 1, 000. 000 | 6, 000. 000 | 15, 688. 833 |
| | (原案比) | (100. 0%) | (100. 0%) | (100. 0%) | (50. 0%) | (100. 0%) | (54. 5%) | (75. 8%) |
| 明治14年度 | 原　案 | 5, 000. 000 | 5, 048. 121 | 10, 048. 121 | 8, 141. 637 | 661. 737 | 8, 803. 374 | 18, 851. 495 |
| | 議　決 | 4, 000. 000 | 5, 048. 121 | 9, 048. 121 | 8, 141. 637 | 661. 737 | 8, 803. 374 | 17, 851. 495 |
| | (原案比) | (80. 0%) | (100. 0%) | (90. 0%) | (100. 0%) | (100. 0%) | (100. 0%) | (94. 7%) |
| | | 土木費 | | | 町村土木補助費 | | | 合　計 |
| | | 道路費 | 橋梁費 | 小　計 | 道路費 | 橋梁費 | 小　計 | |
| 明治15年度 | 原　案 | 7, 481. 165 | 5, 427. 193 | 12, 908. 358 | 8, 000. 000 | 1, 000. 000 | 9, 000. 000 | 21, 908. 358 |
| | 議　決 | 7, 481. 165 | 5, 427. 193 | 12, 908. 358 | 8, 000. 000 | 1, 000. 000 | 9, 000. 000 | 21, 908. 358 |
| | (原案比) | (100. 0%) | (100. 0%) | (100. 0%) | (100. 0%) | (100. 0%) | (100. 0%) | (100. 0%) |
| 明治16年度 | 原　案 | 6, 478. 599 | 4, 647. 643 | 11, 126. 242 | 9, 733. 516 | 1, 726. 651 | 11, 460. 167 | 22, 586. 409 |
| | 議　決 | 4, 380. 749 | 4, 101. 507 | 8, 482. 256 | 8, 760. 165 | 1, 553. 986 | 10, 314. 151 | 18, 796. 407 |
| | (原案比) | (67. 6%) | (88. 2%) | (76. 2%) | (90. 0%) | (90. 0%) | (90. 0%) | (83. 2%) |
| 明治17年度 | 原　案 | 4, 418. 008 | 22, 197. 524 | 26, 615. 532 | 4, 941. 684 | 530. 196 | 5, 471. 880 | 32, 087. 412 |
| | 議　決 | 2, 637. 564 | 856. 731 | 3, 494. 295 | 4, 941. 684 | 530. 196 | 5, 471. 880 | 8, 966. 175 |
| | (原案比) | (59. 7%) | (3. 9%) | (13. 1%) | (100. 0%) | (100. 0%) | (100. 0%) | (27. 9%) |
| 明治18年度 | 原　案 | 8, 762. 512 | 10, 312. 130 | 19, 074. 642 | 7, 068. 449 | 1, 663. 454 | 8, 731. 903 | 27, 806. 545 |
| | 議　決 | 5, 635. 784 | 8, 833. 142 | 14, 468. 926 | 7, 068. 449 | 1, 663. 454 | 8, 731. 903 | 23, 200. 829 |
| | (原案比) | (64. 3%) | (85. 7%) | (75. 9%) | (100. 0%) | (100. 0%) | (100. 0%) | (83. 4%) |
| 明治19年度 | 原　案 | 4, 650. 000 | 852. 178 | 5, 502. 178 | 9, 999. 487 | 1, 888. 617 | 11, 888. 104 | 17, 390. 282 |
| | 議　決 | 2, 700. 000 | 592. 330 | 3, 292. 330 | 5, 092. 844 | 903. 590 | 5, 996. 434 | 9, 288. 764 |
| | (原案比) | (58. 1%) | (69. 5%) | (59. 8%) | (50. 9%) | (47. 8%) | (50. 4%) | (53. 4%) |
| 明治20年度 | 原　案 | 16, 000. 000 | 1, 534. 000 | 17, 534. 000 | 20, 203. 325 | 9, 496. 803 | 29, 700. 128 | 47, 234. 128 |
| | 議　決 | 7, 500. 000 | 1, 381. 000 | 8, 881. 000 | 10, 693. 599 | 5, 238. 003 | 15, 931. 602 | 24, 812. 602 |
| | (原案比) | (46. 9%) | (90. 0%) | (50. 7%) | (52. 9%) | (55. 2%) | (53. 6%) | (52. 5%) |
| 明治21年度 | 原　案 | 31, 137. 273 | 1, 167. 462 | 32, 304. 735 | 31, 427. 563 | 8, 330. 608 | 39, 758. 171 | 72, 062. 906 |
| | 議　決 | 21, 692. 593 | 1, 102. 443 | 22, 795. 036 | 19, 030. 238 | 8, 232. 856 | 27, 263. 094 | 50, 058. 130 |
| | (原案比) | (69. 7%) | (94. 4%) | (70. 6%) | (60. 6%) | (98. 8%) | (68. 6%) | (69. 5%) |

出典）『埼玉県議会史　第 1 巻』.

ち国道・県道を地方税支出の対象とし、里道をその外に置いたのである。この条項は原案通り承認された。

ところが県提出の河港道路堤防修築修繕費予算案に計上された道路・橋梁修繕費は二万七五六九円十二銭（内官費定額金三八五八円八十七銭七厘）で、すべて国道（陸羽道・中山道・北越街道）修繕費に充てられ、規則上は可能な県道への地方税支出は行わない計画となっていた。このように十二年度予算案において国道修繕を優先した理由を、笹田黙介一等属は「道路ノ修繕ヲ等閑ニ附スルトキハ之カ為メ郵便ノ遅滞ヲ致スヲ以テ政府ヨリ数々督促ヲ受ルコトアリ、此ノ如ク政治上ニ関スル事等アレハ原案ノ如ク年々四分一ノ修繕ヲハ加ヘ、遂ニ完全ノ功ヲ奏セントス、県道ハ姑ク之ヲ閣クモ、国道ノ如キ影響ヲ生セサレハ、本年度ハ民力ヲ斟酌シテ之ヲ閣キ、国道ヨリ漸次修繕ヲ加ヘ、追々県道ニ着手セント欲ス」と説明している。中央政府レベルでの行政上の観点から、限られた財源を国道に優先的に投入するというのである。

これに対しては議員の間から県道への支出を求める意見が相次ぎ、国道修繕費を一万八八二〇円四十八銭に圧縮し、残額八七四八円六十四銭を県道修繕に充てるものと修正議決された。さらに北葛飾郡選出の間中進之から国道修繕費の国庫支弁を求める建議案が提案され、可決された。建議は次のように述べる。「此ノ両国道（中仙道・陸羽道、引用者）ノ如キハ唯物産運輸ノ便ニ供スルノミナラス政府施政ノ上ニ於テモ必緊要ノ線道ナレハ、其修繕費ヲ国庫ヨリ出スハ理ノ当ニ然ルヘキ所ナリト信ス、万一費用ヲ国庫ヨリ出スコトナカリセハ、目下地方人民ノ資力ニ堪ヘサルヲ以テ、道路修繕地ニ墜ルニ至ラン、若シ強テ悉ク之ヲ人民ニ負担セシメハ、遂ニ人民ノ怨嗟ヲ招クアランコトヲ恐ル」。国道修繕が中央政府レベルの行政上の必要性から求められるのであれば、国庫支弁が妥当であるとの主張である。ここで道路の修繕は一方的な負担であり、その強制は人民の「怨嗟」を招くものとしてとらえられている。

このように明治十二年県会における基調は国道修繕を優先する県と、県道への支出を求める県会議員の対立であった。ところが翌十三年の通常県会⑻においては、この県会議員たちの県道支出要求は全く影を潜めてしまう。まず土木費規則の改正について見ると、この県会に県が提出した新たな規則案は、地方税の支出を国道に限定し、県道は協議費支弁を原則、場合によって地方税による補助を可能とするというものであった。これは前年度の県会議員たちの要求に真っ向から反するものであったが、県道を地方税支出の対象に加えるという福田礼蔵の修正案は一人の支持も得ることができず、原案がそのまま可決された。一方予算審議においては、九六八八円余の国道・国道橋梁費が原案通り可決されたのに対し、原案に一万円計上されていた県道補助費は五〇〇〇円と半額に減額されてしまった。

なぜこのような逆転が起きたのか。土木費規則の原案維持を主張した古田元輔は、その根拠を次のように述べている。

国道ハ全国ノ大道ナルヲ以テ国庫ヨリ下金アリト雖モ、其金額僅少ナルカユヘ地方税ヲ徴収シテ充分修繕セサルヲ得ス、県道ノ如キハ其数多キ故、地方税モ亦支給シ能ハサルコト国庫ノ国道修繕ヲ全給スル能ハサルカ如シ、故ニ原案ニテ可ナリ

一方、予算審議において、結果的に少数説となった国道修繕費削減案を支持した高橋良三郎は次のように述べる。

国道ハ其費用ヲ国庫ヨリ下ケ渡シヲ希望セント欲スルニ付再ヒ政府ニ向テ建議セントスルノ精神ヲ以テ此金額ヲ減セント欲スルナリ

この両者の発言には、立場の分岐点が国庫補助の見通し如何にあるということが示されている。国道修繕費の削減が可能であるとする立場は、地方税の削減分は国庫補助により補充可能であるという見通しに立ってはじめて主張することができるのであって、逆に国庫補助が見込めないという見通しからは、地方税による国道修繕費負担は不可避であり、限られた地方税財源を国道修繕に充てる以上、県道修繕費は削減やむなしという結論が導かれるこ

とになる。つまり両者は国道修繕が不可欠という前提を共有しており、そして前年度の建議が受け入れられず国庫補助の増額は見込めない（それどころか実際には同年の四十八号布告で国庫下渡金自体が廃止される）情勢である以上、県会の大勢は国道修繕優先へ転じざるをえなかったのである。限られた財源を県道に優先的に配分するか、あるいは財政規模自体を拡大してでも県道整備を行うという選択肢は県会議員たちの間には存在しておらず、ここに老川慶喜が指摘した国道は地方税支弁、県道は地方税補助という三新法体制初期の道路費支出の枠組みが成立する。明治十四年県会から十六年県会まで、比較的原案に近い水準での安定的な予算審議が続いたのはこのような合意の形成を背景としていたのである（表6—1）。しかし、十六年県会における「本県管内ニハ中山道・陸羽道・清水越等ノ国道アリテ、他ノ国道ナキ県ニ比スレハ管内人民ノ不幸ナリ、不幸トハ何ソヤ、負担ノ重キヲ云ナリ」（金子光広）という発言(9)に見られる通り、この枠組みは道路問題を外在的に負担の問題として理解するものであり、県会がその負担を甘受する方向で問題を解決したことを意味している。県内各地の県道の整備は課題とはなってはおらず、利益問題としての道路問題は未だ成立していない。

## 二　秩父新道橋梁費地方税支弁問題

このような道路をめぐる状況の転機となったのは、老川も指摘する通り日本鉄道の開業であった。明治十六年七月、日本鉄道第一区線上野・熊谷間の開業、明治十七年八月第一区線の前橋延伸、続いて明治十八年に第二区線大宮・宇都宮間が開業したことによって、埼玉県下を南北に貫く鉄道路線が開通したのである。

明治十六年から国道修繕費原案に対する県会の削減率は漸増傾向を見せるが、これは十六年県会における「中山道ノ如キハ今後数月間ニシテ鉄道落成セハ道路ノ修理復タ切要トナサス、故ニ熊谷以南ニ係ル分ハ悉皆之ヲ削リ去ラント欲スト雖トモ、其破損ノ状体看過スルニ忍ヒサルヲ以テ之ヲ存ス、俗ニ所謂縁切ノ心ニ出ツルノミ」という永田荘作の発言に見られる通り、鉄道開通による国道の重要度の相対的低下という認識によるものであった。また、同じ十六年県会で永田が、「中山道鉄道開設ニ付テハ、之ニ連続スル道路ハ今後一層修繕ヲ加ヘ、益々運送ヲ便ニシ漸次鉄道ノ効用ヲ助ケザルベカラス」と発言していることは、それにかわって県内各地と鉄道とを接続する道路網の整備が課題として浮上してきたことを示している。

そしてこのような道路問題をめぐる状況の変化が端的に現れたのが、明治十七年県会における秩父新道橋梁費の地方税支弁問題であった(10)。本庄と秩父郡小鹿野を結ぶ秩父新道は明治十六年に着工され、その建設費は当初沿道住民の寄附金によって賄われる予定であったが、十七年に至り下吉田村と大宮郷の二ヶ所の橋梁架設費が不足したため、県庁はこれを地方税より支弁するものとして県会に一万九一〇〇円の予算案を提出したのである。

先に見た通り、十三年県会で可決された土木費規則によれば地方税支弁による橋梁修築は国道に架設する橋梁に限定されることになっていた。県道ですらない未完成の秩父新道の橋梁を地方税支弁で建設することはこの規則に抵触する。しかし県はすでに明治十六年十一月二十一日布達甲第九十九号によって土木費規則を改正し、「国道県道ニアラサル道路及橋梁修築ト雖モ公益ト認ムルモノハ第一条又ハ第七条ニ準スヘシ」として、すべての道路について「公益」を基準とする地方税支弁あるいは地方税補助の可能性を開いていた（この規則改正は県会の諮問に付されなかった(11)）。こうして秩父新道橋梁費が明治十七年度地方税土木費予算に計上されたのである。

秩父新道橋梁費の審議は、四月十七日中村孫兵衛の常置委員会意見の報告から開始された。常置委員会の意見は、金額については原案の通りとし、これを十七年度から十九年度の三ヶ年に分割して支出するというものであったが、県会議長加藤政之助が議長席を関口弥五に譲って発言、同予算案を全額削除して町村土木補助費に適宜の額を計上するという修正案を提出し、激しい議論の末加藤の修正案が可決された（四月二十一日三次会で確定）。ところが四月二十一日に開かれた町村土木補助費の予算審議において、四七七五円（総工費の四分の一）を秩父新道橋梁補助費として増額するという加藤政之助の修正案は否決され、結果として秩父新道橋梁費は土木費においても補助費においても支出されないことになってしまった。これを受けて県令は四月二十二日、土木費予算案を再議に付したが再び否決され、県会閉会後の五月五日内務卿に原案執行を上申、六月四日付で内務卿松方正義の指令を得て原案執行となった[12]。

以上の通り、秩父新道橋梁費をめぐっては、全額削除とする立場、町村土木補助費として一部を地方税で負担するという立場、全額地方税支弁とする立場が県会議員間に分立したのであったが、それぞれの立論の根拠はいかなるものであったのか。まず全額削除論に立つ田中一郎は次のように述べている。

一体此新道ハ我埼玉県ノ西隅ナル一地方ニ起シタル工事ニシテ、其利益ヲ占ムルモノハ独リ其地ノ人民ニ止マル

秩父新道は秩父の部分利害にかかわる問題であり、一県全体の財源たる地方税を支出することはできないという主張である。一方、地方税による補助を主張した加藤政之助は、同様に秩父新道を秩父の部分利益ととらえた上で、なお一県レベルでの支出が可能であることを次のように論じる。

一歩ヲ進メ社会組織ノ一点ヨリ考察ヲ下セハ、亦タ必之ヲ全廃ニ帰スルコト能ハサルモノアリ、其訳ハ既ニ埼玉県ナル一社会ヲ組立テタル以上ハ、同胞ノ義務トシテモ互ニ応分ノ力ヲ尽スヲ当然ノコトトナス、若シ否ラスシテ各自一己ノ利ノミ是レ務ムレハ社会ハ成立タス、忽チニ土崩瓦解センノミ、一県小ナリト雖トモ社会ヲ結フ以上ハ、設令秩父新道ノ如キ直接ノ関係ナキモ、金円ヲ投シテ応分ノ義務ヲ尽サヽルヘカラス、即チ秩父人民ノ荒川ノ工事ニ於ケル亦直接ノ関係ナキモ猶ホ幾分ノ税額ヲ負担スルカ如シ

秩父郡の住民が利害関係を持たない荒川治水費をその地方税負担を通じて負担しているのと同様に、他地域の住

民が秩父新道建設費を負担することは、「同胞ノ義務」であり、それが「社会組織」の原理である、というのが加藤の補助費支出論の根拠であった。これに対し、地方税による全額負担案を支持した中村孫兵衛や稲村貫一郎はより直接に、秩父新道建設は秩父の部分利益ではないことを主張する。

今此金額ヲ支出シ、秩父地方ノ繁栄ヲ益サハ、自然全管内ノ公益ヲ起シ、今出シタル地方税モ追々取戻シ得ルコトトモナラン（稲村）

道路ノ開ケタル以上ハ物産ノ繁殖ヲ促カシ、民智ノ進度ヲ高フシ、其利ノ及フ所独リ我埼玉ノ一県ニ止マラス、即我国ノ富強ノ一原素トモナルベキナレハ、飽マテモ前説ヲ主張ス（中村）

つまり、道路の開鑿は物産の繁殖をもたらし、それは管内の公益、さらには日本一国レベルでの「富強」にも帰結するという連関によって、地方税支出が正当化されるのである。

長妻が指摘した「不足補助の論理」は、右のうち第二の立場による地方税補助の根拠づけにおいて成立する論理であり、かつ有泉の言う「利益交換」もまた第二の立場によって正当化されうる性質のものである。しかし、より積極的な道路整備を可能にする第三の立場が、この段階では少数派であり、またその主張も漠然としたものではあるものの、現れたことに注目しておきたい。長妻の言う「分担補助の論理」、すなわちある広域政治権力が、その下位の特定地域の道路整備を、当然に一定程度補助すべきであるという論理が成立するためには、第三の立場による根拠づけがその条件になるからである。

## 三　町村土木補助費問題

翌明治十八年三月の通常県会[13]には町村土木補助費のうち道路・橋梁費として八七三一円九十銭三厘が計上された

（熊谷・妻沼道、上尾・川越道、本庄・八幡山道）。ところが審議の冒頭で常置委員会はこの道路・橋梁費の全額削除が妥当との意見を報告した。報告にあたった常置委員渡辺宗三郎によれば、問題視されたのは補助費予算の決定手続きであった。従来町村土木補助費は関係町村から郡役所へ請求があり、郡役所がこれを調査して県庁に進達し、県庁が審査して適当と認めたものが予算案として県会に提出される手続きであったが、十八年度予算は、前年十七年の地方制度改正による土功会の設置が間に合わず、町村からの請求を待たずして県庁が一方的に開鑿を必要とする道路を選定して予算を組んだものであった。したがって、「未タ補助スヘキ町村ニ於テ修繕ノ準備ナキニ、議会カ本案ヲ議定シテ補助スルトキハ、勢ヒ人民ノ意向ヲ曲ケテモ修築セサルヘカラサル場合ニ至ルモ亦未タ知ルヘカラス」、予算は全額削除が妥当、というのが常置委員会の意見である。

これに対しては議長加藤政之助がまたも議長席を譲って発言、長大な演説によって原案の維持を主張した。以下にその一部を掲げる。

昨今我カ埼玉管内ノ中央ヲ鉄道ノ貫通セシハ、物産ヲ振興スルノ一大源泉ヲ為スモノト云ハサルヲ得ス、然レトモ此ノ鉄道一線ノ便ヲ以テ物産ヲ興スヘキヤト云フニ決シテ然ラス、鉄道修築以来沿道ノ地ハ陸続物産ヲ東京其他ノ地方ニ輸送スルノ便ヲ得タリト雖トモ、其隔絶セル地方ニ在テハ、鉄道ノ便益ヲ利用シテ物産運搬ノ賃銭ヲ低減スルコトヲ得タリヤ未シナリ、故ニ今我カ管下ノ物産ヲ振興センニハ宜シク鉄道ヨリ隔リタル地方ニ達スルノ支道ヲ修築シ、運輸ノ便ヲ与ヘサルヘカラス、然ラサレハ決シテ鉄道ノ功用ヲ全管内ニ及ホス能ハサルヘシ、然ルニ我カ管下ノ道路ハ最モ粗悪ニシテ、貨物運搬ノ用ニ供スルニ足ラス、賃銭高キカ為メニ価値アル物産ノ山間河底ニ埋没シアルハ豈ニ歎ケカハシキ次第ナラスヤ、今之レニ支道ノ便ヲ与フルトキハ物産ヲ振起シ、従来価値ヲ有セサル物品モ其価値ヲ増加シ、又是レマテ地中ニ埋没シタル産物モ始メテ真価ヲ得ルニ至ラン、果シテ然ラハソレカ為メ我カ埼玉地方ニ許多ノ利益ヲ占有スヘキヤ知ルヘキナリ、……（中略）……

故ヲ以テ如何ニ民間困難ナルモ道路ノ便ハ開カサルヘカラス、方今最モ直接ニ民力ノ衰頽ヲ救治シ得ヘキノ途ハ租税ヲ減スルニ在リ、是レ余輩ノ甚タ切望スル所ナレトモ、政府ハ容易ニ此冀望ヲ容レサルナラン、果シテ政府此ノ冀望ヲ得サルモノトセハ他ニ其策ヲ講セサルヘカラス、他ニ其策ヲ求メントスルニハ即チ運輸交通ノ便ヲ開キ物産ヲ振興セシムルヲ以テ好手段トス

ここでは、鉄道へつながる道路網によって結ばれた社会は、より広い市場へと結びつけられた社会であり、交通網は市場経済の機能を円滑に機能させるためのものとして把握される。そしてこの前提には、社会の構成員の福祉は市場経済を円滑に機能させることにより実現されるという理解があり、このような交通手段整備を通じた市場経済の機能円滑化のために政治権力が財政的措置をとることが（租税軽減要求の取り下げと引き換えに）求められる。

加藤自身に即して言えば、十七年度県会の秩父新道橋梁費への地方税支出反対・補助費支出支持の立場とこの町村補助費積極支出の立場は必ずしも矛盾するというわけではない。補助費はあくまで補助費であり、地方税の直接支出が問題になっているわけではないからである。(14) しかし、第一に道路支出に対する総体的な態度として、加藤が前年度までの道路支出消極論から積極論に転じたという変化の意味は小さくない。県会多数派である改進党の、加藤と並ぶ領袖である永田荘作はこの町村土木補助費中の道路・橋梁費に関して削除説を採り、論戦の末加藤の主張通り原案が可決されることになる。第二に、論理の問題として、十八年県会で問題になった補助費のあり方はすでに十七年県会で加藤が問題にした補助費のあり方とは異なっている。十七年県会で加藤は、秩父新道が秩父の部分利害であり、秩父郡人民がそれを望むことを前提にして、それに対する地方税の支出の方法は補助費であることがふさわしいと論じたのであった。ところが十八年県会の補助費は常置委員会が適切に指摘している通り、沿線町村がそれを望むかどうかは全く未確定の路線に対する補助費であった。県会レベルの意思決定が優先するこのような補助費のあり方は、むしろ秩父新道橋梁問題において、個々の道路を直接に管下全体の公益に寄与するものと評価

した中村・稲村らの主張に近い。

会計年度の変更により、明治十九年度（十九年四月―二十年三月）の予算案を審議するための通常県会が十八年十一月に開かれるが、ここでも同様の対立は繰り返された。さらに十八年十一月十二日には県布達甲第七十三号により土木費規則が改正、町村土木補助費の制限が総工費の十分の三から十分の五に拡大される。[15] 次いで明治十九年三月、新たに「水利土功規則」が制定され、これまでの土木費規則は廃止される。[16] 国道の地方税支弁、県道の十分の五までの補助は従来通りだが、「県道及里道ノ道路橋梁ニシテ公益ヲ起ス為メ新築又ハ改良ヲ要スルモノ」は工費の十分の七まで地方税による補助が拡大された。

そしてこのような補助費の性格変容の意味が最も鋭い形で問われたのが続く明治十九年県会（明治二十年度予算審議）であった。[17] 二十年度町村土木補助費予算案のうち問題とされたのは大宮・粕壁道と鴻巣・松山道の開鑿予算であるが、鴻巣・松山道については後に詳しくその経過を検討するので、ここでは大宮・粕壁道についての議論を見る。

大宮・粕壁道もまた町村からの請求（土功会の決議）なしに県庁が予算化した計画であった。反対派は依然としてこの点を批判する。「先ツ町村連合会ニ於テ果シテ之レヲ願フカ、又之レヲ了承スルヤ否ヤヲ詳カニシタル後ニ於テ始メテ之レヲ議スヘキナリ、今日此ノ新工事ヲ興スハ民情ニ逆ヒ之レカ疾苦ヲ増スニ至ルヘキノミ」（斎藤珪次）。道路の建設がむしろ沿線住民の負担となるという危惧である。同じく削除論に立つ永田荘作は、「総テ人民ヲ救助スルニハ種々ノ方法アルヘシト雖トモ、租税ヲ軽減シテ生計上ニ余裕ヲ与フル等ハ最モ直接ニ利ヲ与フル者ナルヘシ……（中略）……道路ハ末ニシテ生産ハ主ナリ」と民力休養論の立場から道路建設総体に対する消極的立場を鮮明にしている。

一方原案維持説の中心となったのは、先年に引続き加藤政之助ら改進党系議員の一部に加えて、鈴木善恭と大島莞爾の自由党系議員であった。大島は次のように述べる。

廃棄説諸君ノ第一ノ根拠トセルトコロハ輿論ノ一言ヲ以テ証拠トセルモノ、如シ、而シテ其輿論トハ如何ナリヤト考フルニ、多分ノ費用ヲ支出スルハ不可ナリ、新道ヲ開鑿セハ多分ノ費用ヲ要スルヲ以テ不可ナリト云フニ過キス、此等ハ傖父野人ノ言フ所ニシテ、之ヲ以テ埼玉県ノ輿論ト為ス可ラス……（中略）……総テ地方小民ノ状態ハ、永遠ノ利害ニ眼ヲ着ケス、只目前ノ利益ニ汲々タルノ有様ナレト、此等人民ノ言フ所ヲ以テ埼玉県下人民ノ輿論ニテ御座候ト曰フハ実ニ笑止千万ト云ハサルヲ得ス

「埼玉県ノ輿論」の見地からは、沿道住民の抵抗は「地方小民」の抵抗にすぎないものとして棄却されるのである。鈴木善恭も、「先年不景気ノ甚タシキトキニ際シ、秩父新道ヲ開通セシカハ人民之ヲ否ミ喜ハサルノ色アリシカ、其落成スルニ及ンテハ果シテ如何ナリシヤ、欣々トシテ新道ノ便ナルヲ喜ハサルモノナク、又夫ノ暴徒ノ如キモ、当初此新道ニ付テ頗ル不平ヲ懐キ苦情ヲ訴ヘタル者モ、其鎮撫ノ後彼ノ新道ヲ通行シテ其便利ナルニ感シ、却テ其初メ苦情ヲ訴ヘタルヲ恥チタリト」と、明治十七年の秩父事件における秩父新道への反感を引き合いに出しつつ、沿道住民の動向は無視しうるものであると説き、改進党の高橋荘右衛門も「沿道二三ノ村落ニ於テ苦情ヲ唱フルモ之ヲ以テ廃棄ノ根拠トナスヘカラス」と、部分利害に対する全体利害の優先を説く。大宮・粕壁道予算一万〇九八三円は第二次会で否決されたものの、三次会で例によって議長加藤政之助の議長を交代しての発言があり形勢が逆転、原案に近い水準の九四一四円が認められた。

このように十九年県会における大宮・粕壁道原案維持派の主張は、沿道住民の意向が仮に道路建設を不要とするものであったとしても、一県レベルでの公益性の判断によって道路建設を推進すべきであるというものであった。もし沿道住民がその負担を受け入れないとすれば、それは「傖父野人」「地方小民」「二三ノ村落」の謬見にすぎないものとして、県レベルでの意思決定によって抑圧されてしまうのである。

こうした主張を定式化し、さらなる道路建設の積極化を主張したのが、明治二十年十月十八日付で比企郡内の連合戸長六名の連名で県知事宛に提出された「県道ニ係ル一切費用ハ地方税ノ支弁ニ属シタキ建言」(18)であった。

抑県道ハ国道ニ次キ堂々タル天下ノ脈管ナリ、人民ノ媒介ナリ、脈管ニシテ破壊セシカ、血液ノ循環直ニ止ミ、貴重ナル身体忽チ柱骨ニ化セン、媒介ニシテ円滑ナラサランカ、百般ノ事務忽チ渋滞陳腐ニ属セン、県道保護ノ一日モ忽錯ニ附ス可ラサルヤ斯ノ如シ、故ニ堅ク修補ヲ加ヘ一変シテ新面目ノ便路トナサザルヘカラス

ここでも前提とされるのは市場経済の円滑な機能が社会構成員に福祉をもたらすという認識である。そしてこの建言書においては、そのような市場経済のイメージは有機体説的な政治権力イメージと接合され、「脈管」である道路の、全体社会に対する公益性が論証される。この議論を進めてゆけば、公益性を有する道路にとって、その「受益者」を限定するのはそもそも不可能であるということになる。建言書は言う。

斯ク陳ヘ来ラハ、則論者或ハ謂ハン、沿道町村ノ人民ハ其道路ニ因テ自ラ便益アリ、故ニ之ニ報ユルノ義務アリ、他ノ町村ハ此便益ナシ、故ニ義務モ亦ナシト、是其実際ヲ知ラサルノ論ノミ、仮令ハ茲ニ百戸ノ村アリ、而シテ二十戸ハ県道ニ臨ミ、他ノ八十戸ハ県道ニ臨マサルモ、此一村ノ費額ヲ以修補ヲ成スニアラスヤ

建言書の提出者たちは以上の根拠によって、水利土功規則を改正して、県道は全額地方税支弁とすることが必要であると主張する。ここに、埼玉県の道路政策において、個別の道路の建設が県下一般、さらには一国レベルでの公益によって正当化される論理は完成を見るのである。

## 四　鴻巣・松山間新道開鑿問題

明治十七年から明治二十二年にかけて沿道町村で大きな問題となった鴻巣・松山間の新道開鑿問題は、これまで

論じてきた町村土木補助費の性格をめぐる問題の集中的表現とも言うべき事件である。後述する通り、事態の紛糾のなかで道路の建設を促進する立場からはいくつかの建議書類が提出されることになるが、それらに見られるこの道路の建設の目的は、北足立郡の物産の集散地であり日本鉄道の駅が設けられた鴻巣と、県西部の物産の集散地である松山との間に道路を整備することによって、各地の経済活動を促進することにあった。それらの一つである明治二十年八月十六日横見郡内三連合戸長の連名で出された建議書(19)は次のように述べている。

凡ソ人体ノ血液ヲ運行平均ナラシメ、以テ全体ノ健康ヲ得セシムルノ基礎ハ動静二筋ノ脈絡ナリ、国家ノ物質ヲ運搬平均ナラシメ以テ全国ノ富強ヲ得セシムルノ基礎ハ国県二者ノ道路ナリ……（中略）……沿道ハ勿論、比企・秩父・高麗・入間ノ内数郡ノ物貨ヲ平均シ、所謂国家富強ノ基礎ヲ作為シ、蓋シ地方ノ便益ハ如何ソヤ

市場によって社会の総体的な福祉を実現するという目的は、当該道路についても当てはまることがここから看取しうるであろう。以下、この問題の経過を追うことで、県下一般の公益を実現するものとされた道路建設の具体的様相を検討する。

## 1　発端

鴻巣と松山の間に道路を建設する計画の発端は、明治十六年四月二十二日、横見郡一ツ木村の原作衛ら十三名が県令宛に提出した「道路測量願」である。この願書は、原らが費用を負担して吉見丘陵を横断する新道を開鑿するため、県に測量技師の派遣を出願したものであるが、これを受けて県が五等属小野長雄を現地に派遣して調査を実施したところ、吉見丘陵を横断する路線は勾配が急であるうえに土質の問題もあって工事が困難であり、鴻巣・松山を結ぶ路線には他に平坦な土地を通る適当な路線がある、との復命であった。県勧業課長山中福永は明治十六年十一月九日付でその旨を比企・横見郡長鈴木庸行に照会、鈴木から出願者に通知された結果、原らはこの願書を取

り下げることとなり、沿道住民から提起された道路建設計画は一旦頓挫することになった。[20]

## 2　県庁主導による計画の着手から県会の否決まで（明治十七年十一月―明治十九年十二月）

県庁はこの後自ら主導して鴻巣・松山間の道路建設計画を再始動させる。明治十七年十一月二十三日、比企・横見郡役所に県の土木掛矢田六等属らが出張し、郡長と協議の上翌日から測量に着手した。この際郡長が「右費用ハ何レヨリ支出候哉」と質問したのに対して、矢田は「先地方税ト町村費之見込」と答えており、当初から町村費と地方税補助による建設が予定されていた。[21] 十二月十二日には浦和において鈴木郡長と松原県土木課長の会談があり、この席で松原は「寄附ヲ促し出来候上は人民懇望之場ヲ以テ県会江付スルトキハ大ニ都合宜敷被考候」と、鈴木に寄附金の募集を促し、鈴木は有志者を募る上で参考にするため予算額見込みの回付を松原に求めている。[22]

この時点で県庁が測量を実施したのは、鴻巣から古名村付近で横見郡大囲堤を越え、大和田村、谷口村、久保田村などの横見郡平野部を直線で横切り、吉見丘陵の南端に沿って松山に至る路線であった（地図中の①）。この路線はほぼ平坦地を通過する上、距離も短いため技術的には最良の選択と考えられ、十六年中の小野五等属の復命もこの路線を念頭に置いたものであったと思われる。ところがこの路線の選択に対して異論が出た。明治十八年三月、横見郡二十四ヶ村の人民惣代三十九名は連名で、次のような願書を県令宛に提出した。[23]

横見郡各村惣代等謹テ奉建議候、近頃北足立郡鴻巣宿ヨリ本郡ヲ経テ比企郡松山町へ新道御開鑿ニ相成候趣伝承仕リ候、抑本郡ノ地形タルヤ楕円状ニシテ西北ニ山ヲ帯ヒ、東南荒川・市ノ川ヲ画リ大里・比企・北足立ノ三郡ニ界シ、常ニ水害ヲ蒙ルノ地ナルヲ以テ、大里郡小八ツ林村ノ堤塘ニ連続シ当郡中曽根村ヨリ起リ東南荒川・市ノ川ニ対シ堤塘ヲ築造セリ、之レヲ大囲堤ト云ヒ、以西方流域暴張ノ水害ヲ防禦スルモ、天造凹字ノ地形ナルヲ以テ、西北連山ノ悪水流集シ之ヲ吐クニ、彼ノ大囲堤下ニ伏セアル僅カノ水門樋管ヨリ吐流スルノミ

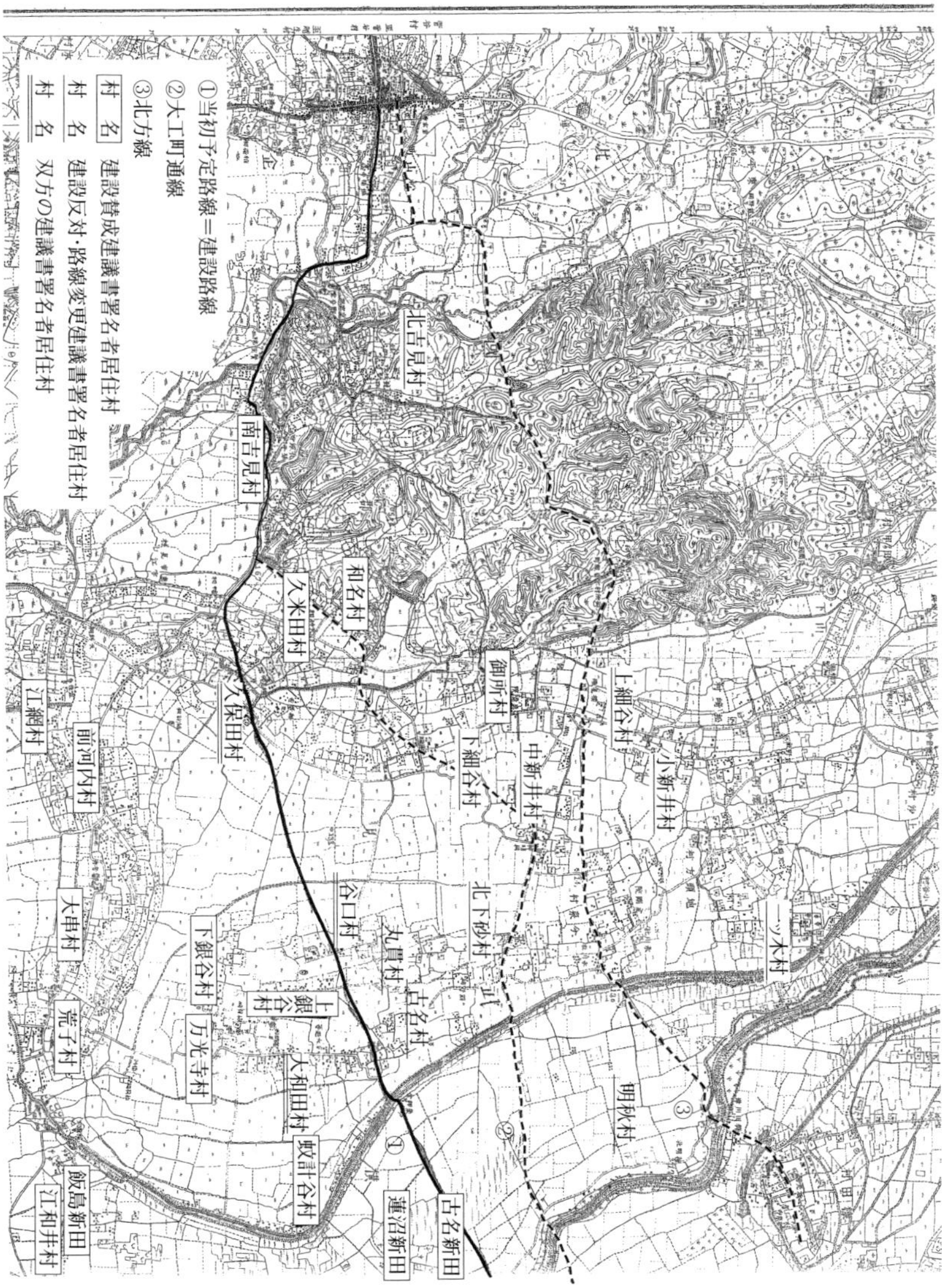


図6-1　鴻巣・松山道周辺図（二万分の一迅速測図「松山町」を加工）

ナレハ、夏秋ノ間一夜ノ暴雨田地瀦沼トナリ、為メニ水害ヲ蒙ムル尠カラズ、故ニ従来甲村耕地ヲ横切リ纔カノ道路ヲ修築スルトキハ其害乙丙丁ノ数村ニ連及スルヲ以テ、猥リニ道路ヲ修築スル不能、然ルニ今回御開鑿相成候新道ノ如キハ、本郡古名新田・古名村・丸貫村・谷口村・久保田村等ノ田耕地ヲ横断シテ築造スルモノナレハ、雨水之レニ湛へ、道上ニ位スル村々ノ田耕地ハ該道路在ラン限リ作毛ヲ腐ラセ、良田忽チ悪田トナリ、人民ノ困難喋々ヲ俟タスシテ火ヲ視ルヨリ明ラカナリ

問題となったのは道路建設に伴う水害の危惧である。地形的に悪水の滞留しやすい横見郡南東部の平坦地に盛り土をして道路を築造すると、流下する悪水を堰き止めることになり、道路の北方の耕地が冠水してしまうというのである。願書は、この路線に代えて、荒子村・大串村・前河内村・江綱村の横見郡大囲堤南辺上を通って松山と桶川とを結ぶ道路を建設することを提案している。署名者の居村二十四ヶ村には、後に当初路線での建設賛成に転じることになる横見郡南部の村々も、その後積極的な動きを見せない横見郡北部の村々も含まれる。しかし県庁はこの意見を採用せず、また地元村々においても再びこのプランが問題になることはなかった。理由はおそらく、道路建設の目的が松山と日本鉄道線を結ぶことにあり、その点から松山・桶川道は松山・鴻巣道に比べて遠回りとなるからである。(24)

翌明治十九年の後半になると県庁は県会への予算案提出の準備を本格化させ、九月二十日には笹田書記官の視察が実施された。(25)反対派の運動もこれに対応して活発となり、九月二十二日、下細谷村・中新井村・北下砂村・古名村・丸貫村人民二一七名は、道路高を八寸に制限した上、十間ごとに水抜きの橋梁を設けることを要求する願書を県知事宛に提出し、(26)十一月八日通常県会が開会すると、十一月十五日、中新井村を除く四ヶ村の人民物代十一名は県会議長宛に工事中止を求める建議書を提出した。(27)十二月二日には荒川の対岸、北足立郡滝馬室村の人民惣代からも水害を避けるために路線の変更を求める願書が提出されている。(28)

さて、県会に提出された町村土木補助費予算中鴻巣・松山間道路建築費七三五〇円の審議は十一月二十九日に行われた(29)。常置委員会が二〇〇〇円を削減して五三五〇円とすると報告したのに対して、田中一郎（横見郡選出、中新井村）が沿線住民からの建議書を理由として全額削除を提案、この修正案が可決されて、十九年通常県会において鴻巣・松山道予算は廃案とされた（十二月三日の三次会で確定）。反対派の運動が効を奏したわけだが、全額削除に賛成した議員の中には、「本員ハ計画ニ於テ不充分ナル処アルカ為メ益之ヲ後年ニ譲ルノ適当ナルヲ信スルナリ」（石坂金一郎）、「尚ホ一層周密ニ計画ヲ凝ラサハ斯ク迂遠ノ策ニ出スシテ完全ナル道路ヲ開鑿スルノ法アルヲ発見スルナラン」（平野喜与三郎）といった意見も多く、一年間様子見の雰囲気が強かった。このため県庁は次年度の県会を目指して対応策の検討に入ることになる。

### 3　路線変更の検討から県会可決まで（明治二十年三月―明治二十年十二月）

ここで浮上するのが、当初予定より北寄りに路線を変更し、下砂村・中新井村付近の「大工町堤」と呼ばれる堤防上に新道を建設するという計画である（図中の②）。大工町堤は大囲堤から分岐し、荒川に対しては垂直の方向に建設された堤防で、古名・丸貫など十ヶ村の洪水を防止する目的で近世前期に築造されたものである(30)。明治二十年三月五日、県土木課長阿武久吉は現地を視察、県庁第二部長長谷川敬助宛の復命書において大工町堤上への路線変更を提案した(31)。この路線は当初計画線に比べればやや遠回りであるが、当初路線のように大工町堤と新道とで二重に悪水が滞留する恐れがないというのがその理由であった。

こうして明治二十年六月十四日、県知事吉田清英は巡視の際に地元戸長たちに路線変更の可否を諮問した(32)。ところが七月十三日大和田村連合戸長木村清夫は県知事宛に上申書を提出し、大工町堤の高さが堤より上流の村々と下流の村々との間でたびたび紛議の原因となってきたことを指摘し、「若シ該堤ヲ以テ県道タラシムルトキハ上下両郷（大工町堤の上流と下流、引用者）組合間ニテ後年ニ至リ却テ紛議ノ根種ヲ増発シ、人民ノ不幸アランヤモ計リ難シ」として路線変更に反対を表明、八月十六日には木村のほか御所村連合戸長内山温載、久保田村連合戸長新井恭明の連名で、当初計画路線が「真ニ的中ノ好場所」であって路線変更は不適当との建言書が提出された。さらに明治二十年十月二十三日には久保田村ほか二十ヶ村（表6—2参照）の惣代人も当初路線での建設を建議している。(33)一方下細谷村ほか四ヶ村は、路線変更を求める建議書を、十月三十日に郡長に提出している。(34)

大工町堤路線も反対に遭遇したため、県庁は明治二十年十一月の通常県会に再び当初測量路線を前提とした予算案を提出せざるをえず、県会が開会すると建設促進、路線変更の両者から建議書が議長宛に出された。(35)

二十年通常県会の審議は錯綜を極めた。まず十一月二十五日、石坂金一郎から、鴻巣・松山道を吹上・松山道に変更する建議案が提案された。これは水害懸念の除去と、松山・吹上間の方が松山・鴻巣間より距離が短いことを理由としており、賛成十八、反対十五で可決された。十一月二十八日に開かれた町村土木補助費の一次会・二次会では、石坂が可決された建議に基づいて鴻巣・松山道予算を削除する修正案を提案したが、岡戸勝三郎が松山・鴻巣道予算を維持する修正案を提出し、岡戸修正案が二十二対十で可決された。この後、松山選出県会議員の鈴木善恭と県庁土木課は吉見丘陵を横切る路線（図中の③）への変更の可能性を再度模索した模様で、十二月三日から五日にかけて、鈴木と土木課員が現地を視察している。ところがこれに対しては、十二月七日付で和名村・御所村、十二月八日に今泉村からこれも水害を理由として反対する県知事宛の建言書が提出される。(36)十二月八日、県会は一度可決した吹上への路線変更建議を文案確定の段階で否決し、町村土木補助費の三次会では鈴木善恭が吉見丘陵を横切る北方への路線変更建議を提案するもこれも否決され、ようやく松山・鴻巣間道路建設予算は県会による承認を受けるに至った。

二転三転する審議過程における個々の議員の動きの背景には不明の点も少なくないが、吹上への路線変更に反対

**表 6-2　鴻巣・松山道関係建議書・哀願書差出人の居村（横見郡内）**

| 戸長役場名 | 村名 | 建設反対・路線変更 | | | | | 建設促進 | |
|---|---|---|---|---|---|---|---|---|
| | | 19・11・15 | 20・10・30 | 21・2・21 | 22・2 | 提訴 | 20・10・23 | 20・12・5 |
| 大和田村連合<br>戸長：木村清夫（谷口村） | 大和田村 | | | ○ | ○ | | ○ | ○ |
| | 上銀谷村 | | | | | | ○ | ○ |
| | 下銀谷村 | | | | | | ○ | ○ |
| | 万光寺村 | | | | | | ○ | ○ |
| | 蓮沼新田 | | | | | | ○ | ○ |
| | 古名村 | ○ | ○ | ○ | ○ | ○ | | |
| | 古名新田 | | | | | | ○ | ○ |
| | 蚊計谷村 | | | | | | ○ | ○ |
| | 江和井村 | | | | | | ○ | ○ |
| | 飯島新田 | | | | | | ○ | ○ |
| | 久保田新田 | | | | | | ○ | ○ |
| | 高尾新田 | | | | | | ○ | ○ |
| | 須ノ子新田 | | | | | | ○ | ○ |
| | 谷口村 | | | ○ | ○ | ○ | ○ | ○ |
| | 丸貫村 | ○ | ○ | ○ | ○ | ○ | | |
| | 北下砂村 | ○ | ○ | ○ | ○ | ○ | | |
| 久保田村連合<br>戸長：新井恭明（久保田村） | 久保田村 | | | | ○ | | ○ | ○ |
| | 江綱村 | | | | | | ○ | ○ |
| | 荒子村 | | | | | | | ○ |
| | 大串村 | | | | | | ○ | ○ |
| | 前河内村 | | | | | | ○ | ○ |
| | 下細谷村 | ○ | ○ | ○ | ○ | ○ | | |
| 御所村連合<br>戸長：内山温載（久米田村） | 御所村 | | | | | | ○ | |
| | 和名村 | | | | | | ○ | ○ |
| | 久米田村 | | | | | | ○ | ○ |
| | 黒岩村 | | | | | | | |
| | 長谷村 | | | | | | | |
| | 田甲村 | | | | | | | |
| | 南吉見村 | | | | | | ○ | |
| | 北吉見村 | | | ○ | ○ | | | |
| | 山ノ下村 | | | | | | | |
| | 松崎村 | | | | | | | |
| 地頭方村連合<br>戸長：原作衛（一ツ木村） | 地頭方村 | | | | | | | |
| | 一ツ木村 | | | ○ | | | | |
| | 上細谷村 | | | ○ | | | | |
| | 明秋村 | | | | ○ | ○ | | |
| | 小新井村 | | | ○ | | | | |
| | 今泉村 | | | | | | | |
| | 木沢村 | | | | | | | |
| | 上砂村 | | | | | | | |
| | 中曽根村 | | | | | | | |
| | 中新井村 | | ○ | ○ | ○ | ○ | | |

出典）「埼玉県行政文書」明 1065，明 1714，明 1764.
注） 村名は土功会の関係町村.

し、原案維持を支持した議員たちの主張は次のようなものであった。第一に吹上の方が鉄道線から松山までの距離が短いという説に対しては、松山は秩父等の薪炭・木材の集散地であり、一方鴻巣は秩父郡等松山以西の地域が移入を必要とする米麦の集散地であって、両地を接続することが商業上必要であると言う。第二に水害の懸念が沿線から出ている点については、「凡ソ道路ノ開鑿ハ其沿道地方ノ利益ヲ計ルノミナラス、広ク県下一般ノ洪益ヲ計ルニ在リ、然レトモ其間或ハ多少ノ苦情ナキヲ保スヘカラス」（岡戸）、「開鑿ノコトニ付テハ、多少ノ苦情ハ勢ヒ免ルヘカラサルモノナレハ、理事者ニ於テモ十分ノ注意ヲナシ、傍若無人ト云フ主義ヲ取テ決行セサレハ到底功ヲ奏スル能ハサルヘシ」（鈴木善恭）と、県下一般の立場から個別の苦情は無視するべきであると述べている。これらは繰り返し見てきた通り、当該期の道路建設積極論に特徴的な議論の構造であり、鴻巣・松山道予算の可決は、このような積極論の勝利を意味していた。

## 4　建議書の応酬と大工町堤路線変更計画の再浮上（明治二十年十二月―二十一年十月）

しかし沿道の建設反対派はなおも運動を続行した。明治二十年十二月二十八日に横見郡中新井村ほか十ヶ村[37]、明治二十一年一月四日に北足立郡滝馬室村・大間村、一月十八日に北足立郡糠田村・北中野村・宮前村・登戸村[38]、二月二十一日に再び横見郡中新井村ほか十ヶ村の反対住民が県知事宛に相次いで路線変更、あるいは工事着手の前の実地検査を求める哀願書を提出したのである[39]。

これに対して原案路線建設推進の先頭に立ったのは横見郡内の連合戸長たちであった。反対派の哀願書に管轄戸長として奥印を求められた大和田村・久保田村・御所村の三連合戸長は、規則に準拠して奥印を与えると同時に、自らがその哀願書の内容に反対であることを記した意見書を作成して県庁に送付した[40]。すでに彼らは前述の通り二十年八月には大工町堤への路線変更反対を表明しており、また二十年十月の反対派願書の奥印に際して同様の意見書を作成していたが、二十一年二月二十一日の反対派の哀願書に対する久保田村連合戸長新井恭明の逐条的な反論は、両派の主張の根拠を最も包括的に提示したものとなっている。

二月二十一日哀願書における反対派の主張は以下の五点にわたる。①鉄道開通以降、鴻巣に集まる米麦は鉄道を通じてより高価格が期待される上州や東京へ移出されるので、鴻巣・松山間の交易の重要性は低下している。②新道は水害を惹起する。③新道と同様に横見郡平野部を横断する大工町堤を巡っては、近世を通じて十六回の争論が記録されており、新道も同様の紛擾を引き起こす。④吉見丘陵を横切る北方への路線変更は、水害を生じる心配がなく、また経費も少なく済む。⑤水害による被害（総額十三万円余と見積もられている）と工費の差額を考えるならば、北方線の方がはるかに有利である。

これに対する新井の反論は次の通りである。①鉄道開通以降物産は高価格のところへ向うからこそ秩父・比企・高麗などの物産に鉄道利用の便益を得せしめるために道路が必要である。また松山以西が鴻巣からの米麦移入に依存する状況に変化はない。②路線を変更すればその路線上の村々が今度は同様に苦情を申し立てることになる。反対派の主張は「災ヲ人ニ譲ントスルノ説」である。③悪水の大部分は大工町堤でせき止められ東へ流下し、新道までは到達しない。両者を同一視するのは誤りである。④北方への路線変更は巨額の費用を要する。⑤仮に反対派の主張通り水害による被害を受けるとしても五ヶ村にすぎない。その他の村はどちらの路線でも同様である。

両者の意見が正面から対立する中で、県庁と郡役所は再び大工町通り路線での事態の収拾を模索する。三月六日県庁第二部長は郡長宛に哀願書の却下を通牒したが、その際「小変更大工町堤下ヲ通スル如キハ不得止御採用ニ可相成ト被存候」と大工町堤計画を再検討するよう指示した[41]。これに基づき、三月九日、哀願書却下を反対派に伝達した比企・横見郡役所書記の原口正治は、反対派に対して「線路変換之儀上申セハ、郡長ハ充分尽力シ、必ス其事ニ施行セシム可キ間、可成丈相談致シ呉ヨ」と述べ、路線変更の上申書を出すように促した[42]。こうして、四月十日、下細谷村・丸貫村・中新井村・古名村・北下砂村五ヶ村の人民惣代名で、大工町通りへの路線変更が出願される(43)。

この間、三月十七日に郡長鈴木庸行は阿武県庁土木課長と会談して対応を協議、四月五日には県議田中一郎と郡長が、四月十一日には県議鈴木善恭と郡長がそれぞれ会談して大工町堤への路線変更で合意形成を図っているが、四月十六日郡長と横見郡内戸長との会談においては、戸長から明秋村・和名村・久米田村に路線変更反対意見があることが報告されている(44)。八月十日、郡役所に出頭した惣代岡野新一郎・加藤林蔵に対し、郡書記原口は、路線変更には和名・久米田などの反対が出たこと、それ故県庁から「村方共ニ苦情アル上ハ尚一層周到ノ詮議ヲ遂ケヘキ旨」をもって四月十日付の反対派上申書は却下されたこと、また「十八年実測線ニハ五ヶ村ノ苦情アリ、変換線ニハ三ヶ村ノ苦情アリ、苦情村数ノ多少アルモ、十八年実測線ハ已ニ県庁及代議士迄モ是認シタル者故容易変更スル能ハス、又変更スレハ必ス成ルノ目的アル以上ハ変更スヘキ勿論ナルモ、未タ之ヲ確認シ不能」であることなどを述べ、路線変更が困難な状況であることを伝えた(45)。

明治二十一年十月八日、反対派の下細谷村ほか六ヶ村人民惣代は県知事宛に「親展書(46)」を提出、さらに十月十六日には哀願書(47)を提出するが、路線変更が原案維持派の反対に直面するという事態のもと、建設反対・路線変更の主張は原案維持派に対する批判へと向かう。十月十六日哀願書では、原案維持派の主張は「公益ノ為メ道路ヲ希望スルノ意ニ出タルニアラス、已レ村方ノ水害ヲ免ル、謀策ヨリ斯ル建議ヲナスモノナリ」「十八年測量線ヲシテ水防ノ具トナサン」とするものであるという議論が展開されているが、しかし、これでは、路線変更論は「災ヲ人ニ譲ントスルノ説」という原案維持派の主張に、原案維持派もまた同様の個別利害であるという主張を対置しているにすぎず、積極的に路線変更を根拠付けてゆくことはできない(48)。結局、北方線、大工町堤線、当初計画線のいずれでも何らかの反対が起ることは避けられないのであり、道路建設を前提とする以上、県庁と郡役所にとっては当初計画線で建設を実施するのが最良の選択とならざるをえない。

原案維持・路線変更両者の対立が、個別利害相互の対立へと帰着するなかで、論点は次第に相互の悪意の暴露へと矮小化されてゆくと同時に、これまで一応利害の主張の単位となってきた個々の村の中でも、個別利害の対立が顕然化する。二十一年八月中に、谷口村木村軌一ほか一名から、原案を維持して微修正を加える建議書が提出されたが、九月十二日谷口村人民惣代から県知事に提出された上申書によれば、木村軌一は未だ十三歳の児童で、原案維持派の連合戸長木村清夫の被後見人であって、谷口村全体としてはあくまで路線変更を求める意思に変わりはないという(49)。また右に触れた十月十六日哀願書には、路線変更反対派とされている久保田村・和名村からも署名者が出ており、付箋で「私共義ハ久保田村人民ニ候得共、新道ノ為メ被害ノ点ニ付テハ右村々ト同様必至困難ニ付、左ニ連署哀願仕リ候也」という注記が加えられている。谷口村や久保田村はいずれも当初案では道路が村を横切る位置にあり、道路の北方と南方では賛否が逆転するのは当然予想されるところである。双方の個別利害は最終的には個々の経営体の個別利害の主張にまで分割され、もはや積極的な主張をなしえない建設反対・路線変更派には、相手の「謀策」を暴露する以外の手段は残されていない。

### 5　県会建議と土功会の強行（明治二十一年十一月―十二月）

明治二十一年十一月二十四日、県庁は乙第六十四号・六十五号を発して、鴻巣・松山道関係区域を指定し、土功会規則を制定した。すでに県会で地方税の補助費予算が成立した後の土功会招集である。これに基づき選挙が実施されることになったが、十一月二十八日から三十日にかけて反対派住民は投票用紙の受け取りを拒否して選挙をボイコット、選挙の結果当選した明秋村宮崎由三郎、上銀谷村松本仁三郎の二名は当選を拒否して直ちに議員を辞職した。十二月四日、反対派は県知事に土功会の中止を出願する(50)。

折しも開会中の明治二十一年通常県会に、建設推進派、反対・変更派の双方からまたもや建議書が相次いで提出される。(51)こうした状況のなかの十二月八日、大島寛爾・堀越寛介を提案者として、鴻巣・松山道の工事中止建議案が突如提出される。この年は県会議事録が現存しないため議論の詳細は不明だが、この建議案は十二月十一日に可決される。(52)

しかし郡長鈴木庸行は土功会を強行することを決定する。十二月十五日から十七日にかけて、反対派議員欠員のまま松山町において開催された土功会において、収入予算一万六六〇三円八十銭（内寄附金三三三六円六十銭、地方税下渡金一万三二六七円二十銭）、支出予算一万六六〇三円七十五銭からなる鴻巣・松山道建設予算案は可決された。(53)

## 6　工事着手と反対派の提訴（明治二十二年一月―八月）

直ちに翌明治二十二年の一月二日から工事着手のための測量が開始された。一月十六日、下細谷・丸貫・古名・明秋・北下砂・中新井・谷口・滝馬室各村の計二七一名は、連署して「同心協力必ス目的ノ貫徹ヲ期」すという「契約証」を作成し、反対派の結束を図っている。(54)鈴木の日記には、反対派の屯集や、縄を張るなどの妨害があったことが記録されており、「竹槍ヲ拵ひ候者三名モ有之由、其他は竹而已用意致し先を不尖ニ御座候趣」といった緊迫した状況の中での測量であったが、一月十一日横見郡内の測量を終了し、二月十二日・十三日には工事請負の入札が郡役所で実施、三月十五日には北足立郡長小泉寛則と鈴木郡長との協議によって、北足立郡滝馬室村内の反対派の所有地の強制収用が合意されている。(55)

追い詰められた反対派は、内務大臣・総理大臣への請願を実施すると同時に、(56)法廷に問題を持ち出すことになった。明治二十二年一月二十四日、反対派は、議員辞職による欠員があるにもかかわらず土功会を強行した郡長の措置は不当であるとして、郡長鈴木庸行を相手取って浦和始審裁判所熊谷支庁に土功会決議取消しの訴訟を起した。(57)判決は不明であるが原告の敗訴であったものと思われる。三月六日には、今度は県知事吉田清英を相手取り、東京控訴院に工事差し止め、あるいは道路高の制限を求める訴訟を起した。

原告の主張は、新道建設による道路北側村々への悪水滞留は「原告カ天然得タル権利」である通水権を侵害するものであり、かつ欠員を補充しないままの土功会の決議は不法である、というものであった。これに対して県側は、悪水滞留に関しては土管や橋を道路に設けて配慮を行っており、土功会の決議を経た以上、「公議ニ決シタル無害有益ノコトタルハ動カズ」としてこれに反論した。また欠員については区町村会法には議員が全員揃わなければ議事を開いてはならないという規定はなく、選挙ボイコット、当選拒否は「自ラ権利ヲ抛棄シタルモノ」であって、「原告中其関係者ハ参与ノ特権ヲ有シ自己ノ撰任シタル代議者ヲシテ議決セシメタルモノナレハ、工事ニ対シ苦情ヲ訴フヘキ筋アラス」と述べている。八月十五日に下った判決は、土功会の議決の有効・無効の問題には踏み込まず、県が技術上の配慮を行っていることから、原告の通水権の侵害は認められないとして訴えを退けた(58)。

かくして鴻巣・松山道をめぐる紛議は収束し、明治二十二年十一月十日、県知事臨席のもと開通式を迎えることとなったのである(59)。

## むすび

以上縷述してきたところの埼玉県における道路問題の展開、とりわけ鴻巣・松山道問題に集中的に現れた町村土木費問題の検討を通じて、道路整備が「地方利益」として成立するための諸前提を改めて問うならば、次のような諸要素がそこに存在していることが明らかになったと思われる。

第一に、県道・里道の修繕・建設の積極化の前提として、道路がその沿線だけでなく、社会全体の「公益」にかかわるとの認識が生成していることである。この理解は、市場システムが円滑に機能することが住民の福祉に寄与するという観念に支えられている（「物産繁殖」）。しかし第二に、このことは道路の修繕・建設に対して消極的な態度あるいは反対に対しては抑圧的に機能する（「只目前ノ利益ニ汲々」「秩父暴徒」）。

そしてこのような「公益」による個別利害の抑圧を制度的に支える機構が、連合戸長役場体制と連合町村会（土功会）であった。これらは個別利害の凝集と政治社会レベルへの浮上の回路であった村（近世村）を政治的意思決定の手続きから排除することにより、「公益道路」の「公益」性を支えるのである。鴻巣・松山道に即して言えば、曲がりなりにも選挙によって選ばれた土功会の議決は「公論」であると主張され、反対派のボイコット戦術は権利の放棄にすぎないと見なされる（もちろんボイコットしなければ多数決の結果反対派は敗北する）。また連合戸長は、反対派からの建言書に奥書・奥印を与える一方、その中身については反対の意見書を提出し、個別利害から分離した「公益」の立場から道路建設を推進した。戸長が戸長自身の如何にかかわらず奥書・奥印を実施すること、またその内容に異議がある場合は意見書を添付しうることは、本書第四章で見た通り、分岐する個別利害と戸長役場行政を分離し、頻発する奥書・奥印をめぐる行政訴訟に対処することを目的として明治十五年に導入されたものであり、十七年の連合戸長役場制の導入と相俟ってそれが意図した通りに機能していることがここで確認されるのである[60]。

敷衍すれば、このことは多様な利害の含み込みを前提とする政治的単位としての連合戸長役場体制が、市場に依拠した福祉と、その実現に寄与する政治権力という認識に相即的であることを意味する。社会の構成員の福祉が、市場という多方向的で無定形なシステムに委ねられた以上、政治権力は、個別利害の均質性を条件とする身分団体（ここでは村）に依拠するのではなく、空間を恣意的に分割してそれぞれにその空間を担当する機構へと性格を変化させることになる。ここでは、有機体的な社会イメージのもと、「誰のための道路か」という問いは相対的に無意味化するのである。地域経済の深化が、「不足補助の論理」にかわって「分担補助の論理」を導くという長妻の指摘は、このような政治権力の性格変化の問題としてとらえられる必要がある。

以上の認識(61)と制度的編成を通じ、一方でそれに反対する個別利害を抑圧することによって、一方でそれが社会全体の「公益」であることを承認されることによって、ある特定の道路が「利益」として提出されることが可能となる。(62)

明治地方自治体制は、地域社会を、普遍的利害の領域としての政治社会と特殊利害の領域としての市民社会に実体的に分節化し、後者を市場という多方向的で無定形なシステムとして位置づけ、前者の普遍的利害をそのようなシステムの安定的機能への寄与として定義することを通じて自らの普遍性を確保する。逆説的に響くとしても、このような普遍的利害こそがいわゆる「地方利益」なのである。明治地方自治体制は、地方利益を可能にすることによって自らを可能にする。恣意的な空間の分割にすぎない明治地方自治体制は、その外部に市場という場を持つことによって、一定の安定性を確保し、ヘゲモニー的権力として成立するのである。

(1)　有泉貞夫『明治政治史の基礎過程』(吉川弘文館、一九八〇年)。
(2)　本章で対象とする地域について、このような固定された「道路」「治水」対立図式を用いた分析として久富博之「明治初期議会期の選挙と地方利益」(『選挙研究』一九、二〇〇四年)がある。
(3)　奥村弘「書評　有泉貞夫『明治政治史の基礎過程』」(『日本史研究』二六七、一九八四年)。
(4)　神山恒雄「道路整備と地方財政」(高村直助編『明治の産業発展と社会資本』、ミネルヴァ書房、一九九七年、所収)、大豆生田稔「道路網の整備と米穀市場」(同上書所収)。
(5)　長妻廣至『補助金の社会史』(二〇〇一年、人文書院)。
(6)　老川慶喜「埼玉県の道路建設と道路行政」(高村直助編『道と川の近代』、山川出版社、一九九六年、所収)。
(7)　以下、十二年通常県会の議事については、「埼玉県通常会日誌」(『埼玉県行政文書』明一〇四八)。
(8)　以下、十三年通常県会の議事については、「埼玉県会傍聴録」(『埼玉県行政文書』明一〇二二)。
(9)　以下、十六年通常県会の議事については、「埼玉県通常会議事筆記」(『埼玉県行政文書』明四七三)。

(10) 以下、十七年通常県会の議事については、「埼玉県通常会議事録」(「埼玉県行政文書」明一〇五三)。
(11) 「管下布達(甲)」(「埼玉県行政文書」明四六六)。
(12) 「地方費不認可書類」(「埼玉県行政文書」明三六九〇)。
(13) 以下、十八年三月通常県会の議事については、「埼玉県通常会議事録」(埼玉県議会図書室所蔵)。
(14) 加藤政之助は明治十九年県会でも大宮・粕壁道支持の論陣を張っているが、加藤の議論は、市場経済に依拠した「物産繁殖」のための道路開鑿という点を容認する一方で、市場経済の本来的な無境界性に対して無自覚的であり、市場経済のもたらす福祉を絶えず一定の政治権力の範囲ないし政治的な団体の「利益」として表象する傾向がある(「埼玉県通常県会議事録」、「埼玉県行政文書」明一〇六五)。
(15) 「甲号布達」(「埼玉県行政文書」明五一七)。
(16) 「現行類輯埼玉県達全書」(埼玉県立浦和図書館所蔵)。
(17) 以下、十九年通常県会の議事については、注(14)前掲史料。
(18) 「諸願建議」(「埼玉県行政文書」明一七一四)。
(19) 同上史料。
(20) 同上史料。
(21) 鈴木庸行日記、明治十七年十一月二十三日条(「鈴木(庸)家文書」、埼玉県立文書館寄託、三一九二)。
(22) 鈴木庸行日記、明治十七年十二月十二日条(同上史料)。
(23) 「岸田氏収集文書」(埼玉県立文書館所蔵)一九六〇。同史料群は川越市在住の岸田長久氏が収集し、埼玉県立文書館に寄贈したものであるが、この中に、横見郡下細谷村岡野家に伝来した史料群が一六〇〇点余り含まれている。岡野家の当主新一郎は、道路建設反対派の中心的メンバーの一人であった。
(24) なお、後に原案路線維持を強硬に主張する久保田村の新井恭明は、前河内村小高保之助と連名の十七年十二月十日付郡長宛建議(注(18)前掲史料)において、吉見丘陵南端部の路線について小修正案を提示する一方、吉見丘陵を横切る案についても好意的な評価を下している。吉見丘陵案は次第にその問題性が明らかになったため反対に転じたものと思われる。
(25) 鈴木庸行日記、明治十九年九月二十日条(「鈴木(庸)家文書」三三一五)。
(26) 注(18)前掲史料。
(27) 注(14)前掲史料。

(28) 注(18)前掲史料。
(29) 注(14)前掲史料。
(30) 『吉見町史　下巻』(一九七九年)、一七四頁。
(31) 「道路ニ関スル沿革」(「埼玉県行政文書」明一七九一)。
(32) 注(18)前掲史料。
(33) 同上史料。
(34) 「岸田氏収集文書」一九八三。
(35) 以下、二十年通常県会の議事については「埼玉県通常県会議事録」(「埼玉県行政文書」明一〇六八)。
(36) 注(18)前掲史料。
(37) 「岸田氏収集文書」一九五四。
(38) 注(18)前掲史料。
(39) 「諸願建議」(「埼玉県行政文書」明一七六四)。
(40) 注(18)前掲史料。奥印を求められた戸長がその願書に対して反対意見を有する場合、奥印を拒否するのではなく、奥印した上で反対意見を添付するという手続きは、内務省訓示に基づいて出された明治十五年埼玉県乙第三十九号達による。本書第四章参照。
(41) 注(18)前掲史料。
(42) 「岸田氏収集文書」一七三二。
(43) 「岸田氏収集文書」一九五六。
(44) 鈴木庸行日記(「鈴木(庸)家文書」三二四〇)。
(45) 「岸田氏収集文書」一三八一。
(46) 「岸田氏収集文書」一九一四。
(47) 「岸田氏収集文書」一九八九。
(48) あるいは、原案を維持した場合に発生する被害の方が、路線を変更した場合に生じる被害より大きい、という量的な主張がなされうるにすぎない。二月二十八日の郡書記と岡野新一郎らとの面会において、岡野らは「乙号線(大工町堤線、引用者)ハ区々タル一小字或ハ一個人ノ苦情ノミ」と述べている(「岸田氏収集文書」二〇七三)。しかしこのような主張は原案維持派からもなされうるのであり、実際なされたことはすでに見た通りである。

(49)「岸田氏収集文書」二〇〇九。

(50) 注(39)前掲史料。

(51) 反対派は、十一月二十八日付下細谷村他二十ヶ村人民惣代建議書（「岸田氏収集文書」一九一七）。推進派からは、十二月二日付で、道路の両端にあたる鴻巣および松山周辺十九ヶ町村からの建議書が出された他（「岸田氏収集文書」一九四九）、横見郡内村々からの建議書も提出された模様であるが、建議書本文は伝存しない。両派ともに広範な地域から賛同者を集めているが、その結果として、両派に分裂する村が増大し、またこの過程で、推進派の連合戸長が、本来反対派の人物の印鑑を騙し取り建議書に調印したという疑惑が生じ（「岸田氏収集文書」一九四四）、十二月十七日、反対派は御所村連合戸長内山温載を告発する（「岸田氏収集文書」一九六三）が、翌明治二十二年一月十日、小新井村の野島和策らが立ち入る形で告発取り下げとなっている（「岸田氏収集文書」二〇五九）。真相は全く不明というほかないが、二十一年後半に顕著になった、個別利害相互の調停不可能な対立と、その結果としての相互の悪意の告発という傾向が、二十一年県会においてピークに達したものと考えられる。

(52)『埼玉県議会史　第一巻』（一九五六年）、八七八頁。同書には議事録の引用があるので、編纂時点では存在していたはずであるが、現在県議会図書室、県立文書館のいずれにも保管されていない。

(53)「鈴木（庸）家文書」三三三八。

(54)「岸田氏収集文書」八九。

(55) 鈴木庸行日記（「鈴木（庸）家文書」三一八八）。なお、この測量の際にもなお「滝馬室より下細谷迄ハ可成旧道用ヒ度事」などの小規模な路線変更で和解を図る動きが、地頭方村連合戸長原作衛を中心にあったようだ（鈴木日記一月十日条、一月十六日条、一月十七日条）。新井恭明らは一月十六日に鈴木郡長に面会し、このような変更をしないよう申し入れている。鈴木自身はこの変更には多少関心を示していたようで、十七日には県庁の長崎技手に「此上線路変更ハ出来間敷哉」と質問し、長崎から「不出来」との回答を得ている。ただし、測量の結果吉見丘陵南部では、南吉見村字亀の甲付近での小変更が決定され、十一月に土功会を再招集して議決しなおしている（「鈴木（庸）家文書」三三三〇）。

(56) 二月に内務大臣に請願書を提出（注(39)前掲史料）、その後五月一日に「追申書」（「岸田氏収集文書」一九八四）を内務大臣に提出しているが、五月十四日に却下された（「岸田氏収集文書」一三八五）。総理大臣宛請願書（「岸田氏収集文書」一九九二）は七月一日に提出されたが（「岸田氏収集文書」二〇二六）、七月五日に却下された（「岸田氏収集文書」二〇二一）。

(57)「訴状」（「鈴木（庸）家文書」三〇九）。

(58) 注(39)前掲史料。
(59) 『鴻巣市史　資料編五』（一九九二年）、六四九頁。
(60) なお、地頭方村戸長原作衛（一ツ木村居住）だけは奥印時の反対意見を添付しておらず、表立った活動をしていない。これは居村一ツ木村の動向に影響されたものと考えられ、また原自身が十六年の吉見丘陵横断路線案の提唱者であることからも路線変更には他の三戸長ほど批判的ではなかったものと思われるが、原も反対派と行動をともにしているわけではなく、注(55)で示したとおり仲裁者的な動きを見せつつ、どちらかといえば反対派の説得に動いている（鈴木日記一月二十一日条など）。
(61) しかし、このような認識に基づく道路建設積極論が、県会議員レベルで全面的に共有されていたわけではない。鴻巣・松山道予算を承認した明治二十年通常県会では、県道修築費を悉皆地方税支弁とすることを求める建議が可決されている。これを受けて、県庁は各郡役所に命じて「公益道路調」を実施し、二十一年県会に土木費支弁諮問案を提出した。これは「公益道路」（県道・里道）を一―三等に分け、一等を地方税支弁、二・三等を地方税補助とするものであったが、二十一年県会では保留とされ、二十二年県会で、永田荘作の提案に基づき一等も地方税補助とされた。永田荘作を中心とした政費節減論的主張も根強かったのである。この後の埼玉県会は、政治史的には明治二十三―二十七年の「民党連合」的状況の存在（角田広高「初期議会期における埼玉県の政治状況」、『埼玉地方史』三八、一九九七年）、小松原英太郎知事と県会の対立の激化、熊谷・秩父道をめぐる「硫酸事件」の発生（二十五年）、二十七年を画期とする自由党優位の成立などの波乱の時期を迎えることになるが、その中で道路建設批判が、事業そのものの可否ではなく、その担い手である既存の権力を批判することによって事業に否定的立場をとること（中央政局レベルで、民党勢力の藩閥批判が「国防充実・産業育成」を唱える積極主義そのもの」への批判ではなく、「政府の不信用、計画事業の本末緩急の誤りをつくという形」をとっていたことに対応する。坂野潤治『明治憲法体制の確立』、東京大学出版会、一九七一年）でしかありえなくなってゆく枠組みは、本章で見た通り明治二十年代初頭までに形成されつつあったのである。
(62) 上位レベルから見れば、ある問題が「利益」として提出されるためには上位レベルでの公益性が保証されねばならないことになる。国政レベルでこの問題を論じたものに塩出浩之「議会政治の形成過程における「民」と「国家」」（三谷博編『東アジアの公論形成』、東京大学出版会、二〇〇四年）がある。

# 終　章　近代社会における制度と権力

## 一　制度変容の到達点

かくして明治地方自治体制は成立した。そして、そのことによってもたらされた変化の持つ意味は、決して小さいものではなかった。

確かに、明治二十二年の行政村長は明治元年には名主であったかもしれず、村民はかつてこの名主の村に居住していた百姓たちであったかもしれない。この二十年を通じて、彼らは同じ家に住み、同じような衣類を身につけ、また同じような食事を続けていたかもしれない。彼らの農業生産の方法と諸条件は同一のものであり、その結果村落の景観も大差のないものとして保たれていたかもしれない。水と山の共同体である部落の生活総体に占める意味は減少せず、「村社会」が最終的に解体されるのは高度成長期まで待たねばならないという認識もまた、歴史的リアリティの一面をとらえていることは否定し難い。

しかし、それにもかかわらず、そのような可視的要素とは別のところで、社会は変化した。その変化とは、端的には次の二つの史料の間に見られるようなものであった。

其方義村内支配場水難違作ニテ破免検見入相願筈之処、御一新之折柄ニ付、父祖教訓ヲ弁、一人ニテ不足相立

候御年貢弁納いたし候段申立、奇特之儀ニ付誉置(1)

公選戸長其人ヲ得サルハ一般ノ弊ニシテ亦怪シムニ足ラス、蓋シ人民ノ情タル適当ノ人才ヲ撰挙スルトキハ自己ノ怠慢ヲ督責スルカ故ニ、寧ロ柔順ナル者ヲ撰挙シテ納租ノ立替ヲナサシメ、或ハ規則ノ施行ニ付キ其督責ヲ免レンコトヲ希フ(2)

前者は明治元年十月十六日、武蔵国幡羅郡下奈良村名主吉田市右衛門に対する鎮将府会計局の褒賞状であり、後者は、明治十六年の地方巡察使渡辺清の復命書である。前者において褒賞に値する行為とされていた租税の立替納入は、後者において、「柔順」なる者の非難されるべき行為とされている。この十五年の間にはその程度の変化は存在していたのであるが、その変化とは、単に租税をめぐる言説の変化であるということにとどまらず、すでにこの二つの史料からも読み取れるように、「破免検見」を前提とした「年貢」から、定額「地租」への変化であり、その徴収主体である「領主」から「政府」ないし「県庁」への変化であり、地域社会の諸関係からその項としてのそれら主体位置を生み出す分節化の様態の変化であり、つまり制度の変化である。明治前半期の二十年は、決して、「同一支配者を戴き、同一の神仏を礼拝する」(3)二十年ではなかった。

そして強調しておかなければならないのは、租税の納入が不可能な場合にいかなる措置が取られうるかというような、諸個人にとっての危機的局面において、制度のあり方は、現実に諸個人の生のあり方を左右するということである。諸個人の平常時における生のあり方が以前と変わらぬように見えたとしても、彼が属する制度の変化は、究極的には彼の生のあり方を決定しているのであり、「制度」は変わっても「実態」は変わらなかったのだという認識は、制度が現実の生を左右しうるということを看過している。

本書でこれまで縷述してきたのは、その制度変容とは結局何であったのか？　ということである。序章での問いに立ち返って、それを整理すれば、次のようになろう。

第一に、制度変容をもたらした危機とはどのようなものであったのか？

それは、村請制村における富のゼロ・サム的再分配の進行である。近世身分制社会とは、諸個人が、その特殊性によって公的な世界に位置づけられるような社会である。そこでは政治権力もまた「特殊な業務」として、諸身分集団の外に存在する。政治権力の有する、諸個人の再生産を維持する機能は、このようなそれ自体特殊な集団である領主身分集団の「御救」行為として、諸身分集団に対して外在的に発揮される。ところが、近世後期、領主身分集団は現実の御救主体としての能力を後退させてゆく。その結果、百姓身分集団である村請制村の内部における富のゼロ・サム的再分配が進行する。個々の身分集団の「重層と複合」によって構成される近世身分社会においては、身分集団をこえた領域に、政治権力の主体は存在しないからである。これは本来的には「御救」を前提とする村請制の逆機能である。一方的かつ恒常的に貧者を救う義務を負うことになった富裕層は、新しい秩序に対する希求を持つに至る。

第二に、新しい制度＝ヘゲモニー関係の形成は、社会がどのように再分節化されたことを意味しているのか？

それは、政治社会と市民社会の分離である。諸個人の再生産は、近世身分制社会において持っていた政治的性格を失い、したがって政治権力の、諸個人の再生産を直接に保障する機能も失われる。諸個人の再生産の直接の基盤は、諸個人の自由な行為の場としての市場に求められ、政治権力は、そのような市場の円滑な機能を保障する主体として、諸個人の再生産の維持に、一般的に関係することになる。このように、諸個人の関係を、政治社会と市民社会へと分節化することによって、政治権力は、諸個人との間にヘゲモニー的関係を生成させる（ただし、ここで「市民社会」が、「市場」である、という場合、筆者の主たる関心は市民社会の構造の側にあるのではなく、政治社会の構造の側にある。したがって、市民社会が市場であるという立言の意味するところは、政治社会の側から市民社会を見た場合、市民社会の主たる機能を市場に見出し、それとの関係で政治社会が市民社会に対して自己規定をなすということであって、市民社会それ自体の内部構造が市場的関係に一元化されるということではない(4)。

先行研究と、本書の主張との関係を示せば、以下の通りである。

奥村弘の指摘する、社会の編成原理の「地域団体化」は確かに存在した。しかしそれは、単に官僚的統治と対抗関係にあっただけではなく(「民権派的対抗」)、村を身分的団体としてとらえることによって個々の経営の生活を保障させようとする小農民の運動の論理と対抗関係にあった(「小前的対抗」)。このような「小前的対抗」の論理は、鶴巻孝雄や稲田雅洋らの民衆運動史研究が、民権運動と区別される民衆運動固有の論理として指摘してきたところのものである。つまり、本書の視角から整理すれば、民衆運動の論理とは、市民社会と政治社会が区分されていない「古い市民社会」において、個別経営レベルでの生活保障が直接に政治社会レベルで主張されるような運動のあり方であると位置づけられる。

明治地方自治体制は、政治社会と市民社会とを分離させることによって、「小前的対抗」の論理を抑圧する。そして、有泉貞夫によって検出されたような、明治中後期に政治統合の手段として機能するいわゆる「地方利益」は、明治地方自治体制による「小前的対抗」の抑圧を前提として、はじめて成立する。

## 二　若干の含意

最後に、本書の議論の持つ、若干の含意について触れておきたい。

### 1　社会関係の変化とその要因について

本書で扱った政治社会と市民社会の分離という論点は、それ自体としては何ら目新しいものではなく、「近代社会の形成」というごく常識的な事象を確認したにすぎない。より広くこれを「公私」の分離ととらえるならば、序章で述べた通り、すでに戦前の中田薫・藤田武夫・徳田良治らが、明治地方自治体制の形成過程をこうした意味での近代化として見る視角を打ち出していたのである。

これらの先行研究、あるいはごく常識的な近代化理解に対して、本書が幾許かの論点を付け加えたとすれば、それはむしろ、そのような変化の要因を、政治社会・市民社会未分化の「古い市民社会」内部のゼロ・サム的再分配の進行に見た点にあろう。

近代社会の形成について考える場合、しばしば前近代社会内部における「近代的なもの」の検出が課題とされる。たとえば日本近世社会におけるブルジョア的発展の程度如何、その発展の可能性如何が、日本の近代化＝維新変革の質を決定すると考える思考は、とりわけ日本近世史研究を、ブルジョア的発展の挫折・変革主体の不在という否定的な論点によってではあるが、今日なお強く規定している(5)。

しかし、本書の検討の結果が指し示すところは、近世社会から近代社会への起点は、近世社会における近代的なものの生成ではなく、近世社会そのものの行き詰まりにあるということである。社会関係の変化は、そのような社会関係では処理しえぬ問題が発生することによって引き起こされる。社会関係の変革とは問題を解決するための試行錯誤の過程であり、変革主体はその試行錯誤のなかで生成するのであって、変革の起点に変革主体の生成があるのではない。

従来の、伝統的なマルクス主義歴史学の枠組みは、これを、ブルジョア的発展と、それに対する古い生産関係の「桎梏」（あるいはさらに通俗的には、「生産力と生産関係の矛盾」）として理解してきた。これに対し右に述べたような本書の立論は、新しい社会関係を生み出す契機となる矛盾とは、新しい要素と古い要素の矛盾であるとは限らない、ということを示唆している。村役人ないし村方有徳の者と村方小前の間に富のゼロ・サム的再分配をめぐる矛盾が存在し、それが新しい社会関係によって解決された時、もはやそこには村役人も村方有徳の者も村方小前も存在してはいなかったのである。

## 2　領域性と団体性の関係について

明治地方自治体制において、行政村は一定の地理的領域であると同時に、その領域に居住する公民によって構成される一つの団体でもある(6)。通常この問題は、法人格の有無として理解され（市町村が法人格を持つのに対し、府県は法人格を持たない）、中央集権・地方分権の程度の如何と関係して、議論される。

しかし、ある政治権力の単位が、領域的であると同時に団体的でもある、ということには、より本源的な矛盾がある。領域的であると同時に団体的でもあるような政治権力の単位の典型である「国民国家」について、福田歓一は、社会契約によって成立する団体が領域的であることは、社会契約の理論から導出できないことを、次のように指摘している(7)。

近代国家の特性が、何よりもその領域性、地縁性にあるとすれば、これ（ボダンにおいて、国家を構成する人間の動機が、情緒的なものを含まぬ人間の抽象的能力であって、これに見合ってこれに参加する個人も血縁、身分、言語、地縁等を一切捨象した抽象的存在にほかならないこと、引用者）はまことに奇妙な逆説である。けれども、この純粋な人的団体のモデルにおいては、領域はほとんど理論の構成部分に現われず、最も強い関心を示したルソーの場合においてさえ、それは成員の土地所有の集積として提示されるにすぎない。

福田はこの矛盾の解決を、「ネイションの実質」が「単一の国民経済への要求によって形成されたこと」に求める(8)。しかし、市場そのものは本来無境界的で多方向的なものであって、「単一の国民経済」は、市場そのものの性格からは発生しえない。むしろそれは、本来無境界的で多方向的な市場を、国民国家単位に分割することによって発生すると考えられるべきもので、福田の説明は因果が転倒している。行政村の団体性と領域性の問題に戻れば、明治地方自治体制における府県や行政村が、「単一の国民経済」に相当する単一の経済的ブロックに支えられた機構でないこと、結局は恣意的な空間の分割にすぎないことは、本論で提示した通りである。(9)

一方、近世村の場合、それは構成員の個別経営レベルの利害の均質性によって団体を構成し、それぞれの団体が空間を占有するような社会関係（身分制社会）の中にあり、その社会関係総体の結果として、領域性と団体性は一致している。均質性が保てない範囲においては、領域性と団体性が一致しない（本書第四章で、「一村状態」と呼んだ範囲がこの範囲を画している）。近世村は、その団体の構成員から見れば、「われわれの領域であるから、その境界は変更できない」ものとしてある。これと対応して、村をこえた諸組織、例えば組合村や、領主の領有の範囲は、「われわれの領域ではないから、その境界は変更できる」。

これに対し、合併の結果として創出された行政村は、この二重性を止揚し、「われわれの領域であるから、その境界は変更できる」ような性格のものとして出現した。行政村がその一部である社会関係とは、市場による無境界的・多方向的結合が、諸個人の再生産を保障するような社会である。行政村の境界をこえた向こう側にいる諸個人も、こちら側の諸個人と利害を共有している。行政村とはいわば「持ち場」的にそれらの無境界的社会結合を分担して管轄し、そのような社会を総体として支えるものである。恣意的で便宜的な結合にすぎない行政村が、利害を共有する団体たりうるのは、このような、市場という無境界的な利害の共有が第一義的な重要性を持つからなのである。

このことは、自分たちの所属する領域・団体の境界の向こう側にも、本質的には同一の性格の領域・団体が存在していることを前提とする（実際行政村は複数ある）。また、ある一つの領域・団体よりも広い範囲に、本質的には同一の性格の領域・団体が存在しており、それらとの間で分担関係が成立することを可能にする（行政村―郡―府県―国家）[10]。

中央―地方関係とはこのような社会関係のもとで成立する、複数の領域・団体間の分担関係である。中央・地方関係論という視座から、明治地方自治体制がどの程度「分権的」か「集権的」かを問うという問題の立て方は、したがって、表面的な問いの立て方であり、もしそれを普遍的に適用するならば（たとえば、幕府と藩の関係、藩と村々の関係を「中央―地方関係」として理解しようとするならば）その認識は著しく非歴史的なものになるであろう[11]。明治地方自治体制の成立において問われるべきは、その集権・分権の程度如何ではなく、そもそも分けたり集めたりすることができる権力とはどのような権力であるのか、という問題なのである。繰り返して言えば、それは市場に諸個人の再生産を委ねるような権力である、というのが本書の解答である。

ただし、領域・団体の境界が踏み越え可能な開放的なシステムだからといって、それが抑圧性を持たないわけではない。

第一に、市場による利害の共有と、その共有された利害への貢献によって政治権力の機能が評価される事態は、政治権力へ関与する諸個人を、富によって限定することを可能にした（そして、ここでの諸個人とは、諸経営のことであり、男性家長以外の経営構成員が、直接に政治社会を構成しなかったのは言うまでもない）。

第二に、市場システムと結びついた政治権力は、鴻巣・松山道建設における個別利害の抑圧のように、市場システム全体＝「公益」の名の下に個別利害を抑圧する。市場システムによって、あるいは市場システムの安定的な機能を実現するための政治権力の施策によって、不利益を蒙った諸個人の個別利害の主張は、「傖父野人」「地方小民」「暴徒」の謬見として、無視され、抑圧される。

抑圧とは、閉鎖的で凝集性の高い団体にだけ存在するのではない。そのように考えるのはむしろ、およそ抑圧というものについての楽観的な見方であろう。

## 三　展　望

さて、こうして明治地方自治体制は、その外部に市場という場を持つことによって、一定の安定性を確保し、ヘゲモニー的権力として成立する。しかし、制度とヘゲモニーとは、本源的に不定型で不安定な地域社会の相対的な安定にすぎない。制度の抑圧性と、制度の不安定性とは、表裏一体である。そこには必ず、「公益」に回収されない個別利害の主張が潜在しており、それらを大勢として抑圧することができた結果としてかろうじて存在しうるようなものであるほかない。

おそらく、明治地方自治体制の初発の危機は、日露戦争に伴う負荷の増大によってもたらされた。この負荷の増大は、システムに一定の綻びを生み、それは「地方」と「自治」の問い直しとしての「地方改良運動」へと、人々を導いてゆくことになるだろう。(12) 果たしてその「運動」とは、明治地方自治体制を本質的に変容させるものであったのか否か、明治二十年代初頭＝一八九〇年前後に成立した明治地方自治体制が、ヘゲモニー的権力として存立していたのはどの時点までなのか、それらの問いに解答を与えることは、すでに本書の課題をこえている。

(1)「記録第二」(「吉田(市)家文書」、埼玉県立文書館所蔵、二二)。吉田市右衛門(市十郎)については、拙稿「「奇特之者」から官僚へ――吉田市十郎の軌跡」(渡辺尚志編『近代移行期の名望家と地域・国家』、名著出版、二〇〇六年、所収)。
(2) 我部政男編『明治十五年明治十六年地方巡察使復命書　上巻』(三一書房、一九八〇年)、五八二頁。本書第四章参照。
(3) 石母田正『中世的世界の形成』(岩波文庫、一九八五年)、四一七頁。
(4) 実際に、慈善事業やさまざまな結社、あるいは同職集団といった諸要素によって市民社会の内部は形作られているはずである。

たとえば市民社会・政治社会の分離が達成された後の、市民社会内部の行為としての「慈善」については、大川啓「近代日本における「慈善」と「不穏」」（『歴史学研究』八〇四、二〇〇五年）が示唆に富む。

（5）近年の代表的な研究として、舟橋明宏『近世の地主制と地域社会』（岩田書院、二〇〇四年）が挙げられよう。舟橋は近世の「地主制」を、近代の地主制の前史として「形成史」的に把握することを峻拒し、「近世中後期の社会変動によっても、共同体の単線的な解体はもたらさない」と述べている（四三三頁）。このことは極めて正当な主張であり、また舟橋は、近代社会への移行についても、「近世独自の「地主制」は、明治初期の土地変革や原蓄過程を経て、大きな転換を蒙る」と慎重な展望を示しており、近世におけるブルジョア的発展の不在が維新変革の質を直接に規定するというような議論はしていない。ただし、筆者は、「共同体」が「解体」されないこと自体が、逆説的に近代社会を生成させる要因となることを指摘しておきたい。

（6）ただし、中田薫のいうような、現実の諸個人が直接に団体の構成分肢であるというような意味での「実在的総合人」ではない。ここで団体である行政村を構成するのは、citoyen＝公民である。

（7）福田歓一「国民国家の諸問題」（『国家・民族・権力』、岩波書店、一九八八年）、二五頁。

（8）同上、二八頁。

（9）福田による領域性と団体性の矛盾の指摘を、地方制度形成の問題と結びつけて考察したのは、奥村弘である（「「近代日本」認識の方法としての国民国家論と地方自治」、『人民の歴史学』一二六、一九九六年）。奥村は、①国民国家は、前近代における重層的な権力構造から自らを切り離し、対外主権を確立すると同時に、かならずしも一国に収斂しない種々の自律的結合を一国内の部分的領域へと整序させる形で領域性を確保していくため、中央権力とそれとは質の異なる部分的領域の権力としての地方自治が一体のものとして形成されなければならない一方で、②領域性と人的結合は、その範囲を小さくしていけばいくほど、現実に一致する点は拡大し、相互に切り離しがたいものになるので、そういうものを再編成して国民的な共同性の基礎にし、目に見えるものとして提示することは、フィクショナルな国家の社会編成をあたかも当然であるかのごとく人々にイメージさせる際極めて重要になる、とこの問題を整理している。これに対して本書の議論は、①中央権力と地方権力は（もちろん、多くの差異を含みつつも）、本質的には同質の権力として形成されたものであり、中央—地方関係は同質の権力間の分業関係として理解可能であること、②領域性と団体性を結合させる契機は、実体的な両者の連関（という理念）ではなく、市場という多方向的結合にあること、を示している。奥村の着眼点は非常に重要であると考えるが、その結論は、明治地方自治体制の形成という歴史的分析に即する限り、支持できない。

（10）このような関係の下では、従来の近世村が転化した「部落」もまた、近世村とは異なった質の団体として存在することになる。

確かに行政村は部落連合的な性格を容易には払拭することはできなかったが、その際部落とは、単に行政村より一レベル下位に属する領域的・団体的権力として、国家―府県―郡―行政村という系列の延長線上に位置づけられるにすぎない。それは上位の諸権力と分担的に行政事務を管掌する機構であり、それを近世村と同一視することはできない。このような、行政村と部落の「分業」については、住友陽文「公民・名誉職理念と行政村の構造」（『歴史学研究』七一三、一九九八年）を参照。

(11) 序章で指摘した通り、「近世地方制度史研究」というジャンルは、現に存在していない。

(12) 宮地正人『日露戦後政治史の研究』（東京大学出版会、一九七三年）、有泉貞夫「明治国家と民衆統合」（『岩波講座　日本歴史一七』、岩波書店、一九七六年）、住友陽文「近代地方自治制確立期の地方行政」（『日本史研究』三六八、一九九三年）。

# 初出一覧

序　章　新稿

第一章一・二「「大区小区制」の形成過程」（『歴史学研究』七七二、二〇〇三年）

三　新稿

四「「大区小区制」の構造と地方民会」（『史学雑誌』一一二―一、二〇〇三年）

五「神奈川県の「大区小区制」と民会」（『地方史研究』三〇二、二〇〇三年）

第二章一「武蔵野新田地帯における救済と備荒貯蓄」（『論集きんせい』二五、二〇〇三年）

二「維新期直轄県における救恤と備荒貯蓄」（『社会経済史学』七〇―四、二〇〇四年）

第三章　新稿

第四章一　新稿

二「明治十七年の地方制度改革」（『史学雑誌』一〇九―七、二〇〇〇年）

三　新稿

第五章　新稿

第六章　新稿

終　章　新稿

# あとがき

このテーマについて私が研究を始めたのは、学部四年生の一九九八年であったから、本書はほぼ十年分の研究の結果ということになる。歴史家が一冊の本を書く時間として、十年という長さは決して長すぎるということはないけれども、特別に短いというわけでもなくて、要するに中途半端な時間がかかってしまったとしか言いようがないが、中身もそれにふさわしく中途半端で、理論家の明晰さからも、考証家の篤実さからも本書がほど遠いことは、一読していただければ明らかだと思う。

業績主義の蔓延の中「若手」が次々と発表する研究論文が、果たしてそれに値するものであるのかという、学術雑誌の編集後記などで「中堅」以上研究者が繰り返す慨嘆を切実なものとして受け止め、そして確実なことをできるかぎり少なく書く、という実証史家の道徳律を承認しながらも、しかし私には、いささか饒舌に論文を書き続け、またこうして本書を世に問うこと以外に、学問に内在する連帯——すなわち、セクト的ないし小集団内部的ではない連帯——の契機について、確信する手段はなかった。沈黙の裡にあって学問の普遍性を実感できるほど、今日の歴史学内外の状況は希望に満ちたものではないのである。

そういった危機のなかにあって、本書がいくばくなりともそれに抗いえているのか、あるいは危機を深めるだけなのか、それを考える余裕は今の私にはない。研究を発表するのは手紙を瓶に詰めて河海に投じるようなものであるなどとつい考えてしまうのが感傷的に過ぎることは承知しているが、まがりなりにも物質化され、商品として市民社会に投じられた本書が、どこかで誰かに拾われることを祈ってやまない。

いかに主観的には独創性を誇ろうとも、本書はまぎれもなくある一定の環境の下での産物である。「原産地表示」の意味も兼ねて、お世話になった方々にこの場で感謝の意を表したい。

東京大学文学部・大学院人文社会系研究科日本史学研究室では、卒業論文をご指導いただいた野島陽子先生、大学院進学後に指導教官をお引き受け下さった鈴木淳先生をはじめ、宮地正人先生、吉田伸之先生、三谷博先生の演習に参加した。先生方はそれぞれに歴史研究の異なった伝統を背負われ、異なった種類の情熱と問題関心を内に秘められ、しかし学問的誠実さという点において一様に厳格であった。このような環境で研究者として育ったことに、幸福を感じずにはいられない。特に鈴木先生から頂戴した一つ一つのご助言は、常に私の研究の道標であり続けた。また、その頃誰かしらと毎日のように顔を合わせていた先輩・後輩・同級生の諸氏から教えていただいたことも、小さなことから大きなことまで数限りない。

研究を進めるに際しては、多くの史料所蔵機関のお世話になった。とりわけ、埼玉県立文書館の方々のお仕事には、本書の研究の多くを依存している。「地域社会論」云々などといいながら自分ではまともにフィールドワークをしてこなかった私が、文書館における史料の目録化と公開によらなければ、このような研究をなしえなかったことは明らかである。

渡辺尚志氏、山崎圭氏、舟橋明宏氏には、当時国立史料館に所蔵されていた古沢家文書の共同研究を通じて、様々なご教示をいただいた。その成果はすでに渡辺尚志編『近代移行期の名望家と地域・国家』（名著出版、二〇〇六年）として発表されているが、一つの文書群を共同で研究することは刺激に満ちた経験であり、本書の内容にも少なからぬ影響を与えている。

また、市川智生氏、清水唯一朗氏をはじめとする「内務省研究会」のメンバーの前での報告は、自分の研究と他者の研究とをつなぐ貴重な機会であった。本書第五章、第六章は、同研究会での口頭報告をふまえたものである。

二〇〇二年十一月、私は幸いにも東京大学史料編纂所に職を得て、近世史料部維新史料室で『大日本古文書　幕末外国関係文書』の編纂に携わることとなった。維新史料室の諸先輩（小野将氏、杉本史子氏、箱石大氏、保谷徹氏、横山伊徳氏）にしてみれば無能な私はまったく足手まといであって、今日に至るまで迷惑のかけ通しなのであるが、史料編纂所に勤めることがなければ、本書が、今ある以上に多くの誤りを含んでいたであろうことは確かである。

研究が最終的に本書のような形態に再構成される過程で、通称「博論会」のメンバー（今津敏晃氏、榎一江氏、高嶋修一氏、谷口裕信氏、韓載香氏、宮地英敏氏）から受けた恩恵ははかり知れない。メンバーが他者の研究に向かう際の真剣さは驚くべきものであった。このような場を持ちえたことによって、これからも私は学問に対する信頼を維持してゆくことができるだろうと思う。

出版にあたっては、東京大学出版会の山本徹氏に細やかな配慮を頂いた。また、校正および索引作成には、満薗勇氏、小林延人氏のご助力を得た。

なお、本書の刊行には、平成二十年度東京大学学術研究成果刊行助成を受けた。記して関係各位に感謝する。

二〇〇八年十二月十一日

松沢裕作

**著者略歴**
1976 年　東京都に生まれる
1999 年　東京大学文学部卒業
2001 年　東京大学大学院人文社会系研究科修士課程修了
2002 年　東京大学大学院人文社会系研究科博士課程中途退学
東京大学史料編纂所助手，専修大学経済学部准教授などをへて
現　在　慶應義塾大学経済学部教授

**主要著書**
『日本近代村落の起源』（岩波書店，2022 年）
『日本近代社会史――社会集団と市場から読み解く 1868-1914』（有斐閣，2022 年）
『生きづらい明治社会――不安と競争の時代』（岩波ジュニア新書，2018 年）ほか多数

明治地方自治体制の起源
――近世社会の危機と制度変容

2009 年 2 月 20 日　初　版
2022 年 12 月 20 日　第 4 刷

［検印廃止］

著　者　松沢裕作《まつざわゆうさく》

発行所　一般財団法人　東京大学出版会
代 表 者　吉見俊哉
153-0041 東京都目黒区駒場 4-5-29
http://www.utp.or.jp/
電話　03-6407-1069　Fax 03-6407-1991
振替　00160-6-59964

印刷所　株式会社三秀舎
製本所　誠製本株式会社


ISBN 978-4-13-026219-4 Printed in Japan

# 索　引

## 人名索引

### あ　行

か　行



さ　行

た　行



な　行



は　行



ま　行

## や　行



## ら　行



## わ　行

# 事項索引

## あ　行



## か　行

## や 行



## ら 行